精神科看護白書

監修：日本精神科看護協会

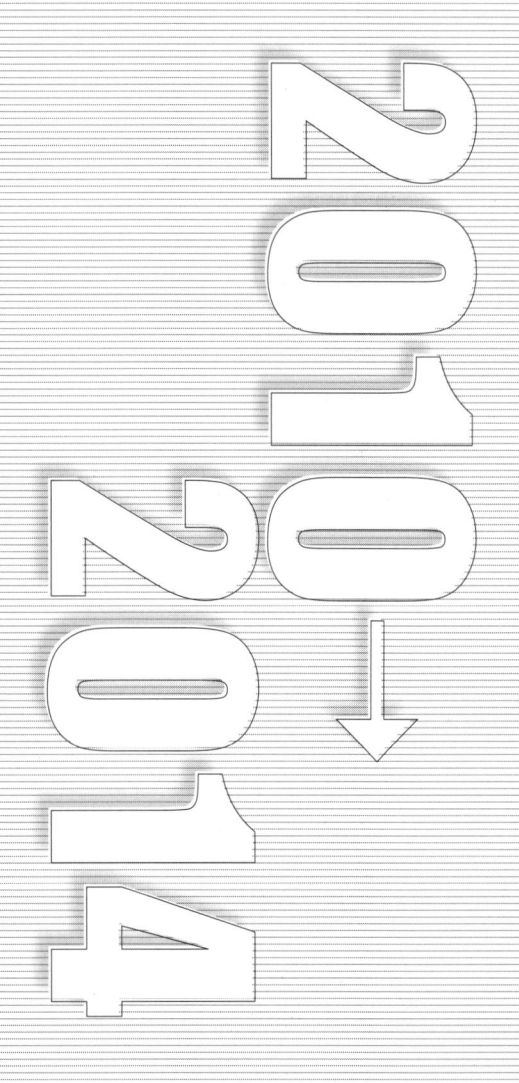

2010→2014

● **編集委員**（五十音順）

天賀谷　隆	（あまがや・たかし）	獨協医科大学看護学部教授／一般社団法人日本精神科看護協会副会長
遠藤　淑美	（えんどう・よしみ）	大阪大学大学院医学系研究科保健学専攻教授／一般社団法人日本精神科看護協会業務執行理事
大塚　恒子	（おおつか・つねこ）	一般財団法人仁明会精神衛生研究所副所長／一般社団法人日本精神科看護協会副会長
吉川　隆博	（きっかわ・たかひろ）	一般社団法人日本精神科看護協会業務執行理事
末安　民生	（すえやす・たみお）	天理医療大学医療学部看護学科教授／一般社団法人日本精神科看護協会会長
仲野　栄	（なかの・さかえ）	一般社団法人日本精神科看護協会業務執行理事
吉浜　文洋	（よしはま・ふみひろ）	佛教大学保健医療技術学部看護学科教授／一般社団法人日本精神科看護協会業務執行理事

● **執筆者**（掲載順）

吉川　隆博		前掲……第1章，第2章Ⅰ
吉浜　文洋		前掲……第2章ⅡⅣ，第3章Ⅲ，第7章ⅣⅤⅥ，コラム
曽根　直樹	（そね・なおき）	厚生労働省 社会・援護局障害保健福祉部障害福祉課地域生活支援推進室……第2章Ⅲ
仲野　栄		前掲……第2章ⅤⅥ，第3章Ⅴ，第4章Ⅰ，第7章ⅢⅦ
米山奈奈子	（よねやま・ななこ）	秋田大学大学院医学系研究科保健学専攻教授……第2章Ⅶ
大塚　恒子	（おおつか・つねこ）	前掲……第3章Ⅰ-1.2
松尾富佐子	（まつお・ふさこ）	医療法人社団新光会不知火病院元看護部長・精神科認定看護師……第3章Ⅰ-3
前田　佐織	（まえだ・さおり）	医療法人社団新光会不知火病院リハビリテーションセンターセンター長……第3章Ⅰ-3
辻脇　邦彦	（つじわき・くにひこ）	埼玉医科大学保健医療学部看護学科准教授……第3章Ⅱ
熊地　美枝	（くまち・みえ）	独立行政法人国立精神・神経医療研究センター病院・精神看護専門看護師……第3章Ⅳ
萱間　真美	（かやま・まみ）	聖路加国際大学看護学部精神看護学教授……第4章Ⅱ
高橋　葉子	（たかはし・ようこ）	東北大学大学院医学系研究科予防精神医学寄附講座助手・精神看護専門看護師……第5章Ⅰ
米倉　一磨	（よねくら・かずま）	NPO法人相馬広域こころのケアセンターなごみセンター長・精神科認定看護師……第5章Ⅱ
末安　民生		前掲……第5章Ⅲ，第8章
畠山　卓也	（はたけやま・たくや）	公益財団法人井之頭病院／一般社団法人日本精神科看護協会業務執行理事・精神看護専門看護師……第6章
遠藤　淑美		前掲……第7章Ⅰ
龍野　浩寿	（たつの・ひろとし）	一般社団法人日本精神科看護協会業務執行理事……第7章Ⅱ

序文
2014年，精神医療の構造改革を受けとめる

　『精神科看護白書』は1965（昭和40）年より刊行が始まった。シリーズ最新版となる今回の『精神科看護白書2010→2014』は，日本精神科看護協会（以下，日精看）が一般社団法人化したのと時を同じくする，記念すべき発刊となる。

　本書で取り上げた2010（平成22）年から2014（平成26）年の期間には，これまでの精神保健医療福祉施策から大きな前進があった。詳細は本文に譲るが，一言で言い表すとすれば「地域生活支援体制へのシフト転換」ということになるだろう。

　2012（平成24）年に成立した障害者総合支援法によって，地域相談支援が個別給付化された。まだ十分に浸透力してはいないという指摘もあるが，長期入院患者以外でも希望すれば地域移行支援給付を得ることができるのは，精神科病院に勤める看護者にとって心強い援軍となるといえる。とはいえ，相談支援は地域移行支援の万能薬ではなく，精神障害者を支えようとする意思をもつ医療チームと地域生活支援チームが，互いに協力しあうことによって初めて機能するものである。

　また，2014年の精神保健福祉法改正により保護者制度が廃止され，退院支援のための体制があらためて強化された。さらに，厚生労働省の検討会において議論がなされていた「長期入院精神障害者の地域移行に向けた具体的方策の今後の方向性」がとりまとめられた。これにより長期入院の精神障害者のさらなる地域移行推進のために，精神科病院の構造改革が行なわれることとなった。

　精神保健医療福祉施策の大きな転換期において，日精看はこれまで以上に事業の強化を図っていきたいと考えている。精神科看護領域の学術の振興はもとより，本書でも触れられている新潟県立精神医療センターの患者負傷事件への日精看の対応，倫理事例集や精神科看護ガイドラインの作成といった，精神科看護者自身に目を向けていくような取り組みにも重点を置いていきたい。また，東日本大震災などへの被災者支援や「こころの健康出前講座」，「日精看しごとをつくろうプロジェクト」などの社会貢献事業にもこれまで以上に傾注していきたい。

　最終章の第8章では，第38回日本精神科看護学術集会（宮城大会）において私が行った基調講演「精神科看護の本質と社会的意義」を一部修正のうえで再掲載した。この章は，精神障害者の回復や生活への自信を取り戻すために，精神医療に従事する者がすべきこと—いわば指針となることを意識して構成した。

　私たち精神科看護者が今後の精神保健医療福祉において果たす役割とは何か。そのことを考えていくために，ぜひともこの白書をご活用いただけたらと思う。

2014年9月

日本精神科看護協会会長　末　安　民　生

精神科看護白書 2010→2014 ●目次

序　文　3

第1章　精神保健医療福祉の現状 …………………………………… 11
　　1. この5年間の精神保健の関連法規と障害者施策の流れ　11
　　2. 2013年度からの医療計画について　14
　　3. 障害者権利条約批准に向けた国内法整備の動き　18

第2章　精神保健医療福祉制度改革 …………………………………… 23
I　障害者自立支援法から障害者総合支援法へ …………… 23
　　1. 障害者自立支援法の廃止について　23
　　2. 障害者自立支援法改正案（整備法）の成立について　24
　　3. 障害者総合支援法の成立について　29
　　4. 精神科病院の構造改革に向けた議論と具体的な方向性について　32
II　2013（平成25）年における精神保健福祉法改正 …………… 37
　　1. 精神保健福祉法改正を受けて　37
　　2. 「指針」において示された事項　38
　　3. 保護者制度の廃止　41
　　4. 医療保護入院の見直し　42
　　5. 家族等のうちいずれかの者の同意　43
　　6. 市町村長同意　45
　　7. 医療保護入院者の退院促進についての病院管理者の義務　46
　　8. 退院後生活環境相談員　47
　　9. 地域援助事業者の紹介（努力義務）　47
　　10. 医療保護入院者退院支援委員会　48
　　11. 精神医療審査会の一部要件の見直し　48
III　障害者虐待防止法の成立 …………… 49
　　1. 障害者虐待防止法成立までの経緯　49
　　2. 障害者虐待防止法の概要　50
　　3. 障害者虐待の防止と対応　54
　　4. 施設等における障害者虐待の実態　56
　　5. 虐待の早期発見と通報義務　57
　　6. 施設等における障害者虐待防止の体制整備と取り組み　58
　　7. 施設等における確実な虐待防止の取り組みを　60
IV　2010（平成22）年度診療報酬改定 …………… 60

- **V** 2012（平成24）年度診療報酬改定 …………… 67
- **VI** 2014（平成26）年度診療報酬改定 …………… 78
- **VII** アルコール健康障害対策基本法 …………… 90
  - はじめに　90
  - 1. アルコール関連問題の深刻化　90
  - 2. 法律成立までの経緯　91
  - 3. アルコール健康障害対策基本法の概要　93
  - 4. 今後のアルコール依存症者支援に求められるもの　94

第3章　精神科病院の看護の現状 …………………………………………… 99

- **I** 疾病構造の変化と看護の役割 …………… 99
  - 1. 入院患者の高齢化の問題　99
  - 2. 精神科における身体合併症の問題　105
  - 3. 近年の気分障害の問題　109
- **II** 精神科薬物療法の変遷と看護 …………… 114
  - 1. 向精神薬の動向（2009年以降を中心に）　114
  - 2. 精神医療におけるガイドライン　120
  - 3. 診療報酬の変遷からみた精神科薬物療法　123
  - 4. 精神科薬物療法の変遷と看護　124
- **III** 精神科病院における隔離・身体拘束 …………… 125
  - 1. 隔離・身体拘束などの現状　125
  - 2. 行動制限最小化プロジェクト　129
  - 3. 犀潟病院事件以後の日精看の行動制限最小化への取り組み　135
- **IV** 多職種チーム医療の中の看護 …………… 141
  - 1. なぜ今，多職種チーム医療が求められているのか　141
  - 2. 多職種チーム医療の可能性と看護者の役割―医療観察法におけるMDTの実践から　143
  - 3. 精神科リエゾンチームの中での看護の役割・専門性　146
- **V** 通院医療（外来とデイ・ケア）における看護の役割 …………… 149
  - 1. 通院医療における改革　149
  - 2. データでみる外来医療の現状　149
  - 3. 精神科デイ・ケア利用の実態　152
  - 4. 診療報酬からみる外来とデイ・ケアの変遷　155

第4章　地域精神医療と看護　……163

Ⅰ 精神科訪問看護の動向……… 163
1. 精神保健医療福祉改革と精神科訪問看護　163
2. 精神科訪問看護と診療報酬　163
3. 精神科訪問看護の実施数の推移　171
4. 精神科訪問看護の困難感について（日精看の調査より）　175

Ⅱ 精神障害者アウトリーチ推進事業について……… 178
1. 精神障害者アウトリーチ推進事業の概要　178
2. 具体的な精神障害者アウトリーチ支援の流れ　180
3. アウトリーチ支援における看護の役割　182
4. ACT（Assertive Community Treatment）という方法　183

第5章　災害と看護　……185

Ⅰ 東日本大震災でのこころのケア活動—その実際と課題……… 185
はじめに　185
1. 震災直後—被災地から患者を受け入れる際の心理支援　185
2. 震災後急性期—こころのケアチーム　187
3. 震災中長期—震災からの回復・復興を支える支援　190

Ⅱ 福島県相双地区の取り組み……… 190
1. 震災直後—中期の活動内容　191
2. 中期—仮設住宅や地域生活への支援が活動の中心となる時期　193
3. 震災直後から中期の課題　194
4. 相双新しい精神科医療保健福祉システムをつくる会の取り組み　195
5. 中期から長期のこころケアの課題とこれから　198
6. 財政面での支援の課題　200

Ⅲ ケア者ケアとは何か……… 201
1. ケア者ケアとは　201
2. ケア者を支える方法　202
3. 震災時のケア者ケア　202
4. 仲間でも支えるのが難しいとき　203
5. ケア者ケアと共感疲労　204
6. ケア者の「本当の自分」とは　205
7. ケア者ケアと感情労働　206
8. 共感疲労からの回復　207

第6章 看護政策と看護教育 ……………………………………………………………… 209

Ⅰ 看護師教育の内容と方法に関する議論の変遷 …………… 209
1. 看護師に求められる実践能力と卒業時の到達目標　209
2. 看護師教育における教育内容と方法　214
3. 修業年限にとらわれない看護師教育で学ぶべき内容　220

Ⅱ 2013(平成25)年「保健師助産師看護師学校養成所指定規則」の一部改正 …………… 221

Ⅲ チーム医療推進会議における高度実践看護師の議論 …………… 222
1. 2年間に渡る議論の結果について—特定看護師制度から特定行為の実施へ　222
2. チーム医療の推進に関する検討会(チーム医療推進会議の前身)での議論の整理　223
3. 高度実践看護師(APN)とは何か　223
4. 看護師の役割拡大と特定看護師制度　224
5. 特定行為の明確化と「特定行為に係る看護師の研修制度(案)」　225

第7章 日本精神科看護協会のこれまでの活動 ……………………………………… 229

Ⅰ 精神科認定看護師制度のこれまでの変遷と今後の展開 …………… 229
1. 精神科認定看護師制度の変遷　229
2. 今後の展開—2015(平成25)年度の制度改正に向けて　232
3. 精神科認定看護師制度改正に伴う学術集会の動き　233

Ⅱ 災害支援に関する日精看の動き—東日本大震災から今後起こり得る災害に対する支援体制の整備 …………… 235
1. 東日本大震災の協会支援活動(震災当日から1年半のまとめ)　235
2. 活動内容ごとの詳細　235

Ⅲ 社会貢献活動について …………… 242
1. こころの日　242
2. こころの健康出前講座　245
3. アール・ブリュット　246
4. 日精看　しごとをつくろうプロジェクト　247

Ⅳ 新潟県立精神医療センターの事件における日精看の対応と理事会声明 …………… 247
はじめに　247
1. 組織文化・職員の意識の把握・分析からみえてきたもの　248
2. 報告書への影響　249
3. 組織文化に責任をもつのは　250
4. 看護者の精神的負担の軽減を　251
おわりに—「誇りのもてる仕事」であるために　251

Ⅴ 精神科看護倫理事例集の発行 …………… 252
Ⅵ 精神科看護ガイドラインの作成 …………… 260
Ⅶ 日精看の補助金事業（2010〜2013年）…………… 262
　1. 2010年度　262
　2. 2011年度　264
　3. 2012年度　268
　4. 2013年度　270

第8章　精神科看護の本質と社会的意義 …………… 273

　はじめに　273
　1. 基本的な考え方　273
　2. 今，精神科看護者が置かれている状況　273
　3. 50年前から変化したこと，していないこと　274
　4. ケアの評価　275
　5. 見ようとしなければ見えないこと　276
　6. 実践の「問い」は，今も継続している　277
　7. 看護の本質とは　278
　8. 物語に向きあう　278
　9. 「かたい理解」と「やわらかい理解」　279
　10. 「関係」と「感情」　280
　おわりに―精神科看護者の社会的意義　281

■資　料

資料1 ● その他の関係法規　2013（平成25）年　道路交通法の改正 …………… 285

資料2 ● 精神疾患の医療体制の構築に係る指針
　　　（平成24年3月30日，医政指発0330第9号より抜粋）…………… 286

資料3 ● 新潟県立精神医療センターの患者負傷に関する第三者委員会報告書（一部抜粋）
　　　…………… 291

資料4 ● 年表 …………… 302

索引 …………… 316

第1章 精神保健医療福祉の現状

1. この5年間の精神保健の関連法規と障害者施策の流れ

　2010(平成22)年から2014(平成26)年までの5年間は、2004(平成16)年9月に厚生労働省が策定した「精神保健医療福祉の改革ビジョン(10年計画)」の後期5か年に該当する重要な期間であった(図1-1)。

　後期5か年では、まず図1-2の2009(平成21)年9月に取りまとめられた厚生労働省の今後の精神保健医療福祉のあり方等に関する検討会報告書「精神保健医療福祉の更なる改革に向けて」を受けて、『精神保健医療体系の再構築』、『精神医療の質の向上』、『地域生活支援体制の強化』、『普及啓発の重点的実施』の4本柱に基き、施策の方向性が検討された。

　2010年には、精神保健医療福祉施策の改革ビジョンの「入院医療中心から地域生活中心へ」という基本理念の実現に向けて、新たな取り組みを議論するために新たな地域精神保健医療体制の構築に向けた検討チーム等が厚生労働省に設置された。検討チーム等では、アウトリーチ(訪問支援)の充実をはじめ、医療計画に記載すべき事項への精神疾患の追加や、認知症に対する支援などについて検討が行われた。

　また、特記すべき事項として、同時期に障がい者制度改革推進本部が内閣に設置されたことがある。これによって行われた障害者制度改革の推進が、保護者制度・入院制度の検討をはじめとする後の精神医療・看護に関する施策決定や法改正等に大きな影響を及ぼすことになった。

1) 精神医療改革と障害者制度改革との関係について

　2009年12月8日、閣議決定により障害者制度改革の推進体制として「障がい者制度改革推進本部」が設置された。同本部は、障害者権利条約の締結に必要な国内法の整備をはじめとする、わが国の障害者制度の集中的な改革を行うため、内閣に設置することとなり、内閣総理大臣を本部長とし、全ての国務大臣が構成員となった。

　また、本部の下には、障害者施策の推進に関する事項について意見を求めるため、「障がい者制度改革推進会議」を設置し、障害者にかかる制度の改革をはじめ、障害者施策の推進に関する事項について検討が開始された。

　さらに、推進会議の下には施策分野別の検討を行う「部会」が設置された。その部会の1つとして、障害者のための総合的な福祉法制の制定に向けた検討(障害者自立

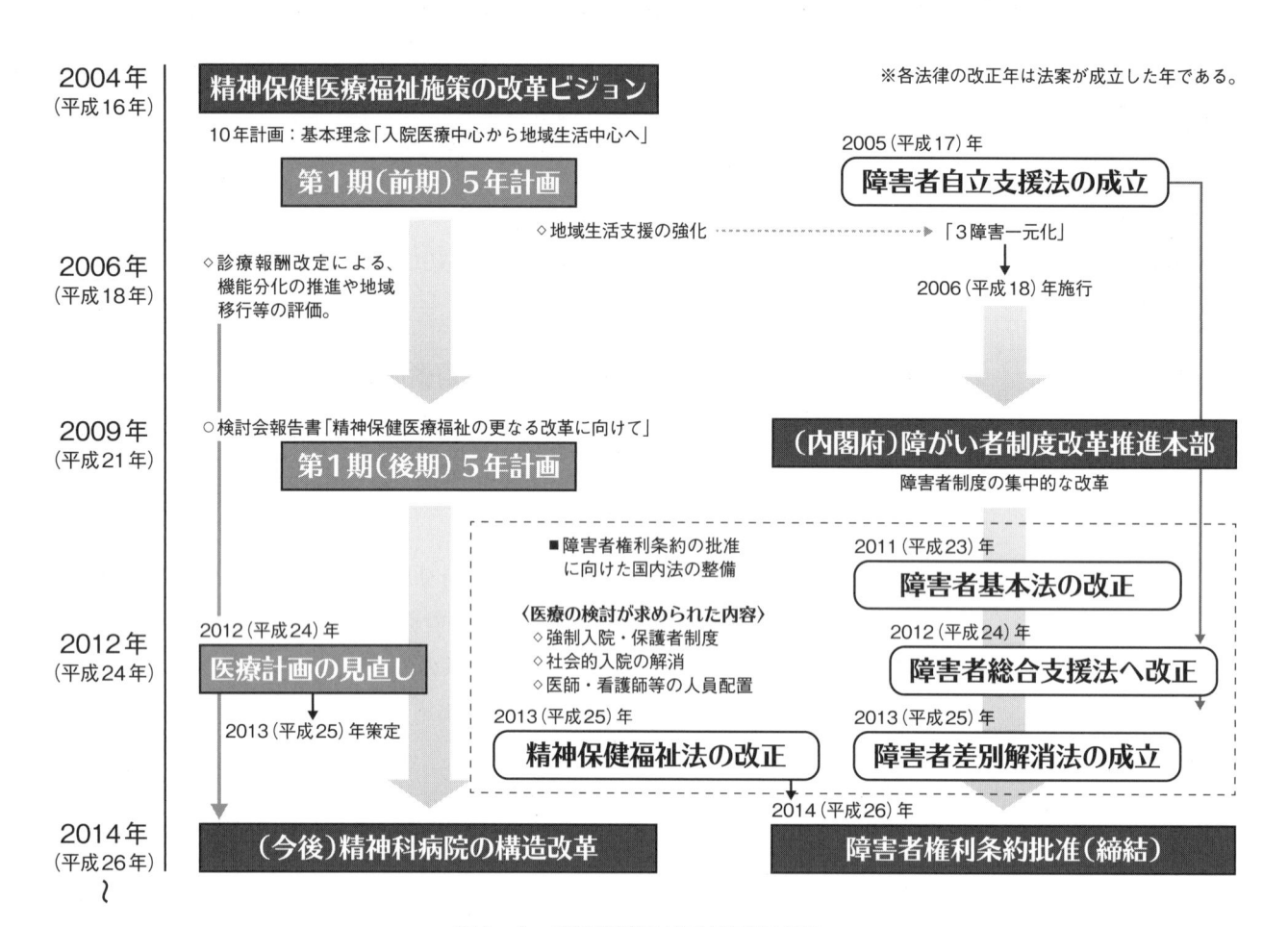

図1-1 精神保健医療福祉施策の流れ

支援法をめぐる論点に関する検討を含む）を効果的に行うために，障がい者制度改革推進会議「総合福祉部会」が開催され，そこで新法制定に向けた検討が進められた。

　従来，精神保健医療福祉についての課題や施策の検討など，いわゆる「精神医療改革」に向けた議論は，厚生労働省障害保健福祉部精神・障害保健課が設置する検討会等で行い，その方向性や具体的な施策が打ち出されてきた。しかし，内閣に障がい者制度改革推進本部が設置されて以降は，わが国が障害者の権利に関する条約（以下，障害者権利条約）に批准することを前提に，精神障害者の支援のための医療・看護制度に関する課題が障害者制度改革の観点から取り上げられ，早急に検討して結論を得ることが求められるようになった。

2）精神医療・看護と障害者制度改革との関係について

　2010年6月29日に「障害者制度改革の推進のための基本的な方向」について閣議決定が行われ，個別分野における基本的方向と今後の進め方の中で，精神障害者の医療に関する以下の3項目について検討が求められた。

①精神障害者に対する強制入院，強制医療介入等について，いわゆる「保護者制度」

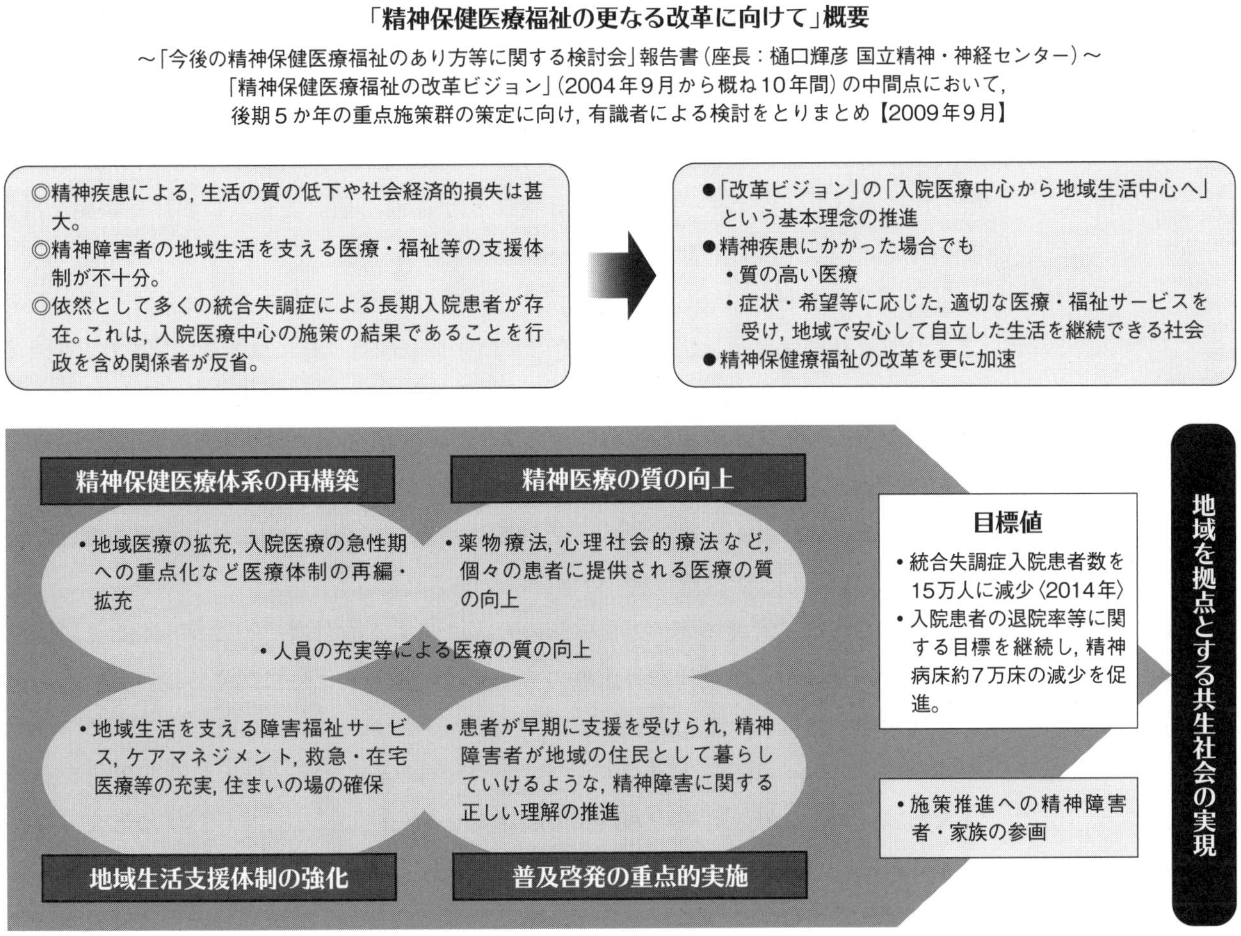

「精神保健医療福祉の更なる改革に向けて」概要

～「今後の精神保健医療福祉のあり方等に関する検討会」報告書(座長：樋口輝彦 国立精神・神経センター)～
「精神保健医療福祉の改革ビジョン」(2004年9月から概ね10年間)の中間点において，
後期5か年の重点施策群の策定に向け，有識者による検討をとりまとめ【2009年9月】

◎精神疾患による，生活の質の低下や社会経済的損失は甚大。
◎精神障害者の地域生活を支える医療・福祉等の支援体制が不十分。
◎依然として多くの統合失調症による長期入院患者が存在。これは，入院医療中心の施策の結果であることを行政を含め関係者が反省。

● 「改革ビジョン」の「入院医療中心から地域生活中心へ」という基本理念の推進
● 精神疾患にかかった場合でも
　・質の高い医療
　・症状・希望等に応じた，適切な医療・福祉サービスを受け，地域で安心して自立した生活を継続できる社会
● 精神保健医療福祉の改革を更に加速

精神保健医療体系の再構築
・地域医療の拡充，入院医療の急性期への重点化など医療体制の再編・拡充

精神医療の質の向上
・薬物療法，心理社会的療法など，個々の患者に提供される医療の質の向上
・人員の充実等による医療の質の向上

地域生活支援体制の強化
・地域生活を支える障害福祉サービス，ケアマネジメント，救急・在宅医療等の充実，住まいの場の確保

普及啓発の重点的実施
・患者が早期に支援を受けられ，精神障害者が地域の住民として暮らしていけるような，精神障害に関する正しい理解の推進

目標値
・統合失調症入院患者数を15万人に減少〈2014年〉
・入院患者の退院率等に関する目標を継続し，精神病床約7万床の減少を促進。

・施策推進への精神障害者・家族の参画

地域を拠点とする共生社会の実現

図1-2 精神保健医療福祉の更なる改革に向けての概要[2]

の見直し等も含め，その在り方を検討し，2012(平成24)年内を目途にその結論を得る。

②「社会的入院」を解消するため，精神障害者に対する退院支援や地域生活における医療，生活面の支援に係る体制の整備について，総合福祉部会における議論との整合性を図りつつ検討し，2011(平成23)年内にその結論を得る。

③精神科医療現場における医師や看護師等の人員体制の充実のための具体的方策について，総合福祉部会における議論との整合性を図りつつ検討し，2012年内を目途にその結論を得る。

厚生労働省は上記の閣議決定を踏まえ，2010年5月に，厚生労働大臣政務官を主担当とする「新たな地域精神保健医療体制の構築に向けた検討チーム」(以下，検討チーム)を立ち上げ，順次議論を行った。

3) 検討チーム等における議論と施策・法改正への反映について

「障害者制度改革の推進のための基本的な方向」について閣議決定された前述①の強

制入院（医療保護入院制度）および保護者制度に関する検討は，検討チームの第3ラウンドで議論が行われた。

　主な論点は「保護者に課せられた義務の法的意義とあり方」と「医療保護入院等入院制度のあり方」で，検討チームの下に作業チームが設置された。2010年10月から2012年6月にかけて，作業チームにおける議論を計17回，検討チームにおける議論を計9回行うなど，長期間にわたっていねいな議論が行われた。

　2012年6月28日には「入院制度に関する議論の整理」がとりまとめられ，それを踏まえた改正精神保健福祉法案が，翌年2013（平成25）年4月には閣議決定され，同年6月に可決・成立，同月19日に公布され，一部を除き，2014年4月1日から施行されることになった。改正法の詳細については第2章-Ⅱ（p.37）で説明する。

　前述②の社会的入院を解消するための体制整備については，検討チームの第1ラウンドで「アウトリーチ（訪問支援）」に関する検討が行われ，翌年度の補助金事業（精神障害者アウトリーチ推進事業）の創設に反映された。

　前述③の医師・看護師等の人員体制の充実に関する検討は，2012年3月23日に厚生労働省が別途設置した「精神科医療の機能分化と質の向上等に関する検討会」において，同年6月28日まで計7回の議論が行われた。

　本検討会では，精神疾患患者の状態像や特性に応じた精神病床の機能分化を進めるために，医師・看護師等の人員配置の目安を入院期間に応じて検討する考え方などが示され，2014年度診療報酬改定で急性期における医師の手厚い配置と精神保健福祉士の病棟配置を評価するという形で反映された。ただし，看護者の人員体制の充実は2014年度診療報酬改定に反映されるには至らず，今後の精神科病院の構造改革*1で反映される予定となった。

*1　精神科病院の構造改革は，厚生労働省が2014年7月14日に公表した「長期入院精神障害者の地域移行に向けた具体的方策の今後の方向性」とりまとめによるもの。

2. 2013年度からの医療計画について

　厚生労働省では「今後の精神保健医療福祉のあり方等に関する検討会」や「新たな地域精神保健医療体制の構築に向けた検討チーム」の報告書を受けて，2011年10月より，医療計画に記載すべき事項への精神疾患の追加に関する検討を行った。

　医療計画に関する具体的な検討は，厚生労働省医政局が設置した「医療計画の見直し等に関する検討会」で議論が行われ，同年12月16日に医療計画の見直し案がとりまとめられた。

　医療計画の見直し案では，医療計画に定める疾病として新たに精神疾患を追加し，「精神疾患の医療体制構築に係る指針」を策定することにより，障害福祉計画や介護保険事業（支援）計画との連携を考慮しつつ，病期や個別の状態像に対応した適切な医療体制の構築が都道府県で行われるよう促すことが必要であるとされた。

　「精神疾患の医療体制構築に係る指針」の骨子では，精神疾患の医療体制構築において目指すべき方向として，精神疾患の現状を踏まえ，個々の医療機能，それを満たす

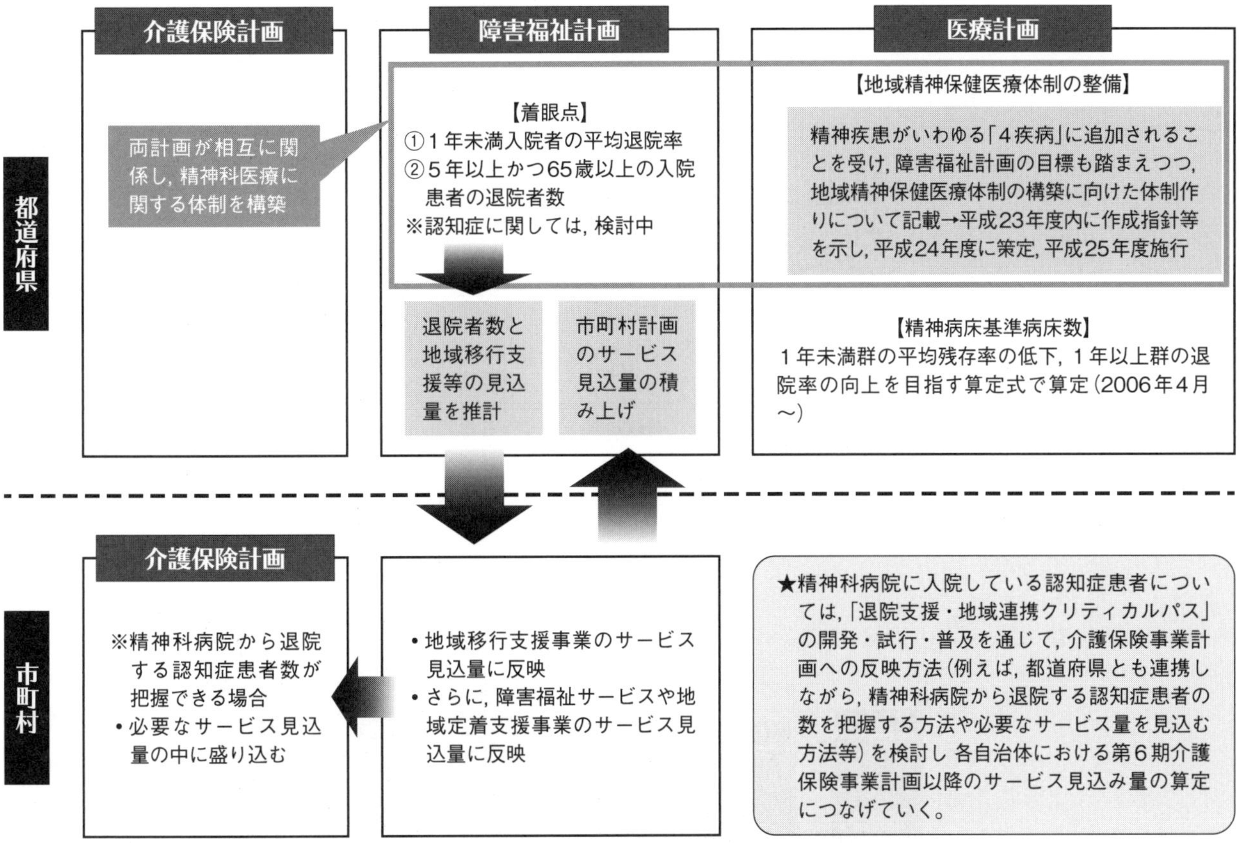

図1-3 医療計画と障害福祉計画等との関係[3]

都道府県

- 介護保険計画：両計画が相互に関係し，精神科医療に関する体制を構築
- 障害福祉計画
  - 【着眼点】
    ① 1年未満入院者の平均退院率
    ② 5年以上かつ65歳以上の入院患者の退院者数
    ※認知症に関しては，検討中
  - 退院者数と地域移行支援等の見込量を推計
  - 市町村計画のサービス見込量の積み上げ
- 医療計画
  - 【地域精神保健医療体制の整備】
    精神疾患がいわゆる「4疾病」に追加されることを受け，障害福祉計画の目標も踏まえつつ，地域精神保健医療体制の構築に向けた体制作りについて記載→平成23年度内に作成指針等を示し，平成24年度に策定，平成25年度施行
  - 【精神病床基準病床数】
    1年未満群の平均残存率の低下，1年以上群の退院率の向上を目指す算定式で算定（2006年4月～）

市町村

- 介護保険計画
  - ※精神科病院から退院する認知症患者数が把握できる場合
  - 必要なサービス見込量の中に盛り込む
- 地域移行支援事業のサービス見込量に反映
- さらに，障害福祉サービスや地域定着支援事業のサービス見込量に反映
- ★精神科病院に入院している認知症患者については，「退院支援・地域連携クリティカルパス」の開発・試行・普及を通じて，介護保険事業計画への反映方法（例えば，都道府県とも連携しながら，精神科病院から退院する認知症患者の数を把握する方法や必要なサービス量を見込む方法等）を検討し，各自治体における第6期介護保険事業計画以降のサービス見込み量の算定につなげていく。

医療機関，さらにそれらの医療機関相互の連携および保健・福祉サービス等との連携により，必要な医療が提供できる体制を構築することが示された。

これによって医療計画と障害福祉計画等との関係については図1-3に示されるように，障害福祉計画による「1年未満入院患者平均退院率」や「5年以上かつ65歳以上の入院患者の退院者数」を踏まえた体制の整備が行われるようになる。

2012年3月30日には，各都道府県知事に宛てた厚生労働省医政局長通知「医療計画について」で，都道府県の2012年度の医療計画（2013年度より実施）の策定に向け，精神疾患を既存の4疾病に追加することが正式に示された。

また，医療法（昭和23年法律第205号）第30条の3第1項の規定に基づく医療提供体制の確保に関する基本方針（平成19年厚生労働省告示第70号）が，2012年3月22日に改正され，同年4月1日から適用された。本改正においても，急速な高齢化や社会構造の多様化・複雑化等に伴う患者の疾病構造の変化に対応するため，精神疾患の医療連携体制に求められる機能を明らかにすることが明記された。図1-4の「傷病別の医療機関にかかっている患者数の年次推移」では，従来の医療計画に盛り込まれていた4疾病（糖尿病，悪性新生物，脳血管疾患，虚血性心疾患）と精神疾患の患者数が示されている。2002（平成14）年の調査結果で，精神疾患で医療機関にかかる患者数は糖尿

(万人)

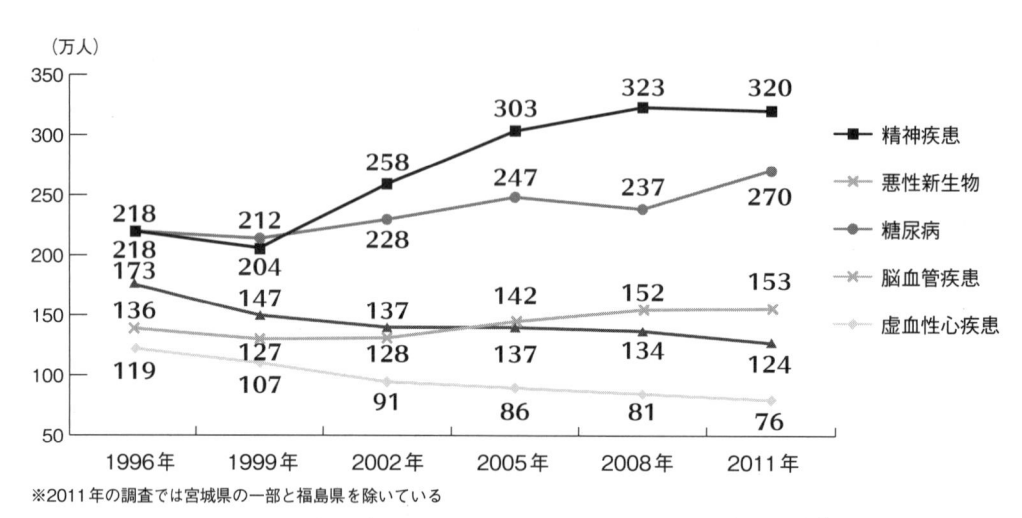

図1-4 傷病別の医療機関にかかっている患者数の年次推移[4]

※2011年の調査では宮城県の一部と福島県を除いている

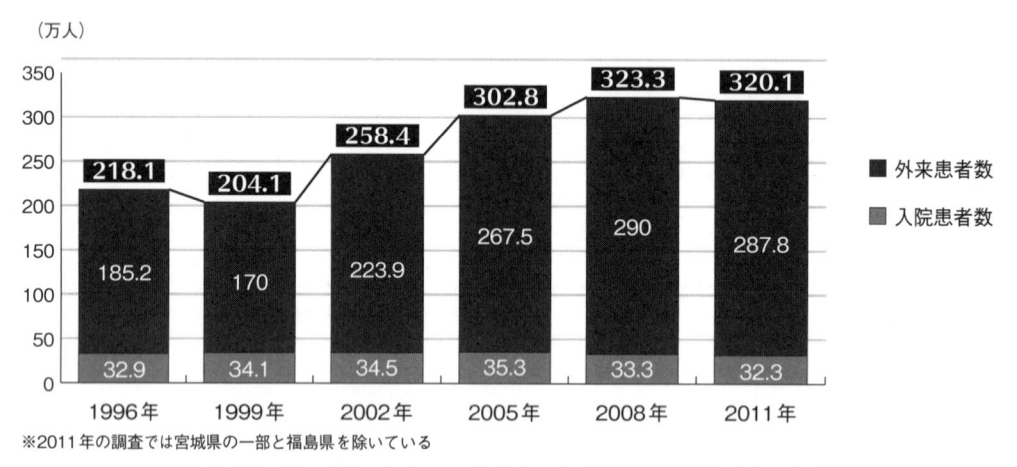

図1-5 精神疾患の患者数（医療機関にかかっている患者）[4]

※2011年の調査では宮城県の一部と福島県を除いている

病の患者数を超えてもっとも多くなり，それ以降も精神疾患患者数は大幅に増加した。精神疾患が，まさに国民病と言われる時代に突入したといえる。

精神疾患で医療機関にかかっている患者数（図1-5）を見ると，1999（平成11）年から2002年までの3年間と，2002年から2005（平成17）年の3年間で，外来患者数が約50万人ずつ増加している。

外来患者の疾病別内訳（図1-6）を見ると，1999年以降に患者数が急速に増えたのは，「気分（感情）障害」と「アルツハイマー病」や「血管性及び詳細不明の認知症」の患者である。ストレス社会や高齢化社会を象徴する疾患の増加が目立っている。

近年の精神病床入院患者の特徴としては，図1-7の疾病別内訳を見ると「統合失調症等」で入院している患者数は減少傾向にある。一方で「アルツハイマー病」で入院している患者数は増加する傾向にある。また，疾病特性以外に入院患者の高齢化が顕著になってきたことが注目すべき点である。1999年当時には，入院患者に占める65歳の割合が33％（約1／3）だったのが，2011年には50％（1／2）となった。

図1-6 精神疾患外来患者の疾病別内訳[4]

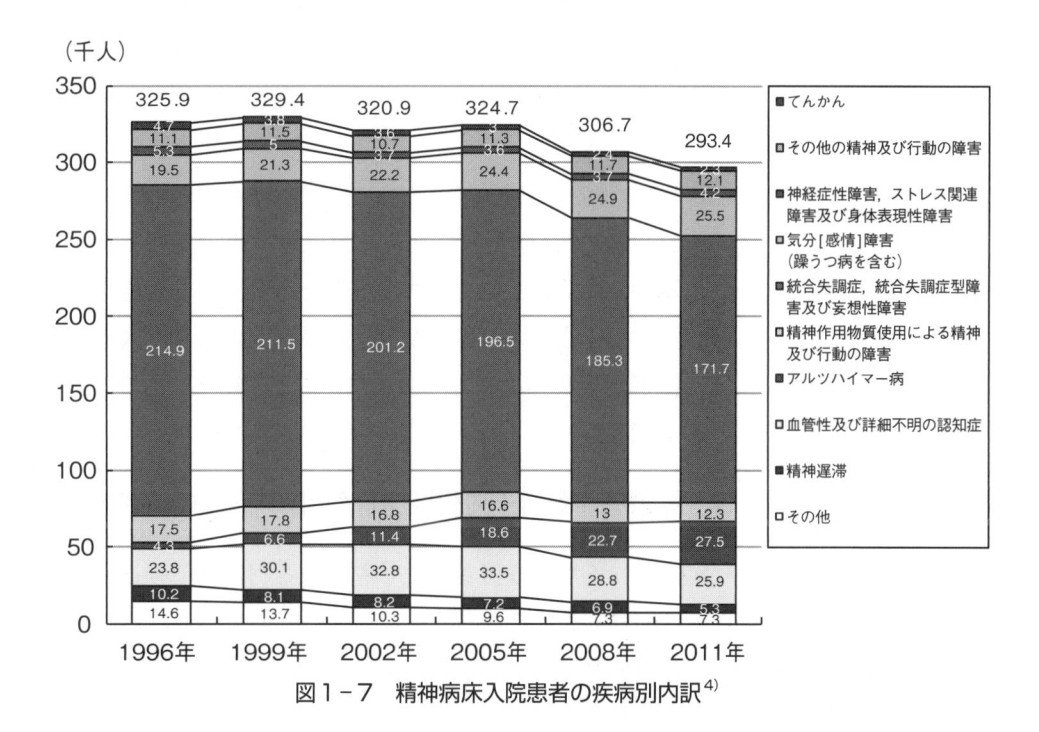

図1-7 精神病床入院患者の疾病別内訳[4]

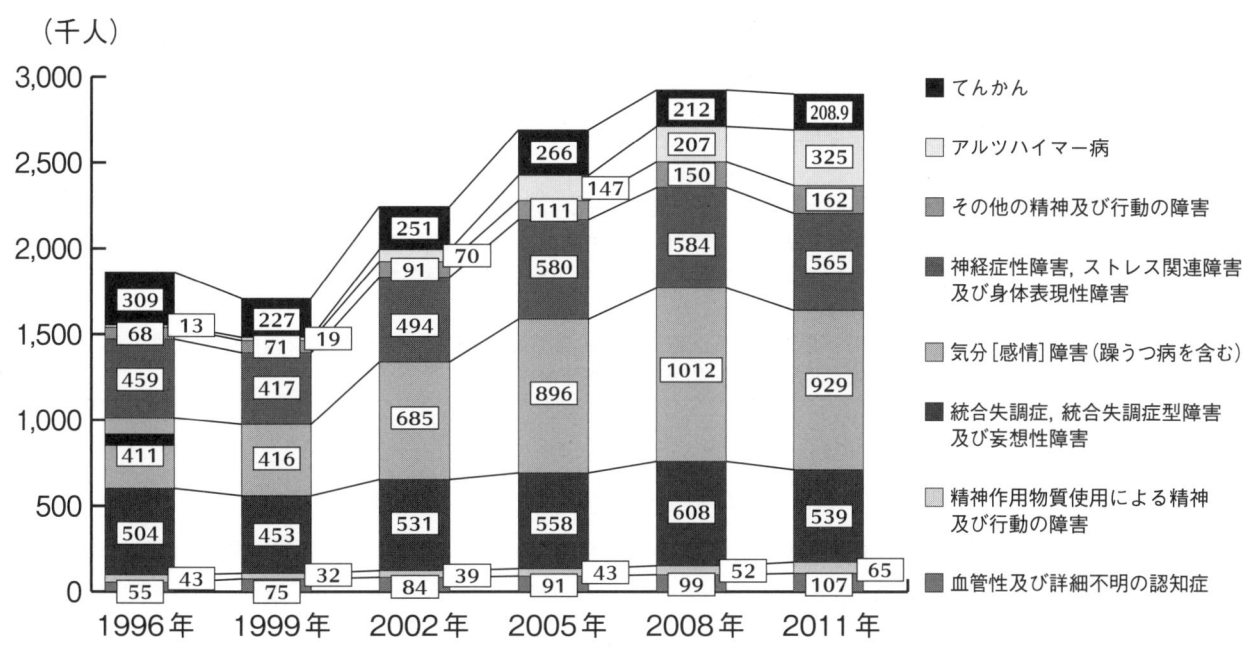

※2011年の調査では宮城県の一部と福島県を除いている

　新たな医療計画における「医療連携体制について」では，医療計画に定める疾病に新たに追加された精神疾患の医療体制の構築にあたり，表1-1の①から⑤の目的を達成するために，医療機能に着目した診療実施施設等の役割分担の明確化などを通じて，発症から診断，治療，地域生活・社会復帰までの支援体制を目指すことが示された。
　さらに2012年3月30日に，各都道府県衛生主管部（局）長に宛てた「疾病・事業及

表1-1 精神疾患の医療体制構築に向けて目指すべき方向[3]

①住み慣れた身近な地域で基本的な医療支援を受けられる体制を構築すること。
②精神疾患の患者像に応じた医療機関の機能分担と連携により，適切に保健・福祉・介護・生活支援・就労支援等のサービスと協働しつつ，総合的に必要な医療を受けられる体制を構築すること。
③症状が多彩にもかかわらず自覚しにくい，症状が変化しやすい等のため，医療支援が届きにくいという特性を踏まえ，アクセスしやすく，必要な医療を受けられる体制を構築すること。
④手厚い人員体制や退院支援・地域連携の強化など，必要な時に入院し，できる限り短期間で退院できる体制を構築すること。
⑤医療機関等が提供できる医療支援の内容や実績等についての情報を積極的に公開することで，患者が医療支援を受けやすい環境を構築すること。

び在宅医療に係る医療体制について」では，新たな医療計画作成のための参考として，表1-1の目的を踏まえ，精神疾患の医療体制に求められる医療機能として以下の（1）から（5）をあげた。そして，それぞれに「目標」，「医療機関に求められる事項」，「医療機関等の例」が示された。詳細は資料2（p.286）に示した。

(1) 【予防・アクセス】保健サービスやかかりつけ医等との連携により，精神科医を受診できる機能
(2) 【治療・回復・社会復帰】精神疾患等の状態に応じて，外来医療や訪問医療，入院医療等の必要な医療を提供し，保健・福祉等と連携して地域生活や社会生活を支える機能
(3) 【精神科救急・身体合併症・専門医療】精神科救急患者（身体疾患を合併した患者を含む），身体疾患を合併した患者や専門医療が必要な患者等の状態に応じて，速やかに救急医療や専門医療等を提供できる機能
(4) 【うつ病】うつ病の診断及び患者の状態に応じた医療を提供できる機能
(5) 【認知症】認知症に対して進行予防から地域生活の維持まで必要な医療を提供できる機能

3. 障害者権利条約批准に向けた国内法整備の動き

2009年に内閣に設置された「障がい者制度改革推進会議」では，障害者権利条約の批准に向けて必要な国内法の整備等の推進を図るため，2010年6月29日に「障害者制度改革の推進のための基本的な方向について」を閣議決定した。

障害者制度改革の基本的考え方は，「あらゆる障害者が障害のない人と等しく自らの決定・選択に基づき，社会のあらゆる分野の活動に参加・参画し，地域において自立した生活を営む主体であることを改めて確認する。また，日常生活又は社会生活において障害者が受ける制限は，社会の在り方との関係によって生ずるものとの視点に立ち，障害者やその家族等の生活実態も踏まえ，制度の谷間なく必要な支援を提供するとともに，障害を理由とする差別のない社会づくりを目指す。これにより，障害の有

無にかかわらず，相互に個性の差異と多様性を尊重し，人格を認め合う共生社会の実現を図る」というものであった。

また，横断的課題における改革の基本的方向性として，「障害者基本法の改正と改革の推進体制の確立」，「障害を理由とする差別の禁止に関する法律の制定等」，「障害者総合福祉法（仮称）の制定」を目指すことが示された。

1) 障害者基本法の改正について

「障害者基本法の一部を改正する法律案」は，2011年4月22日に国会へ提出され，衆議院において一部修正のうえ，同年6月16日に全会一致で可決され，同年7月29日に参議院において全会一致で可決・成立し，同年8月5日に公布・施行（一部を除く）された。

改正障害者基本法の目的は，「全ての国民が，障害の有無にかかわらず，等しく基本的人権を享有するかけがえのない個人として尊重されるものである」という理念に則り，障害の有無によって分け隔てられることなく，相互に人格と個性を尊重しあうという共生社会の実現である。

また，第3条の地域社会における共生等に，「全て障害者は，可能な限り，どこで誰と生活するかについての選択の機会が確保され，地域社会において他の人々と共生することを妨げられないこと」と明記された。これは，長期入院となっている精神障害者の地域移行についても関係する内容になる。

さらに改正障害者基本法を受けて，第3次障害者基本計画が策定されることになった。障害者基本計画は障害者基本法第11条第1項に基づき，障害者の自立および社会参加の支援等のための施策の総合的かつ計画的な推進を図るために策定されるものであり，障害者施策の最も基本的な計画として位置づけられる。

第3次障害者基本計画は，これまでより長期的な展望を視野に入れ，2013年度から2017（平成29）年度までの概ね5年間を対象とするものになった。

第3次障害者基本計画では，精神保健・医療の提供等に関し，**表1-2**のように示されている。当然ながら，計画の推進にあたっては前述した医療計画と連携を図ることが必要になる。

2) 障害を理由とする差別の禁止に関する法律の制定について

障害者権利条約の批准に向けて必要な国内法整備の一環として，「全ての国民が，障害の有無によって分け隔てられることなく，相互に人格と個性を尊重し合いながら共生する社会の実現に向け，障害を理由とする差別の解消を推進する」ことを目的として，2013年6月，「障害を理由とする差別の解消の推進に関する法律」（以下，障害者差別解消法）が制定された。ただし，障害者差別解消法の施行には民間事業者等の十分な準備期間が必要との理由から，3年後の2016（平成28）年4月1日より施行されるこ

表1-2 障害者基本計画　分野別施策の基本的方向（保健・医療）

○精神障害者への医療の提供・支援を可能な限り地域において行うとともに，入院中の精神障害者の早期退院（入院期間の短縮）及び地域移行を推進し，いわゆる社会的入院を解消するため，以下の取組を通じて，精神障害者が地域で生活できる社会資源を整備する。
ア　専門診療科以外の診療科，保健所等，健診の実施機関等と専門診療科との連携を促進するとともに，様々な救急ニーズに対応できる精神科救急システムを確立するなど地域における適切な精神医療提供体制の確立や相談機能の向上を推進する。 イ　精神科デイケアの充実や，外来医療，多職種によるアウトリーチ（訪問支援）の充実を図る。 ウ　居宅介護など訪問系サービスの充実や地域相談支援（地域移行支援・地域定着支援）の提供体制の整備を図る。 エ　精神障害者の地域移行の取組を担う精神科医，看護職員，精神保健福祉士，心理職等について，人材育成や連携体制の構築等を図る。
○学校，職域及び地域における心の健康に関する相談，カウンセリング等の機会の充実により，一般国民の心の健康づくり対策を推進するとともに，精神疾患の早期発見方法の確立及び発見の機会の確保・充実を図る。
○精神障害者及び家族のニーズに対応した多様な相談体制の構築を図る。精神障害者に対する当事者による相談活動に取り組む地方公共団体に対し支援を行う。
○精神医療における人権の確保を図るため，精神医療審査会の審査の在り方の見直し等により，都道府県及び指定都市に対し，その機能の充実・適正化を促す。
○精神疾患について，患者の状態像や特性に応じた精神病床の機能分化を進めるとともに，適切な医療の提供を確保し，患者・家族による医療機関の選択に資するよう，精神医療に関する情報提供，EBM（根拠に基づく医療）及び安全対策の推進を図る。
○精神保健及び精神障害者福祉に関する法律の一部を改正する法律（平成25年法律第47号）附則第8条に基づき，医療保護入院や精神科病院に係る精神障害者の意思決定及び意思の表明についての支援の在り方等に関する検討を行う。
○心神喪失等の状態で重大な他害行為を行った者に対する適切な医療の確保を推進するとともに，心神喪失等の状態で重大な他害行為を行った者の医療及び観察等に関する法律（平成15年法律第110号）附則第3条に基づき，精神医療及び精神保健福祉全般の水準の向上を図る。

とになった。

　障害者差別解消法は，改正障害者基本法第4条の基本原則「差別の禁止」をより具体化するものであり，差別を解消するための措置として，「差別的取扱の禁止」と「合理的配慮の不提供の禁止」を規定した。「差別的取扱の禁止」は，国・地方公共団体等および民間事業者に対し義務規定となり，「合理的配慮の不提供の禁止」は，国・地方公共団体等においては義務規定，民間事業者に対しては努力義務規定とした。

　差別を解消するための今後の具体的な対応は，まず政府全体の方針として「差別の解消の推進に関する基本的方針」を策定することになる。その方針を受けて，国・地方公共団体等は「当該機関における取り組みに関する要領」を策定し，民間事業者は「事業分野別の指針（ガイドライン）」を策定することになる。また，実効性を確保するために主務大臣による民間事業者に対する報告徴収，助言・指導・勧告が規定された。

表1-3　差別を解消するための支援措置として定められた規定

○相談及び紛争の防止等のための体制の整備（第14条）
国及び地方公共団体は，障害者及びその家族その他の関係者からの障害を理由とする差別に関する相談に的確に応ずるとともに，障害を理由とする差別に関する紛争の防止又は解決を図ることができるよう必要な体制の整備を図るものとする。
○啓発活動（第15条）
国及び地方公共団体は，障害を理由とする差別の解消について国民の関心と理解を深めるとともに，特に，障害を理由とする差別の解消を妨げている諸要因の解消を図るため，必要な啓発活動を行うものとする。
○情報の収集，整理及び提供（第16条）
国は，障害を理由とする差別を解消するための取組に資するよう，国内外における障害を理由とする差別及びその解消のための取組に関する情報の収集，整理及び提供を行うものとする。
○障害者差別解消支援地域協議会（第17条）
国及び地方公共団体の機関であって，医療，介護，教育その他の障害者の自立と社会参加に関連する分野の事務に従事するもの（以下この項及び次条第2項において「関係機関」という。）は，当該地方公共団体の区域において関係機関が行う障害を理由とする差別に関する相談及び当該相談に係る事例を踏まえた障害を理由とする差別を解消するための取組を効果的かつ円滑に行うため，関係機関により構成される障害者差別解消支援地域協議会を組織することができる。

　差別を解消するための支援措置としては，「紛争解決・相談」，「啓発活動」，「情報収集等」，「地域における連携」に関する規定が設けられた。各規定の内容は表1-3の通りである。

3）障害者権利条約の批准について

　「障害者権利条約」は，2006（平成18）年12月に国連総会で採択された。本条約は障害者の人権や基本的自由の享有を確保し，障害者の固有の尊厳の尊重を促進するため，障害者の権利を実現するための措置等を規定した，障害者に関する初めての国際条約である。

　本条約の主な内容[*2]は，（1）一般原則（障害者の自律及び自立の尊重，無差別，社会への完全かつ効果的な参加及び包容等），（2）一般的義務（合理的配慮の実施を怠ることを含め，障害に基づくいかなる差別もなしに，すべての障害者のあらゆる人権及び基本的自由を完全に実現することを確保し，及び促進すること等），（3）障害者の権利実現のための措置（身体の自由，拷問の禁止，表現の自由等の自由権的権利及び教育，労働等の社会権的権利について締約国がとるべき措置等を規定。社会権的権利の実現については漸進的に達成することを許容），（4）条約の実施のための仕組み（条約の実施及び監視のための国内の枠組みの設置。障害者の権利に関する委員会における各締約国からの報告の検討）となっている。

　わが国は2007（平成19）年9月28日に，当時の外務大臣が国連本部において障害者

*2　外務省ホームページ：日本と国際社会の平和と安定に向けた取組，「障害者の権利に関する条約（略称：障害者権利条約）」より

権利条約に署名した。その後,障害者権利条約の締結に向けて「障がい者制度改革推進本部」を立ち上げ,締結に必要な国内法の整備及び障害者制度改革を進めてきた。

　2013年10月には,国会において条約締結に向けての議論が始まり,同年11月19日の衆議院本会議,同年12月4日の参議院本会議において全会一致で障害者権利条約の締結が承認された。そして,2014年1月20日,国連代表部大使が,障害者権利条約の批准書を国連に寄託し締約国となり,30日後の2月19日よりわが国において効力が発生した。

　わが国は140番目の締結国で,2014年1月20日現在,米国を除くG8,中国,韓国,EU等の140か国・1地域機関が,同条約を締結している。

■引用・参考文献
1）厚生労働省医政局長通知：医療計画について. 2012.
2）厚生労働省：「精神保健医療福祉の更なる改革に向けて」（今後の精神保健医療福祉のあり方等に関する検討会報告書）について概要. 2009.
3）前掲書1）
4）厚生労働省：平成23年（2011）患者調査の概況.

第2章 精神保健医療福祉制度改革

I 障害者自立支援法から障害者総合支援法へ

1. 障害者自立支援法の廃止について

　障害者自立支援法は2006（平成18）年の法施行時より，利用者負担（応益負担）の仕組みのため，多くのサービスを必要とする重度の障害者の負担が重くなるといった課題を抱えていた。

　2009（平成21）年の政権交代を契機に，2010（平成22）年1月7日には連立政権合意により，障害者自立支援法を廃止し，制度の谷間がなく，利用者の応能負担を基本とする総合的な制度をつくることが示された。

　また，同日付の「障害者自立支援法違憲訴訟原告団・弁護団と国（厚生労働省）との基本合意文書[*1]」にも，障害者自立支援法廃止の確約と新法の制定が盛り込まれ，国（厚生労働省）は速やかに応益負担（定率負担）の部分を廃止し，遅くとも2013（平成25）年8月までに障害者自立支援法を廃止し，総合的な新しい福祉法制を実施することが明記された。

[*1] 2010年4月27日，障がい者制度改革推進会議，総合福祉部会（第1回）配布資料：障害者自立支援法違憲訴訟原告団・弁護団と国（厚生労働省）との基本合意文書。

1) 新法制定に向けた検討ついて

　2009年に内閣に設置された「障がい者制度改革推進会議」の下に，施策分野別の検討を行う「部会」が設置された。その1つとして障害者にかかわる総合的な福祉法制の制定に向けた検討（障害者自立支援法をめぐる論点に関する検討を含む）を効果的に行うため，障がい者制度改革推進会議「総合福祉部会」が開催され，そこで新法制定に向けた検討が進められた。

2) 利用者負担の軽減措置について

　前述した基本合意文書では，利用者負担における当面の措置として，厚生労働省は障害者自立支援法廃止までの間，応益負担（定率負担）制度の速やかな廃止のため，2010年4月から低所得（市町村民税非課税）の障害者と障害児の保護者に対して，障害者自立支援法および児童福祉法による障害福祉サービスと補装具に係る利用者負担を無料とする措置を講じることが明記されていた。

これを受けて厚生労働省は2010年4月1日より、障害者自立支援法における利用者負担の基本的な枠組みを以下の通りとした。

①定率負担が過大なものとならないよう、所得に応じて1月当たりの負担限度額を設定。
②低所得の通所サービス利用者については、さらに、食費負担額の軽減措置を実施。
③低所得の入所施設利用者については、さらに、個別減免、補足給付（手許金制度）を実施。

2. 障害者自立支援法改正案（整備法）の成立について

2010年12月3日、障害者自立支援法は新たな総合的な福祉法制が成立するまでの間の、いわゆる「つなぎ法案」として、利用者負担などの見直しを含めた改正法案として可決成立した。なお、改正法案の正式な名称については、改正の経緯を踏まえ「障がい者制度改革推進本部等における検討を踏まえて障害保健福祉施策を見直すまでの間において障害者等の地域生活を支援するための関係法律の整備に関する法律（平成22年法律第71号。以下「整備法」という）」となった。

整備法による各改正事項の施行期日は、障害者の範囲の見直し等については2011（平成23）年12月10日の公布日、グループホーム・ケアホームの利用の際の助成（特定障害者特別給付費）の創設及び重度視覚障害者に対する移動支援の個別給付化（同行援護の創設）は2011年10月1日、その他の事項については2012（平成24）年4月1日の施行となった。

*2 障がい者制度改革推進本部等における検討を踏まえて障害保健福祉施策を見直すまでの間において障害者等の地域生活を支援するための関係法律の整備に関する法律の公布及び一部の施行について（通知）：厚生労働省社会・援護局長、社援発1210第4号、平成22年12月10日。

1）整備法の概要[*2]
(1) 法律の趣旨（公布の日から施行）

整備法とは、障がい者制度改革推進本部等での検討を踏まえて障害保健福祉施策を見直すまでの間、障害者と障害児の地域生活を支援するための関係法律の整備について定めるものである。

(2) 法律の内容（概要）

①利用者負担の見直し（2012年4月1日までの政令で定める日から施行）
　○利用者負担について「応能負担」を原則とした。
　○障害福祉サービスと補装具の利用者負担を合算し、負担を軽減した。
②障害者の範囲の見直し（公布の日から施行）
　○障害者の定義について「発達障害者」を含むことを明確化した。
③相談支援の充実（原則として2012年4月1日から施行）
　○相談支援体制の強化として、市町村に「基幹相談支援センター」を設置することができるようにし、「自立支援協議会」を法律上に位置づけた。
　○支給決定のプロセスを見直し「サービス利用計画案」を勘案して支給の要否決定

を行うものとした。
　○サービス利用計画作成の対象者を大幅に拡大した。
　○地域移行と地域定着のための相談支援として，施設または精神科病院に入所・入院している障害者の「地域移行支援」と「地域定着支援」の個別給付化を創設した。

④障害児支援の強化
　○児童福祉法を基本として身近な地域での支援を充実した。
　○放課後等デイサービス・保育所等訪問支援を創設した。
　○在園期間の延長措置を見直した。

⑤地域における自立した生活のための支援の充実
　○グループホーム・ケアホームを利用する際の助成を創設した。
　○重度視覚障害者の移動を支援する同行援護サービスを創設した。

⑥その他
　ア　目的規定等にある「その有する能力及び適性に応じ」との文言を削除した。
　イ　成年後見制度利用支援事業を必須事業化した。
　ウ　児童デイサービスに係る利用年齢の特例を設けた。
　エ　事業者の業務管理体制の整備とその他所要の規定の整備を図った。
　オ　精神科救急医療体制の整備等を図った。
　カ　難病の者等に対する支援・障害者等に対する移動支援に関する検討を行い，必要な措置を講ずることとした。

2) 精神障害者が利用する福祉サービス等の変化

(1) 発達障害者について

　発達障害者については，従来，障害者自立支援法に基づく支援の対象となっていたが，市町村や関係者等でその対応が十分に徹底されていないといった指摘があった。
　整備法で障害者に関する定義規定の見直しが行われ，「発達障害者支援法第2条第2項に規定する発達障害者」が含まれたことで，発達障害者が本法律の対象となることが明確化された。これによって発達障害者の福祉サービス利用が促進されることが期待されるなど，定義規定の見直しの意義は大きいと考えられた。
　また，定義規定の見直しに伴い，発達障害等の症状や状態像を適切に把握し，判定が容易になるように「精神障害者保健福祉手帳」と「自立支援医療（精神通院医療）」の診断書の様式が改正されることになった。

(2) 精神障害者の地域移行支援について

　精神科病院からの地域移行支援は，厚生労働省の「精神保健医療福祉の改革ビジョン」で示された，「入院医療中心から地域生活中心へ」という基本的方策の実現を図るための重要な取り組みである。
　地域移行支援とは，精神科病院に入院中の長期入院患者を退院に導くための支援を

```
2003年 ┐           補助事業
2004年 │        ┌──────────────┐        ┌──────────────────┐
       │        │  モデル事業    │────────│ 精神保健医療福祉施策の │
2006年 │        │              │        │ 改革ビジョン公表（10年計画）│
       │    ┌──┴──────────────┴──┐     └──────────────────┘
       │    │ 精神障害者退院促進支援事業 │      「入院医療中心から地域生活中
2008年 │   ┌┴────────────────────┴┐    心へ」という基本的施策の実現
       │   │ 精神障害者地域移行・地域定着支援事業 │
       │   │ （地域定着支援として訪問支援を追加） │
2010年 │  ┌┴──────────────────────┴┐
       │  │ 精神障害者地域移行・地域定着支援事業 │
       │  │ （地域定着支援として訪問支援を追加） │        一般制度
2012年 │ ┌┴──────────────┬───────┴┐   ┌──────────┐
       │ │ 高齢入院患者地域支援事業│ 長期入院患者の地域移行支援│→│ 障害者自立支援法 │
       ↓ └──────────────┴────────┘   ├──────────┤
2014年                                       │ 障害者総合支援法 │
                     ↓                        └──────────┘
              将来的には一般制度化を目指す             ↓
```

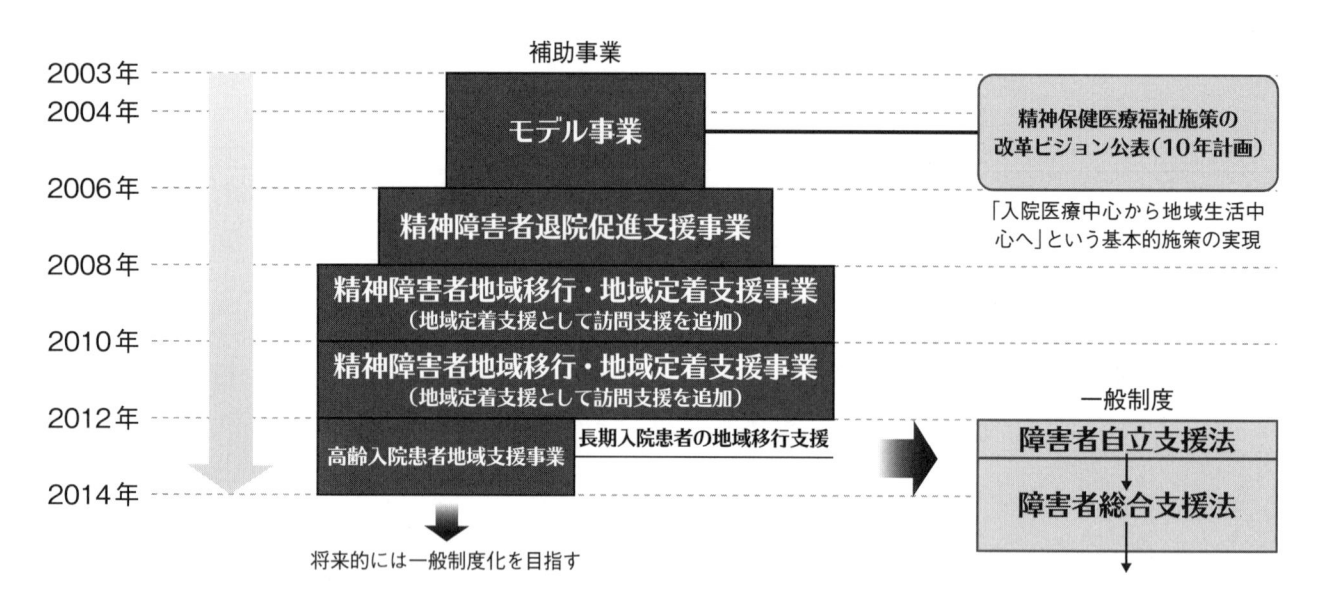

※地域定着支援事業（訪問支援）は2011年より精神障害者アウトリーチ推進事業となる。

図2-1　地域移行支援事業の変遷

行う事業である。この事業は地域活動支援センター等のスタッフ等やピアサポーターが，事業の対象となった精神科病院を訪問するなどして，長期入院患者の退院を支援するものである。この地域移行支援事業は，図2-1のように2003（平成15）年度から2005（平成17）年度まで実施したモデル事業を経て，2006年度からは国の補助金事業としての「精神障害者退院促進支援事業」となり，2008（平成20）年度には「精神障害者地域移行支援特別対策事業」として，さらに2010年度になってからは「精神障害者地域移行・地域定着支援事業」となり継続して実施された。

それが，2012年度に障害者自立支援法に組み入れられ，長期入院患者を対象とした地域移行支援事業は，一般制度化された。

一般制度化によって変わった内容を図2-2に示す。地域移行支援事業の中で位置づけられた地域移行推進員の配置と個別支援会議（計画立案）が，「地域相談支援」に含まれるようになった。そして，必要な障害福祉サービスを個別に受けることができるようになった。

障害者自立支援法では，障害者がみずからサービスを選択し，契約を交わしてサービスを利用する仕組みを自立支援給付としており，長期入院患者の退院に向けた支援である地域移行支援も同じ考え方で行われるようになった。また，補助金事業の時には地域移行支援を受けることができるのは事業の対象となった精神科病院の入院患者に限定されていたのが，一般制度化によって退院の希望がある1年以上入院している患者や支援が必要な患者が個別に支援を受けることができるようになった。地域相談支援には「地域移行支援」と「地域定着支援」の事業が含まれる。

なお，2012年以降の補助金事業による精神障害者の地域移行支援事業として，高齢

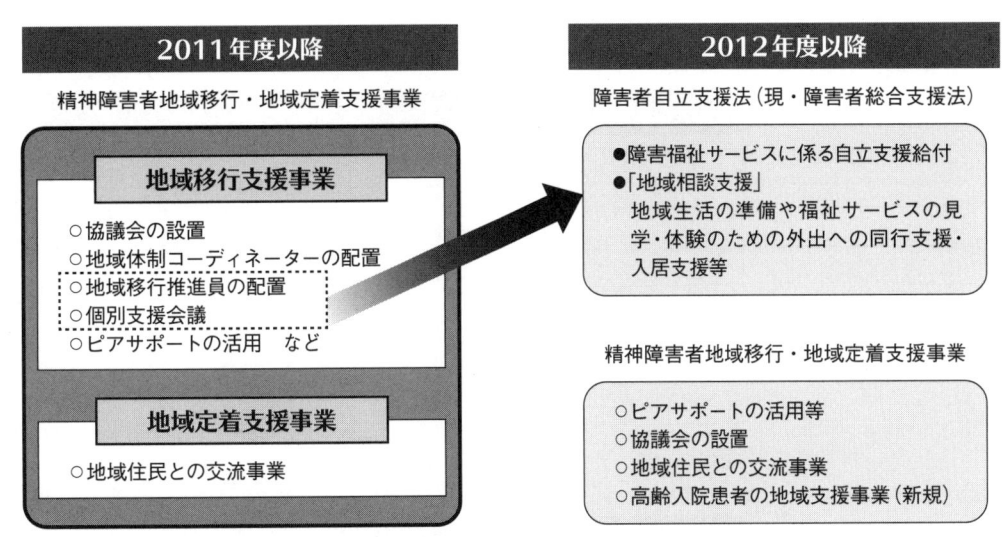

図2-2 補助金事業から自立支援給付となった支援内容

2011年度以降
精神障害者地域移行・地域定着支援事業

- 地域移行支援事業
  - 協議会の設置
  - 地域体制コーディネーターの配置
  - 地域移行推進員の配置
  - 個別支援会議
  - ピアサポートの活用　など
- 地域定着支援事業
  - 地域住民との交流事業

2012年度以降
障害者自立支援法(現・障害者総合支援法)

- 障害福祉サービスに係る自立支援給付
- 「地域相談支援」
  地域生活の準備や福祉サービスの見学・体験のための外出への同行支援・入居支援等

精神障害者地域移行・地域定着支援事業

- ピアサポートの活用等
- 協議会の設置
- 地域住民との交流事業
- 高齢入院患者の地域支援事業(新規)

長期入院患者を対象とした「高齢入院患者地域支援事業」が新規に創設された。本事業は、院内の専門職種と地域の関係者がチームとなり、退院に向けた包括的な支援プログラムを実施して、地域移行を目指すものである。将来的にはその取り組みを診療報酬で評価するなど、一般制度化を図ることを見込んでいる。

2012年以降の地域移行支援等の流れについては、整備法における障害者の相談支援体系の見直しにより、「計画相談支援[*3]」と「地域相談支援」を組み合わせて支援が展開されるようになった。まず、入院中の精神障害者で退院の希望がある人に対して、市町村長が事業者指定を行う「指定特定相談支援事業者」が訪問し、サービス等利用計画の作成等を行う。その後、都道府県が事業者指定を行う「指定一般相談支援事業者」が対象者に地域移行と地域定着に向けた支援を提供することになった。

地域移行支援等が自立支援給付に位置づけられたことにより、精神障害者が利用できる制度は大きく変化した。

図2-3に示すように、従来、入院中の精神障害者が利用できる制度は医療サービスに限られていた。したがって、障害福祉サービスは退院後に利用するという考え方が主流であり、障害福祉サービスを提供する事業者との連携も退院後に向けた調整として行われてきた。「地域移行支援」が障害者自立支援法により個別給付化されたことで、原則1年以上の入院中の精神障害者は誰でも地域移行支援の対象となり、本人の申請により退院に向けて利用することが可能になった。

従来、補助金制度による地域移行支援の対象者は、都道府県の中で選出された一部の精神障害者に限られていたが、個別給付化されたことにより多くの精神障害者が利用できるようになった。これも個別給付化がもたらした大きな変化である。

さらに個別給付化がもたらした変化として、入院患者と病院スタッフ側に次のようなメリットが出てきたことがあげられる。

*3　地域生活の相談やサービス利用計画の作成などのケアマネジメントを行う。

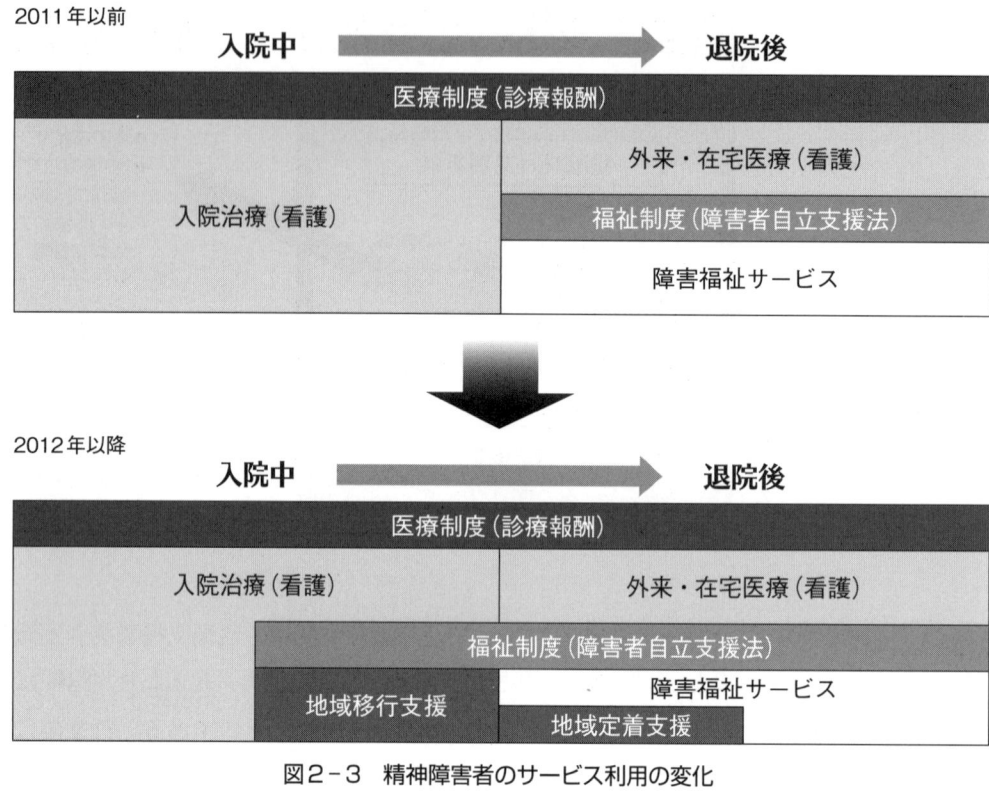

図2-3 精神障害者のサービス利用の変化

①入院患者側
　○自分にあったサービスを医療・福祉の中から検討することができ選択肢が拡がる。
　○地域移行に向けた準備段階から，退院後の地域生活まで継続した支援が受けられる。
　○入院中から地域生活を支援する事業者と顔見知りになり，早期に関係づくりが行える。
②病院スタッフ側
　○医療と福祉との連携が高まる。
　○地域の事業者と共に活動することで，地域生活支援の視点や社会資源の理解が深まる。
　○医療資源（サービス，マンパワーなど）だけでは退院に導くことが難しかったケースの，地域移行支援に向けた取り組みが強化される。

(3) グループホーム・ケアホーム利用の際の助成

　上記の「地域移行支援」と関連して，障害者の地域移行を推進する目的で，2011年10月1日より「グループホーム・ケアホームの家賃」の一定額が助成されることとなった。

　対象者はグループホーム・ケアホームの利用者（市町村民税課税世帯を除く）で，利用者1人当たり月額1万円を上限に家賃が助成されることになった。ただし，家賃

が1万円未満の場合はその額が助成され，月の中途で入退居した場合は1万円を上限として実際に支払った額が助成されることになった。

3. 障害者総合支援法の成立について

障害者総合支援法（検討時点では「障害者総合福祉法」と標記されていた）は，「障がい者制度改革推進会議総合福祉部会」において，具体的な検討が行われてきた。

2011年9月26日に開催された第35回障がい者制度改革推進会議では，「障害者総合福祉法の骨格に関する総合福祉部会の提言」が提示され，障害者総合福祉法の6つのポイントとして，①障害のない市民との平等と公平，谷間や空白の解消，格差の是正，放置できない社会問題の解決，本人のニーズにあった支援サービス，安定した予算の確保が示された。また，法の理念・目的・範囲，障害（者）の範囲，選択と決定（支給決定）など，10項目の骨格提言が示された。

厚生労働省は上記の提言等を踏まえ改正法案を検討し，2012年3月13日に「地域社会における共生の実現に向けて新たな障害保健福祉施策を講ずるための関係法律の整備に関する法律案」が閣議決定され，同日国会へと提出された。

同年4月には衆議院において一部修正が加えられた上で可決され，同年6月に参議院にて可決・成立し，同月27日に公布された。改正法は一部を除き2013年4月1日より施行された。

1) 障害者総合支援法の概要について[*4]

*4 厚生労働省：地域社会における共生の実現に向けて新たな障害保健福祉施策を講ずるための関係法律の整備に関する法律について，法律の事項別概要資料より。

2013年4月1日に施行された「地域社会における共生の実現に向けて新たな障害保健福祉施策を講ずるための関係法律の整備に関する法律」により，従来の「障害者自立支援法」は「障害者の日常生活及び社会生活を総合的に支援するための法律（通称「障害者総合支援法」）」に法律名が変更された。障害者自立支援法における障害者の「自立」を支援するという考え方から，新たに，「基本的人権を享有する個人としての尊厳」を重視することが明記された。また，障害福祉サービスの給付に地域生活支援事業による支援についても加えられ，それらの支援を総合的に行うように改正された。

(1) 障害者の範囲の見直し

制度の谷間のない支援を提供するために，障害者の定義に新たに難病等（治療方法が確立していない疾病その他の特殊の疾病であって政令で定めるものによる障害の程度が厚生労働大臣が定める程度である者）が追加され，障害福祉サービス等の対象とされた。難病患者は症状の変動がある等の理由で身体障害者手帳を取得することができないが，一定の障害がある患者については障害福祉サービスを受けることができるようになった。

(2) 障害支援区分への名称・定義の改正

旧法の「障害程度区分」を「障害支援区分」にあらため，その定義が「障害者等の障

害の多様な特性その他の心身の状態に応じて必要とされる標準的な支援の度合を総合的に示すものとして厚生労働省令で定める区分」とされた（2014年4月1日施行）。

なお，障害支援区分の認定を含めた支給決定の在り方については，施行後3年を目途として所要の措置を講ずるものとした（附則第3条1項）。

(3) 障害者に対する支援（①重度訪問介護の対象拡大）

重度訪問介護の対象者が，「重度の肢体不自由者その他の障害者であって常時介護を要するものとして厚生労働省令で定めるもの」とされ，現行の対象者が重度の肢体不自由者であったのを，重度の知的障害者・精神障害者が追加となった（2014年4月1日施行）。

(4) 障害者に対する支援（②共同生活介護の共同生活援助への一元化）

共同生活を行う住居でのケアが柔軟にできるように，共同生活介護（ケアホーム）が共同生活援助（グループホーム）に統合された。これは，地域生活の基盤となる住まいの場の確保することで障害者の地域移行を促進するねらいがある（2014年4月1日施行）。

(5) 障害者に対する支援（③地域移行支援の対象拡大）

地域生活への移行のために支援を必要とする人を広く対象とするために，現行では障害者支援施設等に入所している障害者または精神科病院に入院している精神障害者になっている対象に，その他の地域における生活に移行するために重点的な支援を必要とする者であって厚生労働省令で定めるものが追加された（2014年4月1日施行）。

(6) 障害者に対する支援（④地域生活支援事業の追加）

市町村が実施する地域生活支援事業の必須事業として，障害者に対する理解を深めるための研修・啓発，障害者やその家族，地域住民等が自発的に行う活動に対する支援，市民後見人等の人材の育成・活用を図るための研修，意思疎通支援を行う者の養成を追加した。

また，都道府県が実施する地域生活支援事業の必須事業として，意思疎通支援を行う者のうち，特に専門性の高い者を養成し，または派遣する事業（手話通訳者，要約筆記者，触手話および指点字を行う者の養成または派遣など），意思疎通支援を行う者の派遣に関する市町村相互間の連絡調整等の広域的な対応が必要な事業が追加された。

(7) サービス基盤の計画的整備

障害福祉計画においての必ず定める事項に「サービスの提供体制の確保に係る目標」等が追加されることになり，基本指針や障害福祉計画の，定期的な検証と見直しを行うことが定められた。また，市町村が障害福祉計画を作成する際には，ニーズ把握等を行うことが努力義務として規定された。さらに，自立支援協議会の名称を地域の実情に応じて決めることができるよう弾力化し，当事者や家族が参画することが明記された。

表2-1 知的障害者や精神障害者の特性をより反映できるように追加された項目

① 【健康・栄養管理】：体調を良好な状態に保つために必要な健康面・栄養面の支援を評価
② 【危険の認識】：危険や異常を認識し安全な行動を行えない場合の支援を評価
③ 【読み書き】：文章を読むこと、書くことに関する支援を評価
④ 【感覚過敏・感覚鈍麻】：発達障害等に伴い感覚が過度に敏感になること、鈍くなることの有無を確認
⑤ 【集団への不適応】：集団に適応できないことの有無や頻度を確認
⑥ 【多飲水・過飲水】：水中毒になる危険が生じるほどの多飲水・過飲水の有無や頻度を確認

(8) 検討規定

障害者等の支援に関する施策を段階的に実施するために、この法律の施行後3年を目途として、以下の項目について検討を加え、その結果に基づいて必要な措置を講じることとされた。

①常時介護を要する障害者等に対する支援、障害者等の移動の支援、障害者の就労の支援その他の障害福祉サービスのあり方。
②障害支援区分の認定を含めた支給決定のあり方。
③障害者の意思決定支援のあり方。
④障害福祉サービスの利用の観点からの成年後見制度の利用促進のあり方。
⑤手話通訳等を行う者の派遣、その他の聴覚、言語機能、音声機能その他の障害のため意思疎通を図ることに支障がある障害者等に対する支援のあり方。
⑥精神障害者および高齢の障害者に対する支援のあり方。

2) 障害程度区分への見直しにおける適切な障害支援区分の認定のための措置

旧法（障害者自立支援法）の障害程度区分については、知的障害者と精神障害者が一次判定で低く判定され、二次判定で引き上げられている割合が高いという実態があり、障害の特性が反映されるように判定方法を見直す必要があると指摘をされていた。

そこで、厚生労働省は新判定式（コンピュータ判定式）の構築と認定調査項目の見直しに向けた検討を行い、2014（平成26）年1月23日、「障害程度区分に係る市町村審査会による審査及び判定の基準等に関する省令の全部を改正する省令」出して、同年4月1日より新しい判定方法による審査が実施された。

新たな「障害支援区分」では、旧法の調査項目では評価が難しかった知的障害者や精神障害者の特性をより反映するため、表2-1の6項目が追加された。発達障害の特性に配慮した項目として、行動障害に関する調査項目が追加され、精神障害者の特性に配慮した項目として、集団への不適応や多飲水・過飲水に関する調査項目が追加された。

表2-2 精神障害者の障害の特性その他の心身の状態に応じた良質かつ適切な精神障害者に対する医療の提供を確保するための指針に定められた事項

① 精神病床（病院の病床のうち，精神疾患を有する者を入院させるためのものをいう。）の機能分化に関する事項
② 精神障害者の居宅等（居宅その他の厚生労働省令で定める場所をいう。）における保健医療サービス及び福祉サービスの提供に関する事項
③ 精神障害者に対する医療の提供に当たっての医師，看護師その他の医療従事者と精神保健福祉士その他の精神障害者の保健及び福祉に関する専門的知識を有する者との連携に関する事項
④ その他良質かつ適切な精神障害者に対する医療の提供の確保に関する重要事項

4. 精神科病院の構造改革に向けた議論と具体的な方向性について

1) 改正精神保健法に規定された「指針」策定に向けた検討会での議論

2013年6月19日に交付された「精神保健及び精神障害者福祉に関する法律の一部を改正する法律」において，厚生労働大臣は，「精神障害者の障害の特性その他の心身の状態に応じた良質かつ適切な精神障害者に対する医療の提供を確保するための指針（以下，指針）」を定めなければならないと規定された（法第41条関係）。

なお，指針に定める事項は表2-2のように規定された。

厚生労働省は上記の規定を受けて，2013年7月26日に「精神障害者に対する医療の提供を確保するための指針等に関する検討会（以下，検討会）」を設置し，各事項に記載すべき内容について議論を行った。

検討会では各事項について各構成員からヒアリングが行われ，同年10月11日には指針案の中間まとめがとりまとめられた。その後，後半の議論になったところで，①精神病床の機能分化に関する事項について，構成員から「長期入院精神障害者の地域移行と精神病床の削減を進めるために，病床を居住系施設に転換する方法（いわゆる「病床転換」）も視野にいれてはどうか」という意見が出された。

その意見を受けて反対意見も複数投じられ，構成員の立場は分かれたが，病床転換の是非を含め，公の場で議論を行う必要性があるという意見で概ね合意が得られた。そして，同年12月18日に公表された指針案には，精神病床の機能分化について表2-3のように記載された。

地域移行の推進のための地域の受け皿づくりと病床転換の可否については，その後あらためて検討することになり，2014年3月7日に告示された指針では上記のままの記載となった。なお，指針全体の内容については第2章-Ⅱ（p.37）で説明する。

2) 長期入院精神障害者の地域移行と精神科病院の構造改革に向けた議論

2014年3月28日に再開された「精神障害者に対する医療の提供を確保するための指針等に関する検討会」では，継続審議となった地域移行の推進（地域の受け皿づくり

表2-3 精神病床の機能分化について（指針案）

第1　精神病床の機能分化に関する事項
1　基本的な方向性（該当部分の抜粋） 　　機能分化は段階的に行い，人材・財源を効率的に配分するとともに，地域移行を更に進める。結果として，精神病床は減少する。また，こうした方向性を更に進めるため，地域の受け皿づくりの在り方や病床を転換することの可否を含む具体的な方策の在り方について精神障害者の意向を踏まえつつ，様々な関係者で検討する。

や病床転換の議題を含む）について集中的な議論を行うことになった。そのため，同日より検討会名称を「長期入院精神障害者の地域移行に向けた具体的方策に係る検討会（以下，検討会）」とあらため，同年7月1日まで議論が行われた。

本検討会の基本的考え方は，以下の通りである。

①長期入院患者本人の意向を最大限尊重しながら検討する。

②地域生活に直接移行することがもっとも重要な視点であるが，新たな選択肢も含め，地域移行を一層推進するための取り組みを幅広い観点から検討する。

この基本的考えを基に長期入院精神障害者（入院期間1年以上）の地域移行の推進に向けた具体的な方策と，精神医療の将来像について検討することになった。その過程で，地域移行後の生活の場については，改正障害者基本法や障害者権利条約を踏まえ，精神障害者本人の意向や選択の機会を保障したうえで，病床転換という新たな選択肢の可否を議論することになった。

なお，検討会の下に具体的な検討を行うための作業チームを設置し，それによる検討がとりまとめ案の検討までに5回行われた。

(1) 検討会とりまとめに向けた議論の紛糾

同年6月12日の第3回検討会には，作業チームにおける議論を経て「長期入院精神障害者の地域移行に向けた具体的方策の今後の方向性」とりまとめ案が提出された。

とりまとめ案の中身は，「1．総論」，「2．患者本人に対する支援の具体的方策の方向性」，「3．病院の構造改革の方向性」の3つから構成されていた。

「総論」の中では，精神医療の将来像として，精神医療の質を一般医療と同等に良質かつ適切なものとするために，「精神科救急・急性期は一般病床と同等の医師等を集約し，回復期及び重度かつ慢性の症状を有する精神障害者の病床は，それぞれその機能及び特性に応じた人員配置及び環境を整備する方向性」が示された。

「患者本人に対する支援の具体的方策の方向性」では，退院に向けた支援として，「退院に向けた意欲の喚起に関する具体的な方策」や，「病院スタッフからの働きかけの促進」，そして「本人の意向に沿った移行支援と地域生活の支援」等に関する具体的な方策が示された。

「病院の構造改革の方向性」では，(1) 病床が適正化され削減されるまでの間，地域移行支援機能を強化する方策と，(2) 病床の適正化により将来的に不必要となった建

物設備を有効活用する方策が示されていた。これらは「総論」で示された精神医療の将来像を実現するための，具体的な方策に該当するものである。

第3回検討会の終盤に争点となったのが，「病院の構造改革」の(2)病床の適正化により不必要となった建物設備の有効活用（いわゆる「病床転換」）である。

建物設備（病棟）の有効活用の方法は3種類示されており，1つは「医療を提供する施設等」としての活用（例：精神科救急・急性期病床，外来・デイケア，訪問看護等の施設）であり，あと2つは「医療を提供する施設等以外」の活用として，居住の場（例：グループホーム，介護保険施設等）と，居住の場以外（障害福祉サービス事業所，介護保険サービス事業所等）があげられていた。

検討会での議論では，特に不要になった病棟を居住の場として活用することに対して意見が分かれたが，時間の関係で十分な議論には至らず，次回の検討会に議論が持ち越されることになった。

第3回検討会の開催後から次回の検討会開催までの間には，病床転換に批判的なマスコミ報道が行われたり，障害者団体等による病床転換への反対集会が開催されたりされるなど，検討会における議論の行方が社会的にも注目を浴びることになった。

そのような中で開催された7月1日の第4回検討会では，不要になった病棟の居住の場への転換について，「病院敷地内への退院は地域移行とはいえない」，「障害者権利条約に抵触する」など，当事者を含む構成員から強い反対意見が出された一方で，「地域移行を進めるための資源が少ない」，「改革を進めるための選択枝の一つとして必要」，「病床削減に向けた時限的な措置にすべき」など，賛成・容認の立場からの意見も多く出された。

最終的には，事務局側（精神・障害保健課）から，病床転換の考え方については，「あくまで地域生活へ直接移行することが原則であるということ」，「今回の措置は現在入院している患者を対象とする例外的なものであるということ」そして，「認める条件については厳格に行うということ」，「まずは自治体と連携して試行的に実施し，その運用状況を検証すること」を，報告書に追加する修正案が提出され，とりまとめに至った（表2-4）。

(2) 検討会とりまとめ概要

2014年7月14日，検討会とりまとめ「長期入院精神障害者の地域移行に向けた具体的方策の今後の方向性」が公表された。

とりまとめの概要は以下の通りである。

①長期入院精神障害者の地域移行及び精神医療の将来像

○長期入院精神障害者の地域移行を進めるため，本人に対する支援として，「退院に向けた意欲の喚起（退院支援意欲の喚起を含む）」「本人の意向に沿った移行支援」「地域生活の支援」を徹底して実施。

○精神医療の質を一般医療と同等に良質かつ適切なものとするため，精神病床を適正

表2-4 病院資源のグループホームとしての活用について（検討会より）

> ○地域移行する際には，地域生活に直接移行することが原則
> ○退院に向けた支援を徹底して実施してもなお退院意欲が固まらない人に対しては，本人の権利擁護の観点，精神医療の適正化の観点から，段階的な移行も含めて，入院医療の場から生活の場に居住の場を移すことが必要。
> ○その選択肢の一つとして，病院資源をグループホームとして活用することを可能とするために，障害者権利条約に基づく権利擁護の観点も踏まえ，一定の条件付け（※）を行った上で，病床削減を行った場合に敷地内への設置を認めることとし，必要な現行制度の見直しを行うべきこと，また，見直し後の事業を試行的に実施し，運用状況を検証するべきことが多くの構成員の一致した考え方（※※）。
> ※「本人の自由意思に基づく選択の自由を担保する」，「外部との自由な交流等を確保しつつ，病院とは明確に区別された環境とする」，「地域移行に向けたステップとしての支援とし，基本的な利用期間を設ける」等
> ※※ あくまでも居住の場としての活用は否との強い意見があった。

化し，将来的に不必要となる病床を削減するといった病院の構造改革が必要。

②長期入院精神障害者本人に対する支援

ア　退院に向けた支援

ア-1　退院に向けた意欲の喚起
- 病院スタッフからの働きかけの促進
- 外部の支援者等との関わりの確保等

ア-2　本人の意向に沿った移行支援
- 地域移行後の生活準備に向けた支援
- 地域移行に向けたステップとしての支援（退院意欲が喚起されない精神障害者への地域生活に向けた段階的な支援）等

イ　地域生活の支援
- 居住の場の確保（公営住宅の活用促進等）
- 地域生活を支えるサービスの確保（地域生活を支える医療・福祉サービスの充実）等

ウ　関係行政機関の役割

　　都道府県等は，医療機関の地域移行に関する取組が効果的なものとなるよう助言・支援に努める。

③病院の構造改革

○病院は医療を提供する場であり，生活の場であるべきではない。

○入院医療については，精神科救急等地域生活を支えるための医療等に人員・治療機能を集約することが原則であり，これに向けた構造改革が必要（財政的な方策も併せて必要）。

○②に掲げる支援を徹底して実施し，これまで以上に地域移行を進めることにより，病床は適正化され，将来的に削減。

○急性期等と比べ入院医療の必要性が低い精神障害者が利用する病床においては，地域移行支援機能を強化する。
○将来的に不必要となった建物設備や医療法人等として保有する敷地等の病院資源は，地域移行した精神障害者が退院後の地域生活を維持・継続するための医療の充実等地域生活支援や段階的な地域移行のために活用することも可能とする。

長期入院精神障害者の地域移行は，2004（平成16）年9月に厚生労働省が策定した精神保健医療福祉の改革ビジョン（10年計画）の「入院医療中心から地域生活中心へ」という方策の実現に向けた重要な政策課題である。今後は，これまでの取り組みに，さらに病院の構造改革が加わることによって，長期入院精神障害者の地域移行が本格的に進むことが期待される。

とりまとめでは，病院スタッフの地域移行に関する理解を促進することの必要性が強調され，医療スタッフを対象にした地域移行の重要性や精神障害者の地域生活に関する研修を実施することが求められている。

(3) これから始まる精神科病院の構造改革

今後の精神病床については，精神科救急・急性期・回復期など入院医療の必要性が高い精神障害者が利用している病床と，急性期等と比べて入院医療の必要性が低い精神障害者が利用している病床とを分けて考える方向性が示された。ここでいう入院医療の必要性が低い精神障害者とは，1年以上の入院者（約20万人）であり，入院患者の約2／3がこれに該当する。構造改革に向けた具体的な方策は以下の通りである。

①入院医療の必要性により人員・機能を集約する方策

入院医療については，一般医療と同等に良質かつ適切な医療・看護の提供ができる体制づくりを目指す。そのために，長期入院精神障害者（1年以上）の病床は，医療スタッフ（看護者等）よりも地域移行の支援や訓練に必要な職種を手厚く配置し，医療スタッフ（看護者等）は救急・急性期・回復期の病棟や外来・在宅部門等に集約する。

②原則1年未満の入院期間を目指す方策

新たに入院する精神障害者は原則1年未満で退院し，現在入院医療の必要性が低い精神障害者が利用する病床に，新たな精神障害者が流入しないようにする。そのための体制整備として，回復期の医療を提供する病床のあり方について早急に検討する。

③地域移行支援を強化する方策

入院医療の必要性が低い精神障害者が利用している病床は，地域移行支援の機能を強化した病床にする。そのために必要な職種を手厚く配置するとともに，病院内の設備は地域生活により近い形とし，退院に向けたクリティカルパスに基づき，病院外の施設を積極的に活用した訓練等を実施する。

④段階的な地域移行のための病院資源の活用

退院に向けた支援を徹底して実施しても，高齢等の理由によって生活の場が変わる

ことに拒否的な意向をもつ人や，病院の敷地内なら安心して生活できるという意向をもつ人などについては，病床転換による居住系施設を利用し，段階的な地域移行支援を実施する。但し，病床転換は，あくまでも地域移行の推進により，入院患者がいなくなった病棟を居住系施設等に転換することを認めるものである。

厚生労働省は上記方策の実現に向けて，今後の診療報酬改定や障害福祉サービス報酬改定等に反映する方向であり，早ければ，次回の報酬改定に反映されることが予測される。ただし，今後の制度改正に向けた検討課題もいくつか残っている。それは，回復期の病床のあり方や，重度かつ慢性，身体合併症のある精神病床のあり方などである。それぞれの病棟機能や人員配置の考え方について，今後どのような方針が示されるのか注目する必要がある。

Ⅱ 2013（平成25）年における精神保健福祉法改正

1．精神保健福祉法改正を受けて

2013年6月13日「精神保健及び精神障害者福祉に関する法律の一部を改正する法律」が衆議院本会議で可決され，6月19日に公布された。そして，2014年4月1日，精神医療審査会関係の委員の構成に関する事項を残し，ほぼ全面的な施行となった。

今回の主な改正点は，(1) 精神障害者への医療の提供を確保するための指針の策定，(2) 保護者制度の廃止，(3) 医療保護入院の見直し，(4) 精神医療審査会に関する見直し，である。国会審議では「保護者制度の廃止」，家族等の同意を要件とする「新たな医療保護入院制度」について論議が集中している感があった。精神医療関係者の関心も同じだろうと思えた。

保護者制度は，明治時代の「精神病者監護法」の監護義務者制度にその起源がある。110年以上にわたり精神医療の基礎にあった家族に精神障害者を「監督」あるいは「保護」する義務を課していた制度が廃止されたのである。このような理解に立てば，今回の法改正で実現した「保護者制度の廃止」は精神医療施策の歴史的大転換であり注目されるのは当然だろう。しかし，精神科看護の立場からは第41条（指針）も見逃せない改正項目である。この条項は厚生労働大臣に「良質かつ適切な精神障害者に対する医療の提供を確保するための指針」を定める義務を課す。指針は，今後の精神科医療の基本的な枠組みとなる。指針に定めるべき事項として精神保健福祉法第41条－2では以下の4点を列挙している。

①精神病床の機能分化に関する事項。
②精神障害者の居宅等における保健医療サービス及び福祉サービスの提供に関する事項。

③精神障害者に対する医療の提供に当たって医師，看護師その他の医療従事者と精神保健福祉士その他の精神障害者の保健及び福祉に関する専門的知識を有する者との連携に関する事項。

④その他良質かつ適切な精神障害者に対する医療の提供の確保に関する重要事項。

法の公布を受けて2013年7月18日の社会保障審議会障害者部会において，策定が決まった「指針」に記載すべき内容を検討するための「精神障害者に対する医療の提供を確保するための指針等に関する検討会（以下，指針等に関する検討会）」の設置が決定された。この「指針等に関する検討会」は，年末まで7回開催され，指針に盛り込むべきことをとりまとめた。なお，この検討会には，日本精神科看護協会（以下，日精看）から吉川隆博専務理事が構成員として参加している。

指針は，社会保障審議会障害部会での承認を経て，2014年3月7日厚生労働大臣告示65号（以下，告示65号）として公表された。しかし，「指針等に関する検討会」で議論が尽くされず，もち越しとなった事項もある。いわゆる「病床転換」問題である。

告示65号告示「良質かつ適切な精神障害者に対する医療の提供を確保するための指針（以下，指針）」は，第42条で定めるべき事項として列挙されている4つの事項に前文がついている約1万3500字という相当な文字数の文書である。

前文には，「地域社会の一員として」，「自立並びに社会活動への参加を促進」等，これまでの障害者関連行政文書で見慣れたフレーズが並んでいる。その中で「精神障害者が社会貢献できるよう」良質かつ適切な医療の提供を確保することと文言が目を引く。「ピアサポートを促進」することも，基本的考え方の項目で述べられている。医療者と保健・福祉関係者の連携についての項目でも，「ピアサポーターが適切に支援を行えるよう，必要な研修等の取り組みを推進する」と記されており，この指針は当事者活動の活性化を視野に入れていることがわかる。

「当事者スタッフの活用」については，日精看も自民党政務調査会障害特別委員会あての精神保健医療福祉の見直しに関する要望書（2013年2月22日）で入院者の権利擁護に関与する当事者スタッフの活用についての条項を「指針」の中に盛り込むことをあげ，病院文化を患者管理から患者との協働へ変えていくために当事者スタッフが学びつつ院内で活動していくことの重要性を示した。

2.「指針」において示された事項

1) 第1　精神病床の機能分化に関する事項

指針は，わが国の精神医療の状況に応じた精神病床の機能分化を進めていくとしたうえで，外来や多職種チームによる訪問支援などの充実で退院後の地域生活支援を強化していくことが基本的な方向性であるとしている。

病院は，地域の相談支援専門員や介護支援専門員などとの連携を図り，早期退院に向けて取り組み，入院医療から地域生活への移行を推進しなければならない。

指針案を議論する過程で積み残しとなった長期入院者の地域移行の具体的方策については，以下のように整理されている。「精神病床の機能分化は段階的に行い，精神医療に係る人材及び財源を効率的に配分するとともに，精神障害者の地域移行を更に進める。その結果として，精神病床は減少する。また，こうした方向性を更にすすめるため，地域の受け皿づくりの在り方や病床を転換することの可否を含む具体的な方策の在り方について，精神障害者の意向を踏まえつつ，保健・医療・福祉に携わる様々な関係者で検討する」。

この課題については，2014年3月28日に「指針等に関する検討会」が再開され，この後も論議が継続されている。検討会の中で日精看は，①長期入院者の地域移行支援についてはくり返し議論されているので，実現可能性，実効性のある方策を検討すること，②1年以上の入院者を長期入院者とひとくくりにするのではなく，65歳以上の長期入院者については別課題としての検討が必要であることという意見を出している。

指針では，入院している精神障害者を「急性期」，「入院期間1年未満」，「重度かつ慢性」，「重度かつ慢性以外の1年以上の長期入院者」，「身体合併症」の6類型に区分して医療提供体制の確保について，その方向性が打ち出されている。ただし，「重度かつ慢性の症状を有する精神障害者」については調査研究の段階であり，その結果を踏まえたうえで医療提供体制を確保するとしている。各類型での焦点を整理すると以下のようになる。

- 急性期：医師，看護職員の配置を一般病床と同等とすることを目指す。
- 入院期間1年未満：多職種チームによる質の高い医療を提供し，退院支援に取り組む。
- 入院期間1年以上：多職種による退院支援を行い，行動制限を原則禁止とする。外部支援者との関係を作りやすい開放的な環境を整備する。
- 身体合併症：精神科リエゾンチームとの連携で一般病床で治療することができる体制の確保を図る。精神病床でも対応できる体制を確保する。

2) 第2　精神障害者の居宅等における保健医療サービス及び福祉サービスの提供に関する事項

この項目で示されていることは，精神障害者が入院治療に頼らず「地域で生活しながら医療を受けられる」よう多様なサービスを提供できる体制を整備することを推進するというものである。

具体的には，効果的なリハビリテーションを外来やデイケアなどで行える体制の整備，アウトリーチ・訪問診療・訪問看護の充実，身体合併症への対応を含む救急医療体制の整備，精神科以外の医療機関や保健所・精神保健福祉センターとの連携等の推進があげられている。

さらに，地域移行・地域定着支援サービス，住居支援，居住支援，ホームヘルパー

派遣等の障害者総合支援法関連のサービスを提供できる体制の整備も推進するとされている。このように精神障害者が地域移行し，医療を受けつつ生活していくにはきめ細かい支援が必要なのである。

病院や診療所が行うアウトリーチは多職種チームにより実施され，その対象として想定されているのは，「受療が必要であるにも関わらず治療を中断している者（受療中断者）」と「長期入院した後に退院したが，病状が不安定である者」である。

3）第3　精神障害者に対する医療の提供に当たっての医師，看護師その他の医療従事者と精神保健福祉士その他の精神障害者の保健及び福祉に関する専門的知識を有する者との連携に関する事項

指針では，入院医療と退院支援においては，医師，看護職員，精神保健福祉士，作業療法士等の多職種チームによって医療を提供することが重要であるとされている。外来・デイケアなどの地域医療においても同様であるが，薬剤師や臨床心理技術者といった職種が付け加えられている。

アウトリーチについてはさらに，必要に応じて，「保健所及び市町村保健センターの保健師及び精神保健福祉相談員」，指定地域相談支援事業の「相談支援専門員」などの多職種が連携して必要な医療を確保するとされている。

人材の養成と確保については，精神科以外の医療従事者に精神疾患についての知識や技術の普及啓発を図る観点から，精神科での研修を推進することも盛り込まれている。精神保健指定医についても，ニーズの増大や多様化を踏まえ，人材の確保と質の向上を図るとされている。

急性期の精神症状は治まったとしても，障害や慢性疾患を抱えた精神障害者の地域生活を医療職だけで支えるには限界がある。QOLの向上は狭い医療の枠の中では実現できない。精神障害者のための施策は医療システムというより，医療をサブシステムとして組み込んだ包括ケアシステムとして展開される必要がある。したがって，福祉職の関与は必須といっていいだろう。

「地域で生活しながら医療を受けられる」体制の整備には，入院医療以上に対象者の個別性への配慮が必要になる。地域生活支援はその人のQOLの向上，その人の価値観や生き方を尊重したかかわりを目指す。また，治療医学のように基準値，正常値といった明確な目標があらかじめ設定されいるわけではない。看護職をはじめケア提供者は対象者の個別の要望や期待は何かをじっくり聞き，把握することが求められる。

4）第4　その他良質かつ適切な精神障害者に対する医療の提供の確保に関する重要事項

この事項には，下位項目として「関係行政機関等の役割」，「人権に配慮した精神医療の提供」，「多様な精神疾患・患者像への医療の提供」，「精神医療の診療方法の標準

化」,「心の健康づくりの推進及び知識の普及啓発」などが並んでいる。

　その中で，精神保健福祉センターは，アルコール・薬物の依存症，発達障害について専門的な相談支援が行えるよう体制整備を推進するとされている。つまり，これらが現在，地域で対応を迫られている精神疾患ということになる。さらに，児童・思春期精神疾患，老年期精神障害，自殺対策，依存症，てんかん，高次脳機能障害，摂食障害，災害医療，心神喪失等の状態で重大な他害行為を行った者に対する医療が，何らかの取り組みを要する精神疾患・患者像として取り上げられている。

　なお，この指針は5年後を目途として見直しを行うことが告示の中に明記されている。今回の法改正の主旨は「精神障害者の地域における生活への移行を促進する精神障害者に対する医療を推進するため」である。指針の第1「精神病床の機能分化」も第3の「医療従事者と保健・福祉専門職の連携」も指針の第2「居宅等における保健医療福祉サービスの提供」を促進し，精神障害者が安心して地域で暮らしていける体制作りを目指しているといってよいだろう。

3. 保護者制度の廃止

　1900（明治33）年に公布された「精神病者監護法」には監護義務者制度があった。1950（昭和25）年公布の「精神衛生法」は，それを引き継ぎ，戦後の家族制度改革に合致するよう修正して「保護義務者」制度とした。この制度については，全国家族会連合会（全家連）等から廃止の要望があったが，「保護者」と名称を変え（1993／平成5年改正），「自傷他害防止監督義務」を削除（1999／平成11年改正）しながら2014年の3月31日まで存続した。

　保護者には，治療を受けさせる義務をはじめ，財産上の利益を保護する，医師の診断に協力し治療上の指示に従う，措置入院からの退院・仮退院者を引き取るなどの義務が課されていた。一方，医療保護入院の同意者となり，入院中の精神障害者の退院請求や処遇改善請求を行う役割も与えられていた。

　検討課題として指摘されていたのは，過大な役割に加え，保護者の高齢化や家族関係の希薄化などで役割を期待するのが困難になっていることであった。また，精神障害者本人と保護者の利害は必ずしも一致しないのではないかとの指摘もあった。実際に臨床では，退院支援を行う場合などに時にみずからの都合を優先させて患者の人権や利益を守る立場で判断しているとは思えない家族の言動を経験することもある。

　2014年4月24日，名古屋高裁で認知症の男性が列車にはねられて死亡した2007（平成19）年の事故について，JR東海が男性の遺族に列車の遅延によって生じた損害の賠償を求めた裁判で出された判決が報じられた。

　判決は，同居している高齢の妻に約360万円の賠償を命ずるものであった。新聞各社の報道から推測すると，法的な根拠は精神保健福祉法の保護者条項と民法714条（責任無能力者の監督義務者等の責任）であると考えられる。

表2-5 精神保健福祉法改正後の医療保護入院条項

第33条 精神科病院の管理者は，次に掲げる者について，その家族等のうちいずれかの者の同意があるときは，本人の同意がなくてもそのものを入院させることができる。
1 指定医による診察の結果，精神障害者であり，かつ，医療及び保護のため入院の必要がある者であって当該精神障害のため22条の3の規定による入院が行われる状態にないと判定されたもの 2 略
2 前項の「家族等」とは，当該精神障害者の配偶者，親権を行う者，扶養義務者及び後見人又は保佐人をいう。ただし，次の各号のいずれかに該当する者を除く。
1 行方の知れない者 2 当該精神障害者に対して訴訟をしている者，又はした者並びにその配偶者及び直系血族 3 家庭裁判所で免ぜられた法定代理人，保佐人又は補助人 4 成年被後見人又は保佐人 5 未成年者

　この事故は，同居の妻がうたた寝していた間に認知症の夫が自宅を出て徘徊し，駅で通過列車にはねられ死亡したというものである。判決は，「同居していた妻は配偶者の保護者の地位にあり，夫が自立生活を送れなくなった場合，介護，監督する義務を負う」と認定した。

　民法714条は，「責任無能力者（未成年者，弁識能力のない精神障害者）が第三者に加えた損害を賠償する責任を負う」と規定している。この規定がある以上，精神保健福祉法の保護者条項が廃止されたとしても，認知症をはじめ責任無能力とみなされた精神障害者の監督責任が家族に課され続けるのだろうか。

　保護者制度の廃止は，高齢化などによってその役割を担うことが困難となっている家族の負担を軽減する，あるいは，明治以来の家族依存の精神障害者の処遇を社会全体で担うとの趣旨で行われた。果たして，今回の精神保健福祉法改正による保護者制度の廃止が患者家族の負担軽減につながるか，今後の運用で何が起きるのかを注視する必要がある。

　ともあれ，今回の法改正により，保護者について規定していた精神保健福祉法第20条は削除された。この保護者制度を前提に成り立っていたのが医療保護入院である。保護者制度の廃止にあたって，医療保護入院の要件をどのように考えるか，その制度設計が問われることとなった。

4. 医療保護入院の見直し

　表2-5は，改正後の医療保護入院条項である。なお，「家族等がない場合」またはその「家族等の全員がその意思を表示することができない場合」は，市町村長が同意を行うとされている（法第33条第3項及び第34条第2項）。

　また，医療保護入院者を入院させている精神科病院の管理者には，「退院後生活環境相談員の選任」，「地域援助事業者の紹介（努力義務）」，「医療保護入院者退院支援委員

会の開催」の3つの義務が課されることとなった。その内容は以下の通りである。

「医療保護入院者を入院させている病院の管理者は，退院後生活環境相談員を選任し，その者に医療保護入院者の退院後の生活環境に関し，医療保護入院者及びその家族等からの相談に応じさせ，及びこれらの者を指導させなければならない（第33条の4）」。

「医療保護入院者を入院させている精神科病院の管理者は，医療保護入院者又はその家族等から求めがあった場合その他医療保護入院者の退院による地域における生活への移行を促進するために必要があると認められる場合には，これらの者に対して，一般相談支援事業若しくは特定相談支援事業を行う者，居宅介護支援事業を行う者その他の地域の精神障害者の保健又は福祉に関する各般の問題につき精神障害者又はその家族等からの相談に応じ必要な情報の提供，助言その他の援助を行う事業を行うことができると認められる者（「地域援助事業者」）を紹介するよう努めなければならない（第33条の5）」。

「精神科病院の管理者は，必要に応じて地域援助事業者と連携を図りながら，医療保護入院者の退院による地域における生活への移行を促進するために必要な体制の整備その他の当該精神科病院における医療保護入院者の退院による地域における生活への移行を促進するための措置を講じなければならない（第33条の6）」。

なお，地域移行を促進するために必要な体制の整備とは，具体的には「医療保護入院者退院支援員委員会の開催」などを指している。

5．家族等のうちいずれかの者の同意

今回の法改正では，衆議院での審議で10項目の附帯決議が付けられた。その中に，医療保護入院に関して次のように運用上の注意を喚起している項目がある。

「家族等いずれかの同意」による医療保護入院については，親権を行う者，成年後見人の権利が侵害されることのないよう，同意を得る優先順位等をガイドラインで明示し，厳正な運用を促すこととなっている。

改正前の医療保護入院は，精神保健指定医が入院の必要があると認めた場合「保護者」の同意があれば本人が拒否していても入院させることができる制度であった。改正案は「保護者制度」の廃止を受け「家族等のうちいずれかの者の同意」を新たな要件とした。

これまで，保護者になれる者には後見人，保佐人，配偶者，親権者，家庭裁判所が選任した扶養義務者というように順位があった。また，当該精神障害者に対して訴訟を提起している者，行方の知れない者は保護者になれないとの規定もあった（法改正ではこの規定は医療保護入院に同意できる「家族等」になれない者として，破産者を除いて残っている）。

国会審議でも，「親権を行う者」，「後見人，保佐人」は民法などの他の法律によって

役割が明確に規定されているため,「家族等」として同列に扱うのは問題があるとの指摘があった。しかし,厚生労働省の「医療保護入院における家族等の同意に関する運用について」では以下のようになっており,一定の配慮を行い尊重されるべきではあるが,絶対的な権限をもつものではないとされている。

「家族等の同意を得る際に,後見人又は保佐人の存在を把握した場合には,これらの者に同意に関する判断を確認することが望ましい」
「家族等の間の判断の不一致を把握した場合において,親権を行う者の同意に関する判断は,親権の趣旨に鑑みれば,特段の事情があると認める場合を除き,尊重されるべきと解する」

厚生労働省のQ&Aには,次のような親権者の同意が問題となる事例が載っている。
「16歳女性について,家庭内の暴力行為や自傷行為があったため,母と兄(22歳)に連れられて受診し,精神保健指定医は医療保護入院が必要と判定している。暴力を振るわれている母親は強制的にも入院させたいと希望しているが,娘に甘い父親は入院には反対している。兄は入院には同意しそうだ」。

この場合,成人した兄の同意で医療保護入院を行うことは可能だが,「親権者の身上監護」に鑑み,父母の判断を尊重することというのが答えである。この事例では,親権者の同意による医療保護入院は成立しない。親権を行う者の同意という場合,原則として父母双方の同意が必要となるからだ。したがって,父親の反対がある以上,親権を行う者による医療保護入院は困難である。

兄は,「家族等」の中の扶養義務者にあたる。扶養義務者は,民法によって規定されている「直系血族,兄弟姉妹及び家庭裁判所に選任された3親等以内の親族」である。成人している兄は16歳の妹の扶養義務者なので,「家族等」として医療保護入院の同意者になれるのである。

医療保護入院は,全入院患者の約44%を占める(2011年の630調査)。認知症患者の入院が増加すれば,さらに医療保護入院は増えるだろう。措置入院は0.5%に満たない実態があるので,精神保健福祉法の規定する非自発的入院のほとんどは医療保護入院である。選任の順位があり,家庭裁判所もかかわって決定されていた「保護者」制度はなくなった。それに伴い,医療保護入院の要件は「家族等いずれかの同意」となった。Q&A事例のように「家族等」のうちの誰か1人が同意すれば非自発的入院は可能になる。このような事例をみると,改正前の保護者の同意よりも入院手続きの敷居は下がったともいえる。安易な非自発的入院が増えることになるのではないかとの懸念の声があるのは,そのためである。

6. 市町村長同意

　市町村長同意による医療保護入院は，これまでと同様に制度として残っている。しかし，条文上は保護者が「家族等」におきかえられただけではない。市町村長が保護者となる場合の要件に文言の変更がある。改正前は「保護者がないとき又はこれらの保護者がその義務を行うことができないとき」にその精神障害者の居住地を管轄する市町村長が保護者となるとされていた。

　改正後は，「家族等がない場合又はその家族等の全員がその意思を表示することができない場合」は，市町村長が同意を行うことができるとなっており，後段が「義務を行うことができないとき」から「家族等の全員がその意志を表示することができない」に文言が変更されている。

　Q&Aによると，「意志表示ができない場合」とは，「心神喪失の場合等」を指すとされている。自分の行為の結果を判断できる精神的能力（意思能力）がなく，法律行為が成立しない場合である。

　例えば「家族等」が認知症の夫あるいは父親しかいない場合の妻と息子の医療保護入院の場合には，「家族等の全員がその意志を表示することができない」に相当し，市町村長の同意による入院が行えることになる。

　戸籍で家族等の存在が把握できても連絡をとる手段がない場合は，「家族等がない場合」として市町村長同意による医療保護入院が可能である。それは，「行方の知れない者」は，「家族等」に該当しないとされているからである（第33条2項）。

　旅行などによる不在で「家族等」に該当する者と一時的に連絡が取れない場合は，「行方の知れない者」にはあたらない。この場合は応急入院で対処し，後日，「家族等」と連絡が取れたところで通常の医療保護入院の手続きを踏むことになる。

　それでは，応急入院の期限である72時間が経過しても「家族等」と連絡がとれず同意を得られないが，入院の継続が必要な時にはどうするか。その場合は，「家族等」を「行方の知れない者」として扱い，市町村長同意による医療保護入院を行ってよいと厚生労働省のQ&Aでは回答されている。

　直系血族や兄弟姉妹がなく，家庭裁判所で扶養義務者の選任を受けていない親族しかいない場合は，「家族等がない」に該当し，市町村長が同意者になることができる。これは，民法上の扶養義務者が2つの類型に分けられているからである。

　扶養義務者は，「直系血族及び兄弟姉妹は互いに扶養する義務がある」との規定による類型と（民法第877条1項），家庭裁判所は「特別の事情があるとき」に「3親等内の親族間においても扶養の義務を負わせることができる」との規定に従って選任された扶養義務者の類型である（民法第877条2項）。

　但し，2項の扶養義務者は，家庭裁判所の選任を経なければ扶養義務者になれない。ただ3親等内の親族がいるだけでは扶養義務者がいることにはならず，「家族等がない」

として市町村長同意の手続きがとれるのである。

　日精看は，保護者制度の廃止について自民党政務調査会障害者特別部会（2013年2月22日）への要望書で，以下のような指摘を行った。

①保護者規定の撤廃は精神保健医療福祉関係者，特に当事者，その家族にとって積年の課題であったと日精看は認識しており，保護者制度の廃止を強く希望する。
②しかし，保護者制度の廃止はさまざまな混乱を生じさせる可能性がある。特に医療保護入院の要件として「家族等のうちのいずれかの者」の同意と規定した場合，家族間で意見が対立した際の調停などが課題になることは明白であり，その際の対応についてはガイドラインが必要である。
③同意能力のない者の医療における代諾の問題は，高齢者医療，救急救命医療などでも課題であり，将来，医療法改正も視野に抜本的な検討がなされる必要がある。

　家族間の意見が不一致である場合の対処については，「医療保護入院における家族等の同意に関する運用について（通知）」が出されている。また，今後もQ&Aとして疑義回答がなされるであろうから大きく混乱することはなさそうである。しかし，③の医療における代諾問題は，単身の高齢者の増加や家族関係の希薄化等を考えると，精神医療に限らず今後さらに深刻になっていくと思われ，すべての医療の領域を横断した規定として医療法レベルでの対応が必要ではないかと思う。

7. 医療保護入院者の退院促進についての病院管理者の義務

　今回の法改正では，病院管理者に医療保護入院者の退院促進に関して3つの方策を行う義務を課している。それは，「退院後生活環境相談員の選任」，「地域援助事業者の紹介（努力義務）」，「医療保護入院者退院支援委員会の開催」である。

　「精神科医療の機能分化と質の向上等に関する検討会」の今後の方向性に関する意見の整理（2012年6月28日）には，「『重度かつ慢性』を除き，精神科の入院患者は1年で退院させ，入院外治療に移行させる仕組みを作る」との文言がある。先の病院管理者への義務規定は，検討会の提言を実効性あるものにする仕組みとして，法改正に反映されたものであると思われる。

　医療保護入院者の退院促進に関する病院管理者の義務は，法文上では次のような内容となっている。「医療保護入院者の退院後の生活環境に関する相談及び指導を行う退院後生活環境相談員を設置すること（法第33条の4）」，「医療保護入院者本人又はその家族等に対して，これらの者からの相談に応じ必要な情報提供等を行う地域援助事業者を紹介すること（法第33条の5）」，「医療保護入院者の退院による地域生活への移行を促進するための体制を整備すること（法第33条の6）」。

　医療保護入院が「保護者の同意」から「家族等の同意」に替わることで入院の敷居が

下がったという側面はあるものの。入院後に漫然と入院期間が長期化することは許されず，退院支援の方策を実施しなければならないのである。

これらの病院管理者の負う医療保護入院者の退院促進に関する義務についての具体的な内容に関しては詳細が施行規則として示され，具体的な運用のあり方が通知されている。

8. 退院後生活環境相談員

医療保護入院者の退院促進のために新しく設けられた退院後生活環境相談員については以下のように定められている。

○責務・役割：医療保護入院者の早期退院ための支援の中心的役割を果たす。院内の多職種連携，行政機関を含む院外の機関との調整を行う。支援にあたっては，当人の意向に配慮し，個人情報保護には十分注意を払う。

○選任及び配置：信頼関係の構築が重要であるため，患者・家族等の意向に配慮する。担当する患者の人数は退院後生活環境相談員1人に付き50人以下とし，医療保護入院者1人に付き1名の退院後生活環境相談員1名を入院後1週間以内に選任する。

○資格：「精神保健福祉士」，「精神障害者に関する業務に従事したことのある保健師，看護師，准看護師，作業療法士，社会福祉士」，「精神障害者及び家族の退院相談・指導業務に3年以上従事した経験があり，かつ厚生労働大臣が定めた研修を修了した者（後段は3年間の猶予措置あり）」

○業務：入院時に退院促進に関する措置について説明し，本人・家族からの相談に応じ，相談記録を記載する。地域援助事業者の紹介と連絡調整，医療保護入院者退院支援員会の運営にあたる。なお，定期病状報告の退院支援に向けた取り組みの欄は退院後生活環境相談員が記載することが望ましいとされている。

○その他：任意入院に移行した場合も退院促進のため引き続き取り組みを継続する。

なお，2014年診療報酬改定で精神療養病棟の施設基準が見直された。その1つに，精神療養病棟の全入院患者に「退院支援相談員」を指定して「退院支援のための委員会」を設置・開催し，「地域援助事業者等」の紹介を行うことがある。退院支援の仕組みとしては，医療保護入院の管理者の義務をほぼ踏襲しているといえるが，「相談員」の資格要件など，異なる部分もある。

9. 地域援助事業者の紹介（努力義務）

3つの義務のうち唯一努力義務となった地域援助事業者の紹介については以下のように示されている。

○趣旨：地域生活へスムーズに移行できるよう入院中から退院後に利用するサービスについて相談しておく。

○紹介の方法：書面，面会での紹介，インターネット情報の活用，市町村への照会，

精神保健福祉センター，保健所の知見の活用等，前向きな取り組みとなるよう工夫する。
○紹介後の相談援助：退院後生活環境相談員を中心に地域援助事業者と連絡調整し，相談援助を行う。地域援助事業者は，要請があった場合はできるだけ医療保護入院者退院支援委員会に出席し，情報の共有を図る。

10. 医療保護入院者退院支援委員会

医療保護入院者退院支援委員会については，以下のように示されている。
○趣旨：病院において医療保護入院者入院の必要性について審議する体制を作り，推定入院期間の明確化と退院への取り組みを検討することで，退院促進を図る。
○対象者：在院期間を1年未満の医療保護入院者で，入院診療計画書の推定入院期間（原則として1年未満を設定）または委員会の設定した推定入院期間を経過する者。病院管理者が必要と認める者。1年以上の医療保護入院者を審議対象としない場合は，理由を具体的に定期病状報告書に記載する。
○出席者：主治医，看護職員，退院後生活環境相談員。その他は当該医療保護入院者，その家族，地域援助事業者等は，当該者からの要請があった場合に出席する。
○開催方法：開催日の前後2週間以内の推定入院期間経過者を対象として，月1回程度開催。時間的な余裕をもって通知を出し，その旨を診療録に記載する。
○審議内容：入院継続の必要性の有無，推定入院期間，退院に向けた取り組み。
○審議結果：医療保護入院者退院支援委員会審議記録（様式あり）に記載し，診療録には開催日を記録する。管理者は審議状況を確認して審議録に署名し，必要に応じて指導する。出席要請を行った者へは結果を通知する。入院の必要性が認められない場合は退院手続きをとる。定期病状報告書には直近の審議記録を添付する。

11. 精神医療審査会の一部要件の見直し

今回の法改正では精神医療審査会の構成委員のうち，「その他の学識経験を有する者」を「精神障害者の保健又は福祉に関し学識経験を有する者」と見直している。そして，保護者制度が廃止となったことに伴い，精神医療審査会に対して退院等の請求をできる者として，入院者本人とともに家族等を規定した。

保護者制度の廃止と医療保護入院の見直しによって，退院等の請求数の増加による精神医療審査会の負担増が想定される。そのため，精神医療審査会の効率化と負担軽減を図る必要性が出てくる。そこで，精神医療審査会運営マニュアルが見直されることになった。

また，退院請求や処遇改善請求の意見聴取等にあたる予備委員を置けることとし，書面の提出をもって意見聴取することも可能となった。精神医療審査会の制度は精神衛生法から精神保健法への抜本的な改正がなされた時に創設された。そして，1989（平

成元）年から運用されているから25年の歴史があることになる。しかし，今回の法改正以前から定期病状報告書審査や退院請求・処遇改善請求の審査の形骸化が指摘されていた。

　非自発的入院である医療保護入院の適切な運用を図るうえで，精神医療審査会の機能の向上が確保されなければならない。しかし，今回の法改正でも1年以上入院している医療保護入院者について，定期病状報告書への「退院へ向けた取り組みの状況」の欄の追加と医療保護入院者退院支援員会の審議記録の添付が義務付けられただけである。医療保護入院者の人権擁護の観点で，果たして実効性のある運用がなされるか注目しておく必要がある。審議会での論議を深めるために，委員として精神医療の実情を熟知している者の参加が必要であり，「精神障害者の保健又は福祉に関し学識経験を有する者」が審査会委員として明記されたことは，審査の専門性を高めるうえで有意義であろう。

　精神保健福祉法改正に関する国会の付帯決議も「精神疾患の患者の権利擁護を図る観点から，精神医療審査会の専門性及び独立性を高めることや精神医療審査会の決定に不服のある患者からの再度の請求への対応等機能強化及び体制の整備の在り方を検討し，必要な措置を講ずること」と指摘している。今後，精神医療審査会の機動性の向上と機能強化が図られなければならない。

Ⅲ　障害者虐待防止法の成立

1．障害者虐待防止法成立までの経緯

　2012年10月1日，「障害者虐待の防止，障害者の養護者に対する支援等に関する法律」（以下，障害者虐待防止法）が施行された。

　障害者に対する虐待は，家庭における養護者や障害者福祉施設の職員，障害者を雇用している会社や事業所の使用者などにより，暴力や放置，経済的搾取など，さまざまな形態のものが発生している。特に施設や家庭，住み込みの事業所などは，密室性が高いことにより，虐待を受けている障害者が被害を訴えにくく，周囲も気づきにくいため，虐待がエスカレートして甚大な被害に発展してしまった事例も少なくない。

　虐待防止等を目的とした法律は，障害者虐待防止法の他，児童虐待の防止等に関する法律（2000年成立），配偶者からの暴力の防止及び被害者の保護に関する法律（2001年成立），高齢者虐待の防止，高齢者の養護者に対する支援等に関する法律（2005年成立，以下，高齢者虐待防止法）の3つの法律がすでに施行されている。このうち，高齢者虐待防止法の附則2項には，65歳以下の障害者についても，虐待の防止などのための制度について，速やかに検討し必要な措置が講ぜられるものとする旨が定められていた。

表2-6 「障害者福祉施設」または「障害福祉サービス事業等」に該当する施設・事業

法上の規定	事業名	具体的内容
障害者福祉施設	・障害者支援施設 ・のぞみの園	
障害福祉サービス事業等	・障害福祉サービス事業	居宅介護，重度訪問介護，同行援護，行動援護，療養介護，生活介護，短期入所，重度障害者等包括支援，自立訓練，就労移行支援，就労継続支援及び共同生活援助
	・一般相談支援事業及び特定相談支援事業 ・移動支援事業 ・地域活動支援センターを経営する事業 ・福祉ホームを経営する事業 ・厚生労働省令で定める事業	

(障害者虐待防止法第2条第4項)

その後，新たな動きが出るまで4年かかり，2009年7月には議員立法の形で法案が提出されたが，衆院解散により廃案となっている。最終的には，2011年6月14日，第177回通常国会において衆議院厚生労働委員長が「障害者虐待の防止，障害者の養護者に対する支援等に関する法律案」を提出し，衆参両院本会議において全会一致で可決，6月17日に成立し，2012年10月1日に施行された。

2. 障害者虐待防止法の概要

1) 障害者虐待防止法の目的

障害者虐待防止法の目的は，「障害者に対する虐待が障害者の尊厳を害するもの」であるという認識に立ち「障害者の自立及び社会参加にとって障害者に対する虐待を防止することが極めて重要」であり「障害者の権利利益の擁護に資することを目的とする」と定められている。障害者の尊厳を護り，自立と社会参加を進めること，虐待が起きる前に防止すること，養護者による障害者虐待の背景には支援の不足があるため養護者を支援することが重視されている。

2) 障害者虐待の定義
(1) 障害者虐待に該当するケース

障害者虐待防止法では，障害者とは障害者基本法第2条第1号に規定する障害者と定義されている。同号では，障害者とは「身体障害，知的障害，精神障害（発達障害を含む）その他心身の機能の障害がある者であって，障害及び社会的障壁により継続的に日常生活又は社会生活に相当な制限を受ける状態にあるもの」としており，障害者手帳を取得していない場合も含まれる。

障害者虐待防止法第3条では「何人も，障害者に対し，虐待をしてはならない」と規定され，広く虐待行為が禁止されている。また，障害者虐待防止法では，特に「障害者虐待」として，ア）養護者による障害者虐待，イ）障害者福祉施設従事者等による障害者虐待，ウ）使用者による障害者虐待に分け（第2条第2項），以下のように定義している。

ア．養護者による障害者虐待

「養護者」とは，「障害者を現に養護する者であって障害者福祉施設従事者等及び使用者以外のもの」と定義されており，身辺の世話や身体介助，金銭の管理などを行っている障害者の家族，親族，同居人等が該当すると考えられる。また，同居していなくても，現に身辺の世話をしている親族・知人などが養護者に該当する場合がある。

なお，18歳未満の障害児に対する養護者虐待は，総則など全般的な規定や養護者の支援については障害者虐待防止法に規定されているが，通報や通報に対する虐待対応については，児童虐待防止法が適用される。

イ．障害者福祉施設従事者等による障害者虐待

「障害者福祉施設従事者等」とは，障害者総合支援法等に規定する「障害者福祉施設」または「障害福祉サービス事業等」に係る業務に従事する者と定義されている。「障害者福祉施設」または「障害福祉サービス事業等」に該当する施設・事業は表2-6の通りである。

なお，高齢者関係施設の入所者に対する虐待については，65歳未満の障害者に対するものも含めて高齢者虐待防止法が適用され，児童福祉施設である障害児入所施設の入所者に対する虐待については児童福祉法が適用される。

ウ．使用者による障害者虐待

「使用者」とは，「障害者を雇用する事業主又は事業の経営担当者その他その事業の労働者に関する事項について事業主のために行為をする者」と定義されている。この場合の事業主には，派遣労働者による役務の提供を受ける事業主など政令で定める事業主も含まれる。なお，使用者による障害者虐待については，年齢にかかわらず（18歳未満や65歳以上でも）障害者虐待防止法が適用される。

3）障害者虐待に該当する行為

障害者虐待とは，「養護者」，「障害者福祉施設従事者等」，「使用者」が障害者に対して行う次のいずれかに該当する行為とされている。

(1) 身体的虐待

障害者の身体に外傷が生じ，もしくは生じるおそれのある暴行を加え，または正当な理由なく障害者の身体を拘束すること。

(2) 性的虐待

障害者にわいせつな行為をすること，または障害者をしてわいせつな行為をさせる

こと。

(3) 心理的虐待
　障害者に対する著しい暴言または著しく拒絶的な対応，その他の障害者に著しい心理的外傷を与える言動を行うこと。
※障害者福祉施設従事者等および使用者については「不当な差別的な言動」も規定。

(4) 放棄・放置
　障害者を衰弱させるような著しい減食，長時間の放置，養護者以外の同居人による(1)から(3)までに掲げる行為と同様の行為の放置等養護を著しく怠ること。
※障害者福祉施設従事者などについては「他の利用者による(1)から(3)までに掲げる行為と同様の行為の放置」および「職務上の義務を著しく怠ること」も規定。
※使用者については，「他の労働者による(1)から(3)までに掲げる行為と同様の行為の放置」および「その他これらに準ずる行為を行うこと」も規定。

(5) 経済的虐待
　障害者の財産を不当に処分すること，その他障害者から不当に財産上の利益を得ること。

4) 通報義務
　障害者虐待防止法では，障害者の福祉に業務上関係のある団体や職員などは，障害者虐待の早期発見に努めなければならないとされている。また，養護者，障害者福祉施設従事者等，使用者による障害者虐待を受けたと思われる障害者を発見した者は，速やかに市町村（使用者については都道府県も含む）に通報しなければならないこと，虐待を受けた障害者は市町村（使用者については都道府県も含む）に届け出ることができることが定められている。

5) 通報者の保護
　障害者虐待防止法では通報者を保護するため，刑法の秘密漏示罪その他の守秘義務に関する法律の規定は，障害者虐待の通報を妨げるものと解釈してはならないこと，障害者福祉施設従事者等および使用者による障害者虐待の通報等を行った従業者等は，通報等をしたことを理由に，解雇その他不利益な取扱いを受けないことが規定されている。こうした規定は，障害者虐待の早期発見・早期対応を図るために設けられたものである。また，2006年4月から公益通報者保護法が施行されており，労働者が，事業所内部で法令違反行為が生じ，または生じようとしている旨を事業所内部，行政機関，事業者外部に対して公益通報を行った場合に，それを信ずるに足りる相当の理由がある場合などの保護要件を満たした通報者に対する，解雇の無効や不利益な取り扱いの禁止を定め保護することが規定されている。

6) 各主体における虐待防止の責務

　障害者虐待防止法は，障害者の虐待防止のため，次のように各主体の責務を定めている。

　国および地方公共団体に対しては，障害者虐待の予防，早期発見，防止，虐待を受けた障害者の保護および自立の支援，養護者に対する支援を行うための関係機関の連携強化，専門的知識および技術を有する人材その他必要な人材の確保，関係機関の職員の研修など，通報義務や救済制度等の広報，啓発活動を行うこと。

　国民に対しては，障害者虐待の防止，養護者に対する支援等に関する理解を深め，施策に協力すること。

　通報義務の対象となっている障害者福祉施設の設置者や障害福祉サービス事業を行う者，障害者を雇用する事業主に加え，学校長，保育所等の長，医療機関の管理者に対して，職員などに対する研修の実施，普及啓発，虐待に関する相談や苦情を受け付ける体制の整備，その他の障害者に対する虐待を防止するために必要な措置を講じることを義務として定めている。

7) 市町村，都道府県および都道府県労働局の役割と責務

　市町村は，「障害者虐待防止センター（以下，虐待防止センターという）」としての機能を果たすこととされている。虐待防止センターでは，障害者虐待に関する通報・届出を受理する他，養護者による障害者虐待の防止や虐待を受けた障害者の保護のための相談等や広報・啓発を行う。虐待防止センターの業務の全部または一部は委託することができる。さらに，市町村は，虐待の通報・届出を受けた後の事実確認や安全確認，対応の協議等を行う他，必要に応じて行う立ち入り調査や保護が必要な場合の措置とそのための居室確保，成年後見制度の利用開始に関する審判請求，関係機関，民間団体等との連携協力体制の整備などを行う。

　都道府県は，「障害者権利擁護センター（以下，権利擁護センターという）」としての機能を果たすこととされている。権利擁護センターでは，使用者による障害者虐待の通報・届出を受理する他，相談機関の紹介，関係機関との連絡調整，情報の収集分析，広報・啓発などを行う。権利擁護センターの業務の全部または一部は委託することができる。さらに，都道府県は，使用者による障害者虐待事案の都道府県労働局への報告等を行うとともに，障害者福祉施設または障害福祉サービス事業等の適正な運営の確保に向けた社会福祉法および障害者総合支援法等に規定する権限の行使，障害者福祉施設従事者等による障害者虐待の状況やその際にとった措置等を公表する。

　使用者による障害者虐待においては，都道府県から報告を受けた都道府県労働局（国の機関）は，報告内容から労働関係法令の規定による権限を適切に行使して適正な労働条件および雇用管理を確保することとされている。また，厚生労働大臣は，毎年度，使用者による障害者虐待の状況，使用者による障害者虐待があった場合にとった

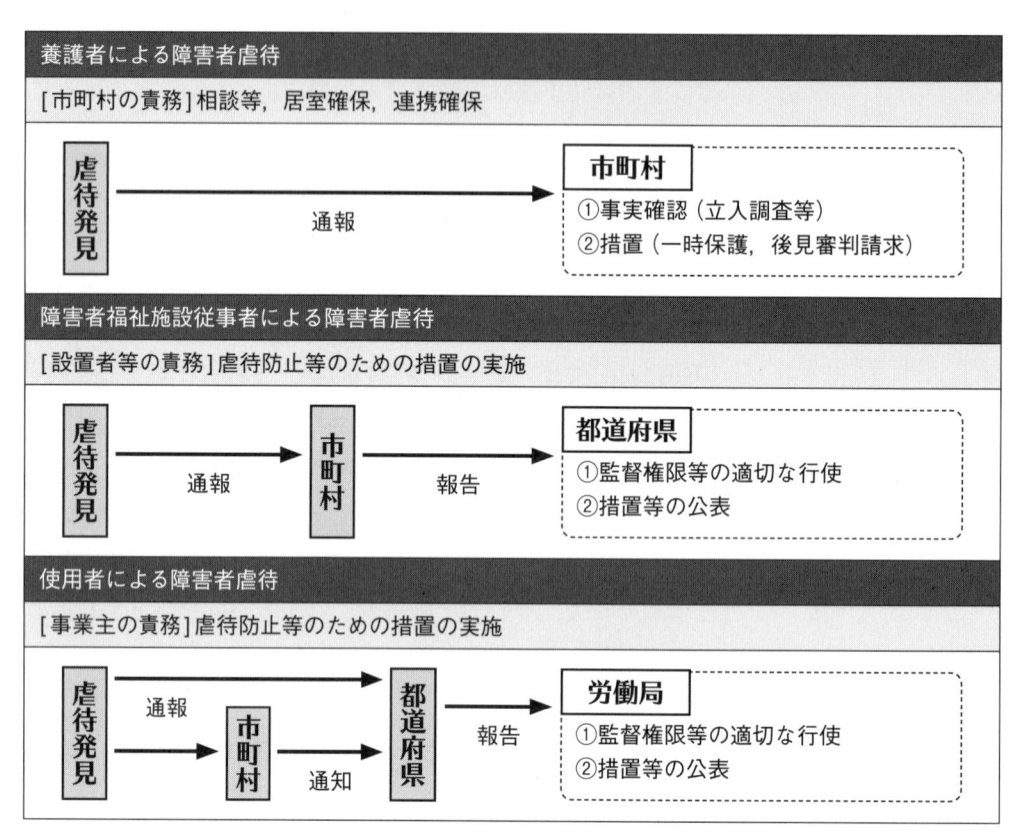

図2-4　障害者虐待防止等のスキーム

措置，その他厚生労働省令で定める事項を公表（年次報告）することとされている（図2-4）。

8) 検討規定

　障害者虐待防止法の附則には，法施行後3年を目途として，通報義務の対象となっていない学校，保育所等，医療機関，官公署等における障害者に対する虐待の防止等の体制のあり方並びに障害者の安全の確認または安全の確保を実効的に行うための方策，障害者を訪問して相談等を行う体制の充実強化その他の障害者虐待の防止，障害者虐待を受けた障害者の保護および自立の支援，養護者に対する支援等のための制度について，児童虐待，高齢者虐待，配偶者からの暴力等の防止等に関する法制度全般の見直しの状況を踏まえ，この法律の施行状況等を勘案して検討を加え，その結果に基づいて必要な措置を講ずるものとする，という検討規定が設けられている。

3. 障害者虐待の防止と対応

1) 障害者虐待対応状況調査

　厚生労働省では，2013年11月11日に2012年度の障害者虐待防止法に基づく対応状況等に関する調査（以下，対応状況調査という）」の結果を公表した。この調査は，

表2-7 調査結果（全体像）

	養護者による障害者虐待	障害者福祉施設従事者等による障害者虐待	使用者による障害者虐待	（参考）都道府県労働局の対応	
市区町村等への相談・通報件数	3,260件	939件	303件	虐待判断件数（事業所数）	133件
市区町村等による虐待判断件数	1,311件	80件			
被虐待者数	1,329人	176人		被虐待者数	194人
被虐待者の障害種別 身体障害	27.5%	19.7%			25人
知的障害	48.5%	54.5%			149人
精神障害	36.0%	39.3%			23人
発達障害	1.9%	1.7%			4人
その他	2.7%	0.6%			－
虐待行為の類型 身体的虐待	60.3%	57.5%			16人
性的虐待	4.1%	12.5%			1人
心理的虐待	34.8%	52.0%			20人
放棄・放置	21.1%	8.8%			15人
経済的虐待	27.2%	7.5%			164人

※1 上記は，障害者虐待防止法の施行2012年10月1日から2013年3月31日までに虐待と判断された事例を集計したもの。
※2 都道府県労働局の対応については，2013年6月28日大臣官房地方課労働紛争処理業務室のデータを引用。被虐待者の障害種別については，重複しているものがある。

2012年10月に障害者虐待防止法が施行されてから2003年3月までの6か月間で，市区町村および都道府県で把握された障害者虐待に関する相談・通報・届出件数および虐待と判断された件数，虐待を受けた障害者の人数などを把握するために行ったものである。その結果は，表2-7の通りであった。

被虐待者の障害種別では，養護者，障害者福祉施設従事者等，使用者による障害者虐待のすべてで知的障害者がもっとも多かった。また，精神障害者は，養護者，障害者福祉施設従事者等において，2番目に多い結果となった。

虐待行為の類型では，養護者，障害者福祉施設従事者等においては身体的虐待，心理的虐待が多いことが共通している。次いで多かったのは，養護者においては経済的虐待，障害者福祉施設従事者等においては性的虐待であった。また，使用者による障害者虐待では経済的虐待（最低賃金法関係）がもっとも多い結果となった。

2）施設などにおける障害者虐待の状況

障害者福祉施設従事者等による障害者虐待の被虐待者の障害種別は，知的障害がもっとも多く，これまで虐待にあいやすいとされてきた行動障害のある者が，被虐待者

表2-8　2012年度　障害者虐待対応状況調査の結果（施設等従事者による虐待）

都道府県・市区町村への通報件数	939件
虐待の事実が認められた件数	80件
虐待に遭った障害者	176人
虐待を行っていた職員	87人
○虐待行為の類型	
身体的虐待	57.5%
心理的虐待	52.5%
性的虐待	12.5%
放棄・放置	8.8%
経済的虐待	7.5%
○被虐待者の障害種別	
知的障害	54.5%
精神障害	39.3%
身体障害	19.7%
発達障害	1.7%
その他	0.6%
行動障害がある者	22.7%

○虐待があった事業所のサービス種別	
就労継続支援B型	25.0%
障害者支援施設	12.5%
共同生活介護	12.5%
生活介護	11.3%
○虐待を行っていた職員の職種	
生活支援員	31.0%
管理者，その他従事者	12.6%
サービス管理責任者	11.5%
設置者・経営者	10.3%

（管理者等・サービス管理責任者・設置者経営者の合計 34.4%）

に占める割合は2割を超えた。

　虐待を行っていた職員の職種でもっとも比率が高かったのが「生活支援員」の31.0%であったが，「管理者等」，「サービス管理責任者」，「設置者・経営者」の3者を合計すると34.4%となり，施設等の運営や虐待防止について責任をもって取り組まなくてはならない立場の職種による虐待の比率が「生活支援員」による虐待を超えるという極めて遺憾な結果となった（表2-8）。

4．施設等における障害者虐待の実態

　障害者虐待防止法施行以降も，施設等における深刻な障害者虐待が続いている。これらを報道から例示する。

1）介護福祉士が入居者を殴り骨折，施設は事故として処理（2012年12月）

　県警は，障害者支援施設に入所中の身体障害者の男性（76歳）を殴り骨折させたとして，傷害の疑いで介護福祉士（29歳）を逮捕した。男性は骨折など複数のけがをくり返しており，県警は日常的に虐待があった可能性もあるとみて慎重に調べている。

　県警によると，約1か月前に関係者からの相談で発覚，同施設を家宅捜索した。同施設を運営する社会福祉法人は男性の骨折を把握していたが，虐待ではなく「事故」

として処理していた。同法人は「逮捕容疑が事実であれば、当時の内部検証は甘く、管理体制についても問題があったということになる。入所者本人や家族におわびするしかない」としている（その後、さらに5人の職員が約10人の入所者に対し少なくとも300回暴行したなどの容疑で書類送検された）。

2）職員の暴行後利用者が死亡，施設長が上司に虚偽報告（2013年12月）

　知的障害のある児童らの福祉施設で、入所者の少年（19歳）が職員の暴行を受けた後に死亡した。また、同園の施設長が2年前に起きた職員2人による暴行を把握したが、上司の福祉センター長に「不適切な支援（対応）はなかった」と虚偽の報告をしていたことがわかった。県は、同園の新規利用者の受け入れを当分の間停止する行政処分と、施設長を施設運営に関与させない体制整備の検討などを求める改善勧告を出した。

　県によると、施設長は立ち入り検査時には「暴行の報告はなかった」と説明。しかし、その後の県の調査に「報告があったことを思い出した。聞き取り調査したが虐待はなかった」と証言を覆した。さらに、県が詳しく事情を聴くと、施設長は「もう1つ報告があったことを思い出した」として、職員4人が虐待をしたとの報告があったと証言。このうち2人が暴行したと判断し、口頭注意したことを認めた。その後、施設長はセンター長に「不適切な支援はなかった」と事実と異なる報告をした（その後、15人の職員が23人の入所者に対して虐待を行っていたことを確認）。

　これらの深刻な虐待事案に共通した背景として考えられるのは、虐待防止について責任をもつべき管理者が、虐待が起きていることを承知していながら放置し、通報もせず、隠ぺいしようとした疑いさえあるという不適切な管理・運営である。その結果、虐待がくり返し行われ、エスカレートしていったことが考えられる。

　障害者福祉施設従事者等による障害者虐待を防止するためには、施設等の管理・運営責任者の果たす役割が重大であることを自覚しなければならない。障害者虐待をみずから行うような者はもちろん、虐待を放置したり、隠ぺいしたりする可能性があるような不適格な者を管理者にさせない、あるいは、そのような事案が発覚したらすぐに交替させるなど、法人運営のガバナンスを強化し、適格な責任者の下で虐待防止体制を整備し、組織として取り組むことが重要である。

5. 虐待の早期発見と通報義務

1）通報義務の理解と周知

　施設等で虐待を受けた障害者がみずから被害を伝えられないことを想定すると、第三者が虐待に気づくことが極めて重要である。施設等の職員による虐待をもっとも発見しやすい立場にあるのは、同じ施設等に勤務している他の職員である。障害者虐待防止法第6条第2項においては、施設等の職員などに虐待の早期発見が義務づけられている。

施設等で虐待の疑いを発見した職員には，障害者虐待防止法第16条に基づいて，速やかに市町村に通報する義務が生じる。しかし，現場の職員が直接市町村に通報することに不安がある場合などは，施設のサービス管理責任者や管理者などに相談することが考えられる。その場合，相談を受けたサービス管理責任者や管理者なども，職員からの相談内容や障害者本人の状況などから虐待の疑いがあると判断した場合は，最初に虐待の疑いに気づいた職員同様，通報義務が生じることになる。

施設等で虐待の疑いがあった場合，虐待した疑いのある職員を管理者等が注意するなどして内部処分のみで済ませてしまい，市町村に通報しないということは通報義務違反にあたる。

また，障害者虐待防止法では，通報者の保護を定めているが，それにもかかわらず施設等の中で通報者探しが行われ，通報した職員に対して解雇その他の不利益な取扱いが行われている実態も散見される。職員に対して，障害者虐待防止法に基づく通報者の保護について周知するとともに，施設等においては通報者に対する不利益な取扱いをしないことを遵守する義務がある。通報義務を正しく理解し，適切に実行することが重要である。

6. 施設等における障害者虐待防止の体制整備と取り組み

2012年9月，厚生労働省では，施設等において障害者虐待の防止などの取り組みを適切に進めるため「障害者福祉施設・事業所における障害者虐待の防止と対応の手引き」を作成した。その中で，施設等における組織的な虐待防止の取り組みとして，次のことを示している。

1) 運営規程の定めと虐待防止の取り組み

「障害者の日常生活及び社会生活を総合的に支援するための法律に基づく指定障害福祉サービスの事業所等の人員，設備及び運営に関する基準」では，運営規程に虐待防止のための措置に関する事項を定めることとしている。指定障害福祉サービス及び指定障害者支援施設等の一般原則として，利用者の人権の擁護，虐待防止等のため責任者を設置するなど，必要な体制整備を行うとともに，その従事者に対し研修を実施するなどの措置を講ずるよう努めなくてはならないこととしている。組織として虐待防止に取り組むために，施設などの管理者を虐待防止責任者とした虐待防止の委員会（以下，虐待防止委員会）を設置することが考えられる。

2) 虐待防止委員会の設置

虐待防止委員会には3つの役割がある。

(1) 虐待防止の体制づくり

虐待防止のマニュアルやチェックリストの作成および，倫理綱領，行動指針等掲示

物などのツールの整備と周知徹底を行う。

(2) 虐待防止のチェックリストとモニタリング

虐待防止委員会は，虐待防止のチェックリストにより各職員が定期的に自己および組織を点検し，その結果および担当部署の支援体制の状況，発生した不適切な対応を含む事故の状況（事故報告書，ヒヤリハット報告書の活用含む），苦情解決制度による相談の内容，職員のストレスマネジメントの状況について虐待防止マネジャー（サービス管理責任者等）が虐待防止委員会に報告する。虐待防止委員会は，これらの現状を把握したうえで，今後の虐待防止策をどのように講じるかを具体的に検討し，各部署での改善計画や職員の研修計画を作成する。虐待防止マネジャーは，計画に基づいて各部署で虐待防止策を実行し，実施状況を把握する。以上のサイクルをくり返し，継続して行う。

(3) 虐待（不適切な対応事例）発生後の対応と総括

虐待やその疑いが生じた場合の通報その他の早期対応について，マニュアルに沿って実施し，通報後は自治体の事実確認等に協力し，その後施設等による検証を行い，以降の施設等における虐待防止策に反映する。

3) 密室性・閉鎖性の改善

虐待は密室の環境下で行われるという指摘がある。苦情解決制度における第三者委員等や第三者評価の活用，実習生やボランティアの積極的な受入れや，行事などを通じて地域住民と施設等の利用者が交流するなどの機会を増やすこと，相談支援専門員が継続相談支援によるモニタリングで施設に来所した際は，積極的に支援現場をみてもらうなど，外部の目を入れることが密室性，閉鎖性を改善することにつながる。

また，職員が支援にあたっての悩みや苦労を職員同士や上司に相談できたり，人員配置等を含めた職場環境の把握と改善などを進めたり，職員と管理者等が一体となって，風通しの良い組織づくりに取り組むことが，虐待を生まない環境づくりにつながる。

4) 身体拘束の廃止と支援の質の向上

障害者虐待防止法では，正当な理由なく障害者の身体を拘束することは，身体的虐待に該当するとしている。やむを得ず身体拘束を行う場合は，①切迫性（利用者本人または他の利用者等の生命，身体，権利が危険にさらされる危険性が著しく高いこと），②非代替性（身体拘束その他の行動制限を行う以外に代替する方法がないこと），③一時性（身体拘束その他の行動制限が一時的であること）の3要件のすべてに当てはまる場合であることが前提である。具体的事例においては組織的に慎重に判断し，本人・家族への十分な説明と了解を前提として，個別支援計画への記載を行うとともに，会議によって身体拘束の原因となる状況分析を徹底的に行い，身体拘束の解消に向け

た取り組みを継続して行うことが必要である。

　施設等においては，特に行動障害のある利用者が興奮して他の利用者を叩く，噛みつくなどの行為や自分自身を強く叩き続けるなどの行為があるときは，やむを得ず利用者を居室に隔離したり，身体を拘束したりするなどの身体拘束や行動制限を行わざるを得ない場面がある。その際，職員に行動障害に対する知識や支援技術が十分でない場合，対応方法がわからずに身体拘束や行動制限に頼ってしまうことが起き，虐待につながる。虐待を防止するためには，職員が行動障害のある者の特性を理解し，環境調整を含めた適切な支援方法を身につける必要がある。

　2013年度より，厚生労働省では「強度行動障害支援者養成研修（基礎研修）」を開始し，地域生活支援事業のメニューとして，都道府県において研修を行う場合の財政支援も行っている。さらに，2014年度からは，基礎研修修了者を対象にした「強度行動障害支援者養成研修（実践研修）」を開始することとしている。これらの研修を積極的に受講する等，行動障害のある利用者に対する適切な支援を行うことができる職員を養成することが，身体拘束や行動制限の廃止，虐待防止につながる。

7. 施設等における確実な虐待防止の取り組みを

　障害者虐待防止法施行後も，施設等における深刻な虐待事案が報道されつづけている。その多くが，管理者などの責任者がみずから虐待をくり返したり，職員の虐待を通報せず放置し，また隠そうとしたりすることによって，施設等の中で虐待が温存され，重大な事態に発展するという結果につながった事案である。

　また，医療機関においても，精神科病院の看護師が入院患者に暴行や暴言をくり返していた事案や，病院職員が入院患者を殴り，意識不明の重体となり，搬送先の病院で死亡した事案などが報道されている。

　虐待を防止することは，施設等，会社や事業所，学校，保育所等，医療機関の管理者・設置者の義務である。職員1人1人が日常の支援の中で起きる「不適切な行為」を常に取り上げ，改善に取り組むとともに，各機関においては組織的な虐待防止の体制整備を進め，職員の支援の質の向上に継続して取り組むことが，職員とりわけ管理者・設置者の責務であることを自覚しなくてはならない。また，虐待防止の仕組みが形骸化しないよう，外部の第三者などが適宜施設等を訪問し，虐待防止の取り組みを客観的に評価する仕組みを整備するなど，みずからの取り組みを不断に検証し，改善し続ける努力が求められる。

Ⅳ　2010（平成22）年度診療報酬改定

　2010年度の診療改定内容を概観すると，救急医療に始まる急性期入院医療の評価と，「勤務医負担の軽減」を名目としたチーム医療の評価の拡充，地域で療養する患者を支

えるための連携や訪問看護の評価の拡充など,「質」を志向した取り組みを評価する「仕かけ」が随所にあることに気づかされる。

たとえば,入院の手厚い体制は,実際に重症度の高い患者の受け入れを客観的指標で示し,さらに相応の状態改善のアウトカムを示して初めて診療報酬上の評価対象となる。2005年に「特定集中治療室管理料」で患者の重症度評価指標が導入されて以来,順次「ハイケアユニット入院医療管理料」,「入院基本料7対1」で患者の状態評価指標が,また「回復期リハビリテーション病棟入院料」では入院時の状態評価と退院時の改善状況が算定要件に組み込まれた。今回新設の「精神病棟入院基本料13対1」では「GAFスコア」での患者状態評価が求められ,「一般病棟入院基本料10対1」では「一般病棟看護必要度評価加算」がついた。ケアの必要性の高い患者に対応していることを客観指標で示しつつ,把握された患者の状態とその変化を日々のマネジメントに活かすことが求められている。手厚い体制の評価としては,「7対1」,「10対1」に「急性期看護補助体制加算」が新設され,夜間を含む終日,看護師へのサポートが期待される。また,土日も休まずリハビリテーションを実施する体制に加算が設けられた。

「チーム医療の評価」では,「栄養サポートチーム加算」,「呼吸ケアチーム加算」,「院内トリアージ実施加算」が注目される。また,小規模病院の実情に配慮するとして,「医療安全対策加算」に担当者の専従要件を緩和した点数が新設された。地域連携クリティカルパスには介護サービス提供医療機関やケアマネジャーとの連携評価が新設された。

「今後の精神保健医療福祉のあり方等に関する検討会」において,認知症患者に対する医療上の支援については,早期の鑑別診断,療養方針の決定,かかりつけ医による認知症に対する外来医療,身体疾患に対する医療の提供が必要とされていた。

認知症治療病棟入院料1（1日につき）
　　60日以内の期間　　1,450点
　　61日以上の期間　　1,180点
認知症治療病棟入院料2（1日につき）
　　60日以内の期間　　1,070点
　　61日以上の期間　　970点

認知症治療病棟退院調整加算　100点（退院時1回）
　施設基準
　　当該保険医療機関内に,専従の精神保健福祉士及び専従の臨床心理技術者が勤務していること。

認知症に対する入院医療については,認知症の行動・心理症状（BPSD）や身体合併症等への対応などが重要であることから,これらへの手厚い対応が特に必要な入院早期の評価を引き上げるとともに,認知症病棟入院料の名称が「認知症治療病棟入院料」にあらためられた。

また入院期間が6か月を超える認知症患者に対して,退院支援計画を策定し,当該計画に基づく指導を行ったうえで当該患者が退院した場合の認知症治療病棟退院調整

加算が新設された。

> 認知症専門診断管理料　500点（1人につき1回）
> 　50点（月1回）
> 算定要件
> 　認知症疾患医療センター等の専門医療機関において，認知症の鑑別診断を行い，療養方針を決定して患者及び家族に詳細な説明を行った場合に算定できる。
> 　認知症専門医療機関連携加算　50点（月1回）
> 算定要件
> 　外来で管理している認知症患者について，症状が増悪した場合や定期的な評価が必要な場合に，専門医療機関に紹介を行う際の診療情報提供料（Ⅰ）に加算する。

　認知症患者に対して，専門的医療機関において診断と療養方針の決定を行い，かかりつけ医がその後の管理を行うことについての評価として認知症専門診断管理料が新設された。

　認知症治療病棟入院料の入院期間については，認知症の行動・心理症状（BPSD）や身体合併症等へ入院早期における対応が評価され，90日間から60日間に変更された。また，かかりつけ医による外来医療や専門医療機関との連携がなされたことにより，認知症患者の医療上の支援が強化されることになった。

> 精神病棟入院基本料13対1入院基本料920点
> 施設基準
> 　①新規入院患者のうち，重症者（GAFスコア30以下，又は身体合併症患者）の割合が4割以上であること。
> 　②身体疾患への治療体制を確保している医療機関であること。
> 　③平均在院日数が80日以内であること。

　精神科の急性期医療を担う病院において，手厚い人員配置がなされていることを踏まえ，新たな看護配置区分の評価として精神病棟入院基本料13対1が設けられた。また，精神科救急患者や身体合併症治療を要する患者については，救急搬送の受け入れ困難事例ともなっていることから，診療報酬上の評価が引き上げられた。

　精神科病棟において，15対1を超えた手厚い看護体制を提供している病棟について，看護配置区分の評価を新設するとともに，入院患者の重症度に関する基準が導入された。

> 精神病棟入院基本料10対1入院基本料1,240点
> 施設基準
> 　①平均在院日数が40日以内であること。
> 　②新規入院患者のうち，重症者（GAFスコア30以下）の割合が5割以上であること。

　また，精神病棟入院基本料10対1について，精神疾患の特性を踏まえて平均在院日数の要件を緩和する一方，入院患者の重症度に関する基準が導入された。

```
精神病棟入院基本料加算
    14日間以内          465点
    15日以上30日以内     250点
    31日以上90日以内     125点
    91日以上180日以内     10点
    181日以上1年以内       3点
```

また，精神病棟入院基本料の加算について，入院早期をより重視した評価体系とされた。

```
精神科救急入院料1（1日につき）
    30日以内          3,451点
    31日以上          3,031点
精神科救急入院料2（1日につき）
    30日以内          3,251点
    31日以上          2,831点
精神科救急・合併症入院料（1日につき）
    30日以内          3,451点
    31日以上          3,031点
```

精神科救急入院料及び精神科救急・合併症入院料について，その早期の評価が引き上げられた。

```
精神科急性期治療病棟入院料1（1日につき）
    30日以内          1,920点
    31日以上          1,600点
精神科急性期治療病棟入院料2（1日につき）
    30日以内          1,820点
    31日以上          1,500点
```

精神科急性期治療病棟入院料についても，評価の引き上げと施設基準の緩和が行われる。これまでの算定要件「当該病院の全病床数の7割以上又は200床以上が精神病床である若しくは特定機能病院である」は削除された。

入院基本料と精神科急性期治療病棟入院料1の比較			
	13対1	15対1	精神科急性期治療病棟入院料1
入院基本料および入院料	920点	800点	30日以内1,920点 31日以上1,600点
看護配置基準 看護職員配置数	13対1	15対1	13対1
看護配置基準 平均在院日数	80日以内	―	
看護配置基準 対象患者			新規入院患者で入院が3か月以内の患者4割

	看護師比率		40％以上	40％以上
	夜勤帯の職員	看護職員2名	看護職員2名	看護要員2人，（看護職員1人）
施設基準	医療安全管理体制，入院診療計画，院内感染防止対策，褥瘡対策			精神科救急医療システム

精神科身体合併症管理加算　350点（1日につき）

精神疾患，身体疾患の双方について治療を行った場合の評価である精神科身体合併症管理加算が引き上げられた。

精神科地域移行実施加算　10点（1日につき）

「今後の精神保健医療福祉のあり方等に関する検討会」が取りまとめた「精神保健医療福祉の更なる改革に向けて」（平成21年9月24日）において，「入院医療中心から地域医療中心へ」という基本理念を推進し，精神疾患にかかった場合でも質の高い医療，症状・希望等に応じた適切な医療・福祉サービスを受け，地域で安心して自立した生活を継続できる社会を実現することが謳われた。そこで，この方針に従い，診療報酬上必要な評価が行われた。

入院期間が5年を超える長期入院患者を，直近1年間で5％以上減少させた実績のある医療機関を評価する精神科地域移行実施加算について，評価が引き上げられた。

非定型抗精神病薬加算　（1日につき）
　非定型抗精神病薬加算1　　15点
　非定型抗精神病薬加算2　　10点
　精神療養病棟入院料への重症度評価の導入
算定要件
　①「非定型坑精神病薬加算1」は，使用している抗精神病薬の種類が2種類以下であること。
　②「非定型坑精神病薬加算2」は，①以外の場合。

統合失調症患者に対して投与する抗精神病薬の種類数を国際的な種類数と同程度とすることについて，精神科救急入院料等の特定入院料の非定型抗精神病薬加算において評価することになった。

精神療養病棟入院料　1,050点（1日につき）
重症者加算　　　　　40点（1日につき）
算定要件
　当該患者のGAFスコアが40以下であること。

精神療養病棟について，患者の状態像によらず一律の評価となっていることを見直し，重症度に応じた加算が新設された。

精神科慢性期入院医療に係る評価については，精神療養病棟入院料の見直しがなさ

れ，入院料は減額され，重症度の高い患者が評価された。患者の状態によらず一律の評価となっていたこれまでの要件は見直された。一方で「精神科地域移行実施加算」は引き上げられ，精神保健医療福祉のさらなる改革に向けて，「入院医療中心から地域医療中心へ」と推し進められていくことになった。

```
児童・思春期精神入院医療管理加算　800点（1日につき）
```

発達障害や思春期うつ病など，児童思春期の精神疾患患者の治療を行う専門病棟についての評価を引き上げた。

```
強度行動障害入院医療管理加算　　　300点（1日につき）
算定要件
　①強度行動障害児（者）の医療度判定基準スコア24点以上の者であること。
　②行動障害に対する専門的な医療提供体制が整備されていること。
```

個人の特性等に配慮した特別な医学的ケアを必要とする強度行動障害児に対する入院医療について，新たな評価が設けられた。

```
重度アルコール依存症入院医療管理加算（1日につき）
　　30日以内　　　　　　　　200点
　　31日以上60日以内　　　　100点
算定要件
　①当該保険医療機関にアルコール依存症に係る研修を修了した専従の医師，研修を終了した看
　　護師，専従の作業療法士，精神保健福祉士又は臨床心理技術者がそれぞれ1名以上配置され
　　ていること。
　②アルコール依存症の治療プログラムに基づく治療が提供されていること。
```

重度のアルコール依存症治療において，高い治療効果が得られる専門的入院医療について，新たな評価が設けられた。

```
摂食障害入院医療管理加算（1日につき）
　　30日以内　　　　　　　　200点
　　31日以上60日以内　　　　100点
算定要件
　①重度の摂食障害による著しい体重減少が認められる者であること。
　②当該保険医療機関に摂食障害の専門的治療を行う医師，臨床心理技術者等が配置されている
　　こと。
　③摂食障害の治療について，一定の実績を有する保健医療機関であること。
```

治療抵抗性を示すことの多い摂食障害について，専門的な入院医療に対する新たな評価が設けられた。

```
通院・在宅精神療法（1日につき）
　　30分以上の場合　　　　　400点
　　30分未満の場合　　　　　330点
```

精神科専門療法について，病院と診療所で異なった評価になっている点を見直すとともに，長時間に及ぶものについての評価が引き上げられた。「初診の日において精神保健指定医が通院精神療法を行った場合／500点」は変更されなかった。

```
認知療法・認知行動療法    420点（1日につき）
算定要件
 ①気分障害の患者に対して一連の治療に関する計画を作成し，患者に対して詳細な説明を行う
  こと。
 ②診療に要した時間が30分を超えた場合に算定し，一連の治療につき16回を限度とする。
 ③厚生労働科学研究班作成のマニュアルに準じて行うこと。
```

また，うつ病に対する効果が明らかとなっている認知療法・認知行動療法について，診療報酬上の評価が新設された。

```
精神科ショート・ケア（1日につき）
 小規模なもの          275点
 大規模なもの          330点
```

精神科デイ・ケア等について，精神障害者の地域移行を推進するために，早期の地域移行についての評価が行われた。当該療法の算定を開始した日から起算して1年以内の期間に行われる場合，所定点数に20点を加算する。

```
精神科デイ・ケア（1日につき）
 小規模なもの                          590点
 大規模なもの                          700点
 精神科ナイト・ケア      540点（1日につき）
 精神科デイ・ナイトケア  1,040点（1日につき）
 重度認知症患者デイ・ケア料 1,040点（1日につき）
```

「精神科デイ・ケア」，「精神科ナイト・ケア」，「精神科デイ・ナイト・ケア」，「重度認知症患者デイ・ケア料」については，当該療法の算定を開始した日から起算して1年以内の期間に行われる場合，所定点数に50点を加算する。

```
医療安全対策加算（入院初日）
 医療安全対策加算1      85点
 医療安全対策加算2      35点
算定要件
医療安全対策加算1
 医療安全対策に係る適切な研修を終了した専従の看護師，薬剤師その他の医療有資格者が医療
 安全管理者として配置されていること。
医療安全対策加算2
 医療安全対策に係る適切な研修を終了した専任の看護師，薬剤師その他の医療有資格者が医療
 安全管理者として配置されていること。
```

医療安全対策加算について、評価の引き上げを行うとともに、より多くの病院において医療安全対策を推進する観点から、質を担保しつつ、要件を緩和した評価が新設された。

```
感染防止対策加算      100点（入院初日1回）
施設基準
 ①医療安全対策加算1の届け出を行っていること。
 ②感染症対策に3年以上の経験を有する常勤医師、5年以上感染管理に係る経験を有し、6か月
  以上の研修を修了した看護師のうち専従1名、専任1名が配置されていること。
 ③3年以上の病院勤務経験をもつ専任の薬剤師、臨床検査技師が配置されていること。
 ④抗MRSA薬及び広域スペクトラムの抗生剤について、届出制又は、許可制をとっていること。
```

感染症の専門的な知識を有する医療関係職種から構成されるチームによる病棟回診や、抗生剤の適正使用の指導・管理等の感染防止対策の取り組みが評価された。

V 2012（平成24）年度診療報酬改定

2012年度の診療報酬改定は、2011年6月に示された「社会保障と税の一体改革案」（政府・与党社会保障改革検討本部決定）などを踏まえて、団塊の世代の高齢化が深刻な問題となる2025年を見据えた医療・介護機能の再編に向けた第一歩として行われた。それは、「施設」から「地域」へ、「医療」から「介護」へと、患者のニーズに応じた病院・病床機能の役割分担や、医療と介護の連携強化を深化させ、より効率的・効果的な医療・介護サービスの提供体制を構築すること目指すものであった。その取り組みの方向性として示されたのは、急性期への医療資源の集中投入や亜急性期、慢性期医療の機能強化といった入院医療の機能分化・強化と連携、在宅医療・介護の充実といった地域包括ケア体制の整備を行い、国民が病気になっても職場や地域生活へ早期に復帰することができ、医療や介護が必要になっても住み慣れた地域での暮らしを継続できるようにするというものであった。

2012年度診療報酬改定に関する検討の中で、2011年12月1日の社会保障審議会医療保険部会、社会保障審議会医療部会で以下の重点課題が示された。

```
○救急、産科、小児、外科等の急性期医療を適切に提供していくという観点も踏まえた、病院勤
 務医等の負担の大きな医療従事者の負担軽減
  チーム医療の促進、救急外来や外来診療の機能分化の推進等
○医療と介護の役割分担の明確化と地域尾における連携体制の強化の推進および地域生活を支え
 る在宅医療等の充実在宅医療を担う医療機関の役割分担や連携の推進、看取りに至るまでの医
 療の充実、在宅歯科、在宅薬剤管理の充実、訪問看護の充実等
```

そして、改定の視点として以下があげられた。

> ○充実が求められる分野を適切に評価していく視点
>   がん医療の充実，認知症対策の促進等
> ○患者等から見てわかりやすく納得でき，安心・安全で生活の質にも配慮した医療を実現する視点
>   退院支援の充実等の患者に対する相談支援体制の充実対する適切な評価等
> ○医療機能の分化と連携等を通じて，質が高く効率的な医療を実現する視点急性期，亜急性期等の病院機能にあわせた効率的な入院医療の評価，慢性期入院医療の適正な評価　等
> ○効率化余地があると思われる領域を適正化する視点
>   後発医薬品の使用促進策等

また，将来に向けた課題として以下の内容もあげられている。

> 来年度の改定のみならず，超高齢社会のあるべき医療の姿を見据えつつ，引き続き，「社会保障と税の一体改革成案」において，2025年の姿として描かれた病院・病床機能の分化・強化と連携，在宅医療の充実，重点化・効率化等の推進等に取り組んでいく必要がある。
> ・急性期，亜急性期，慢性期等の病院・病床機能の分化，強化
> ・地域に密着した病床における入院医療等の一体的な対応
> ・外来診療の役割分担，在宅医療の充実

このように，医療・介護サービスのあるべき姿の実現に向けて行われた2012年度診療報酬改定の概要は，以下の通りである。

> 重点課題1
> 急性期医療等の適切な提供に向けた病院勤務医等の負担の大きな医療従事者の負担軽減
>   ①救急・周産期医療の推進
>   ②病院医療従事者の勤務体制の改善等の取組
>   ③救急外来や外来診療の機能分化
>   ④病棟薬剤師や歯科医師等を含むチーム医療
> 重点課題2
> 医療と介護の役割分担の明確化と地域における連携体制の強化および在宅医療等の充実
>   ①在宅医療を担う医療機関の役割分担や連携の促進
>   ②看取りに至るまでの医療の充実
>   ③在宅歯科・在宅薬剤管理の充実
>   ④訪問看護の充実，医療・介護の円滑な連携
> 医療技術の進歩の促進と導入，その他の分野
>   ①医療技術の適正な評価，がん医療や生活習慣病対策，精神疾患・認知症対策，リハビリの充実，生活の質に配慮した歯科医療
>   ②医療安全対策，患者への相談支援対策の充実
>   ③病院機能に合わせた入院医療，慢性期入院医療の適正評価，医療資源の少ない地域への配慮，診療所の機能に応じた評価
>   ④後発医薬品の使用促進，長期入院の是正，市場実勢価格を踏まえた医薬品等の適正評価

これらの重点課題の中で，救急医療の推進として精神疾患患者に関する改定には以下のようなものがあった。

> 救命救急入院料加算（注2　初回の精神疾患診断治療に対する評価）　3,000点
> 算定要件
>   精神保健指定医（自院以外の精神保健指定医を含む）または，精神保健指定医以外の精神科医が当該患者の精神疾患にかかわる診断治療等を行った場合，最初の診療時に限り算定する。

これは，自殺企図等による重篤な患者への精神科救急診療について，救急入院料に設けられている加算を精神保健指定医以外の精神科医や自院以外の精神保健指定医でも算定可能とするものである。精神症状を呈する患者を救急で受け入れ，適切な診断が行われることを促進する目的の改定である。

救急搬送患者地域連携紹介加算	500点→1,000点
救急搬送患者地域連携受入加算	1,000点→2,000点

この加算は，地域の救急医療の中核を担う医療機関が，地域連携によってその機能を十分に発揮できるように，緊急入院した患者の早期転院のための支援を推進する目的で，2010年度改定で新設された。この場合，紹介する病院と受け入れる病院の双方があらかじめ連携していることが基準となっており，紹介加算と受入加算は1つの施設がいずれか1つだけを算定することになっていた。それを今回の改定で，同一医療機関で紹介加算と受入加算の両方を算定する施設として届出することが可能となった。また，療養病棟入院基本料，精神病棟入院基本料の病棟でも受入加算の算定が可能となった。これによって，救急入院をした精神疾患患者が，精神科病院に転院して速やかに専門治療を受けることが可能になることが期待される。

チーム医療の推進に関する項目でも，精神科に関連する改定が行われた。

精神科リエゾンチーム加算　200点（週1回）
算定要件
　①一般病棟に入院する患者のうち，せん妄や抑うつを有する患者，精神疾患を有する患者，自殺企図で入院した患者が対象。
　②精神症状の評価，診療実施計画書の作成，定期的なカンファレンス実施（月1回程度），精神療法・薬物治療等の治療評価書の作成，退院後も精神医療（外来等）が継続できるような調整を行う。
　③算定患者数は，1チームにつき1週間で概ね30人以内とする。
施設基準
　当該保険医療機関内に，①～③により構成される精神科リエゾンチームが設置されていること。
　①精神科リエゾンについて十分な経験のある専任の精神科医。
　②精神科リエゾンに係る所定の研修を修了した専任の常勤看護師。
　③精神科リエゾンについて十分な経験のある専従の常勤精神保健福祉士，常勤作業療法士，常勤薬剤師または常勤臨床心理技術者のいずれか1人。

これは，せん妄の患者が一般病棟でも増えて，精神科の治療やケアの必要性が高まったことに伴う改定である。一般病棟に入院している患者でせん妄や抑うつ状態になった患者に対して，精神科医や専門性の高い看護師と多職種がチームをつくってかかわることを評価したものである。このチームの算定要件の「精神科リエゾンに係る所定の研修を修了した専任の常勤看護師」は，日精看の精神科認定看護師，日本看護協会の精神専門看護師と認知症認定看護師が該当する。日精看の精神科認定看護師が，診療報酬上で初めて評価された項目である。

> 病棟薬剤師業務実施加算　100点（週1回）
> 算定要件
> 　薬剤師が病棟において病院勤務医等の負担軽減および薬物療法の有効性，安全性の向上に資する薬剤関連業務（病棟薬剤業務）を実施している場合に，週1回に限り所定点数に加算する。ただし，療養病棟または精神科病棟に入院している患者については，入院した日から起算して4週間を限度とする。
> 施設基準
> 　①病棟ごとに専任の薬剤師が配置されていること。
> 　②薬剤師が実施する病棟薬剤業務が十分な時間（1病棟・1週あたり20時間相当以上）確保されていること。
> 　③医薬品情報の収集および伝達を行うための専用施設を有すること。
> 　④当該保険医療機関における医薬品の使用に係る状況を把握するとともに，医薬品の安全性に係る重要な情報を把握した際に，速やかに必要な措置を講じる体制を有していること。
> 　⑤薬剤管理指導料の施設基準に係る届出を行っている保険医療機関であること。
> 　⑥病院勤務医の負担の軽減および処遇の改善に資する体制が整備されていること。

　他に，薬剤師の病棟における業務に対する評価も行われた。薬剤師が勤務医等の負担軽減につながる業務を病棟で一定以上実施している場合に算定するものであり，勤務医の負担の軽減を図る項目である。この加算の新設に伴い，薬剤管理指導料における医薬品安全性情報等管理体制加算（50点）は廃止された。前回に引き続き，今回も訪問看護に関する改定が多かった。その中でも大きな改定といえるのは，精神科訪問看護基本療養費の新設であった。その他の改定も含めて以下に示す。

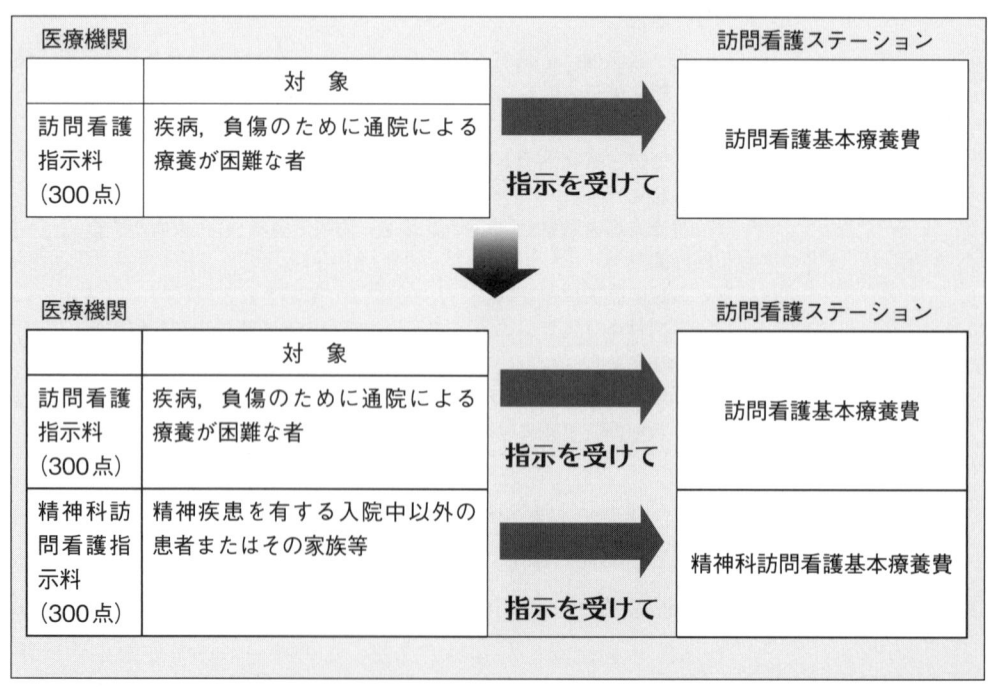

医療機関			訪問看護ステーション
訪問看護指示料（300点）	対象：疾病，負傷のために通院による療養が困難な者	指示を受けて →	訪問看護基本療養費

↓

医療機関			訪問看護ステーション
訪問看護指示料（300点）	対象：疾病，負傷のために通院による療養が困難な者	指示を受けて →	訪問看護基本療養費
精神科訪問看護指示料（300点）	精神疾患を有する入院中以外の患者またはその家族等	指示を受けて →	精神科訪問看護基本療養費

　訪問看護は主治医の指示を受けて実施される。地域で暮らす精神疾患を主病名にもつ患者に対する訪問看護については，精神科を標榜する保険医療機関と訪問看護ステーションが実施している。医療機関が精神科訪問看護を実施する場合は，自院に通院

している患者を対象とし，精神科訪問看護・指導料を算定する。それに対して，訪問看護ステーションが実施する場合は対象者は限定されず，訪問看護の指示を出した医療機関が訪問看護指示料を算定し，訪問看護ステーションは訪問看護基本療養費と訪問看護管理療養費の請求を行う。この2つについては，同じ内容の訪問看護を実施していても，料金や条件にいくつもの相違点があった。精神疾患患者に対して実施する精神科訪問看護の診療報酬「精神科訪問看護・指導料」が1986（昭和61）年に新設されて，その後の改定によって点数の引き上げや要件の変更・緩和等が行われてきた。これに対して，訪問看護ステーションからの精神科訪問看護は，1994（平成6）年の健康保険法改正によって行われるようになった。そもそも，訪問看護ステーションは寝たきり高齢者のケアを行う事業所として作られ，高齢者を中心に医療依存度の高い利用者を想定した報酬体系となっていた。そのため，同じ精神科訪問看護であっても，医療機関では算定できるものが訪問看護ステーションでは算定できないといった齟齬が生じていた。今回の改定は，その整合性を図るための改定であったということができる。

家族ケアの必要性が高い利用者が多い精神科訪問看護の対象に家族も含めるために，訪問看護指示料とは別に精神科訪問看護指示料を新設し，その指示を受けて行う訪問看護について精神科訪問看護基本療養費を算定することになった。これで，訪問看護ステーションでも家族だけを対象とした訪問看護を実施することが可能になった。また，医療機関からの訪問看護では，准看護師が単独で実施できるようになった。

他に，30分未満の訪問看護の区分と同一建物居住者に対する評価が下記のように新設された。

			精神科訪問看護基本療養費 （訪問看護ステーション）		精神科訪問看護・指導料 （保険医療機関）	
			Ⅰ 患者宅個別	Ⅲ 同一建物	Ⅰ 患者宅個別	Ⅲ 同一建物
保健師，看護師または作業療法士による場合※	週3日目まで	30分未満	4,250円	3,300円	440点	340点
		30分以上	5,550円	4,300円	575点	445点
	週4日目以降	30分未満	5,100円	4,060円	525点	415点
		30分以上	6,550円	5,300円	675点	545点
准看護師による場合	週3日目まで	30分未満	3,870円	2,910円	400点	300点
		30分以上	5,050円	3,800円	525点	395点
	週4日目以降	30分未満	4,720円	3,670円	485点	375点
		30分以上	6,050円	4,800円	625点	495点
※保険医療機関は，精神保健福祉士が追加となる。						
施設複数同時	訪問看護ステーション		精神科訪問看護基本療養費Ⅱ			1,600円
	保険医療機関		精神科訪問看護・指導料			160点

上記の表を見ると，まだわかりにくいように思われるが，これで医療機関と訪問看護ステーションの精神科訪問看護の条件がほぼ揃ったことになる。

精神医療に関する改定を見てみる。

精神科救急搬送患者地域連携紹介加算	1,000点
精神科救急搬送患者地域連携受入加算	2,000点
算定要件	
精神科救急を担う医療機関に緊急入院した患者が，入院日から60日以内に他の精神科医療機関に転院した場合に算定する。	
施設基準	
精神科救急搬送患者地域連携紹介加算	
・精神科救急入院料，精神科急性期治療病棟入院料，精神科救急・合併症入院料	
精神科救急搬送患者地域連携受入加算	
・精神病棟入院基本料，精神療養病棟入院料，認知症治療病棟入院料，児童・思春期入院医療管理料	

これは，精神科救急医療機関に緊急入院した患者が状態が落ち着いて，あらかじめ連携している精神科医療機関に転院させた場合と，他の精神科医療機関がその患者を受け入れた場合に算定できる加算である。これによって，急性期の短期間の集中的治療を行う精神科救急医療機関の機能を強化し，それ以降の治療を継続して行う後方病床の役割を担う精神科医療機関の連携が円滑に行われることを目的に新設された。

救急支援精神病床初期加算	100点（14日まで）
算定要件	
救急搬送患者地域連携受入加算または精神科救急搬送患者地域受入加算を算定された患者。	

これは，急性期医療を担う医療機関から転院を受け入れた場合の初期診療に係る加算である。ただし，この加算を算定できるのは，精神病棟入院基本料を算定している病棟に限定されている。

上記の2つの加算は，救急医療の推進という医療界全体の流れと同じく，精神科医療においても後方病床を確保することによって，急性期医療を行う医療機関の機能強化を図る目的で新設されたと考えられる。

精神科身体合併症管理加算	450点
※精神科救急入院料，精神科急性期治療病棟入院料および精神科救急・合併症入院料について，手術等の目的で一時的に転棟，あるいは転院した場合，再転棟や再入院時に算定可能とする。	

精神科身体合併症管理加算は，2008年度改定で新設された加算である。精神病床に入院している患者の高齢化に伴って，現場では身体合併症治療に関するニーズが高まっている。その現状に対して，身体疾患の治療体制を確保している医療機関における手厚い医療を評価したものである。

> 児童・思春期精神科入院医療管理料　2,911点（1日につき）
> 算定要件
> 　20歳未満の精神疾患を有する患者について，病棟または病室単位で算定する。
> 施設基準
> 　①精神科を標榜する病院において精神病棟または治療室を単位とすること。
> 　②病棟または治療室に入院する患者の概ね8割以上が20歳未満の精神疾患を有する患者であること。
> 　③小児医および自走・思春期の精神医療の経験を有する常勤医師が2名以上（うち1名は精神保健指定医）。
> 　④専従の常勤精神保健福祉士および常勤臨床心理技術者がそれぞれ1名以上配置する。
> 　⑤病院内に学習室が設けられている。
> 　⑥治療室の病床は30床以下であり，浴室，廊下，デイルーム，食堂，面会室，便所，学習室が，当該病棟の他の治療室とは別に設置されている。

　これまで，小児病棟と精神科病院とで小児に対する精神科の入院医療に関する診療報酬上の評価に相違点があった。今回の改定で，それを是正するために新設された項目である。高い点数が設定された児童・思春期精神科入院医療管理料であるが，学習室の設置等の施設基準は精神科病院においては高いハードルであると思われる。この管理料の新設に伴い，児童・思春期精神科入院医療管理加算は廃止された。

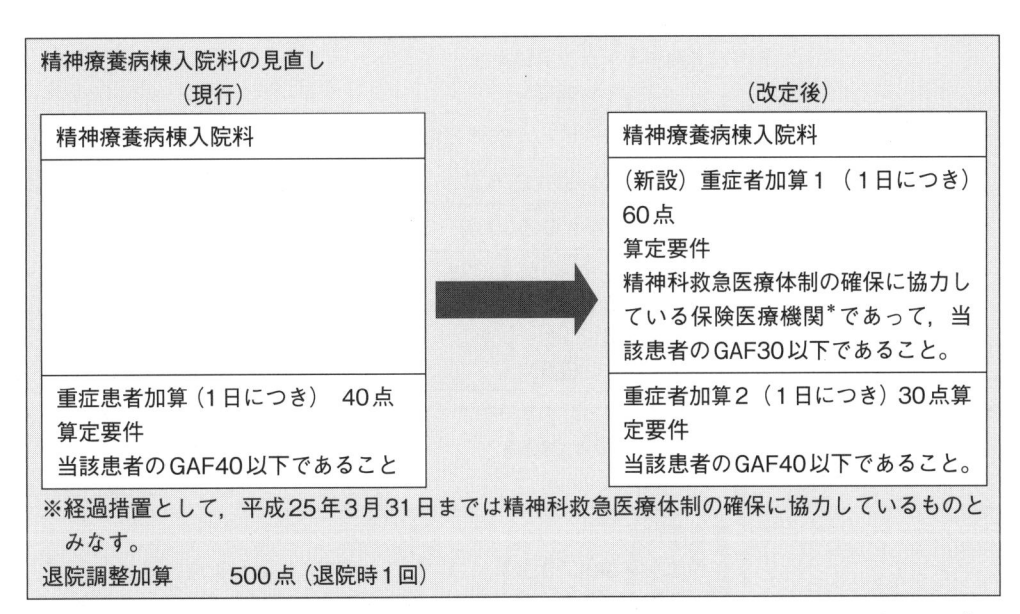

> 精神療養病棟入院料の見直し
>
> | （現行） | （改定後） |
> |---|---|
> | 精神療養病棟入院料 | 精神療養病棟入院料 |
> | | （新設）重症者加算1（1日につき）60点
算定要件
精神科救急医療体制の確保に協力している保険医療機関*であって，当該患者のGAF30以下であること。 |
> | 重症患者加算（1日につき）40点
算定要件
当該患者のGAF40以下であること | 重症者加算2（1日につき）30点算定要件
当該患者のGAF40以下であること。 |
>
> ※経過措置として，平成25年3月31日までは精神科救急医療体制の確保に協力しているものとみなす。
> 退院調整加算　　500点（退院時1回）

　これは，精神療養病棟が精神科救急医療機関の後方病床として，重症患者の受け入れや地域の精神科救急医療体制に協力することを促す目的の改定であると考えられる。しかし，実際には改定後すぐに協力体制が構築することは難しいことも予想され，経過措置が設けられている。また，長期入院患者が多い精神療養病棟においても，できるだけ早い地域移行を促進する目的で，退院支援の専門部署を設置した場合の退院調整加算が新設された。

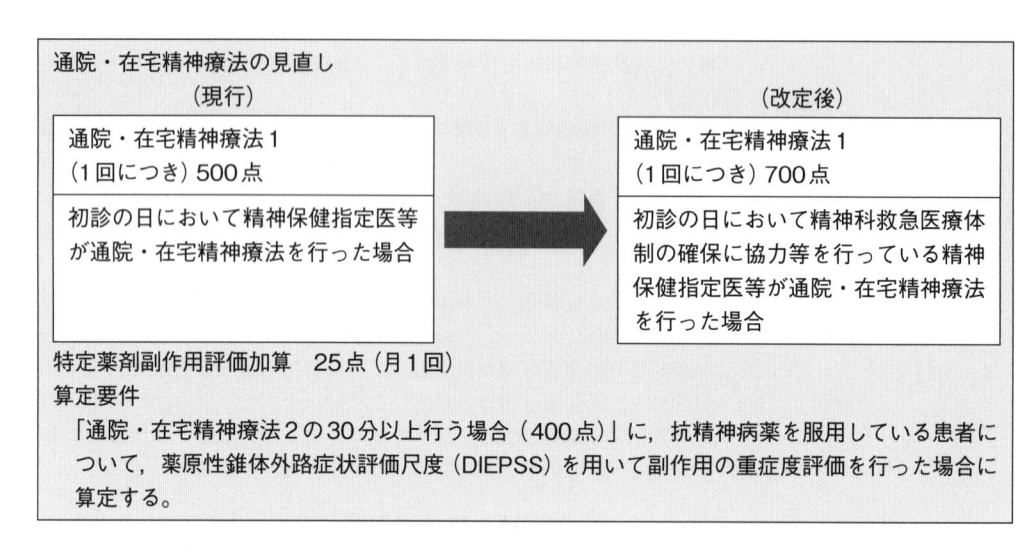

通院・在宅精神療法の見直し	
（現行）	（改定後）
通院・在宅精神療法1 （1回につき）500点 初診の日において精神保健指定医等が通院・在宅精神療法を行った場合	通院・在宅精神療法1 （1回につき）700点 初診の日において精神科救急医療体制の確保に協力等を行っている精神保健指定医等が通院・在宅精神療法を行った場合

特定薬剤副作用評価加算　25点（月1回）
算定要件
「通院・在宅精神療法2の30分以上行う場合（400点）」に，抗精神病薬を服用している患者について，薬原性錐体外路症状評価尺度（DIEPSS）を用いて副作用の重症度評価を行った場合に算定する。

　これは，精神科病院を退院した患者に適切な医療を提供する体制を充実するための改定である。これについても，精神科救急医療体制の確保に協力等を行っていることが要件としてあげられている。また，抗精神病薬を服用中の患者に対する副作用の重症度評価についても加算が新設された。

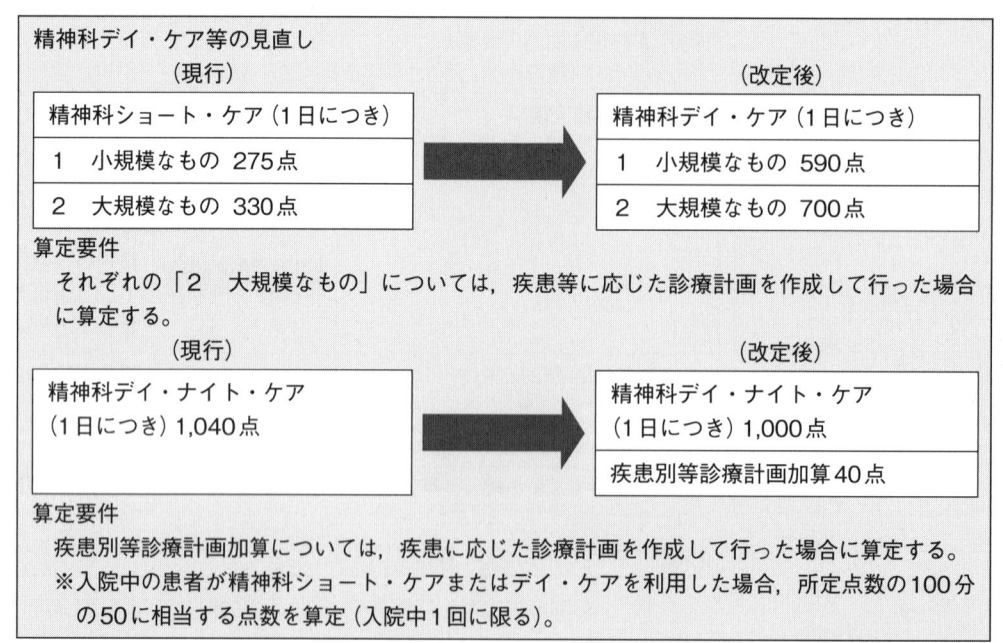

精神科デイ・ケア等の見直し	
（現行）	（改定後）
精神科ショート・ケア（1日につき） 1　小規模なもの　275点 2　大規模なもの　330点	精神科デイ・ケア（1日につき） 1　小規模なもの　590点 2　大規模なもの　700点

算定要件
それぞれの「2　大規模なもの」については，疾患等に応じた診療計画を作成して行った場合に算定する。

（現行）	（改定後）
精神科デイ・ナイト・ケア （1日につき）1,040点	精神科デイ・ナイト・ケア （1日につき）1,000点 疾患別等診療計画加算40点

算定要件
疾患別等診療計画加算については，疾患に応じた診療計画を作成して行った場合に算定する。
※入院中の患者が精神科ショート・ケアまたはデイ・ケアを利用した場合，所定点数の100分の50に相当する点数を算定（入院中1回に限る）。

　精神科デイ・ケア等に関する改定は，前回の改定でも行われた。精神科デイ・ケアについては，長期間にわたって継続利用している患者が多いという実態が，以前から問題として指摘されてきた。それを受けて，2010年度改定では利用開始から1年についての早期加算が新設された。

　今回は，精神科デイ・ケア等が患者の社会生活機能の回復を図るための機関であるという位置づけを明確にするために，病状や患者が抱える課題等を盛り込んだ個別性を重視した診療計画を立てることが義務づけられた。精神科デイ・ケア等が，有効な

地域医療を提供する機関であるという側面を強化するねらいであると考えられる。また，入院中の患者が退院後の精神科デイ・ケア等を利用することを前提とした試験的な利用についての評価が新設された。精神科デイ・ケアの入院中の試験的な利用については，全国的に広く行われている実態があり，日精看からも入院中の利用について評価するように要望を提出しており，それがようやく反映された。

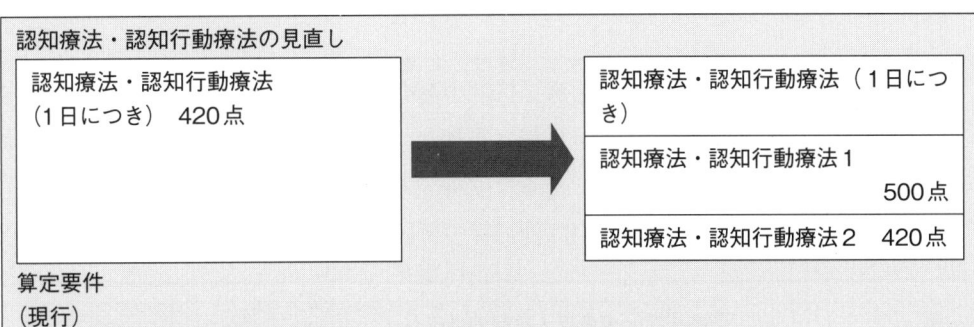

認知療法・認知行動療法の見直し

認知療法・認知行動療法（1日につき） 420点

→

認知療法・認知行動療法（1日につき）
認知療法・認知行動療法1　500点
認知療法・認知行動療法2　420点

算定要件
（現行）
①精神科を標榜する保険医療機関以外の保険医療機関においても算定できる。
②認知療法・認知行動療法に習熟した医師が行った場合に算定する。

↓

認知療法・認知行動療法1
①精神科を標榜する保険医療機関であること。
②精神科救急医療体制の確保に協力等を行っている精神保健指定医が行った場合（＊用件は通院・在宅精神療法と同じ）。

認知療法・認知行動療法2
①精神科を標榜する保険医療機関以外の保険医療機関においても算定できる。
②認知療法・認知行動療法に習熟した医師が行った場合に算定する。

認知療法・認知行動療法は前回の改定で新設され，臨床での普及も進んできた。今回の改定では，他の改定項目にも見られる精神科救急医療体制の確保への協力が要件に盛り込まれた。

精神科継続外来支援・指導料の見直し

精神科継続外来支援・指導料　55点（1日につき）
→1回の処方において，抗不安薬または睡眠薬を3剤以上投与した場合には，所定点数の100分の80に相当する点数を算定する。

特定薬剤副作用評価加算　25点（月1回）

算定要件
「精神科継続外来支援・指導料」を行う場合に，抗精神病薬を服用している患者について，薬原性錐体外路症状評価尺度（DIEPSS）を用いて副作用の重症度評価を行った場合に算定する。

これについては，抗精神病薬の乱用や加療服薬の問題などが改定の背景にあると考えられる。特定薬剤副作用評価加算については，通院・在宅精神療法と同じ要件となっている。

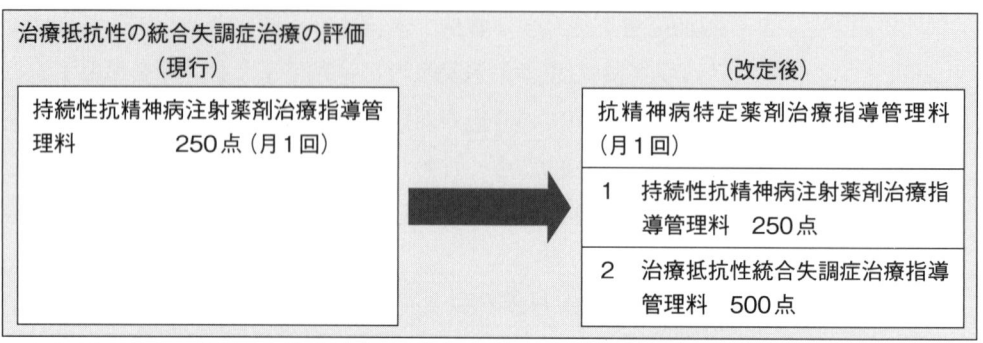

治療抵抗性の統合失調症治療の評価	
（現行）	（改定後）
持続性抗精神病注射薬剤治療指導管理料　250点（月1回）	抗精神病特定薬剤治療指導管理料（月1回） 1　持続性抗精神病注射薬剤治療指導管理料　250点 2　治療抵抗性統合失調症治療指導管理料　500点

　これは，治療抵抗性の統合失調症患者に対して，重篤な副作用が発現するリスクが高い治療抵抗性統合失調症治療薬（クロザピン）を投与した場合に医学管理を行ったときに算定できる管理料である。これも，精神科継続外来支援・指導料の見直しや特定薬剤副作用評価加算の新設と同じく，多剤・多量投与の適正化を図る目的である。

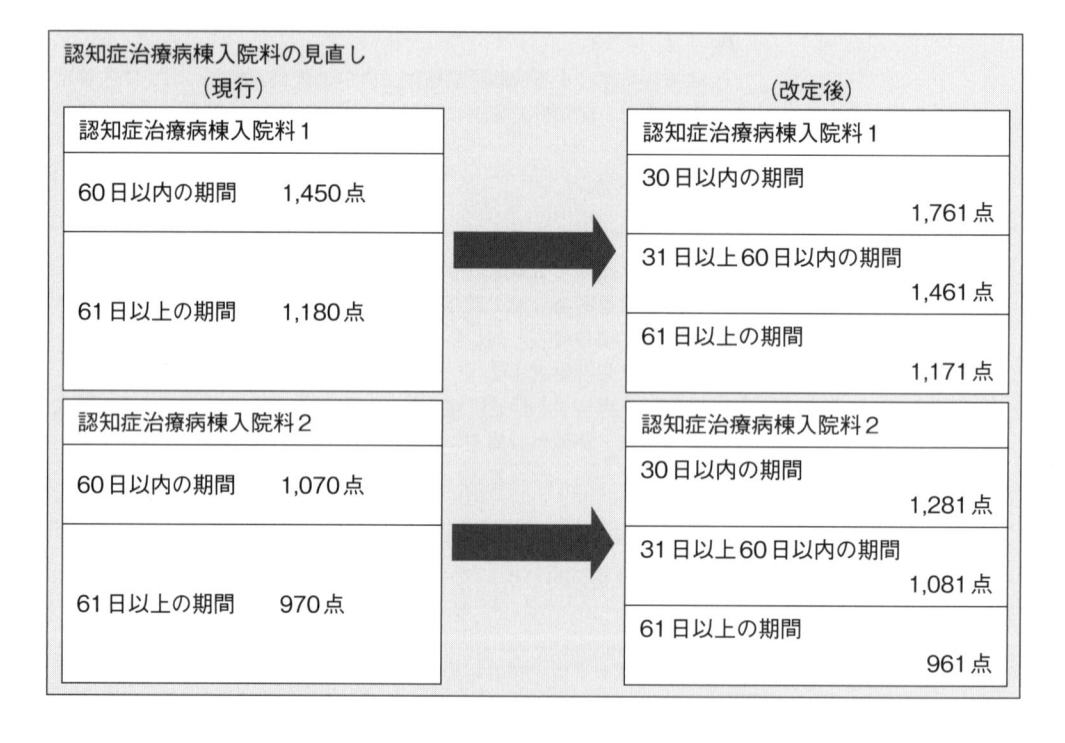

認知症治療病棟入院料の見直し	
（現行）	（改定後）
認知症治療病棟入院料1 60日以内の期間　　1,450点 61日以上の期間　　1,180点	認知症治療病棟入院料1 30日以内の期間　　1,761点 31日以上60日以内の期間　　1,461点 61日以上の期間　　1,171点
認知症治療病棟入院料2 60日以内の期間　　1,070点 61日以上の期間　　970点	認知症治療病棟入院料2 30日以内の期間　　1,281点 31日以上60日以内の期間　　1,081点 61日以上の期間　　961点

　認知症対策の推進に向けた改定がいくつか行われた。
　認知症治療病棟入院料は，2006年度改定で新設されて，生活機能回復訓練室や看護職員配置の充実を図る施設基準が設けられた。その後，認知症患者の入院数は年々増加しており，精神科病院への入院が必要な患者も増えている。それらの患者については，入院期間の長期化が懸念されており，それを防ぐ意味でも在院日数による区分がなされている。今回の改定では，認知症の周辺症状（BPSD）の改善については入院日から1か月程度の集中的な治療が重要であるとの指摘もあり，30日以内の区分が新たに設定された。

> 認知症夜間対応加算　84点（1日につき，30日まで）
> 算定要件
> 　夜間に看護補助者を配置し，夜勤を行う看護要員が3人以上の場合に算定。
> 　退院調整加算（退院時）　300点
> 算定要件
> 　認知症治療病棟に6か月以上入院している患者について退院支援計画を作成し，退院調整を行った場合に算定する。
> 施設基準
> 　該保険医療機関内に退院支援部署を設置し，専従の精神保健福祉士および専従の1人（看護師，作業療法士，精神保健福祉士，社会福祉士または臨床心理技術者のいずれか）が配置されていること。

　認知症治療病棟について，入院の長期化を防ぐ目的で入院期間の区分を設けていることは先に述べたが，今回新設された退院調整加算は，認知症患者の退院支援のための部署の設置し，入院期間が長期化する傾向になる患者に対してチームでの退院に向けた働きかけについて，退院時に算定する加算を設けたものである。認知症夜間対応加算は，転倒等の事故が起こりやすい夜間に看護要員の配置を増やして手厚いケアを行った場合に算定できる加算である。

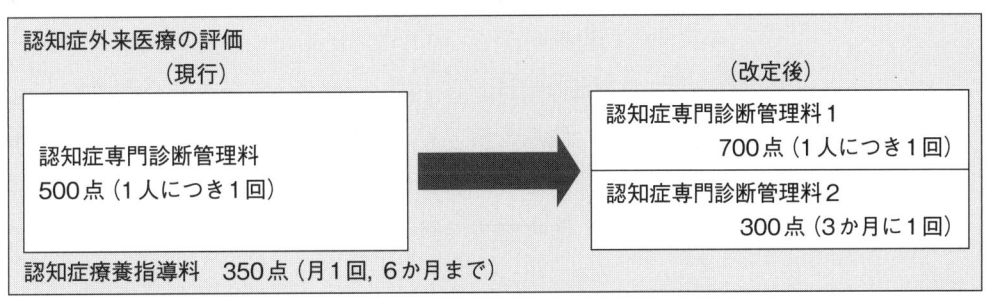

> 認知症外来医療の評価
> 　（現行）　　　　　　　　　　　　　　　　　　　　　（改定後）
> 　認知症専門診断管理料　　　　　　　　　　　　　認知症専門診断管理料1
> 　500点（1人につき1回）　　　　　　→　　　　　　700点（1人につき1回）
> 　　　　　　　　　　　　　　　　　　　　　　　　認知症専門診断管理料2
> 　　　　　　　　　　　　　　　　　　　　　　　　300点（3か月に1回）
> 　認知症療養指導料　350点（月1回，6か月まで）

　精神保健医療福祉に関するこれまでの検討において，認知症の治療については早期の鑑別診断と療養方針の決定の重要性が指摘されてきた。それを受けて，認知症の専門医療機関である認知症疾患医療センターが紹介を受け，認知症と診断した患者の認知症療養計画を作成した場合の認知症専門診断管理料が2010年度改定で新設され，今回の改定で点数が引き上げられた。そして，診断を受けた認知症患者のその後の治療を担当するかかりつけ医が算定できる認知療養指導料が新設された。また，かかりつけ医から病状の悪化した認知症患者の紹介を専門機関が受けた場合の管理料も新設された。

> 重度認知症患者デイ・ケアの評価
> 　夜間ケア加算　　　　100点（1日につき）
> 算定要件
> 　①夜間の精神状態および行動異常が著しい重度認知症患者に対して，通常の重度認知症デイ・ケア（6時間以上）に加え，2時間以上夜間ケアを行った場合に算定する。
> 　②夜間に日中より手厚い体制で従事者を配置していること。

　これについては，認知症治療病棟と同じく手厚い人員体制で夜間ケアを行った場合

の加算である。他に，施設基準の中で従事者および1日あたりの患者数の見直しも行われた。

```
医療連携の評価
  地域連携認知症集中治療加算  1,500点（退院時）
  地域連携認知症支援加算  1,500点（再転院時）
算定要件
  療養病床または有床診療所療養病床に入院中の患者であって，認知症症状の急性増悪等により，認知症治療病棟へ転院し，転院日から60日以内に紹介元の医療機関に再転院した場合に算定する。
```

これは，療養病床に入院中の患者がBPSDの増悪等のために専門的な治療が必要となった時に，認知症治療病棟に一時的に転院して集中的な治療を行い，状態が落ち着いた後に，紹介元の医療機関が受け入れた場合に算定できる加算である。短期間に集中的かつ効果的な治療を行う専門医療機関との役割分担と連携を促進するねらいがある。

Ⅵ 2014（平成26）年度診療報酬改定

2014年度の診療報酬改定も前回改定に引き続き，団塊の世代が75歳を迎える2025年に向けた対策が講じられた改定となった。その概要は，表2-9の通りである。

今回の改定の柱は，日本の人口の1／3が後期高齢者になる社会に向けて，医療体制の再構築，地域包括ケアシステムの構築を図ることと，全国の医療機関をみたときに同じ病態像の患者がさまざまな病棟に入院している現状に対して，入院医療・外来医療を含めた医療機関の機能分化・強化と連携，在宅医療の充実などに取り組むことである。改定の視点として，充実が求められる分野を適切に評価していく視点，患者等から見てわかりやすく納得でき，安心・安全で質の高い医療を実現する視点，医療従事者の負担を軽減する視点，効率化の余地がある分野を適正化する視点があげられた。そして，超少子高齢社会の医療ニーズに合わせた医療提供体制の再構築，地域包括ケアシステムの構築については，ただちに完成するものではなく，2014年度診療報酬改定以降も引き続き，2025（平成37）年に向けて，質の高い医療が提供される診療報酬体系のあり方の検討も含め，医療機関の機能分化・強化と連携，在宅医療の充実等に取り組んでいく必要があると将来に向けた課題も示された。

今回も前回の改定同様にプラス改定となり，全体改定率は＋0.10％であった。しかし，これは2014年4月に行われた消費税率の引き上げに伴うコスト増への対応分であり，実質的にはマイナス改定であった。

今回の改定は，2013年8月の社会保障制度改革国民会議の報告書を踏まえ，その後の社会保障審議会医療保険部会と社会保障審議会医療部会で定めた方針によって決められている。その社会保障制度改革国民会議の報告内容は，以下のようなものであった。

> **社会保障制度改革国民会議報告書（抜粋）**
> ○急性期から亜急性期，回復期等まで，患者が状態に見合った病床でその状態にふさわしい医療を受けることができるよう，急性期医療を中心に人的・物的資源を集中投入し，入院期間を減らして早期の家庭復帰・社会復帰を実現するとともに，受け皿となる地域の病床や在宅医療・在宅介護を充実させていく必要がある。この時，機能分化した病床機能にふさわしい設備人員体制を確保することが大切であり，病院のみならず地域の診療所をもネットワークに組み込み，医療資源として有効に活用していくことが必要となる。
> ○この地域包括ケアシステムは，介護保険制度の枠内では完結しない。例えば，介護ニーズと医療ニーズを併せ持つ高齢者を地域で確実に支えていくためには，訪問診療，訪問口腔ケア，訪問看護，訪問リハビリテーション，訪問薬剤指導などの在宅医療が不可欠である。自宅だけでなく，高齢者住宅に居ても，グループホームや介護施設その他どこに暮らしていても必要な医療が確実に提供されるようにしなければならず，かかりつけ医の役割があらためて重要となる。そして，医療・介護サービスが地域の中で一体的に提供されるようにするためには，医療・介護のネットワーク化が必要であり，より具体的に言えば，医療・介護サービス提供者間，提供者と行政間など様々な関係者間で生じる連携を誰がどのようにマネージしていくかということが重要となる。

　ここで出てくる地域包括ケアシステムは，今後，日本の中で構築されていくであろう医療・介護のネットワークである。

　この地域包括ケアシステムは，人口1万人程度の中学校区を単位として想定されている。このシステムを実現するためには，①医療との連携強化，②介護サービスの充実強化，③予防の推進，④見守り，配食，買い物など多用な生活支援サービスの確保や権利擁護など，⑤高齢期になっても住み続けることのできる高齢者住まいの整備を利用者のニーズに合わせて組み合わせ，入院から退院，在宅復帰と切れ目なくサービスが提供されることが必須であるとされている。この医療の部分を充実強化していく改定が，今年度も行われたことになる。

　今回の改定で，精神科関連以外で大きな改定であったといえるのは，7対1入院基本料（以下，7対1）の見直しである。急性期医療の充実強化を目的に2006年度改定で新設された7対1は，都市部の大規模病院がその算定のために全国規模の看護職員の募集を行い，その影響で，地方や小規模病院，また精神科病院で看護職員確保が困難な状況が生じ，その是非についてさまざまな意見が出された。その後の検証調査で，看護必要度・重症度の基準を満たす患者を多く受け入れているという結果が出されたものの，年々，7対1病床はその数を増やし，2013年には35万床を超え，病床全体のバランスが偏ったものになった。そして，そのような状況に対して，高齢の入院患者が増えている現状で7対1の適用となる患者がそれほど多いのかを疑問視する声が多く聞かれるようになった。そこで，2025年の超少子高齢社会のニーズに十分応えることができるよう，7対1の要件の厳格化によって高度急性期病床の数を減らし，地域に密着した病床（一般急性期，亜急性期，長期療養）を増やす方針が示された。

　その方針に基づいて，病床の機能分化を促進させる目的で，7対1の要件の厳格化と地域包括ケア病棟の評価，有床診療所の機能に応じた評価が改定項目に盛り込まれた。7対1の導入によって平均在院日数が短縮されたものの，在宅医療に移行するのがまだ

表2-9　2014年度診療報酬改定の概要

2014年度診療報酬改定の重点課題と対応
重点課題
医療機関の機能分化・強化と連携，在宅医療の充実等
1．入院医療について
①高度急性期と一般急性期を担う病床の機能分化
②長期療養患者の受け皿の確保等について
③急性期後・回復期の病床の充実と機能に応じた評価
④医療提供しているが，医療資源の少ない地域に配慮した評価
⑤有床診療所の機能に着目した評価
2．外来医療の機能分化・連携の推進について
3．在宅医療を担う医療機関の確保と質の高い在宅医療の推進について
4．医療機関相互の連携や医療・介護の連携の評価について

難しい患者の行き先を確保することが困難な状況がある地域包括ケア病棟とは，「医療難民」とも呼ばれるこれらの患者の急性期以降の医療を引き受ける，地域により近い病床のことである。急性期医療の充実を図る際には，後方病床の確保も併せて行わなければ，患者や家族の不安を解消して切れ目のない医療を行うことはできない。また，入院医療に関する改定では，在宅復帰率が要件として盛り込まれた。高度急性期・急性期病床では7対1の自宅等退院患者割合が75％以上，地域包括ケア病床1は在宅復帰率7割以上，回復期リハビリテーション病棟1は7割以上，同2は6割以上，長期療養病床においても50％以上とされている。ただし，長期療養の場合は在宅復帰できる患者の割合が他に比べて少なくなるため入院料には含めず，加算とされている。このように，急性期病床の絞り込みを行い，地域包括病棟入院料の新設等によって7対1から退院してくる患者を受け入れやすい体制を整えるための改定が行われた。

在宅医療に関しては，診療所等と訪問看護ステーションの機能強化が図られた。在宅医療を担う医療機関として高い報酬が設定されている在宅療養支援診療所と在宅療養支援病院については，以前よりその実績が不足している医療機関の存在が指摘されており，今回の改定で過去1年間の緊急往診実績を3件以上から10件以上，在宅看取りの実績は2件以上を4件以上等に引き上げられた。

訪問看護に関しては，機能強化型訪問看護ステーションが位置づけられた。ターミナルや医療依存度の高い利用者は，24時間対応や頻回訪問等のニーズが高く，これらのニーズに対して大規模ステーションが対応できている実態があった。また，医療ニーズの高い利用者のケアマネジメントの際に福祉職のケアマネジャーが看護職のケアマネジャーに比べて困難を感じている実態もあり，訪問看護ステーションにケアマネジャーが配置されることの効果も評価された。また，機能強化型訪問看護管理療養費1の算定要件に居宅介護支援事業所が同一敷地内に設置され，ケアマネジメントが行

われることが盛り込まれた。

精神科関連の改定については，精神病床の機能分化，精神疾患患者の地域移行と地域定着の推進，身体疾患を合併する患者への適切な医療の推進，適切な向精神薬使用の推進，児童・思春期の精神科医療の推進の5項目に加え，認知症対策の推進が個別項目としてあげられた。

精神病床の機能分化については，以下の改定があった。

> 精神科急性期医師配置加算　　500点（1日につき）
> 算定基準
> ①新規入院患者のうち6割以上が入院日から起算して3か月以内に退院し，在宅へ移行すること。
> ②時間外，休日または深夜の入院件数が年8件以上であること。
> ③時間外，休日または深夜の外来対応件数が年20件以上であること。

精神科急性期治療病棟入院料1について，医師を16対1で配置した場合の評価を新設したものである。急性期病院において，配置された医師数が多いほうが平均在院日数が短いという調査結果が出ており，急性期病棟に医師を重点的に配置することによって早期退院を促すねらいがある。施設基準の外来対応件数については，新規患者か再来患者かは問われていないが，3か月以内の退院が6割を下回ったら，その時点で算定できないことになっている。当該病棟のすべての入院患者が対象になる加算であるので，算定できれば大きな収入につながるが，精神科医の確保が難しい状況が続く精神科医療ではハードルが高い加算といえる。

> 院内標準診療計画加算　　200点（退院時1回）
> 対象患者
> ①統合失調症，統合失調型障害および妄想性障害
> ②気分（感情）障害
> 算定要件
> 入院したに力起算して7日以内に医師，看護師および精神保健福祉士等が共同して，院内標準診療計画書を策定し，当該計画書に基づき診療を行い，当該患者が60日以内に退院した場合に退院時1回に限り所定点数に加算する。

これは，急性期の精神疾患患者に対するチーム医療を推進し，早期退院を促す目的で，精神科救急入院料，精神科救急・合併症入院料，精神科急性期治療病棟入院料において計画に基づいた医療を提供した場合の評価を新設したものである。統合失調症，気分障害の患者に対して急性期クリニカルパスを導入したところ，平均在院日数の短縮や在宅期間の延長，再入院率の低下につながったという調査結果が評価された。但し，精神科急性期治療病棟については精神科急性期医師配置加算を算定する病棟に限るとされている。これまでも，院内で作成したクリニカルパスを活用して治療を行い，患者の早期退院を促進してきた精神科病院もある。その実績が，今回の改定で評価されたと言える。改定資料として，院内標準診療計画書が示されていることから，これを機に導入する病院が増えることが予想される。

> 精神療養病棟入院料　　　1,061点（1日につき）
> 算定要件
> - 当該病棟に常勤の精神保健指定医が1名以上配置されていること。
> - 医療法に定める医師の員数以上の員数が配置されていること。
>
> ↓
>
> 精神療養病棟入院料　　　1,090点（1日につき）
> 算定要件
> - 当該病棟に専任の常勤の精神科医が1名以上配置されていること。
> - 医療法に定める医師の員数以上の員数が配置されていること（看護職員25対1以上を満たす場合を除く）＊平成30年3月31日までは30対1
> - 当該病棟の全入院患者に対して，7日以内に退院支援相談員を指定すること。その上で，退院支援のための委員会を設置・開催しつつ，退院に向けた相談支援，地域援助事業者等の紹介，退院調整等に関する院内における業務を実施すること。

　これは，精神療養病棟での精神保健指定医（以下，指定医）を配置する要件の緩和と，長期入院患者の地域移行を促進するための人員を配置するものである。2012年度の調査[1]で，病棟区分別の隔離・身体拘束の実施状況について精神科救急病棟，精神科急性期治療病棟と精神療養病棟を比較した場合，隔離室の使用状況で1/3〜1/4，身体拘束で1/2〜1/3と精神療養病棟での実施割合が低いという結果がでた。また，長期入院の患者が多く，指定医の判断を要する隔離・身体拘束等の行動制限の件数が急性期病棟に比べて少ない精神療養病棟に指定医を必ず配置することの必要性は低いのではないかという意見が以前から出されていた。全国的な指定医不足の状況もあり，指定医の配置から，専任の常勤の精神科医の配置の要件が緩和された。

　そして，新しい要件として退院支援相談員を置くことが定められた。この退院支援相談員は，2014年4月1日以降に精神療養病棟に入院した患者1人につき，1人以上を指定して配置しなければならない。この場合の入院患者とは，精神療養病棟への直接の新規入院患者と他病棟から転棟してきた患者をさす。退院支援相談員となる職種は，①精神保健福祉士，②保健師，看護師，准看護師，作業療法士または社会福祉士であり，②については精神障害者に関する業務に3年以上従事した経験を有する者という条件がついている。退院支援相談員が同時に担当できる患者は60人以下とされており，担当する患者の一覧を作成する必要がある。その業務内容として，患者と家族等からの相談に応じ，退院に向けた意欲の喚起等に努めるといった退院に向けた相談支援業務，担当する患者の退院に向けた支援を推進するための退院支援委員会に関する業務，退院後の住まいの確保等の環境調整や地域連携といった退院調整に関する業務があげられている。退院支援委員会の出席者は，主治医，看護職員，患者，家族等，退院後の生活環境にかかわる相談支援事業所等の職員とされ，それ以外にも病院の管理者が出席を求める病院職員も出席者としてあげられている。看護職員は受け持ち看護者が望ましいとされ，患者と家族等については必要に応じての出席とされている。また，相談支援事業所等の職員については，出席の際には患者の同意を得ることが条件にな

っている。退院支援委員会の開催頻度は，患者1人につき月1回以上行うこととされている。

　この精神療養病棟の退院支援相談員の配置については，診療報酬改定と同じ時期に施行された改正精神保健福祉法に規定された医療保護入院患者における退院後生活環境相談員と役割等が混同して受け取られることもあった。また，精神療養病棟においては退院支援相談員と退院後生活環境相談員の兼務が可能か否かについて，現場から疑義が寄せられるなど混乱が見られた。医療保護入院患者の退院後生活環境相談員の詳細については，第2章-Ⅱ（p.47）を参照されたい。

精神保健福祉士配置加算　　　　30点（1日につき）
算定要件
①当該病棟に専従の常勤精神保健福祉士を1名以上配置すること。
②①とは別に，退院支援部署または地域移行支援室に常勤精神保健福祉士を1名以上配置すること。
③措置入院，鑑定入院，医療観察法入院で当該保険医療機関に入院となった者を除いた当該病棟の新規入院患者のうち9割以上（精神療養病棟の場合は7割以上）が入院日から起算して1年以内に退院し，在宅へ移行すること。

　これは，精神療養病棟と精神科入院基本料を算定する病棟に，精神保健福祉士を配置した場合の評価である。これについては，慢性期病院（精神科救急病棟，精神科救急・合併症病棟，精神科急性期治療病棟がなく，精神療養病棟をもつ病院）を対象に100床あたりの従事者数と平均在院日数を見たときに，精神保健福祉士の数が多い病院で在院日数が短くなる傾向があるという調査結果[2]が根拠となり，加算が新設された。これを算定する精神保健福祉士は，配置された病棟が精神療養病棟である場合に限り，兼務が認められている。ただし，この加算を算定した病棟では精神療養病棟入院料の退院調整加算，精神科地域移行実施加算，精神科退院指導料，精神科退院前訪問指導料は算定できないので注意が必要である。この算定要件で，各病棟で入院患者が在宅へ移行する期間が1年以内と示されている。これは，改正精神保健福祉法における医療保護入院患者の地域移行の促進の部分で示された期間と同じであり，これまでの精神保健医療福祉に関する検討会で示されていた通り，精神科医療における長期入院の定義は1年を超える期間であることが再確認されたことになる。

精神科救急入院料　　　　　　2,842点（1日につき）
精神科救急・合併症入院料　　　3,042点（1日につき）
＜算定要件＞
・地域における1年間における措置入院，緊急措置入院および応急入院に係る新規入院患者のうち，原則として4分の1または30件以上の患者を当該病棟において受け入れていること。
・精神疾患に係る時間外，休日または深夜における診療（電話再診を除く）件数が年間200件以上，または次の地域における人口万対2.5件以上であること。

↓

> 精神科救急入院料2,920点（1日につき）
> 精神科救急・合併症入院料3,042（1日につき）
> 算定要件
> - 地域における1年間における措置入院，緊急措置入院および応急入院に係る新規入院患者のうち，原則として4分の1または20件以上の患者を当該病棟において受け入れていること。
> - 精神疾患に係る時間外，休日または深夜における診療（電話再診を除く）件数が年間200件以上，または次の地域における人口万対2.5件以上であり，かつ，精神疾患に係る時間外，休日または深夜における入院件数が年間20件以上あること。

　これは，精神科救急病棟，精神科救急・合併症病棟の算定要件を実態に即して改定したものである。措置入院や緊急措置入院，応急入院の件数が減少し，夜間や休日の入院のニーズが高まったことに対応したものである。

> 精神科重症患者早期集中支援管理料（月1回6か月以内）
> 　精神科重症患者早期集中支援管理料1（保険医療機関が単独で実施する場合）
> 　　イ　同一建物居住者以外の場合　　　　　　　1,800点
> 　　ロ　同市建物居住者の場合
> 　　　（1）特定施設等に入院する者の場合　　　　900点
> 　　　（2）（1）以外の場合　　　　　　　　　　450点
> 　精神科重症患者早期集中支援管理料2（訪問看護ステーションと連携する場合）
> 　　イ　同一建物居住者以外の場合　　　　　　　1,480点
> 　　ロ　同一建物居住者の場合
> 　　　（1）特定施設等に入院する者の場合　　　　740点
> 　　　（2）（1）以外の場合　　　　　　　　　　370点
> 算定要件
> 　訪問診療を月1回以上および精神科訪問看護を週2回以上（うち月1回以上は精神保健福祉士または作業療法士が訪問）実施している患者に対し，退院した日から起算して6か月以内の期間に限り算定する。
> 対象患者
> 　以下①〜④の全てを満たす者。
> 　①1年以上精神病床に入院して退院した者，または入退院を繰り返す者。
> 　②統合失調症，気分障害または重度認知症の患者で，退院時のGAF40以下の者。
> 　③精神科を標榜する保険医療機関への通院が困難な者。
> 　④障害福祉サービスを利用していない者。
> 施設基準
> 　①常勤精神保健指定医，常勤看護師または常勤保健師，常勤精神保健福祉士および作業療法士の4名から構成される専任のチームが設置されていること（いずれか1人は専従）
> 　②上記4人を含む多職種会議を週1回以上開催（月1回以上は保健所または精神保健福祉センター等と共同）すること。
> 　③24時間往診および看護師または保健師による精神科訪問看護が可能な体制を確保していること。
> 　④地域の精神科救急医療体制の確保に協力等を行っていること。

　これは，2011年度から実施された精神障害者アウトリーチ推進事業の実績により新設されたものである。重症患者への24時間の支援を行う医療機関だけでなく，精神科重症患者早期集中支援管理料2で連携する訪問看護ステーションにも下記の加算が新設された。

```
精神科重症患者早期集中支援管理連携加算    6,400円（月1回6ヶ月以内）
算定要件
 ①精神科重症患者早期集中支援管理料を算定する患者の主治医が属する保険医療機関と連携
  し，当該医療機関の職員と共同で会議を行い，支援計画を策定する訪問看護事業所であるこ
  と。
 ②精神科訪問看護を週2回以上実施していること。
 ③多職種会議を週1回以上開催し，うち月1回以上は保健所または精神保健福祉センター等と
  共同して会議を開催すること。
施設基準
 ①精神科訪問看護基本療養費の届出を行っている訪問看護事業所であること。
 ②24時間対応体制加算の届出のある訪問看護事業所であること。
```

これらの管理料と加算は，訪問を実施した際の点数や料金とは別に算定するものであり，24時間対応可能な多職種による体制構築や地域連携のための会議の開催等に係るものと考えられる。これ以外にも，重症患者に対する以下の加算が新設された。

```
＜医療機関＞
 精神科複数回訪問加算      450点（1日2回）
 精神科複数回訪問加算      800点（1日2回以上）
＜訪問看護ステーション＞
 精神科複数回訪問加算      4,500円（1日2回）
 精神科複数回訪問加算      8,000円（1日2回以上）
```

今回の改定で新設されたこれらの項目は，算定できれば大幅な収入の増加が見込まれ，精神障害者アウトリーチ推進事業において重症の患者に対して一定程度の効果が認められ，長期入院や入退院をくり返す病状が不安定な患者に対して24時間体制の多職種チームによる在宅医療が評価されたものであるとされるものの，算定するためのハードルは高い。例えば，施設基準について以下のように細かく規定されている。

○当該医療保険機関において24時間連絡を受ける担当者をあらかじめ指定するとともに，当該担当者および当該担当者と直接連絡がとれる連絡先電話番号等，緊急時の注意事項等について，事前に患者またはその家族等に対して説明のうえ，文書により提供していること。なお，曜日，時間帯ごとに担当者が異なる場合には，それぞれ曜日，時間帯ごとに担当者および当該担当者と直接連絡がとれる連絡先番号等を明示すること。

○当該医療保険機関において，患者またはその家族等から電話等により意見を求められた場合に常時対応でき，かつ，必要に応じて往診および精神科訪問看護または精神科訪問看護・指導を行うことができる体制を有すること。なお，精神科重症患者早期集中支援管理料1（特別の関係にある訪問看護ステーションと連携する場合に限る）または精神科重症患者早期集中支援管理料2を算定する保険医療機関においては，必要に応じて連携する訪問看護ステーションによる精神科訪問看護を行うことができる体制を有すればよいものとする。

○往診または精神科訪問看護・指導を行うものは，当該保険医療機関の当直体制を担う者とは別の者であること。

算定のための届出には，上記のすべての規定を満たしていることを記載した書類を提出しなければならない。高い医療費が請求される加算であるため，厳しい条件を設定したものと考えられるが，24時間体制で精神科医による往診が可能な医療機関が全国でどのぐらいあるだろうか。精神科医療の現場の現在の状況を見る限りでは，この条件で重症患者の支援を行える医療機関は少ないといわざるを得ない。

ちなみに，精神科重症患者早期集中支援管理料にある特定施設等とは，介護保険法に規定される地域密着型特定施設，または特別養護老人ホームを指す。

精神科訪問看護の給付調整		
現　行		
	1．入院中の患者以外の患者	3．入院中の患者 ア．介護老人福祉施設または地域密着型介護老人福祉施設 イ．短期入所生活介護または介護予防短期入所生活介護を受けている患者
精神科訪問看護・指導料（Ⅰ）および（Ⅲ）	○※	○※
精神科訪問看護基本療養費（Ⅰ）および（Ⅲ）	○※	○※
※末期の悪性腫瘍等の患者および急性増悪等により一時的に頻回の訪問看護が必要である患者に限る		

⬇

改　定　後		
	1．入院中の患者以外の患者	3．入院中の患者 ア．介護老人福祉施設または地域密着型介護老人福祉施設 イ．短期入所生活介護または介護予防短期入所生活介護を受けている患者
精神科訪問看護・指導料（Ⅰ）および（Ⅲ）	○※	○※
精神科訪問看護基本療養費（Ⅰ）および（Ⅲ）	○※	○※
※認知症を除く（ただし，精神科重症患者早期集中支援管理料を算定する患者にあってはこの限りではない）		

これは少しわかりにくいが，精神障害者を対象とする訪問看護については年齢に関わらず医療保険で行えるというものである。2012年度改定で，65歳以上の患者に対する精神科訪問看護は急性増悪等の場合を除いて介護保険を使って実施されることになった。訪問看護ステーションからの精神科訪問の場合も，特別指示書が出された場合を除いては精神疾患が主病名の利用者であっても，65歳以上になると医療保険から介護保険に切り替わることになっていた。精神障害者が要介護認定を受けた場合，要介護度が低い，あるいは要支援になってしまい，ケアプランの中で訪問看護を受ける回数が減ってしまうというケースが全国的に多いという実態があった。そのため，日精看や訪問看護の関連団体から提出していた，精神障害者が65歳以上になっても必要な医療支援を継続して受けられるようにという要望が反映されたものである。

　訪問看護ステーションからの精神科訪問看護基本療養費については，その算定要件である精神科における経験が明記され，経験のない者が受講する研修会の時間数が短縮された。これについては，第4章－Ⅰ（p.174）を参照されたい。

精神科デイ・ケア等の見直し
　精神科ショート・ケア等　　　275点〜
　当該療法を最初に算定した日から起算して3年を超える場合は，週5日を限度として算定。

　　　　　　　　　　　　　　　↓

　精神科ショート・ケア，精神科デイ・ケア，精神科ナイト・ケア，精神科デイ・ナイト・ケアのいずれかを最初に算定した日から起算して1年を超える場合は，週5日を限度として算定。

　これは，精神科デイ・ケア等の長期利用に対する評価の見直しを行ったものである。精神科デイ・ケア等を長期間，日中の居場所として利用している患者の存在についてはこれまでも議論されてきた。それは，精神科デイ・ケア等は医療サービスとして提供されるものであり，日中の居場所としての機能は福祉サービスが担うべきではないかという意見と，さまざまな刺激に脆弱性をもつ精神障害者が地域で安心して暮らすための支援として精神科デイ・ケア等が必要とする意見の対立である。これについては，それぞれの立場によって意見が異なると思われるが，地域医療においても費用対効果が問われ，利用期間や内容についての限定が行われる方向性が示された改定であるといえる。

身体合併症管理の充実
　精神科身体合併症管理加算（1日につき）　　　　　　　　　　　　　　　450点

　　　　　　　　　　　　　　　↓

　精神科身体合併症管理加算（1日につき）　1　7日以内　　　　　　　450点
　　　　　　　　　　　　　　　　　　　　　2　8日以上10日以内　　225点

これは，精神病床に入院する患者が身体合併症に関する医療を適切に受ける環境を整えるための改定である。精神科身体合併症管理加算の算定期間の延長の他に，精神科救急・合併症入院料の算定要件の見直しも行われている。これまでは，精神科救急・合併症入院料が算定できる患者は，3か月前までに精神病床に入院したことがない患者とされていたが，今回の改定で単科精神科病院に入院中の患者も算定できるようになった。また，精神科救急・合併症入院料を算定後に，手術等によって一時期ICU等で治療を受けて，再度，精神科救急・合併症病棟に入院または転棟した場合にも算定できるようになった。これによって，精神疾患患者の身体合併症対応の総合病院の機能を強化するねらいである。

抗不安薬，睡眠薬，抗うつ薬および抗精神病薬の処方の適正化	
精神科継続外来支援・指導料 　1回の処方において，3剤以上の抗不安薬または3剤以上の睡眠薬を投与した場合は，100分の80の点数で算定する。	
処方箋料	68点
処方料	42点

↓

精神科継続外来支援・指導料 　1回の処方において，3種類以上の抗不安薬，3種類以上の睡眠薬，4種類以上の抗うつ薬または4種類以上の抗精神病薬を投与した場合は，算定しない。	
処方箋料（多剤投与の場合）	30点
処方料　（多剤投与の場合）	20点
薬剤料　（多剤投与の場合）	100分の80

　これは，前回の改定から始まった向精神薬の適切な使用の推進の第二弾である。精神医療における多剤大量処方に対する批判は以前から聞かれており，さらに近年では向精神薬の転売等の犯罪が多発傾向にあることも，今回の改定の背景にあると思われる。これについては，今回の診療報酬改定の検討過程で「各薬剤の薬効，相互作用，患者特性，用量等を無視し，薬剤数のみで規制する本案には医学的根拠はない」と反対声明[3]が精神科医の団体から出されていた。その影響もあってか，①初めて受診した日に既に他の保険医療機関で多剤投与されている場合，②薬剤の切り替え時，③臨時に投与した場合，④精神科の診療に係る経験を十分に有する医師がやむを得ず投与を行う必要があると認めた場合（抗うつ薬と抗精神病薬に限る）の4つの除外規定が設けられている。しかも，この見直しは2014年10月1日からの適用になっている。

```
┌─────────────────────────────────────────────────────────────┐
│ 通院・在宅精神療法，心身医学療法の20歳未満加算の見直し      │
├─────────────────────────────────────────────────────────────┤
│ 通院・在宅精神療法         200点                            │
│   20歳未満の患者に対して通院・在宅精神療法を行った場合に算定する。│
├─────────────────────────────────────────────────────────────┤
│ 心身医学療法              100分の100に相当する点数          │
│   20歳未満の患者に対して心身医学療法を行った場合に算定する。│
└─────────────────────────────────────────────────────────────┘
                              ▼
┌─────────────────────────────────────────────────────────────┐
│ 通院・在宅精神療法         350点                            │
│   20歳未満の患者に対して，必要に応じて児童相談所等との連携や保護者等への指導を行った上で，通院・在宅精神療法を行った場合に算定する。│
├─────────────────────────────────────────────────────────────┤
│ 心身医学療法              100分の200に相当する点数          │
│   20歳未満の患者に対して，必要に応じて児童相談所等との連携や保護者等への指導を行った上で，心身医学療法を行った場合に算定する。│
└─────────────────────────────────────────────────────────────┘
```

これは近年，急増して社会問題となっている児童虐待への効果的な介入を期待したものと考えられる。

```
┌─────────────────────────────────────────────────────────────┐
│ 重度認知症患者への対応とリハビリテーションの推進            │
│   重度認知症加算　（入院した日から起算して3か月以内の期間に限り）　100点 │
└─────────────────────────────────────────────────────────────┘
                              ▼
┌─────────────────────────────────────────────────────────────┐
│   重度認知症加算（入院した日から起算して1か月以内の期間に限り）　300点 │
│                                                             │
│   認知症患者リハビリテーション料　　　　240点（1日につき）  │
│                          （入院した日から1か月以内，週3回まで）│
│ 対象患者                                                    │
│   認知症治療病棟入院料を算定する患者または認知症疾患医療センターに入院する患者のうち，重度認知症の者（「認知症高齢者の日常生活自立度判定基準」ランクMに該当する者。│
│ 施設基準                                                    │
│   ①認知症患者の診療の経験を5年以上有する，または認知症患者のリハビリテーションに関し適切な研修を終了した専任の医師が1名以上勤務していること。│
│   ②専従の常勤理学療養士，常勤作業療法士，常勤言語聴覚士が1名以上勤務していること。│
└─────────────────────────────────────────────────────────────┘
```

これは，精神病床に入院する認知症患者の早期退院を促す改定である。近年，精神病床への認知症患者数が急激に増えていることについて，その長期化を懸念する声が多く聞かれており，短期間での退院を促進するねらいがある。

なお，今回の改定では医療機関によっては大きな変化が生じる可能性のある項目が多数あることから47項目について経過措置等が設けられた。

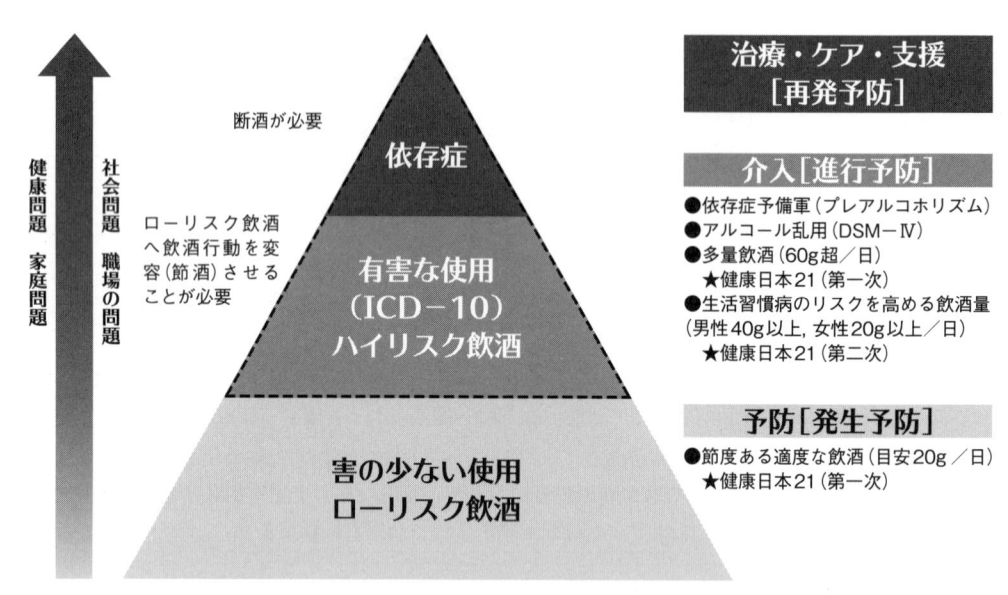

図2-5 アルコール健康障害対策基本法がめざすもの[4]

VII アルコール健康障害対策基本法

はじめに

アルコール健康障害対策基本法は，議員立法によって，2013年12月7日に全会一致で成立した新しい法律である（図2-5）。これによって，従来の精神保健福祉法などでは十分に対応しきれていなかったアルコール健康障害に対して，患者および家族への総合的な支援体制が強化されることとなった。この法律のモデルとしては先の自殺対策基本法の制定があり，アルコール健康障害対策についての国や地方公共団体・事業者・国民・医師などの責務や，基本的施策の内容，政府や都道府県によるアルコール健康障害対策に関する基本計画の策定，関係機関の連携を進めるための会議の設置などが明記されている。支援にあたる関係機関も，縦割りではない組織を横断する形での連携・協働が求められている。

1. アルコール関連問題の深刻化

近年アルコール関連問題を巡っては，特に飲酒運転による悲惨な交通事故が相次いだことから道路交通法改正（2007年9月19日施行の悪質・危険運転者対策，2009年6月1日施行の飲酒運転等に対する行政処分の強化）や刑法改正（2007年6月12日施行，自動車運転過失致死傷罪）により，運転者の罰則が強化されてきた。しかし，こうした罰則強化によって飲酒運転による交通事故発生件数は減少してきているものの，かえって飲酒運転の隠ぺいやひき逃げ行為が増加しているという指摘もあった。この間に，アルコール・薬物3学会合同飲酒運転対策プロジェクトチームでは，2011年に飲

酒運転対策について学術的に検討を重ね報告書を作成している。

2013年11月20日には，自動車危険運転致死傷罪が刑法改正によって成立し，飲酒や薬物の影響で交通事故を起こした場合の罰則がさらに強化されることとなった。こうした飲酒運転による交通事故を起こす人の少なからずは，アルコール依存症の可能性が高いと考えられ，飲酒運転のみならず日常生活にさまざまな健康障害をもたらしていると考えられたが，この時点ではそうした問題への支援策について法制化されたものはなかったのである。

「わが国の成人飲酒行動およびアルコール症に関する全国調査」では，アルコールの飲みすぎによる社会的損失は年間4兆1483億円に達すると推計されており，1日平均純アルコールに換算して60g以上飲む多量飲酒者は男性で601万人，女性で165万人，総計766万人存在するとの結果が報告されている。

最初は機会飲酒程度であっても，アルコールの長期反復使用あるいは多量飲酒の継続によって，身体依存が形成され身体的なアルコール健康障害が生じる。また，飲酒欲求や衝動がコントロールできない精神依存を併せもつようになり，症状が進行するとアルコール依存症，うつ病のみならず睡眠障害，認知症などを合併する。しかしながら，アルコール依存症患者が精神科で依存症としての治療を受けられるケースは，ほんの一握りと考えられる。多くの患者は，アルコール性の身体疾患として「飲める身体に戻るための治療」を受け，退院した後再飲酒をくり返すことによって，アルコール依存症を悪化させていくのである。

また，アルコール依存症は「否認の病」といわれ，患者本人が病を認めることは容易ではないのだが，患者の家族が患者に巻き込まれ，患者同様に病んでいく場合が少なくない。そして，患者・家族にアルコール問題への介入がなければ，世代を超えてそれらの問題が引き継がれていく特徴を併せもつ。そうした患者・家族を多方面で支える関係者も，患者および家族に巻き込まれることで，治療者・援助者としての無力感に曝されることは決して少なくない。そうした体験がトラウマとなって，治療者や援助者に依存症者およびその家族へのかかわりを回避させてしまうことも起こりうる。援助を通して援助者も当然傷つくのであるが，回復を支える社会制度・社会資源が貧弱であるならば患者・家族はもとより，治療者・援助者も疲弊していく危険性があり，従来の精神保健福祉法では十分に対応できない状況があった。

2. 法律成立までの経緯

2010年5月，世界保健機構（WHO）から「アルコールの有害な使用を低減するための世界戦略」決議が出された。かねてからアルコール依存症の治療や支援・研究・教育にかかわっていた専門家たちがこれを受けて，わが国でも戦略を実践していこうとする動きが始まった。日本アルコール関連問題学会，日本アルコール・薬物医学会，日本アルコール精神医学会（現・日本依存神経精神科学会）の3学会が共同しはじめた

のである。2011年1月には，3学会協働の取り組みとして「簡易版アルコール白書」を発行し，わが国のアルコール関連問題の現状を専門家の視点から社会にアピールすることとなった。その後3月の東日本大震災直後には，基本法についての「3学会合同構想委員会」を発足させ，学会として基本法の草案作成を検討することにつながった。

アルコール依存症の当事者団体である全日本断酒連盟（全断連）も，2010年7月には日本アルコール関連問題学会から要請を受けて，同年8月，全断連が働きかけて発足した経緯をもつ超党派国会議員による「アルコール問題議員連盟」に，アルコール関連問題に対応できる基本法制定についての取り組みを要請した。

加えて，全断連と特定非営利活動法人ASK（アルコール薬物問題全国市民協会）が事務局を務める「日本アルコール問題連絡協議会（ア連協）」でも基本法の推進を2010年9月に決定し，関連団体へ連携の呼びかけを強化していった。

その後，東日本大震災が発生し基本法制定へ向けての動きは一時中断したが，2012年5月31日に，3学会と協働したア連協（加盟15団体，3学会を含む）はアルコール問題議員連盟の協力によって参議院議員会館において「アルコール関連問題基本法推進ネット（アル法ネット）」を設立した。設立時の賛同団体は164団体を数えた。この「アル法ネット」は2013年8月の総会にあたる幹事団体会議において，正式名称を「アル法ネット（アルコール健康障害対策基本法推進ネットワーク）」と決定し，法制定を巡る大きな推進力となっていった。

アル法ネットは，アルコールの有害な使用が身体的健康障害，精神的健康障害，社会問題・家族問題を引き起こすにもかかわらず，わが国ではそれらへの対策が進んでいないことを問題とし，「アルコールの有害な使用と関連問題についての実態調査・研究」，「国の対策のポリシーと効果的な施策の検討」，「幅広い関係機関，関連省庁による情報の共有と連携」，「予防・早期発見・介入から回復支援までの社会システムの整備」「アルコール依存症の偏見是正」を進めることを目的として，国の基本的方針となる「アルコール健康障害対策基本法」の制定を推進するとした。

アル法ネットは，その後も有識者や関係機関に協力を呼びかけ，ホームページ上で賛同団体を広く募った。また，アル法ネット幹事会メンバーと事務局が中心となって，『基本法制定を願う集い』を各地で開催し，参加者は名古屋（2013年5月11日）で449人，大阪（2013年9月1日）では1,239人を数えた。

一方で，アル法ネットやアルコール問題議員連盟の取り組みは地方議会にも波及し，2013年9月から10月にかけて，アルコール健康障害対策基本法の制定を求めて，広島県・島根県・鳥取県・山口県・愛媛県・大分県・奈良県・和歌山県・愛知県・三重県・北海道，名古屋市（11道県1市）から国に意見書が提出された。

こうした経緯を経て，アルコール健康障害対策基本法案は，ついに2013年12月7日参議院本会議において全会一致で可決されたのである。

3. アルコール健康障害対策基本法の概要

　この法律は，「第1章　総則」，「第2章　アルコール健康障害対策推進基本計画等」，「第3章　基本的施策」，「第4章　アルコール健康障害対策推進会議」，「第5章　アルコール健康障害対策関係者会議」の全第27条と附則からなっている。

　第1章は第1条から第11条までで，第1条ではこの法律の目的が述べられている。それは，「酒類が国民の生活に豊かさと潤いを与え」，「酒類に関する伝統と文化が国民の生活に深く浸透している」ことを認め，酒類の製造および販売事業者に配慮を示す一方で，「不適切な飲酒はアルコール健康障害の原因となり，アルコール健康障害は，本人の健康の問題であるのみならず，その家族への深刻な影響や重大な社会問題を生じさせる危険性が高い」としている。そのため，「アルコール健康障害対策に関し，基本理念を定め，国，地方公共団体等の責務を明らかにする」，「アルコール健康障害対策の基本となる事項を定める」などによって，「アルコール健康障害対策を総合的かつ計画的に推進」し，「アルコール健康障害の発生，進行及び再発の防止を図り」，当事者家族への「支援の充実を図り，もって国民の健康を保護するとともに，安心して暮らすことのできる社会の実現に寄与すること」と述べられている。

　第2条では，「アルコール健康障害」の定義を，「アルコール依存症その他の多量の飲酒，未成年の飲酒，妊婦等の不適切な飲酒の影響による心身の健康障害」としている。

　第3条は基本理念が述べられているが，一項では特に「アルコール健康障害を有し，または有していた者とその家族が日常生活及社会生活を円滑に営むことができるように支援すること」，2項では「アルコール健康障害が，飲酒運転，暴力，虐待，自殺等の問題に密接に関連することに鑑み」，問題の根本的解決を図るために「これらの問題に関する施策との有機的な連携が図られるよう，必要な配慮がなされるもの」としている。アルコール健康障害の特徴から，目前の現象のみに惑わされずに問題の全体像をとらえ，組織的な連携を図ることの重要性が強調されているといえよう。

　続いて，第4条から第9条までは，国や地方公共団体，事業者，国民，医師等，健康増進事業実施者の責務が，努力義務として明記されている。特に第7条で国民は，「アルコール関連問題（アルコール健康障害及びこれに関連して生ずる飲酒運転，暴力，虐待，自殺等の問題をいう。以下同じ）に関する関心と理解を深め，アルコール健康障害の予防に必要な注意を払うよう努めなければならない」と述べられている。

　第10条では，アルコール関連問題啓発週間を11月10日から同月16日まで設け，国および地方公共団体はこの間に「アルコール関連問題啓発週間の趣旨にふさわしい事業を実施されるよう努めるもの」としている。

　第11条では，法制上の措置等について，「政府は，アルコール健康障害対策を実施するため必要な法制上，財政上の措置その他の措置を講じなければならない」と明記している。

政府は，この法律の施行のための準備室を2013年12月13日に内閣府に設置し，関係省庁との調整を進めている。

　第2章は第12条から第14条までで，国がアルコール健康障害対策基本計画を策定し，計画策定にあたって内閣総理大臣は関係行政機関に対し必要な要請を行うことができるとしている。都道府県にも，アルコール健康障害対策推進計画を策定することを努力義務としている。

　第3章では，この法律がめざす基本的施策が述べられている。国や地方公共団体が国民に対してアルコール関連問題に関する関心と理解を深めるための教育をすすめ，不適切な飲酒の誘因の防止として，国が酒類の表示や広告に必要な施策を講じるものとしている。また，健康診断および保健指導，アルコール健康障害に係る医療の充実等では，国や地方公共団体が必要な施策を講ずるものとし，「アルコール健康障害の進行を防止するための節酒又は断酒の指導」ならびに「アルコール依存症の専門的な治療及びリハビリテーションを受けることについての指導の充実」などの必要な施策を講ずるものとしている。また第19条では，アルコール関連問題に関して飲酒運転・暴力行為・虐待・自殺未遂をした者への指導・助言・支援について必要な施策を講ずるものとしている。また，本人・家族の相談支援や，社会復帰の支援，自助グループなどの民間団体の活動に対する支援や，相談支援にかかわる人材の確保およびその養成や資質の向上についても述べられている。

　第4章では，政府が関係行政機関に呼びかけてアルコール健康障害対策推進会議を設置することと，その進め方について述べられている。

　第5章では，アルコール健康障害対策関係者会議の設置について述べられている。

　以上が，アルコール健康障害基本法の概要である。

4．今後のアルコール依存症者支援に求められるもの

　この法律が制定されたことで，何が変わるのだろうか。まずは，アルコール依存症や特にその家族支援において，彼らが社会の中でネグレクトされることなく支援を受けられることが保障されるようになったということであろう。

　まずは，国民がアルコール健康障害に対して知識を得て，教育を受ける機会が増え，問題が発生した場合にいままでよりも早期に，相談や治療につながる可能性が高くなると考える。

　アルコール健康障害の発生，進行および再発の防止のために，健康診断や保健指導においてアルコール健康障害の発見および飲酒についての指導が適切に行われるよう必要な施策が講じられることになると，当然，保健師や看護師がその役割を担うことになる。

　保健師や看護師は，アルコール健康障害がさまざまなアルコール関連問題を背景として，時に複雑に絡みあった問題としてとして発現されること，アルコール健康障害

を抱える人々のこだわりの強さや彼らの認知の歪みなどが彼らのコミュニケーション能力に影響を与えていること，世代間を超えて引き継がれてきた彼らの抱える深刻なトラウマが，彼らの認知・思考・感情および日常生活のすべてに影響を与えていること，そうした事柄が看護職を含めた医療関係者のかかわりに二次的に影響することなどを，あらためて学び直す必要があるだろう。そうしたことへの無知は，アルコール依存症者への偏見や無理解につながり，医療関係者においてもアルコール健康障害を抱える患者および家族へのかかわりを回避ないし忌避することを招きかねない。

「医師その他の医療関係者は，国及び地方公共団体が実施するアルコール健康障害対策に協力し，アルコール健康障害の発生，進行及び再発の防止に寄与するよう努めるとともに，アルコール健康障害に係る良質かつ適切な医療を行うよう努めなければならない」と法律には明記されている。たとえ，アルコール依存症者が再飲酒し，なかなか断酒できずにトラブルメーカーとして目前に現れたとしても，医療者がアルコール依存症者に再断酒できるよう動機づけをすすめ，彼らの自尊心を保護することが良質の医療を提供することに多少はつながるのではないだろうか。

一般病院でもアルコール健康障害にかかる医療について，節酒または断酒の指導が適切に行われる必要がある。そのためには，たとえば国立病院機構肥前精神医療センターで開発されたHAPPYプログラムや，欧米ですでにその効果が報告されている多量飲酒者に対する飲酒量低減法としてのブリーフ・インターベンション（Brief Intervention），動機づけ面接法などの活用が考えられる。国立精神・神経医療研究センターの松本俊彦氏らによって開発された認知行動療法による薬物依存症治療プログラム（Serigaya Methamphetamine Relapse Prevention Program: SMARPP）の効果も注目されている。これは一般向けにもわかりやすいテキストが発売されているので，活用しない手はないのではないか。

しかし，こうした技法についての専門家向けの研修教育などは，まだ一部でしか進められていないため，全国的な規模で関係者が教育研修を受けられるような仕組みを広げていく必要があるだろう。

アルコール専門治療病棟を有する精神科病院は全国的にも数が非常に少ないため，一般精神科病院の急性期治療病棟において，アルコール依存症者の治療が一時的に離脱症状の管理に留まっている場合が少なくない。看護職員が教育研修等を受け，またその資質を高めることができるならば，医師などの他職種と協働してアルコール依存症患者とその家族を対象とした集団精神療法などの教育プログラムを実施することによって診療報酬を得る方法も考えられるだろう。こうしたプログラムを実施すると，わずかながら参加者の変化がみえてくる。その蓄積は，次の参加者を迎えるための教育プログラム実施チームのモチベーションを高め，それは結果的にプログラム参加者に回復への希望を届けることにつながる。

アルコール関連問題は放置すると進行する。身体疾患としてのみの治療を続けるな

らば，回復は程遠い。飲酒運転での罰則が強化されるようになり，司法においてもアルコール依存症者対策が考慮されるようになってきた。今後は，ますます，司法関係機関と精神科病院の連携のもとにアルコール依存症者およびその家族の治療や支援を進めることが重要になるのではないかと考える。

また，アルコール健康障害に関連するDV，虐待，自殺未遂，うつ，睡眠障害などの背景にはアルコール問題が絡んでいることが少なくない。医療者がこうした問題に対して，理解を深め敏感になることで，患者や家族が抱える潜在的な問題を的確に把握することによって，可視化することができるのではないか。そのことによって，患者や家族とアルコール健康障害に関する治療や回復のゴールを共有できるようになることが重要なのではないか。

従来医療関係者は「患者のプライバシー」であるとして，このようなアルコール健康障害に関する問題に対し，あまり触れないように接してきた経緯があるのではないか。それは，ある意味で当然であろう。医療関係者のみで解決しようと試みても，問題解決にはつながらず，医療関係者自身の安全が脅かされるような事態に陥ることもあり得たからである。しかし，こうした問題に対して，関係機関が連携し情報を共有し，関係者も相互に支えあうことができれば，当事者とその家族に対して結果的に強力な支援を進めることができるのではないだろうか。

この法律では，民間団体の活動に対する支援が明記されている。看護職も，アルコール依存症者の回復を支える民間機関と連携し，自助グループなどにおいて回復を進めている「先行く仲間」の力を借りて，依存症者が治療を進めるうえで回復の希望がもてるようになるための機会を提供しやすくなるのではないか。看護職が病院などの施設から，「足を使って」回復者が集う場所を訪ね回復者と出会うことで，看護職はアルコール依存症者の回復を信じることができ，病院等の施設でかかわっている依存症者の回復を具体的にイメージすることができるようになる。こうした，看護職と民間団体関係者との，顔と名前が一致するような有機的な連携が，アルコール健康障害の医療や看護支援の質を高め，充実を進めることにつながるのではないだろうか。

■引用・参考文献

1) 平成24年度厚生労働科学研究費補助金障害者対策総合研究事業（精神障害分野）：新しい精神科地域医療体制とその評価のあり方に関する研究．2013.
2) 日本精神保健福祉士協会：2007年度630調査結果を基にした公益社団法人による調査．
3) 公益社団法人日本精神神経学会：向精神薬の多剤併用処方による『通院・在宅精神療法等』の減算（案）に対する撤回を求める声明（平成26年1月18日）．
4) アル法ネット（アルコール健康障害対策基本法推進ネットワーク）：http://alhonet.jp/
5) 日本アルコール関連問題学会，日本アルコール・薬物医学会，日本アルコール精神医学会編：簡易版　アルコール白書，2010.
6) WHO（樋口進，烏帽子田彰監訳）：アルコールの有害な使用を低減するための世界戦略．2010.
7) 松本俊彦，小林桜児，今村扶美：薬物・アルコール依存症からの回復支援ワークブック．金剛出

版, 2011.

> **コラム** 入院している精神障害者数は？―調査によって数字が異なるのはなぜか
>
> 　同じ2011年に行われた調査でも，調査の種類によって入院患者数が異なる。具体的に入院患者数でみてみると「患者調査」では32万3千人（「精神及び行動の障害」28万2千3百人と「神経系の疾患」のうち「アルツハイマー病」4万1千人を合計した数字と考えられる）。その一方，出典を2011年の患者調査としている資料には，入院患者数を29万3千400人とするものもある。さらに，病院報告では入院患者数を30万7千人としている。
>
> 　このように数字が異なるのは，精神障害者は，何も精神病床だけに入院しているとは限らないからである。たとえば，「認知症疾患を主病名とする入院患者」は，精神病床に5万3千400人入院しているが，療養型病床群，その他の一般病床にも2万4千400人入院している。「精神病床入院患者」には，精神病床以外の病床に入院している認知症患者等が含まれていないため，そのぶん入院者数は少なくなるのである。なお，630調査（精神保健福祉資料）によると2011年6月30日時点の在院者数は30万4千394人である。
>
> 　630調査は2014年現在，2012年分まで公表されていて，最新の在院患者数は30万2千156人である。患者調査は，他の調査に比べて入院患者数が多い。これは他の調査が全数調査であるのに対し，患者調査はサンプル調査からの推計として患者数を算出しているからであろう。主要な調査の概要は以下の通りである。
>
> 　○630調査：精神科病院及び精神科診療所等を利用する患者の実態等を把握し，精神保健福祉施策推進のための資料を得ることを目的とし厚生労働省社会・援護局障害保健福祉部精神・障害保健課が毎年6月30日付で都道府県・指定都に報告を依頼している調査。正式名称は「精神保健福祉資料」。
>
> 　○病院報告：全国の病院，療養病床を有する診療所を対象とした毎年の調査。患者の利用状況，従事者の状況を把握するために行われている。
>
> 　○患者調査：対象は全国の医療施設を利用する患者。傷病状況等の実態を明らかにするのが目的。性別，出生年月日，患者の住所，入院・外来の種別，受療の状況等を調査する。調査は3年に1回。

第3章 精神科病院の看護の現状

I 疾病構造の変化と看護の役割

1. 入院患者の高齢化の問題

1) 精神科病院に入院している高齢者の現状

わが国は超高齢社会に突入し,精神科病院においても高齢化が進み,65歳以上が50%を占めている(図3-1)[1]。新規入院者の退院は,約6割が約3か月未満,約9割は1年未満であるが,入院者全体の2／3にあたる約20万人が1年以上の長期入院者である[2]。また,精神病床入院患者の疾病別内訳をみると,認知症の入院が増えている(図3-2)[1]。長期入院によって患者が高齢化したのは,精神症状が残遺しているために地域移行ができず,家族の高齢化や世代交代から受け皿がなく,退院が困難になったことによる。また,高齢者の退院促進が困難となり入院が長期化するのは,認知症者の周辺症状や日常生活動作(ADL)の低下,老年期うつ病の特異症状の継続や高齢期うつ病の入院や,陰性症状や解体症状が残遺し,ADLが低化した高齢の統合失調症患者の入院が関与する。このように,精神科病院における高齢者は,若青年期[*1]に発症した精神障害が持続しているケース,若青年期に発症した精神障害が高齢になって再発したケース,新規に発症した老年期精神障害のケース,の3つに分類ができる[3]。精神科病院では入院患者の約半数が高齢者であるが,看護者は若成年[*1]の精神疾患とケアの区別ができず,高齢者の特徴を踏まえた有効なケア提供が十分に行えていない場面がみられる。その結果,患者は症状が増悪し,ADLがさらに低下し,転落・転倒等の医療事故が発生する。さらに,身体合併症が併発し,症例によっては認知症に移行したり,または認知症を悪化させて退院が困難となる場合がある。看護者が経験的なケア,つまり自己流で根拠に基づかないケアをくり返すと,倫理的な問題も引き起こす。精神科病院においてこのような状況が生まれる要因は,下記の2つである。

(1) 高齢者の精神症状の鑑別が適正でない

高齢者は加齢による脳神経細胞の脱落(崩壊)から脳重量は減少し,脳神経細胞の活性の指標とされているグルコース時間消費量や脳局所血流量,酸素時間消費量が減少し,神経伝達機能の低下がみられる。このような解剖学的変化や生理生化学的変化から,高齢者は脳の老化(退化)がみられる。そして,脳の老化と身体的機能の衰退

[*1] 本稿では「若青年期」は青年まで,「成年」は青年期以降高齢者までとしている。

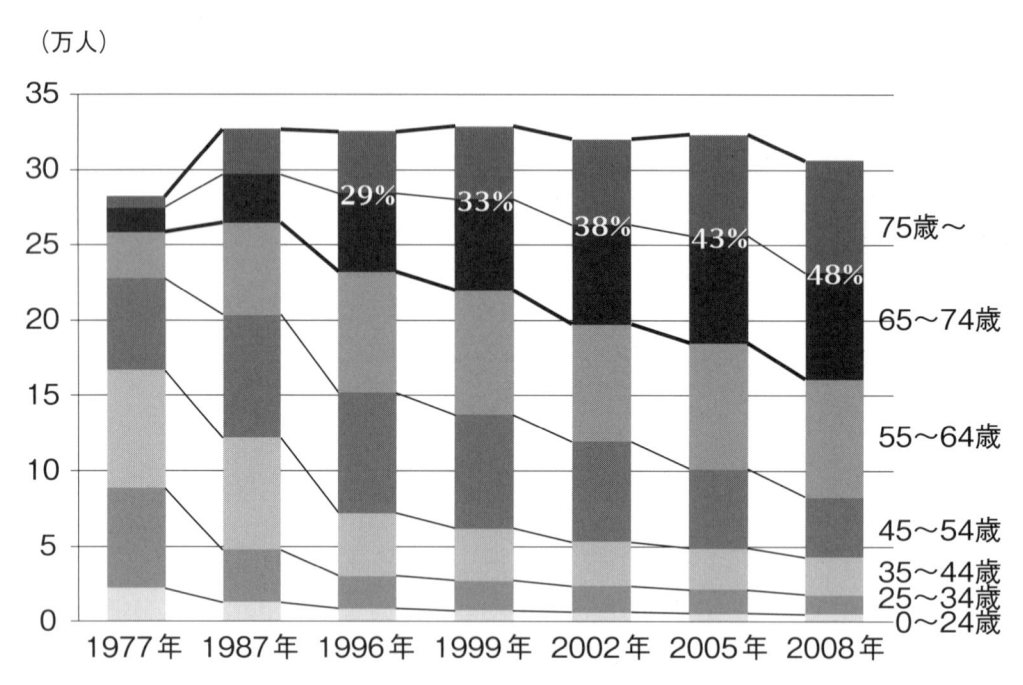

図3-1 精神病床入院患者の年齢分布[1]

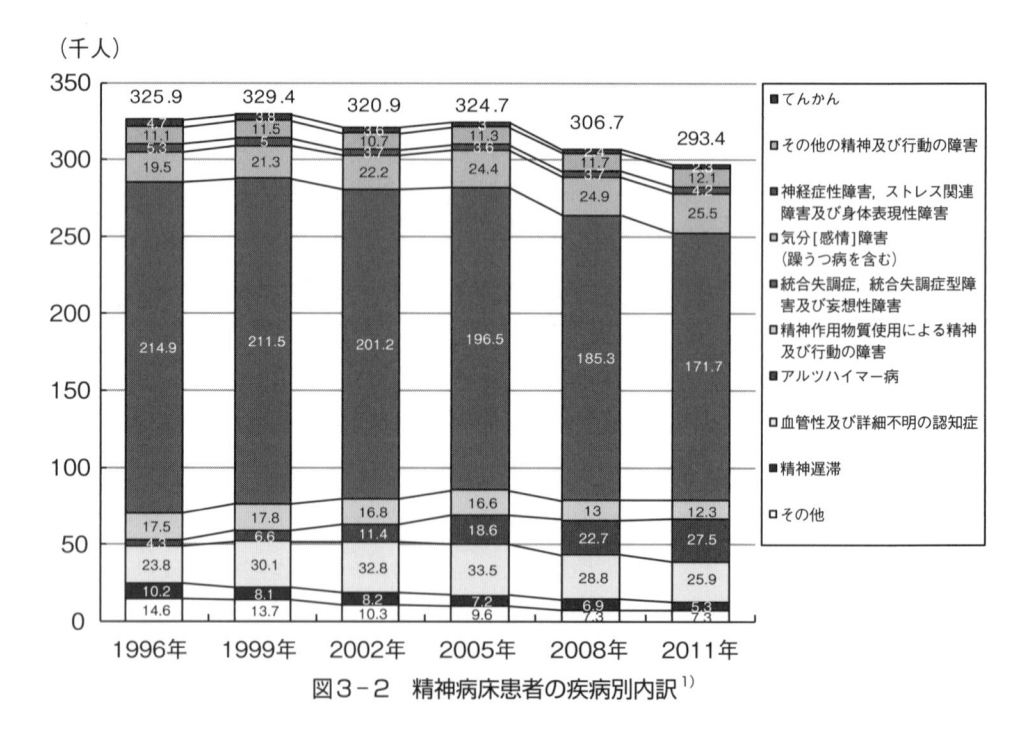

図3-2 精神病床患者の疾病別内訳[1]

は相互に関連し，脳が老化している高齢者は身体疾患に罹患しやすく，高熱・出血・疼痛・脱水などの身体症状を容易に引き起す[4]。若成年から継続した精神障害者は，脳の機能が健常者に比べ低下しており，さらに高齢化による脳の老化が加わり，入院治療中の環境変化に適応できなくなり，対応困難な異常行動や精神症状を呈する。また，高齢者は幻覚・妄想・興奮などの重度の精神症状だけでなく，意欲低下や不機嫌，

焦燥などの軽度の精神症状が日常的に出現する[5]。しかし，長期入院の高齢者が，今までと違う異常行動や精神症状を呈したとき，看護者は精神疾患による症状の増悪と判断してしまい，高齢者の生理的な反応ととらえたケアができていない。すると，患者は薬剤の増量や行動制限を受けることになり，さらに症状は悪化して脳機能の老化が進む。脳の老化がある段階を過ぎると，軽度の意識障害や認知機能障害が必ず出現するが，この軽度の意識障害や認知機能障害により引き起こされた行動異常と精神症状が，認知症の行動と心理症状（周辺症状）と類似しており[4]，看護者は認知症の発症を疑い，安易に認知症の対応を行うと患者を混乱させ，さらに症状を悪化させる。

(2) 老年期精神障害の理解が不十分である

精神科病院は老年期精神障害者をケアする場所でもあり，看護者は高齢者に好発する精神疾患の熟知が必要となるが，高齢化した統合失調症者や老年期うつ病者のケアが十分でなく，また認知症の原因疾患の特徴を踏まえたケアが不十分であると，対応困難な状況が生まれ，患者の入院を長期化させてしまう。

精神科病院における高齢の患者に対する看護の役割は，老年期精神障害の理解と特徴を踏まえて対応することである。

2) 精神科病院における認知症の課題

認知症は予測以上の勢いで増加し，2012（平成24）年には462万人，その前段階とされる軽度認知障害（MCI）は400万人になっている[6]。精神科病院に入院している認知症者は約5.5万人でその多くが，「意思の疎通困難」，「徘徊」，「大声」という認知症の周辺症状により家族や施設での介護困難がみられ，身体能力的には可能なADLが周辺症状によって低下した状態にある。これは日常的な管理が必要な身体合併症を有した認知症の中期にあたる。

精神科病院では，認知症を認知症疾患治療病棟だけでなく，急性期病棟，一般精神病棟とさまざまな病棟で対応しており，周辺症状や身体合併症の速やかな症状の軽減を図り退院を促進しているものの，在院期間の長期化がみられる。その理由は，周辺症状の対応に閉鎖的な環境と行動制限，精神科薬物療法に過剰な期待をしてきたため，薬剤性のパーキンソンズムを発症させたり，認知症が急速に進行して末期の寝たきりの状態に導いたためである。さらに，認知症者がもつ身体機能の低下は容易に発熱や脱水などの身体症状を引き起こし，それが誘因となって認知症の進行を余儀なくさせ，ADLの低下も引き起こしたことによる。また，アルツハイマー型認知症と比べ，脳血管性やその他の認知症では平均在院日数が長期化しているという報告から（図3-3）[7]，対応が難しい認知症者を受け入れていることがわかる。

脳血管性認知症に対しては，脳血管障害の発症部位による局所症状や，脳血管性認知症の特徴となる実行機能障害を踏まえた高度なケア技術が求められる[8]。レビー小体型認知症に対しては，3大特徴である認知機能の動揺，パーキンソン症候群，鮮明

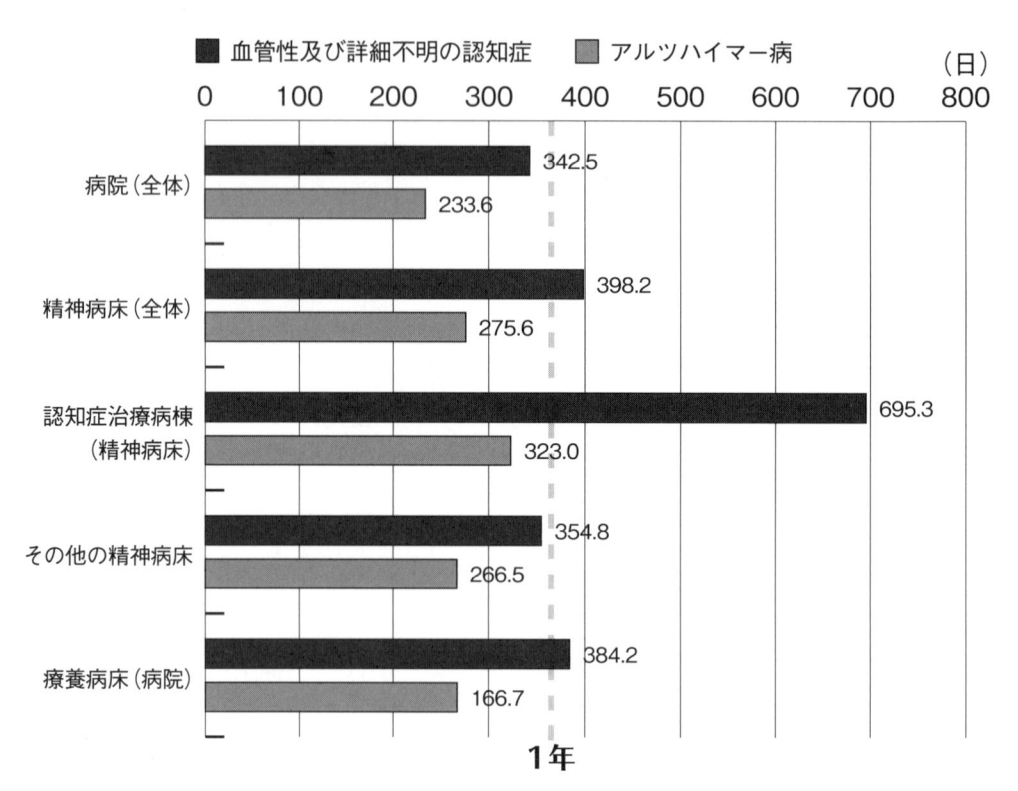

図3-3 病床種類別の認知症入院患者の平均在院日数[7]

凡例: ■ 血管性及び詳細不明の認知症　■ アルツハイマー病　（日）

- 病院（全体）: 342.5 / 233.6
- 精神病床（全体）: 398.2 / 275.6
- 認知症治療病棟（精神病床）: 695.3 / 323.0
- その他の精神病床: 354.8 / 266.5
- 療養病床（病院）: 384.2 / 166.7

1年

な幻視を把握した専門的な対応が求められる[8]。前頭側頭型認知症は，人格変化に伴う反社会的行動から周囲とトラブルが多くなる。また，人真似や悪ふざけをし，立ち去り行動によりじっとしておられず，徘徊をくり返す常同性を示す。その対応は非常に困難で，高度で専門性の高いケア技術が必要である[8]。このように専門的な知識が必要となるが，その対応が不十分な現状がみられる。

また，退院の可能性のある患者が退院に結びつかない理由は，「転院・入所の順番待ち」，「家族の了解が得られない」，「地域でのサービスが少なく適所がない」，「医療行為があったり要介護度が低いため転院・入所ができない」などである（図3-4）[9]。また，介護施設や認知症グループホームへの入所が困難な背景は，「他の入所者や職員への暴力」，「共同生活の上の支障がある」，「他科受診の機会や服薬が多い」，「経管栄養で栄養摂取」である。

3）今後の取り組み
(1) 認知症ケアに必要な機能

認知症の治療を行う病棟には，さまざまな原因疾患や病期の認知症者が混在している。激しい周辺症状の患者，中核症状の進行から大脳機能が退化し歩行も嚥下も困難な患者，レビー小体型認知症や前頭側頭型認知症のような対応困難なケース，点滴治療・留置カテーテル・胃瘻造設など身体治療を行っているケースなどがある。これか

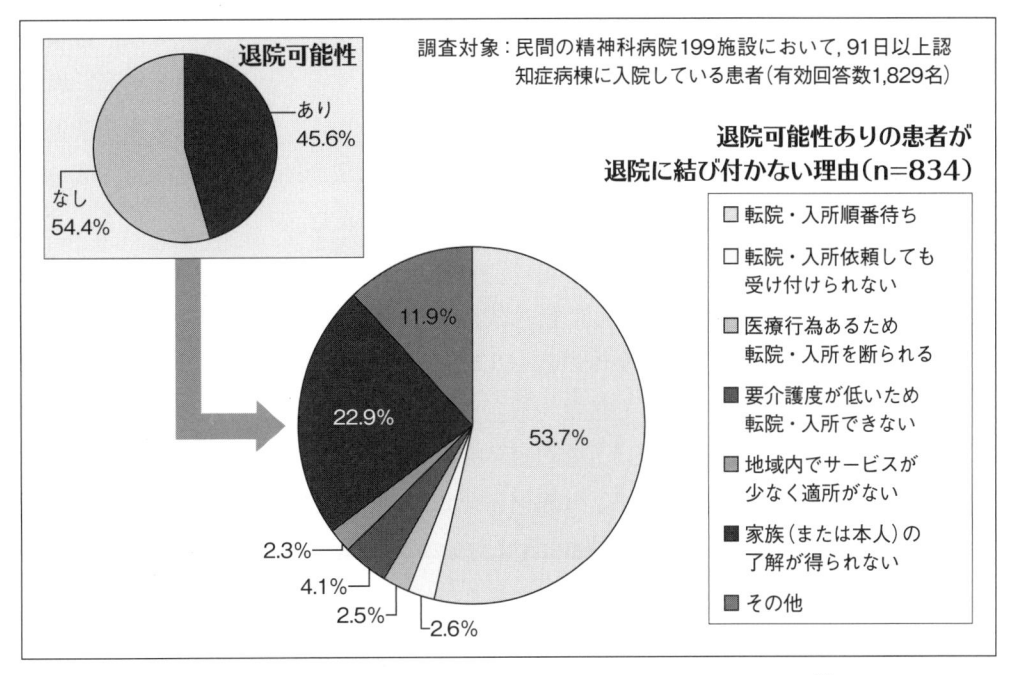

図3-4 認知症病棟に入院中の患者の退院可能性に関する調査[9]

らの認知症ケアには，①周辺症状の速やかな軽減を図る急性期ケア技術，②認知症の進行を遅延させ，ADLの回復や維持を図るリハビリテーション機能，③退化した大脳機能や認知症の対応困難な症例など，重度認知症者へのケア技術，④身体合併症のケア技術が求められる[10]。そして，認知症者もいずれごく末期の"看取り"に至るが，それも含んで認知症病棟の医療機能とケア技術を検討する必要がある。

(2) 適正な病棟で認知症者をケアする

激しい周辺症状に対して短期集中的に専門医療とケアを提供し，これを受け継ぎ，認知症者に適した病棟でケアを行うことが早急に求められる。つまり，精神科の救急病棟や急性期治療病棟で激しい周辺症状が軽減された後は，認知症の専門的なケアを提供する認知症治療病棟などに移動させることである。認知症者が統合失調症やうつ病などの急性期治療対象者と混在して入院を継続すると，前頭葉機能が低下しているため時間を経ても激しい周辺症状が安定せず，退院が困難となってしまう。やむをえず急性期病棟に入院している間も，看護者は認知症者に対し適切な環境調整やケアを行う必要がある。

(3) 専門的なケアの習得

認知症に対する精神科病院の役割は，周辺症状の治療や看護である。そのために，看護者は認知症をひとくくりにせず原因疾患の病態を理解して，それぞれの病態の特徴を踏まえた対応方法を行うことである。また，看護者は激しい周辺症状に対する行動制限や薬物療法が認知症の進行を早め，ADLの低下を招き，周辺症状をさらに増悪させていることを熟知し，薬剤や行動制限に依存しないケアと，若青年期の精神症状

との違いを理解したケアを提供する必要がある。また，精神科病院では共同生活の妨げとなる激しい周辺症状には注目するが，発生頻度が高い周辺症状の無気力やうつ状態を，「手のかからない患者」と認識し，積極的な治療や看護が行わず[11]，認知症を進行させている。今後，看護者は無気力やうつ状態への介入を精神科看護の専門性ととらえて積極的に行うことが求められる。

4) 高齢化した統合失調症の課題と看護の役割

入院者全体の２／３にあたる長期入院患者は，精神病床入院患者の疾病別内訳で約６割を占める統合失調症患者と推測できる。高齢になった統合失調症患者は，本来の統合失調症による前頭葉機能の低下に，高齢化による前頭葉機能の低下も加わり，認知機能障害をより悪化させていく[12]。高齢になった統合失調症患者は，陽性症状が減弱し，妄想は残遺してもその内容は非生産的となり，活動低下や自閉などの陰性症状が多くを占めるようになる[12]。そして，高齢化する過程で再発のたびに認知機能が低下して，人格荒廃を形成するようになる[12]。それに伴いADLも低化する。精神科病院における高齢化した統合失調症患者は，陰性症状を呈して，認知機能やADLが低下した状態を，認知症と混同されているのが現状である。こうしたことは，陰性症状や解体症状によって意思決定が困難となり，臥褥的で活動性や対人交流が減少し，セルフケアの大半に支援が必要な状態が認知症の記憶障害と認知機能障害の中核症状と類似しているために生じる。また，人格荒廃による不潔行為や他患者への迷惑行為が，認知症の周辺症状と類似しているためである。高齢化した統合失調症患者は，他患者との共同生活に支障をきたし，認知症病棟に移動する場合も多い。しかし，認知症患者と同様のケアを行うと，認知症患者より記憶と認知機能維持がある程度保持されているため，高齢化した統合失調症患者は混乱し，ますます対応困難な状況になる。また，看護者は高齢化した統合失調症のQOLについても正しくアセスメントせず，目標や有効なアクティビティ・ケアについても曖昧で，若青年期の統合失調症へのケアに高齢者の対応を加味しただけの看護を展開してきた。今後の看護の役割は，高齢化した統合失調症患者の病態を理解して，陰性症状＋解体症状＋ADLの低下＝人格荒廃[9]を，認知症の中核症状と区別したアセスメントとケアの提供を行うことが必要となる。

5) 老年期うつ病の課題と看護の役割

老年期うつ病は65歳以上に高頻度にみられ，認知症とならんで高齢者にはよくみられる病気である[13]。加齢に伴う脳の老化はストレスに脆弱となり，高齢期にみられる引退や社会的役割の変化，経済的状況の変化，家族や友人との離別・死別などの喪失体験などの心理・環境的要因[14]によってうつ病を発症する。また，うつ病と身体疾患との関連は密接で，高齢者が有する複数の慢性的な身体疾患が，重症な場合だけでなく軽症であっても関与する[14]。

老年期うつ病は発症率が高く，さまざまな疾患名や状態名が付けられているが，診断と治療が適切に行われていない現状がある。これは，老年期うつ病者は，うつ病の基本的な症状となるうつ気分よりも，身体能力や記憶力の低下を訴え，認知症と混同されたり，さまざまな身体症状の訴えが多いため，身体疾患と明確な区別が難しいためである[14]。また，老年期うつ病とアルツハイマー型認知症との結びつきが高く，アルツハイマー型認知症の脳病変であるβアミロイドの代謝異常が老年期うつ病にもみられる。また，うつ病と診断されて抗うつ病薬の投与を受けると，薬剤によっては認知症を誘発する。これらのことから，老年期うつ病は認知症との鑑別が重要である。今後の看護の役割は，うつ病との鑑別をするために，意欲低下，抑うつ気分などのうつ病の典型的な症状だけではなく，焦燥，不安，苦悶，身体愁訴，神経症的な症状や，強迫症状，ヒステリー的な症状をアセスメントし，これらがうつ病の症状よりも前景に出ている場合もあることを踏まえ，老年期うつ病の特徴を理解した観察が必要である。また，認知症の初期に出現する頻度の高いうつ状態や無気力との区別をすることである。そして，看護者には，脳の老化を伴う老年期うつ病と，若青年期のうつ病との違いを明確にしてケアを行うことが求められる。

2. 精神科における身体合併症の問題

統合失調症の入院患者において，身体合併症を有するのは40.1％で，そのうち特別な管理を要する患者が10.5％，日常的管理を要するの患者が29.6％である（図3-5）[15]。また，精神科病院では65歳以上の高齢者が50％を占めており，高齢者は慢性疾患を複数有しており，さらに高齢者は身体疾患に容易に罹患するという特徴を踏まえると，身体合併症の罹患率は高く，精神科病院における身体合併症は重要な課題といえる。

精神科身体合併症管理加算の算定割合の推移をみると，2009（平成21）年は22,857件で入院患者の1.1％で，2010（平成22）年は33,681件の2.2％に増えている（図3-6）[16]。精神科身体合併症管理加算は実際の身体合併症治療の数ではなく，要件を満たして算定した件数であるので少ないが，身体合併症が増加していることは明らかである。また，精神科身体合併症管理加算を算定した病棟では，2011（平成23）年には49.7％が重症患者が増えたと回答しており（図3-6），院内の他診療科医の診療を受け，院内の他診療科に転棟したり，院外の他診療科に転院するなどの連携方法が用いられている。その際，身体合併症の発見が遅れて，重症化してから連携をとることが多く，転院先から「なぜもう少し早く転院できなかったのか」と指摘される場面が多々ある。

1）精神科病院における身体合併症に関する問題点
問題点を患者，看護者，組織，家族，その他に分類して要因をあげる。
(1) 患者側の要因
精神障害者はコミュニケーション能力が低下しており，言語による意思の伝達が不

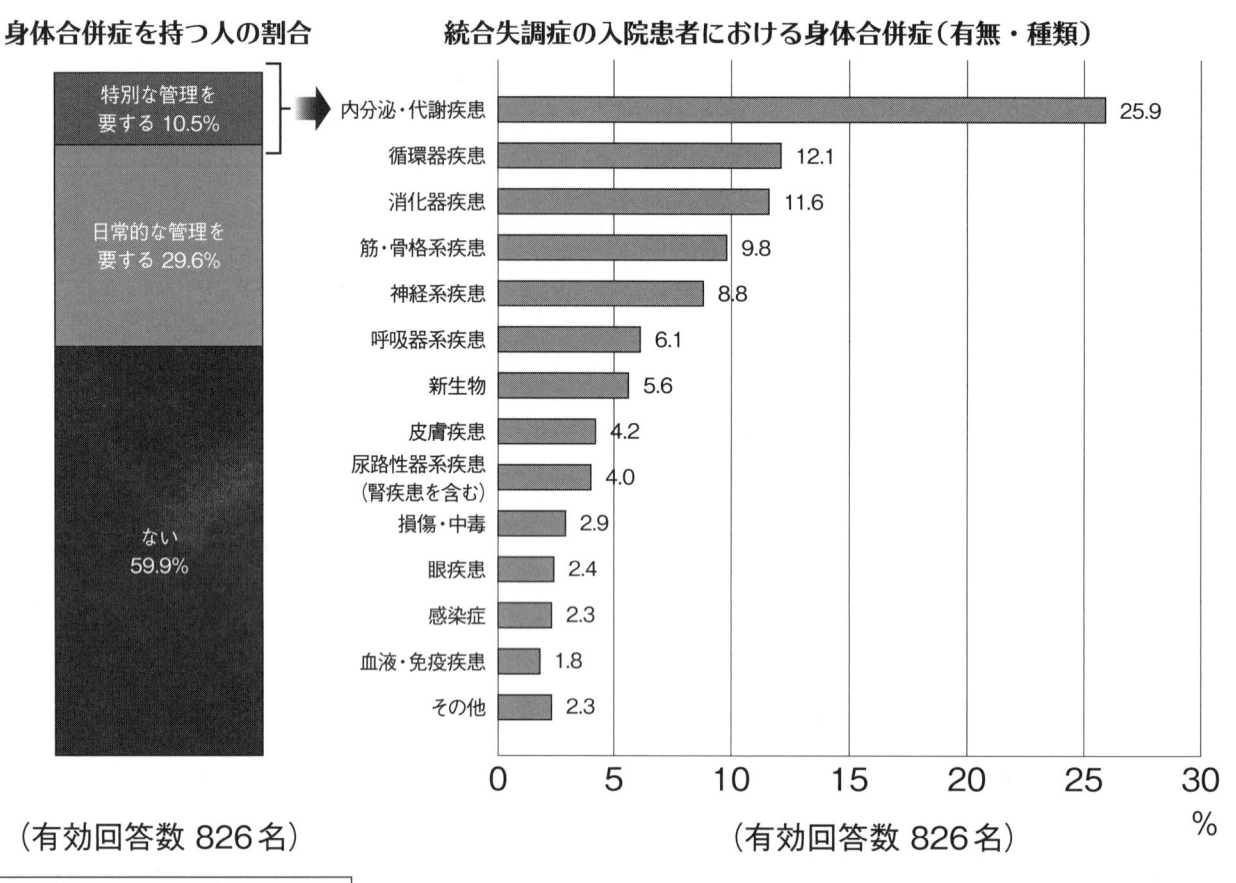

身体合併症を持つ人の割合

- 特別な管理を要する 10.5％
- 日常的な管理を要する 29.6％
- ない 59.9％

（有効回答数 826名）

特別な管理：入院治療が適当な程度
日常的な管理：外来通院が適当な程度

統合失調症の入院患者における身体合併症（有無・種類）

- 内分泌・代謝疾患　25.9
- 循環器疾患　12.1
- 消化器疾患　11.6
- 筋・骨格系疾患　9.8
- 神経系疾患　8.8
- 呼吸器系疾患　6.1
- 新生物　5.6
- 皮膚疾患　4.2
- 尿路性器系疾患（腎疾患を含む）　4.0
- 損傷・中毒　2.9
- 眼疾患　2.4
- 感染症　2.3
- 血液・免疫疾患　1.8
- その他　2.3

（有効回答数 826名）　％

図3-5　精神病床の認知症入院患者における身体合併症の状況[15]

十分で適切に症状を訴えられないことが多い。また，認知機能障害から身体症状の自覚が乏しかったり，必要な情報の判断や理解がしにくいために治療の継続にさまざまな問題が生じる。精神障害者は神経伝達物質が低下し，自覚症状の乏しさや向精神薬の服用による影響から身体症状が典型的な経過をたどらず発見が遅れることがある[17]。また，自覚する痛みや苦痛などを適切に伝えられずに，焦燥や攻撃的な言動が現れ，精神症状の悪化と判断される場面もある[18]。特に認知症者は，記憶障害や認知機能障害の中核症状と周辺症状から治療の協力が得られず，一般診療科の病院での治療が困難なことも多い。

(2) 看護者側の問題点

看護者は身体合併症に関する知識や技術の未熟さから，フィジカルアセスメントや身体合併症看護への苦手意識をもっている場合が多い。また身体合併症看護の院内研修が十分でなく，知識や技術の学習機会が少ない。さらに，精神科での臨床経験が長い看護者は精神面に関心が向き，身体面の訴えを心気的なものや精神症状の悪化ととらえてしまう傾向があり，身体的な観察や検査の実施が遅れ，身体合併症が重症化し

精神科身体合併症管理加算の算定患者割合の推移

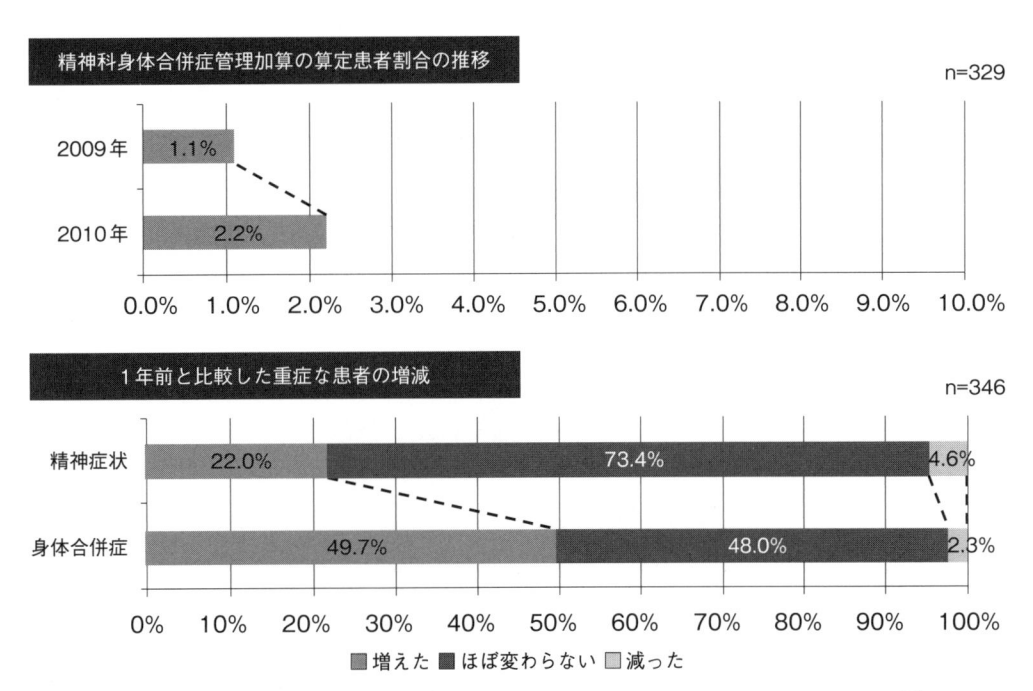

n=329

- 2009年 1.1%
- 2010年 2.2%

1年前と比較した重症な患者の増減

n=346

- 精神症状：22.0% / 73.4% / 4.6%
- 身体合併症：49.7% / 48.0% / 2.3%

■増えた ■ほぼ変わらない □減った

図3-6　精神病棟入院基本料等算定病棟における精神科身体合併症患者の推移[16]

た状態で発見されることになってしまうことが多い[17]。また看護者の患者への身体的ケアが拒否され，治療の協力が得られない行動異常，例えば，安静が必要であるのに徘徊を続ける，ガーゼを外す，バルーンカテーテルを抜去するなどの行為に遭遇すると，不全感や自責感を抱き，身体的ケアに消極的になることもある。

(3) 組織側の問題点

単科精神科病院では他診療科医が勤務していないことや，勤務していても精神科医との連携不足がある場合には身体合併症の早期発見や治療継続に支障をきたす。また，精神科医が身体合併症治療の知識や技術が不足している場合は，身体疾患の徴候や看護者の情報を活用できず，診断や治療を適切に行うことができない。

さらに精神科病院では身体合併症の診断をするための設備が不十分なことも多い。例えば，レントゲン撮影やCTスキャン，エコーなどの画像検査や，血液検査がタイムリーに実施できないこともある。酸素が全室に供給されていなかったり，心電図モニターやパルスオキシメーター，吸引や吸入の機器，中心静脈カテーテル法を施行する医療材料が整備されておらず，治療環境の整備が不十分なことも多い。そして，自施設で身体合併症の治療をどこまで行うのかを決定していないために，どの段階で他診療科に依頼するのかが不明確となり，患者は治療を受ける機会を逃すこともある。また，他診療科との連携を図ろうとしても，身体科と精神科の病・病連携体制が確立していないために，身体合併症治療のための転院が円滑にできないこともある[19]。

(4) 家族側の問題点

家族は精神科病院に過剰な期待を寄せる場合が多く，身体合併症に対する理解も不

十分なことから，転院や治療を拒む家族もみられる。また家族が不在で連絡を取るのに時間を要し治療の承諾や協力を得ることが困難なケースもあり，治療が開始できない場合もある。

(5) その他

他診療科の医療従事者の精神疾患に対する理解不足や偏見によって，身体合併症治療の協力が得られないと早計に判断してしまい，患者は検査や治療が受けられないことがある。

2) 今後の精神科病院の看護の役割

今後の精神科病院の看護の役割については，以下の6項目が考えられる。

(1) 精神科病院が軽度・初期の身体合併症に対応するためのシステム作り

精神科病院では，医師や看護者が身体合併症のアセスメントや診断の知識を習得し，自施設で対応できる症例か否かの判断ができ，他診療科との連携がはかれるよう教育体制を整えることが必要となる。そのために，自施設で多くみられる身体合併症を取りあげた院内教育を企画することが有効である。その際，関連機関の医師や看護者を講師として招くことで，精神科病院との連携も図れる。ガイドラインやマニュアル作りでは，他の精神科病院と連携し，講習会を一緒に開催するなどの工夫をするとよい。

また，院内では医師と看護職が共同して学習会を継続し，身体合併症の軽度・初期の段階で，自施設で対応するのか，専門医療機関に転院かの判断が早期に行える体制作りも必要である。

(2) 他診療科の医療従事者に対して，精神疾患に対する理解が得られるように啓発する

精神科病院からの受け入れ機関の医療従事者に対して，精神疾患についての研修会を開催する必要もある。しかし，単科精神科病院だけで取り組むことは容易でないので，地域の病診連携の会議や病病連携（民間病院協会の会合など）を活用するとよい。また，転院の際には，患者の疾患や対応方法について他診療科の医療従事者にわかるように伝え，精神疾患の理解を得る機会とすることが望ましい。

(3) 他診療科治療後の患者を受け入れる体制を整備する

一般診療科病院の在院期間は短く，亜急性期の状態で退院して，精神科病院に戻ってくるケースが多い。精神科病院では身体疾患の亜急性期の治療や看護の知識と技術を習得し，スムーズに受け入れができるようにしなければならない。治療終了後の患者を優先的に受け入れるベッドコントロールが，他診療科との連携を強化していくことになる。

(4) 家族への連絡が円滑に取れるシステム作り

急性期の身体合併症治療が必要なケースが増加しているが，長期入院患者は家族との連絡が取れない場合も多い。2014（平成26）年に保護者制度が見直されたが，キーパーソンだけでなく，意思決定を担う家族を明確にして連絡方法を明確にしておき，家

族全員が意思決定できない場合の手段についても体制を整備する必要がある。

(5) 予防的な活動に取り組む

精神科病院で頻繁に発生する身体合併症の予防活動も行わなければならない。例えば嚥下機能を評価して，嚥下訓練を行い誤嚥性肺炎を予防する。また，転倒スコアを活用してリスクを見極め，転倒予防の活動に取り組む。精神疾患や老年期精神障害に発生しやすい脱水，電解質異常や低栄養の知識と技術を習得し，脱水や電解質異常，低栄養による精神症状や身体症状を見逃さないように努める[20]。

(6) 精神科認定看護師や精神看護専門看護師を活用する

精神科認定看護師や精神看護専門看護師を活用して，身体合併症看護の教育や，他診療科のリエゾンとしての活動と他診療科との連携強化，身体合併症の困難事例のコンサルテーションなどを実施することも効果的である。

3. 近年の気分障害の問題

近年の精神疾患患者の増加の背景には，気分障害の増加がある。一時期，その増加割合は大きく，2008（平成20）年には気分障害による外来患者数が101,200人，入院患者は24,900人に上った。その後，2011年には外来患者数は929,000人，入院患者は25,500人となっている。

従来，気分障害（うつ病）患者への対応の原則として「励ましてはいけない」と言われてきた。しかし近年，そうした対応を要する病態とは異なるうつ病が台頭し，治療の最前線で患者にかかわる看護者は，とまどいやかかわりの困難さを体験している。

1) 非定型うつ病とは

専門家の間でも見解が一致していない点もあるが，文献[21]より引用すると「一般的にうつ病と言われているのは〈定型うつ病〉〈メランコリー型うつ病〉で，それとは異なった症状の現れ方をし，又対処法も異なるタイプがかなりの割合で存在が認められている。その特徴として，三環系抗うつ薬には反応しないが，MAO阻害薬（モノアミン酸化酵素阻害薬）に反応する特異な精神科症候群として注目し，1959（昭和34）年，英国のWestとDallyが非定型うつ病と言う名称を初めて使用した。非定型うつ病の概念は，MAO阻害薬という治療薬と密接に関連して発展してきた臨床概念である。日本においては，異常昇圧の危険性があることから使用されていない為，顧みられることが少なかったが，臨床上有用な概念であり，わが国においても再度検討に値する疾患と思われる」と記載されている。

なお，アメリカ精神医学会のDSM-Ⅳにはメランコリー型に対し，以下のような非定型うつ病の診断基準の記載がある[22]。

A. 気分の反応性（楽しい出来事に反応して気分が明るくなる）
B. 以下の特徴のうち2つ以上

1. 著名な体重増加，または食欲の低下
2. 過眠（夜間の睡眠や日中の居眠りの合計時間が10時間以上，又は抑うつがないときより2時間以上睡眠時間が延長しているとき）
3. 鉛様の麻痺状態（手足が重く，鉛のように感じる）
4. 長年にわたり，拒絶されることに対して過敏な対人関係パターンがあり，これにより社会的，職業的機能の重大な障害を生じている（気分障害のエピソードの期間に限定されない）。
5. 同じ病相期にメランコリー型，緊張病性の特徴を伴うものの診断基準を満たさない。

2) 非定型うつ病の特徴

　DSM－Ⅳにあげられているように，気分の反応性があるということが大きな特徴である。「身体が鉛のように重くて，何もできない」と臥せっていたと思うと，自分が好きなことになると，とたんに気分が明るくなり，嬉々として活動しはじめる。気分変動が激しく，また人から拒絶されることに対して過敏な対人関係のパターンがあり傷つきを恐れる。表面的にはよい適応を示すが，自己肯定感は低く，他者を責める（「あなたのせいでこうなった」など，外在化しがちで内省できにくい）というように自己愛傾向の強い病態を示す。

　自己愛型の特徴は，文献[21]によると，
①非常に理想化された自己イメージをもち，この心象を損なうものなら，何でも否認する。他者から受け取るものに慢性的に不満を抱く（攻撃性）。
②表面的にはよい適応を示し，他者に賞賛の言葉と個人的成功を法外に求め，他者に対し理解，共感，情緒的かかわりの能力がひどく損なわれている（外在化し，内省できにくい）。
③表面的で逃避的（自己肯定感低い）
　と記されている。

3) 看護場面

　上記のような特徴は，看護者への攻撃という形で表れやすい。それを受け止めかかわる場面で，看護者個人への攻撃と理解し，看護者個々の問題であると解釈すると，攻撃対象となった看護者の疲弊や自責感などを生じてしまい，その結果，患者の解決すべき問題に向きあえないことになってしまう。そこで重要なのが，医療スタッフのチーム力である。すなわちスタッフ同士が支えあい，共通認識をもって守られているという安心感のもてる場である。

　チームスタッフの共通認識として，攻撃性の裏には大きな不安と孤独感があり，安心感・安全感のもてなさや根底に悲しさや深い淋しさが存在していると理解する。そ

```
┌─────────────────────────────────────────────────┐
│     病気（自分自身に対する基本的不信状態）          │
│                    ▼                            │
│       自尊感情・自己肯定感がもてない状況            │
│       絶望感を抱きやすい状態に陥りやすい            │
│                    ▼                            │
│ 入院によって絶対的に裏切られない，自分のニーズや思いを │
│ 受け入れてもらえ，自分自身が対応が難しく圧倒されそうな │
│ 不安や恐れを相手にぶつけても，それをありのまま受け入れ，│
│ 共有してくれたり，処理しやすい形に戻してくれるような  │
│ 安心感のもてる場として必要。                       │
└─────────────────────────────────────────────────┘
```

図3-7 入院の意味

して，入院の意味を図3-7のように捉える。

4) 事例でみる近年の気分障害の看護

30歳代の男性（公務員）。大学卒業後就職するも，仕事の行きづまりから5年間に5回の休職を経験。今回，人事担当者より治療に専念するよう通告され入院となった。入院により，本人の問題点（他者との関係性を無視し，他者への批判や，攻撃が前面に出やすいこと・嫌なことを回避する傾向があることなど）が，作業療法の集団活動の場面で明らかになった。そこで，チーム間で役割を分担した。

作業療法士は患者へ問題点を言葉で伝えて，直面化を促し，看護者はそれによる患者の反応を受け止め，共感受容する姿勢でかかわった。結果，その時点で直面化を担当した作業療法士へ批判や攻撃が向けられた。看護者は，その怒りを受容しつつ共感を示しかかわった。その怒りは激しいものであったが，退院時，「今まで自分の問題について人から指摘されたことはなかった。指摘されたときは怒りの感情が湧いたが，今考えると，今までのうまくいかなさについて自覚することができて，本当にありがたかった」と涙を流し，感謝の言葉を述べ退院された。

徳永は「当院の取り組みのなかで明らかになってきたのは，中規模の集団療法での働きかけの重要性である。30歳代のうつ病者で，個人療法が無効で治療困難と判断されていた自己愛傾向の強い人が，うつ病同質者の中集団での療法をきっかけに内省が進み，回復に至る例が増加している」[23]と述べている。

患者はみずからの問題から目をそむけ外在化し，他者を攻撃する（看護師に向けられる攻撃）が，それを受け入れられる体験から患者自身が人を信じることを学び，そしてみずからを受け入れる（自尊感情の芽生え）という成長につながっていることを経験した。同時に看護者も，攻撃に対し逃げないで対峙し，患者の変化を経験することが看護者の成長をも促進している。そのことについて筆者は，第31回日本社会精神医学会（2012年）において「ストレスケア病棟勤務によって得られる看護師の成長」と

して，106名の看護職者へのアンケート調査をもとにレジリエンスの向上として発表した。レジリエンスとは，「逆襲に耐え，試練を克服し，感情的・社会的に健康な精神活動を維持するのに不可欠な心理特性」[24]である。

今後求められることとして，患者も含めて多職種の専門性を活かしあうチーム医療が重要であること，それには，スタッフも守られているという安心感のもてる職場環境が必要不可欠であると考える。そのような治療の場においては，患者も医療スタッフもともに成長しあえる可能性が大きいと感じている。

5) 注目を集めるうつ病への支援

ここまで新しいタイプの気分障害（うつ病）である非定型うつ病の特徴とケアの方法について述べてきた。以下では，非定型うつに限らず，うつ病への支援において近年注目を集めている取り組みについて述べたい。

(1) 認知行動療法について

認知療法・認知行動療法とは，人間の気分や行動が認知のあり方（ものの考え方や受け取り方）の影響を受けることから，認知の偏りを修正し，問題解決を手助けすることによって精神疾患を治療することを目的とした構造化された精神療法である。精神科の治療方法としての認知療法・認知行動療法は，1970年代に米国のAaron. T. Beckがうつ病に対する精神療法として開発したものである。

その後，認知療法・認知行動療法は，うつ病はもちろんのこと，不安障害やストレス関連障害，パーソナリティ障害，摂食障害（神経性大食症），統合失調症などの精神疾患に対する治療効果と再発予防効果を裏づける優秀なエビデンスが多く報告されてきたことから，欧米を中心に世界的に広く使用されるようになった。また，精神疾患以外でも，日常のストレス対処，夫婦問題，司法や教育場面の問題など，その適用範囲は広がりを見せている。

認知療法・認知行動療法についてはとくに1980年代後半から注目されるようになってきた。それとともに，わが国での治療効果の検証も進み，厚生労働科学研究費補助金（こころの健康科学研究事業）『精神療法の実施方法と有効性に関する研究』を初めとした研究でその効果のエビデンスが積み重ねられてきている。

認知行動療法では，ある状況場面に遭遇したときに生じる「感情」と「行動」が，「その場面をどのように捉えるか」という認知の仕方によって影響を受けることに着目する。そのうえで感情や行動に影響している，例えば極端な考えや歪んだ認知があるか，また，どの程度現実と食い違っているのかなどを検証し，より現実的で幅広い捉え方ができ，問題解決していけるように思考のバランスを整える。結果，不快な感情を減らし，必要以上に動揺したり，落ち込み不安にならないことなどを目指していく。うつ病患者は悲観し否定的な捉え方になりやすく，これを取扱い修正していくが，よく見受けるのは，評価を「10か0か」，「AがダメならBも全部ダメ」という極端なとらえ

方である。「AがだめでもBはできている。まあまあはできている」といった柔軟に変化をつけれるように修正していく。認知行動療法はうつの再発予防にも効果があると評価されているため、リワークプログラムに取り込むことは有効と考える。手法等については独立行政法人国立精神・神経研究センター・認知行動療法センターのホームページを参照されたい。

(2) リワーク・復職支援とは何か

「リワーク（Return to Work）」という言葉は、精神医療の分野に限らず、社会的にも浸透してきたように思う。これまでは、うつ病治療を行う医療従事者らが主にリワークの支援を担っていたが、ここに至っては、医療機関とは別に、企業・EAP（Employee Assistance Program：従業員支援プログラム）・障害者職業センター等でも、組織の特性に合った活動が展開されている。

医療機関におけるリワーク活動の最初の試みは、NTT東日本関東病院精神神経科部長の秋山剛氏が1997（平成9）年に始められた復職支援である。復職が困難な勤労者を対象にリハビリテーションを実施し、復職の準備と治療評価を行っていた。2008年には医療法人雄仁会メディカル虎の門理事長・院長である五十嵐良雄氏や前述の秋山剛氏らにより「うつ病リワーク研究会」が発足した（2014年4月の時点、うつ病リワーク研究会には180医療機関604名が加入）。会の発展とともに、全国的に医療リワークプログラムも広がった。厚生労働省は2004（平成16）年より、事業場向けマニュアルとして『心の健康問題により休業した労働者の職場復帰支援の手引き』を周知させる等、国としても対策を始動させた。

ここでリワークの主な内容について簡単に解説していきたい。

リワークとは薬物療法や休息に加えたリハビリテーションであり、グループ活動を通して心理学的手法を用いた対人交流スキルの獲得や疾患への理解の促進、再発、再休職の予防を目的とした体調や症状の自己管理（セルフケア）・復職準備性の確認などを行う。復職までを基本的には、①治療専念期、②リハビリ期、③復職準備期、④復職後の4期に分け、治療は進められる。実施しているプログラムの内容は、心理教育や認知行動療法、スポーツなど工夫の凝らされ方はさまざまであるが、最近では発達障害やPTSD、双極性障害などに特化したプログラムを実践しているところも少なくない。また、運営は施設基準上、デイケアとして実施しているところが圧倒的に多く、精神科ショートケア、集団精神療法、精神科作業療法の施設もみられる。スタッフは、看護師・臨床心理士・精神保健福祉士・作業療法士などの多職種チームで構成されている。

目まぐるしい社会変化の中、うつ病による自殺は社会的損失を生み出してきた。リワークによるリハビリテーションの発展は、こうした社会問題を解決していく一助となることが期待される。

表3-1 近年登場した抗精神病薬

一般名	剤型	商品名	薬価収載	販売
アリピプラゾール	内用液	エビリファイ®	2009年3月	2009年4月
リスペリドン	持効性注射剤	リスパダールコンスタ®	2009年6月	2009年6月
クロザピン	錠剤	クロザリル®	2009年6月	2009年7月
パリペリドン	徐放性経口製剤	インヴェガ®	2010年12月	2011年1月
アリピプラゾール	OD錠	エビリファイ®	2012年4月	2012年5月
オランザピン	速効性筋注製剤	ジプレキサ®	2012年11月	2012年12月
パリペリドン	水懸筋注	ゼプリオン®	2013年11月	2013年11月

II 精神科薬物療法の変遷と看護

1. 向精神薬の動向（2009年以降を中心に）

　全体としては，新薬の増加，既存の薬剤の剤形の追加承認が上げられる。またジェネリック医薬品の増加が顕著であるが，数が多いため掲載は控える。以下各薬剤について述べる（以下薬剤に関する詳細は2014年4月現在での各薬剤の医薬品インタビューフォームを引用・参考としている）。

1）抗精神病薬（表3-1）
(1) 内服薬
①アリピプラゾール

　抗精神病薬では，アリピプラゾール内用液剤が2009年に発売になった。また，錠剤も内用液も12mgの規格までしかなかったものが，2012年OD錠（oral dispersing tablet：口腔内崩壊錠）では24mg錠の規格ができた。アリピプラゾールでは維持用量を24mgとする患者も多いので，服用のしやすさから考えても内溶液であれば2包持たなければならないところを，口腔内崩壊錠1錠ですむことは患者にとってメリットは大きい。

②クロザピン

　クロザピン（クロザリル）は，「治療抵抗性統合失調症」を効能・効果として2009年に承認，販売された。本承認に際して，適正使用を図るための流通管理等の実施が義務づけられ，「クロザリル患者モニタリングサービス（CPMS：Clozaril Patient Monitoring Service）」により管理されている。CPMSは，本剤投与中の患者の無顆粒球症および耐糖能異常の発現またはその予兆の早期発見や発現時の早期対処を目的とし，医療機関，保険薬局，医療従事者および患者を登録し，血液および血糖検査の確実な実施と処方の判断を支援している。2014年4月24日現在CPMS登録し，公表さ

れている医療機関は全国275医療機関である。詳細は「クロザリル適正使用委員会」http://www.clozaril-tekisei.jp/index.html を参照されたい。

③パリペリドン

パリペリドン（インヴェガ）はリスペリドンの活性代謝物（9-ヒドロキシリスペリドン）を製品化したもので，1日1回服用の徐放性経口製剤である。

腸管での浸透圧を利用した特殊な薬物放出制御構造を採用しており，カプセル内部に2層の薬物層とプッシュ層がある。放出を終えたカプセルは外見はそのままの形で糞便中へ排出される。剤形からもわかるように，かんだり，割ったり，くだいたり，溶かしたりせずにそのまま飲み込むことが必須であり，事前の患者の服薬スタイルの把握が重要になる。

(2) 速効性筋注製剤

オランザピン「ジプレキサ筋注用10mg」は，非定型抗精神病薬として「統合失調症における精神運動興奮」に適応が認められた日本で最初で唯一の速効性筋注製剤である。統合失調症の急性期治療への新しい治療選択肢となっている。適応において1回10mgを筋肉内投与し，効果不十分な場合には，2時間以上あけて1回10mgまでを追加投与できるが，投与は1日2回までとなっている。錠剤では糖尿病禁忌の表示があったが，本製剤では禁忌とはなっていない。しかし，警告には慎重投与，重要な基本的注意として糖尿病歴および血糖値のモニタリングの必要性が挙げられているので注意が必要である。

(3) 持効性注射剤

①第一世代抗精神病薬持効性注射剤

まず，第一世代抗精神病薬持効性注射剤を振り返っておく。1970（昭和45）年に，最初のデポ剤（「depot」効力を持続させるために徐々に成分が放出するように作られた注射薬）エナント酸フルフェナジン（アナテンゾールデポー）が発売された（2004年販売中止）。1987（昭和62）年に，デカン酸ハロペリドール（ハロマンス／ネオペリドール）が販売された。1993（平成5）年には，デカン酸フルフェナジン（フルデカシン）が発売された。

②第二世代抗精神病薬持効性注射剤

第二世代抗精神病薬持効性注射剤では，リスペリドンの持効性注射剤である，リスパダールコンスタ（2週に1回投与）が2009年に日本初の発売となった。続いて，2013（平成25）年にリスペリドンの活性代謝物であるパリペリドンの持効性注射剤であるゼプリオン（4週に1回投与）が発売となった。ゼプリオンは，本剤との因果関係は不明であるが，複数の死亡症例がその後報告され，適正な使用を徹底するため，2014年4月添付文書の「使用上の注意」を改訂するとともに，「安全性速報（ブルーレター）」，により医療関係者等に対して注意喚起がされた。

他剤の動向としては2013年3月に「アリピプラゾール持続性注射剤（Abilify

Maintena)」(4週に1回投与)が米国で発売となり,日本では2014年1月に国内製造販売承認が申請されている。

　第一世代抗精神病薬持効性注射剤の筋肉注射は基本的に看護者が行っていた。しかし,近々の筆者の出合法による簡易調査では,リスパダールコンスタの臀部の筋肉注射施行において,精神科外来や精神病床を有する一般病院や大学病院では,薬剤の特種性に鑑み看護者は施行せず,医師しか筋肉注射を施行できない施設があった。また精神科病院では,適切な持効性抗精神病剤の教育がされないままに,今までの慣例で筋肉注射を施行している施設があった。さらに,前述のゼプリオンのブルーレターによる注意喚起を受けて,医師の施行に変更になった施設があるようである。医師しか施行できない施設では,患者が異性(特に女性)の場合に臀部への施行を拒否する場合があり,適応があっても施行できず患者へのデメリットがあること,また,看護者が行なう施設では,適切な筋肉注射手技,薬効や薬理に関する教育の不備による患者へのデメリットがあることが示唆される。1回の注射で2〜4週間効果が持続する持効性抗精神病剤の治療は,入院期間の短期化や再発防止が期待されていることからも,患者へのメリットを考え,看護体制の改善が望まれる。

2) 抗うつ薬 (表3-2)
(1) ミルタザピン

　これまで日本にはなかった作用機序薬,ノルアドレナリン作動性・特異的セロトニン作動性抗うつ薬 (NaSSA：Noradrenergic and Specific Serotonergic Antidepressant),ミルタザピンが2009年に発売となった。

　抗うつ薬分野での新規作用機序の薬は10年ぶりとなった。これまでの抗うつ薬は,シナプスにおけるモノアミンの再取り込みを阻害し,シナプス間のモノアミン濃度を上げることで神経伝達を活性化させるものであったが,ミルタザピンはセロトニン,ノルアドレナリンの分泌量そのものを増やす作用がある。すなわち,中枢神経のシナプス前 α2-自己受容体およびヘテロ受容体に対して遮断作用を示し,中枢神経のノルアドレナリン(NA)およびセロトニン(5-HT)の神経伝達を活性化する。また,セロトニン受容体に対して,本剤は5-HT2及び5-HT3受容体を遮断し,抗うつ作用に関連すると考えられる5HT1受容体を選択的に活性化させるという作用があると考えられている。

　2010年に5mg錠が規格追加となった。原則として,5mg錠は減量または中止時のみに使用することとなっている。セロトニン再取り込み阻害剤(SSRI)であるパキシルは副作用が少ないといわれているが,減量または中止時に離脱症状が出やすく,緩除な漸減が推奨されている。

　また,2012年にはパキシルCR錠(パロキセチン塩酸塩水和物徐放錠)が発売となった。SSRIはセロトニンの再取り込みを阻害して,消化管粘膜近傍細胞のセロトニン濃

表3-2 近年登場した抗うつ薬

一般名	剤型	商品名	薬価収載	販売
ミルタザピン	錠剤	リフレックス® レメロン®	2009年9月	2009年9月
パロキセチン	5mg錠	パキシル®	2010年9月	2010年9月
パロキセチン	CR錠	パキシル®	2012年6月	2012年6月

一般名	商品名	適応	適応追加
アリピプラゾール	エビリファイ®	うつ病・うつ状態 （既存治療で十分な効果が認められない場合に限る）	2013年6月

度を増加させ，セロトニン受容体（5-HT3）を介して嘔吐中枢を刺激し，吐気が生じると考えられている。徐放錠としたことで，急激な効果の発現を抑え，合わせて副作用の発現を抑えることが期待されている。

(2) アリピプラゾール

2013年6月，アリピプラゾールは，うつ病・うつ状態（既存治療で十分な効果が認められない場合に限る）の効能追加の承認を取得した。使用にあたっては，①選択的セロトニン再取り込み阻害剤またはセロトニン・ノルアドレナリン再取り込み阻害剤等による適切な治療を行っても十分な効果が認められない場合に限り，本剤を併用して投与すること，②うつ剤の投与により，24歳以下の患者で，自殺念慮，自殺企図のリスクが増加するとの報告があるため，本剤を投与する場合には，リスクとベネフィットを考慮すること，となっている。

3) 双極性障害治療適応薬（気分安定薬：ムードスタビライザー／表3-3）

(1) 抗てんかん薬

双極性障害の第一選択薬で「躁病および躁うつ病の躁状態」の適応が認められている日本の薬は次の4種類がある。炭酸リチウム（1980年承認），カルバマゼピン（1990年承認），バルプロ酸ナトリウム（2002年9月承認），そしてラモトリギン（ラミクタール）が2011年7月に適応追加で承認となった。

ラモトリギンは主としてグルクロン酸転移酵素（主にUGT1A4）で代謝され，尿中に排泄される。UGT1A4による酵素阻害や酵素誘導を引き起こしやすく，薬物相互作用には十分な注意が必要である。また相互作用の機序は不明ではあるが，代謝に影響を与える薬剤もあるので，使用にあたっては十分に併用薬との相互作用の検討と本薬剤の使用開始用量への注意が必要である。

併用注意としては次の薬剤が医薬品インタビューフォームに記されている。バルプロ酸ナトリウム，フェニトイン，カルバマゼピン，フェノバルビタール，プリミドン，リファンピシン，ロピナビル，リトナビル合剤，アタザナビル，カルバマゼピン，リ

表3-3 近年登場した双極性障害治療適応薬（気分安定薬：ムードスタビライザー）

一般名	商品名	適応	適応追加
ラモトリギン	ラミクタール®	双極性障害における気分エピソードの再発・再燃抑制	2011年7月
オランザピン	ジプレキサ®	双極性障害における躁症状の改善	2010年10月
		双極性障害におけるうつ症状の改善	2012年2月
アリピプラゾール	エビリファイ®	双極性障害における躁症状の改善	2012年1月

表3-4 近年登場したアルツハイマー型認知症治療剤

一般名・製品名	ドネペジル・アリセプト	ガランタミン・レミニール	リバスチグミン・イクロセン・リバスタッチパッチ	メマンチン・メマリー
製造承認	1999年10月	2011年1月	2011年4月	2011年1月
薬価基準収載	1999年11月	2011年3月	2011年7月	2011年3月
販売開始	1999年11月	2011年3月	2011年7月	2011年6月
作用機序	アセチルコリンエステラーゼ阻害	アセチルコリンエステラーゼ阻害およびニコチン受容体増強作用	アセチルコリンエステラーゼ阻害およびブチルコリンエステラーゼ阻害	NMDA受容体アンタゴニスト
アルツハイマー型認知症の適応症	軽度〜高度	軽度〜中等度	軽度〜中等度	中等度〜高度
剤形	錠剤、細粒剤、口腔内崩壊錠、ゼリー剤、ドライシロップ	錠剤、口腔内崩壊錠、経口液剤	貼付（パッチ）剤	錠剤、口腔内崩壊錠
投与回数	1回／1日	2回／1日	1回／1日	1回／1日

スペリドン，経口避妊薬（卵胞ホルモン・黄体ホルモン合剤）である。

(2) 抗精神病薬

オランザピンが双極性障害における躁症状およびうつ症状の両方の改善を適応としている唯一の薬となった。

アリピプラゾールは双極性障害における躁症状の改善の適応を受けている。

4) アルツハイマー型認知症治療剤（表3-4）

(1) ドネペジル

アルツハイマー型認知症（AD）では，脳内コリン機能の低下が認められ，それが記憶障害の原因と考えられている（コリン欠乏仮説）。これまでは唯一の治療薬として，

表3-5 近年登場した抗てんかん薬

一般名	商品名	薬価収載	販売
ガバペンチン（GBP）	ガバペン®	2006年9月	2006年9月
トピラマート（TPM）	トピナ®	2007年9月	2007年10月
ラモトリギン（LTG）	ラミクタール®	2008年12月	2008年12月
レベチラセタム（LEV）	イーケプラ®	2010年9月	2010年9月
ホスフェニトイン（FOS）	ホストイン®静注	2011年11月	2012年1月

アセチルコリンエステラーゼ阻害薬であるドネペジル（アリセプト）が使用されてきた。ドネペジルは，ADで引き起こされる脳内アセチルコリンの減少をアセチルコリンエステラーゼ（AChE）を競合的に阻害することで脳内アセチルコリン（ACh）濃度を上昇させ，改善することで，効果を発揮する。ドネペジルは，2009年に内服ゼリー剤が，2013年にドライシロップの剤形が加わり薬価収載・発売になっている。

(2) ガランタミン

ガランタミンは，前述のアセチルコリンエステラーゼ（AChE）阻害作用によって，脳内アセチルコリン（ACh）濃度を上昇させ，かつニコチン性アセチルコリン受容体（nAChR）に対するアロステリック活性化リガンド（APL）作用により脳内コリン機能を増強させる特徴がある。

(3) リバスチグミン

リバスチグミンは，前述のアセチルコリンエステラーゼ（AChE）阻害作用だけではなく，ブチリルコリンエステラーゼ（BuChE）阻害作用を有し，両阻害作用に基づき脳内ACh量をより増加させ，脳内コリン作動性神経機能を賦活する特徴を有している。また，リバスチグミンは他の薬剤にはないパッチ剤という剤形であり，服薬拒否がある人，誤嚥がある人，服薬管理が困難な人などでも簡単に使用でき，なおかつ1日1回貼るだけでよく，貼る時間も介護者などの都合で調整できるというメリットを有している。

(4) メマンチン

メマンチンは，前述のアセチルコリンエステラーゼ阻害剤ではなく，全く新しい作用機序を有する薬剤である。ADではグルタミン酸神経系の機能異常が関与しており，グルタミン酸受容体のサブタイプであるNMDA受容体チャネルの過剰な活性化が原因の1つと考えられている。メマンチンはNMDA受容体チャネル阻害作用により，その機能異常を抑制する特徴がある。認知機能障害の進行を抑制し，言語，注意，実行および視空間能力の悪化の進行を抑制することが期待される。

5) 抗てんかん薬（表3-5）

抗てんかん薬における新薬は，各種のてんかん発作型，てんかん症候群に対して有

効とされている。他の抗てんかん薬で十分な効果が認められないてんかん患者の部分発作（二次性全般化発作を含む）に対する抗てんかん薬との併用療法を適応としている。わが国では1989（昭和64）年にゾニサミド（ZNS），2000（平成12）年にクロバザム（CLB）が発売されてからは新薬の導入がなく，新薬の承認が海外に較べて著しく遅れていたが，2006（平成18）年にガバペンチン（GBP），2007（平成19）年にトピラマート（TPM），2008年にはラモトリギン（LTG），そして2010年にはレベチラセタム（LEV）が承認・発売された。2012年にてんかん重積状態に使用する薬剤ホスフェニトイン（ホストイン静注）が発売された。新しい知見の増加を受け，日本神経学会では「てんかん治療ガイドライン」を作成し公開している。てんかん治療における症状の改善とQOLの改善が期待される。

2. 精神医療におけるガイドライン

1) 抗精神病薬減量法ガイドライン―SCAP法による 抗精神病薬減量支援シート

本ガイドラインは，わが国における抗精神病薬の多剤大量処方の安全で効果的な是正の方法について，2010～2012年度厚生労働科学研究費補助金「抗精神病薬の多剤大量処方の安全で効果的な是正に関する臨床研究」（研究代表者：岩田仲生　藤田保健衛生大学教授）班にて作成された。その中で研究班は「抗精神病薬が登場して60年あまり。歴史的には多剤化や大量処方が推奨されていたこともありました。その後，薬物開発の進歩などの背景もあり，現在では特にわが国において過剰な多剤大量処方を是正すべき動きがみられています。ところが，すでに多剤大量処方されている患者さんに対して，処方薬の種類を減らすことは容易ではなく，安定した状態のまま薬剤数や量を減らしていくための科学的根拠に基づく処方ガイドラインが求められていました」とし，精神科医療関係者がSCAP法（Safety Correction of Antipsychotics Polypharmacy and hi-dose）による減量を行う際，それを支援するためのβ版ツールを公開している[*2]。

2) 日本うつ病学会治療ガイドライン

(1)「双極性障害2012」（第2回改訂版）[*3]

双極性障害における「躁病エピソード」，「大うつ病エピソード」，「維持療法」についてエビデンスに基づいた治療について，適応外処方も含め論じられている。また，双極性障害に対する薬物療法にはおのずと限界があるとし，ガイドラインでは心理社会的療法についての記載が少ないことについて研究の少なさをあげたうえで，次のように断りを入れている。「心理社会的治療を軽視するものでは決してない。患者が心理的なストレスや環境への不適応に苦悩するならば，双極性障害の発症や再発につながることは臨床医がよく経験するところである。逆に，双極性障害を抱えることにより，

---

*2　抗精神病薬減量法ガイドライン―SCAP法による抗精神病薬減量支援シート
平成22-24年度厚生労働科学研究費補助金「抗精神病薬の多剤大量処方の安全で効果的な是正に関する臨床研究」（研究代表者 岩田仲生 藤田保健衛生大学教授）班作成
ホームページ：http://www.ncnp.go.jp/press/press_release131004.html
SCAP法による抗精神病薬減量支援シート：
http://www.ncnp.go.jp/nimh/syakai/01_project06.html

*3　「日本うつ病学会治療ガイドライン　Ⅰ.双極性障害」2012年3月31日　第2回改訂
日本うつ病学会 気分障害の治療ガイドライン作成委員会 作成
http://www.secretariat.ne.jp/jsmd/mood_disorder/img/120331.pdf

表3-6 治療計画の策定において把握するべき情報

把握すべき情報のリスト （治療者・患者関係を勘案しながら確認）	注意すべき徴候のリスト
1) 言い間違い・迂遠さの有無を観察 2) 身長・体重・バイタルサイン（栄養状態を含む） 3) 一般神経学的所見（パーキンソン症状，付随運動を含む） 4) 既往歴—糖尿病・閉塞隅角緑内障の有無を確認 5) 家族歴—精神疾患・自殺者の有無を含めて 6) 現病歴—初発時期，再発時期，病相の期間，「きっかけ」「悪化要因」，生活上の不都合（人間関係,仕事,家計など） 7) 生活歴—発達歴・学歴・職歴・結婚歴・飲酒歴・薬物使用歴を含めて 8) 病前のパーソナリティ傾向—他者配慮的・対人過敏性・発揚性・循環性・気分反応性の有無を含めて 9) 病前の適応状態—家庭，学校，職場などにおいて 10) 睡眠の状態—夜間日中を含めた睡眠時間，いびき・日中の眠気の有無の聴取 11) 意識障害・認知機能障害・知能の低下の有無 12) 女性患者の場合—妊娠の有無，月経周期に伴う気分変動，出産や閉経に伴う気分変動	1) 自殺念慮・自殺企図の有無と程度 2) 自傷行為。過量服薬の有無と状況 3) 一般身体疾患による気分障害の除外 4) 身体合併症・併用薬物の有無と状況 5) 併存症（DSM-Ⅳ-TRのⅠ軸・Ⅱ軸で）：不安障害，発達障害（広汎性発達障害，注意欠陥多動性障害），パーソナリティ障害 6) 双極性混合状態（例・焦燥感の強いうつ状態，不機嫌な躁状態） 7) 双極性うつ状態（例・若年発症，うつ病相の多さ，双極性障害の家族歴） 8) 過去の（軽）躁状態（活動性の変化：例・「いつもより活動的で調子が良いと感じた時期」「普段より仕事がはかどった時期」「よりたくさんアイデアが浮かんだ時期」，生活歴の確認：例・職歴などの変化） 9) 精神病症状（例・気分に一致した微小妄想，気分に一致しない被害妄想・幻聴。若年者では統合失調症との鑑別）

さらに心理社会的問題を背負うことになり，それがまた症状を悪化させるという悪循環が生まれることになる。エビデンスに乏しいとしても，心理社会的療法は薬物療法と並んで重要な治療であることを強調しておく。この治療ガイドラインは，このような姿勢をもって治療にあたる医師にこそ有用なものである」としている[注2]。

(2)「大うつ病性障害 2012 Ver.1」[*4]

*4 「日本うつ病学会治療ガイドライン Ⅱ. 大うつ病性障害」
日本うつ病学会 気分障害の治療ガイドライン作成委員会 2012年7月26日作成
http://www.secretariat.ne.jp/jsmd/mood_disorder/img/120726.pdf

うつ病学会のガイドラインでは，機械的に薬物療法（抗うつ薬）と休養・休職を第一選択とすることに警鐘をならし，しかも薬物療法を第一選択薬がどの薬剤と明記することも避けている。治療計画の策定においては患者の臨床特性を考えて決定すべきことを強調している。治療計画の策定において把握するべき情報として，表3-6を参考リストとしてあげている。

これらを基に，目の前にいる患者1人1人の個別情報をきちんと把握し，治療計画を立てることを推奨している。

「本ガイドラインの基本的立場は，重症度によらず，うつ病・抑うつ状態の患者には支持的態度で接するとともに，十分な心理教育（psychoeducation）を行い，ここの患者背景に応じた適切な治療方針を取ることにある」としている。

両ガイドラインは，医師向けのガイドラインではあるが，その実務を担う看護者として考えることは，患者背景に応じた，ベースとしての薬物療法に頼り過ぎない看護介入の必要性をも意味していると考えられることである。「把握すべき情報のリスト」や「注意すべき徴候のリスト」などは，そのまま看護の情報としても必要なものであ

り，情報収集のプロセスそのものがケアとなることを考えなければならない。

3) 睡眠薬の適正な使用と休薬のための診療・ガイドライン^{*5}
　—出口を見すえた不眠医療マニュアル

ガイドラインでは薬物療法の妥当性を適宜評価することなしに，漫然とした長期処方をすることは厳に戒められるべきであるとし，今回は新たに不眠症の治療アルゴリズムを作成し，薬物療法だけではなく，睡眠衛生指導や認知行動療法など非薬物療法を活用しながら難治例に対応し，適切な時期に減薬・休薬するまでの診療の流れと指針を明示したとしている。

看護者は日常臨床で不眠に対するケアや与薬を行なっている。適切な薬剤の使用と睡眠衛生指導や認知行動療法などの非薬物療法についてのケアを構築することが必要である。また，不眠時などの頓用薬使用などについても，そのケアのあり方を検討していく必要があると考えられる。

4) 日本神経学会ガイドライン
(1) 認知症疾患治療ガイドライン2010 [*6]
(2) 認知症疾患治療ガイドライン2010（コンパクト版2012） [*7]

本ガイドラインでは，認知症治療方針の検討，指導・ケア・治療について「認知症では，その診断・評価とともに，患者・家族との信頼関係の構築，生活指導やケア等も重要で，そのためには病名告知も必要となる。また，社会資源の活用もポイントになる。認知症治療においては，薬物療法のみならず非薬物治療も重要で，ケアや非薬物的対応が重視される。通常の認知症診療においては，まず非薬物治療・対応が検討され，非薬物治療だけでは対処できない場合に薬物治療が考慮される」とし，薬物治療においては「リスクとベネフィットを十分に評価して必要に応じて見直しを行なうことも必要である」としている。

(3) てんかん治療ガイドライン2010 [*8]
(4) てんかん治療ガイドライン2010（追補版） [*9]

本ガイドラインは，てんかんについてEBMの考えに基づいて作成されてはいるが，「治療によって症状の消失や寛解が可能な疾患と，症状の改善は難しくQOLの改善にとどまる疾患とでは，治療の目的も内容も異なります。その容易な場合であっても，現時点で考えられる最適なガイドラインを示すように努めました」とある。また「本ガイドラインは，決して画一的な治療法を示したものではないことにも留意いただきたいと思います。同一の疾患であっても症状には個性があり，最も適切な治療は患者さんごとにことなっていますし，医師の経験や考え方によっても治療内容は同じではないかもしれません」としている。そのためにまず，十分な病歴を聴取することを推奨している。

---

*5　睡眠薬の適正な使用と休薬のための診療・ガイドライン-出口を見据えた不眠医療マニュアル-：厚生労働科学研究・障害者対策総合研究事業「睡眠薬の適正使用及び減量・中止のための診療ガイドラインに関する研究班」および日本睡眠学会・睡眠薬使用ガイドライン作成ワーキンググループ編2013貽10月22日改訂
http://www.jssr.jp/data/pdf/suiminyaku-guideline.pdf

*6　認知症疾患治療ガイドライン2010
監修：日本神経学会，編集：「認知症疾患治療ガイドライン」作成合同委員会
http://www.neurology-jp.org/guidelinem/nintisyo.html

*7　認知症疾患治療ガイドライン2010　コンパクト版2012
監修：日本神経学会，編集：「認知症疾患治療ガイドライン」作成合同委員会
http://www.neurology-jp.org/guidelinem/nintisyo_compact.html

*8　てんかん治療ガイドライン2010
監修；日本神経学会，編集；「てんかん治療ガイドライン」作成委員会
（本ガイドラインは「てんかん治療ガイドライン2010」として医学書院より刊行されているが，日本神経学会のガイドラインのサイトよりも閲覧が可能である。）
http://www.neurology-jp.org/guidelinem/tenkan.html

*9　てんかん治療ガイドライン2010（追補版）
監修；日本神経学会，編集；「てんかん治療ガイドライン」作成委員会
http://www.neurology-jp.org/guidelinem/tenkan_tuiho.html

5) かかりつけ医のためのBPSDに対応する向精神薬使用ガイドライン[*10]

本ガイドラインは,「認知症施策推進5か年計画(オレンジプラン)」の流れを受け,2012年度厚生労働科学研究費補助金厚生労働科学特別研究事業において行われた「認知症,特にBPSDへの適切な薬物使用に関するガイドライン作成に関する研究」の成果として,厚生労働省より公表された。

ガイドラインの作成の背景と目的によれば,「BPSDが多要因によって発現あるいは修飾されることを考えれば,かかりつけ医が認知症疾患医療センターなどの専門的な医療機関と連携することにより早期の対応が可能となり,BPSDの悪化防止に寄与することができる」とし,「向精神薬の使用に際して,身体拘束を意図した投薬は避けるべきであり,いかなる場合でも認知症になっても本人の意思が尊重される医療サービスが提供されるように努めるべきである」としている。

3. 診療報酬の変遷からみた精神科薬物療法

1) 非定型抗精神病薬加算

「非定型抗精神病薬加算」は2004年度の「特定抗精神病薬治療管理加算」として新設され,当初は精神科急性期治療病棟入院料など,投薬関係の費用が包括評価されている病棟で非定型抗精神病薬を使った治療を行った場合に算定されてきた。その後「非定型抗精神病薬加算」と改定され,算定要件を精神科救急入院料,精神科急性期治療病棟入院料,精神科救急・合併症入院料,精神療養病棟入院料とされた。また,2010年度には非定型抗精神病薬による治療を行なったうえに,さらに使用している1日当たりの抗精神病薬の種類数が2種類以下の場合,3種類以上の場合の二段階の評価に再編された。

そして2014年度の改定においては,かねてから問題となっていた,日本では向精神薬の処方数が多いことを踏まえ,適切な向精神薬の処方を推進する観点から,見直しが行われた。「非定型抗精神病薬加算」のうち,剤数制限のない非定型抗精神病薬加算2(3種類以上の場合)が削除され,抗精神病薬を3剤以上使用する場合は算定できなくなった。

2) 精神科継続外来支援・指導料

2012年度改定時に唯一,精神科に関する点数で多剤投与による減算が定められていた精神科継続外来支援・指導料が,2014年度の改定でさらに厳しく改定された。

2012年度改定では「当該患者に対して,1回の処方において,3剤以上の抗不安薬又は3剤以上の睡眠薬を投与した場合には,所定点数の100分の80に相当する点数により算定する」。2014年度の改定では「当該患者に対して,1回の処方において,3剤以上の抗不安薬,3剤以上の睡眠薬,4剤以上の抗精神病薬を投与した場合は算定しない」とあり,剤数の制限に抗精神病薬が加わり,規定の剤数を超える場合は減算ではなく

[*10] 平成24年度厚生労働科学研究費補助金厚生労働科学特別研究事業,「認知症,特にBPSDへの適切な薬物使用に関するガイドライン作成に関する研究」班作成
http://www.mhlw.go.jp/stf/houdou/2r98520000036k0c-att/2r98520000036klt.pdf

算定不可となった。

3) 処方せん料・処方料・薬剤料

上記を受け，処方せん料・処方料・薬剤料についても7種類以上の投薬についてのみ規制があったが，この改定に合わせて，新たに向精神薬の使用に関しても「3種類以上の抗不安薬，3種類以上の睡眠薬，4種類以上の抗うつ薬又は4種類以上の抗精神病薬の投薬を行った場合」という規制が加わり，減算となった。

4. 精神科薬物療法の変遷と看護

さて，2009年以降の向精神薬の動向，ガイドライン，診療報酬とみてきた。診療報酬やガイドラインをみてもわかるように，2009年以降の流れは，基本的に薬剤の薬理学的なプロフィールを基にした合理的な使用を推進し，合理的な理由のない多剤併用を行わない。そのために基本となる患者の基礎的な情報収集を十分に行い治療計画を立て，計画的に治療すること。軽症の治療では薬を優先せず，カウンセリングを中心とした「支持的精神療法」，「心理教育」や「認知行動療法」などの非薬物的介入を行い，回復に導くことを基本としている。

こうした背景には，2010年に出された「向精神薬の処方実態に関する国内外の比較研究（平成22年度厚生労働科学研究補助金／厚生労働科学特別研究事業）」に示されたように，日本においては単剤化があまり進んでいないという実情や，「抗精神病薬の多剤大量投与の安全で効果的な是正に関する臨床研究（厚生労働科学研究：研究代表者岩田仲生　藤田保健衛生大学教授）」では，抗精神病薬の処方について，3剤以上の併用の効果に関するエビデンスは存在しないにもかかわらず，4剤以上の処方が20％ほど見られるという実態が明らかとなったことがある。

多剤併用療法には治療上の有効性を示すようなエビデンスは存在せず，逆に副作用などの負の側面があり，これをできるだけ適正化していこうという大きな流れがみえる。こうした観点とは別に，昨今クローズアップされている「処方薬依存問題」も，処方に対する制限に関連していると考えられる。

最近の精神科看護ケアに関する，用語としては認知症ケアでは「タクティールケア」，「ユマニチュード」といった用語が，また統合失調症医療では「オープンダイアログ」といった用語が注目され，いずれも非薬物的な介入をめざしている。また患者の意思決定においては医師と患者の相互意思決定モデルとして「SDM：Shared Decision Making」といった用語が使われている。

日本において向精神薬の単剤化がなかなか進まない現状はあるものの，確実に薬剤の薬理学的プロフィールに基づいた，患者ベースの必要最小限の薬剤投与を基本とした治療へとシフトする中で，看護はいかに患者の状態や生活を把握し，非薬物的なケアを提供できるかが問われはじめているといえる。

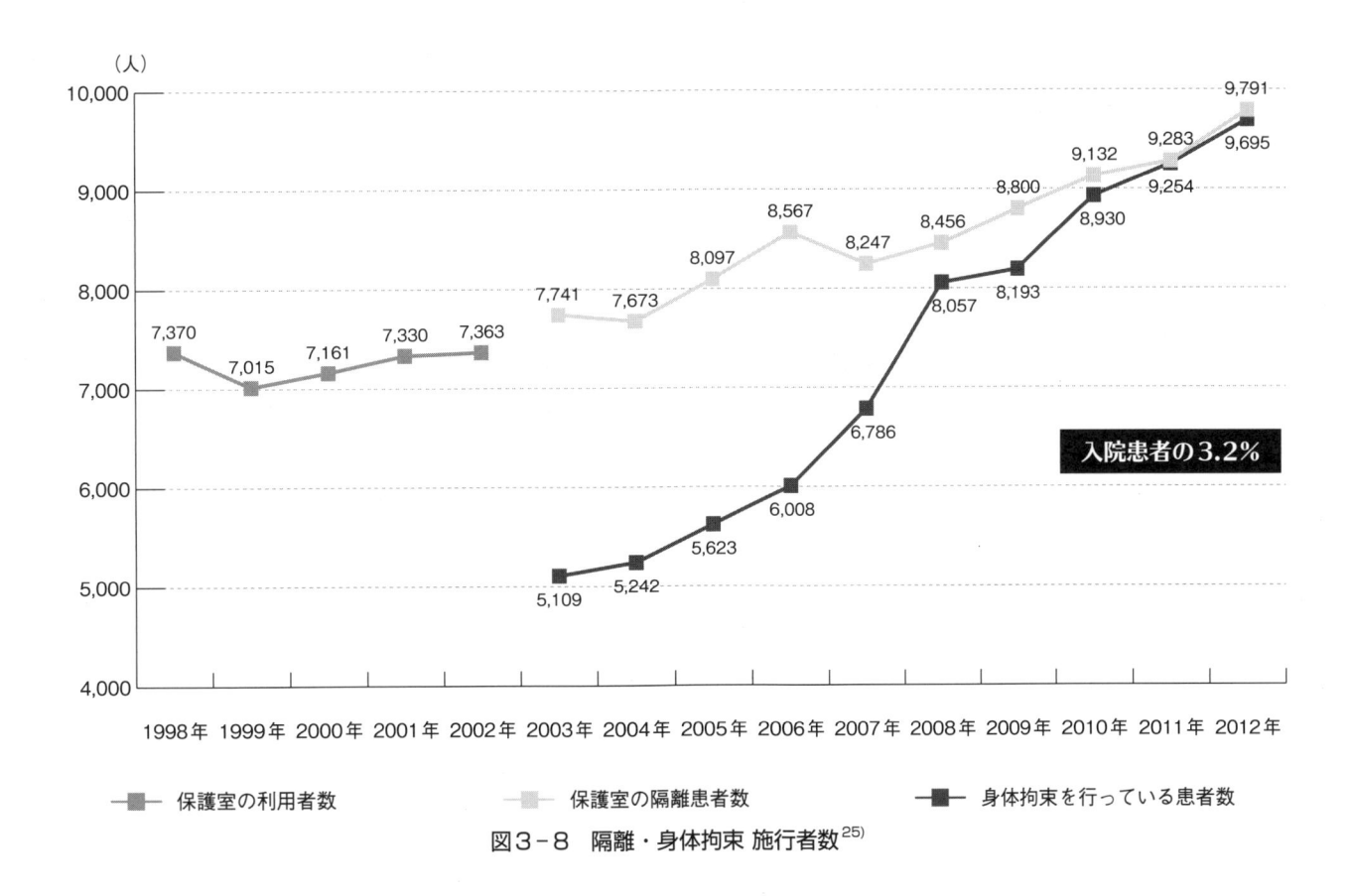

```
(人)
10,000                                                                                              9,791
                                                                              8,800   9,132  9,283  9,695
                                                          8,567  8,247  8,456               9,254
 9,000                                              8,097                           8,930
                                              7,741  7,673                    8,193
 8,000   7,370        7,161  7,330  7,363                                8,057
               7,015
                                                                   6,786                入院患者の3.2%
 7,000
                                                            6,008
 6,000                                               5,623
                                              5,242
                                       5,109
 5,000

 4,000
        1998年 1999年 2000年 2001年 2002年 2003年 2004年 2005年 2006年 2007年 2008年 2009年 2010年 2011年 2012年
          ─■─ 保護室の利用者数        ─■─ 保護室の隔離患者数         ─■─ 身体拘束を行っている患者数
```

図3-8　隔離・身体拘束 施行者数[25]

III 精神科病院における隔離・身体拘束

1. 隔離・身体拘束などの現状

1) 増加を続ける精神病床の隔離・身体拘束

図3-8のように精神病床の隔離・身体拘束の対病床比は増加を続けている。特に身体拘束は急激に増加している。2012年の隔離患者数9,791人（対入院患者比3.2％），身体拘束患者数9,695人（対入院患者比3.2％）である。隔離患者数と身体拘束患者数の差は，96人にまで縮まっており現時点（2014年）ではすでに逆転していることも考えられる。

隔離患者数と身体拘束患者数を合計すると19,486人となり，対入院患者比は6.4％に達する。2004年には，隔離・身体拘束患者の全入院患者に占める割合は，3.9％であったから，8年間に2.5％も増加し6％なかばまできていることになる。この隔離・身体拘束の増加傾向は，有効な対応策が取られないとまだまだ続くものと思われる。

2) 年間入院者の増加と隔離・身体拘束

1998（昭和63）年に約500日であった平均在院日数は，2011年には，292日にまで減

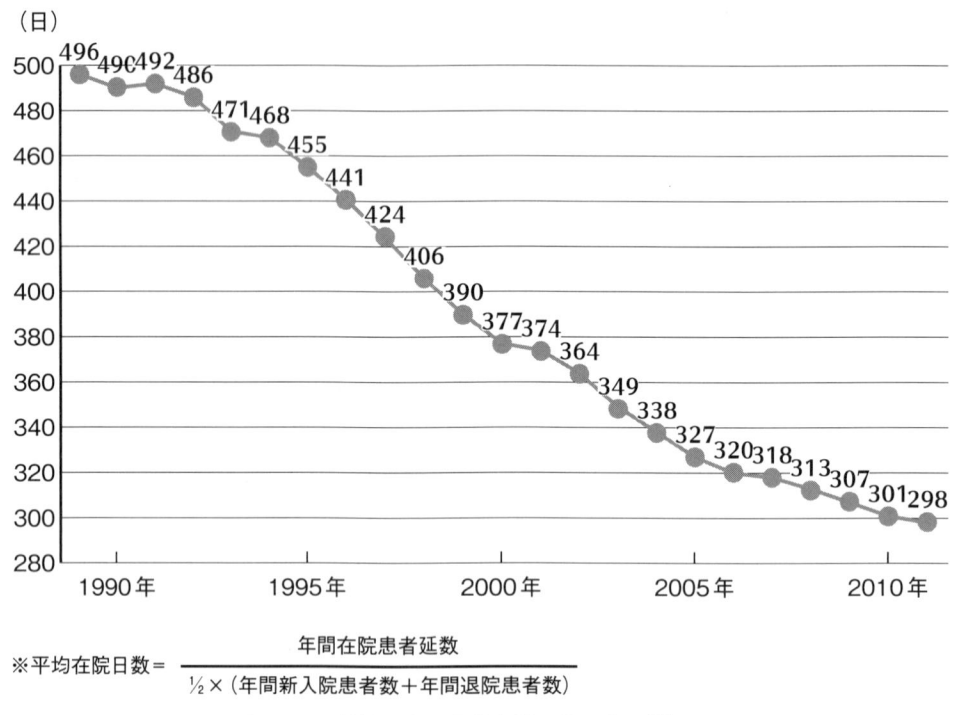

```
                    (日)
                   500 ┤●496
                       │ ●490●492
                   480 ┤        ●486
                       │           ●471
                   460 ┤              ●468
                       │                 ●455
                   440 ┤                    ●441
                       │                       ●424
                   420 ┤
                       │                          ●406
                   400 ┤
                       │                             ●390
                   380 ┤                                ●377
                       │                                   ●374
                   360 ┤                                      ●364
                       │                                         ●349
                   340 ┤                                            ●338
                       │                                               ●327
                   320 ┤                                                  ●320●318
                       │                                                        ●313
                   300 ┤                                                           ●307
                       │                                                              ●301●298
                   280 ┼────┬────┬────┬────┬────┬
                         1990年   1995年   2000年   2005年   2010年
```

$$※平均在院日数 = \frac{年間在院患者延数}{\frac{1}{2} \times (年間新入院患者数 + 年間退院患者数)}$$

図3-9　精神病床の平均在院日数の推移[26]

少している（図3-9）[26]。また，33万8千床の精神病床には，2010年1年間に約40万2000人の新規入院患者があり，ほぼ同数の患者が退院している（2011年障害精神保健課調べからの推計）。このように年間入退院患者数が増加することで，精神病床の回転率が上がり，平均在院日数が短縮しているのである。

　精神病床の入退院者数の増加は，急性期の激しい症状があっての隔離・身体拘束の増加の要因となることが考えられる。このことを確認するために，日本精神科看護協会（以下，日精看）では，2008年に行動制限の実態調査を行っている。この調査では102の会員施設から回答が得られた。2008年6月，1か月間の隔離・身体拘束患者の状況について回答してもらうという方法で調査は行われた。

　102施設の6月の1か月間の隔離患者の総数は，1,351人。その中で，入院期間が3か月以内の患者は667人，3か月以上入院している患者は684人であった。隔離施行患者数は入院3か月未満と以上で2分されており，入院初期に隔離が多いとはいえなかった。

　身体拘束については，総数662人のうち，213人が3か月以内の入院で，それに倍する449人の身体拘束施行患者は，3か月以上の在院者であった。身体拘束についても，隔離と同様，入院初期に隔離・身体拘束が多いとはいえなかった。

　この調査では，15日以上の長期化した隔離・身体拘束の場合，開放観察者の比率が高くなることも確認された。この日精看の調査からは，以下の3点が示唆される。
①隔離・身体拘束の施行は，短期入院者の入院初期より長期慢性の入院患者に多い。

②身体拘束の施行は，長期入院患者に多い。
③隔離・身体拘束が長期化すると開放観察が実施される率が高くなる。

3）浅井研究：疾患による行動制限の違い

浅井らは1999（平成11）年6月30日現在で行った「精神科医療機関における行動制限の実態を把握するための」調査結果（回答1,090病院，病床数合計は246,616床，行動制限数は合計10,055人で，対病床比率は4.1％）を次のように総括している[27]。

「疾患による行動制限の違いをまとめると，『痴呆性疾患』は隔離は少なく身体拘束が多く，その目的は安全確保のための行動制限が多い。一方，『（分裂病）その他の疾患』は隔離70％と身体拘束30％であり，その理由は精神症状と安全確保であるといえる。また，医療行為遂行のための身体拘束は疾患に拘わらず2割程度を占めていた」，「身体拘束の理由では，車椅子からの転落防止など安全確保の目的が5割近く，点滴などの医療行為遂行のためが2割強と両者で7割を占め，精神症状による拘束は3割であった」。

浅井研究からすると，精神病床では幻覚妄想状態，躁状態，過動・興奮状態などの精神疾患の急性期には隔離で対処されることが多く，認知症は，安全確保のために身体拘束がなされることが多いと考えてよいと思われる。この調査結果は，臨床の実感とも合致する。

4）精神科病院からの死亡退院

2011年の患者調査によると，精神病床における65歳以上の患者の割合は50％を超えている。29万人の精神疾患で入院している患者のうち約15万人は65歳以上ということになる（図3-1）[1]。

2011年の630調査では，同年6月の1か月間の精神科病院からの退院患者数は，3万2,105人であるが（図3-10）[1]，そのうち1,882人は，死亡退院となっている。そして，5,408人が転院・院内転科という形で退院している。この数字を12倍すると，年間の死亡退院者は，約2万3,000人，転院・院内転科者は，年間約6万5,000人となる。季節的な要因も考慮しなければならないから，概数でしかないことは確かだが，30万床の精神病床から年間8万8,000人の患者が何らかの身体疾患に罹患して死亡退院，あるいは身体科の病床に移っていっていることをこの数字は示しているのではないかと思われる。

これらの退院患者は何らかの医療処置が必要だったと考えられ，その一部は身体拘束を実施しての点滴やカテーテル類の使用であっただろう。入院患者の50％が65歳以上という高齢患者の増加を考えると，身体合併症もまた増加し，それが身体拘束の増加につながっていると思われる。

2008年の日精看の行動制限実態調査，そして，1999年の浅井研究，50％が65歳以上

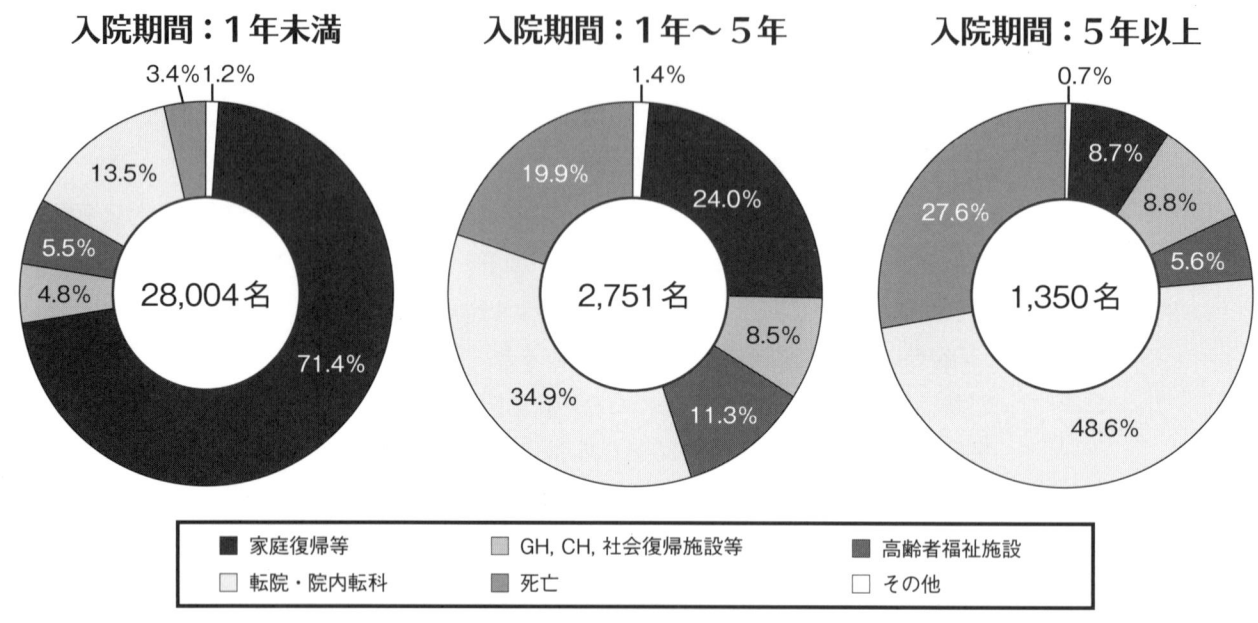

入院期間：1年未満
28,004名
71.4%
4.8%
5.5%
13.5%
3.4% 1.2%

入院期間：1年〜5年
2,751名
24.0%
8.5%
11.3%
34.9%
19.9%
1.4%

入院期間：5年以上
1,350名
8.7%
8.8%
5.6%
48.6%
27.6%
0.7%

■ 家庭復帰等　　□ GH, CH, 社会復帰施設等　　■ 高齢者福祉施設
□ 転院・院内転科　■ 死亡　　　　　　　　　□ その他

図3-10　精神科病院からの退院者の状況（在院期間別：2011年6月の退院患者32,105人）

の入院者であることを示す患者調査（2011年）の結果等が示唆するのは，身体拘束の急激な増加は，高齢化した入院患者の増加によるものではないかということである。それは，認知症患者と身体合併症患者の増加による転倒転落防止や医療措置の安全な施行など，医療安全への配慮から隔離・身体拘束が増加していることを示していると思われる。

5）認知症患者への身体拘束実施の弊害

急性期治療病棟が全国で増加しはじめたころから，認知症患者を当該病棟に入院させることに対する看護者の批判を耳にするようになった。認知症患者の場合も（病院によっては認知症治療病棟をもっていても）まずは急性期治療病棟へ入院してもらう。そこでの入院が長期化し，退院のめどが立たないと他の病棟へ転棟となる。しかし，環境の変化によるBPSDの悪化で，仕切り直しに近い治療となることが少なくないというのである。それと，若年の統合失調症の急性期患者やパーソナリティ障害などの患者の中に認知症患者が混在することによるリスクを考えると認知症患者を隔離・身体拘束状況下におかざるを得ないジレンマがある，ということであった。

一度，身体拘束下で医療処置等を実施された高齢者は，いわゆる死のスパイラルに陥っていく（抑制死）[28]。このことは，介護保険制度が始まった1999年ごろからいわれるようになったが，やはり精神科病棟でもそれを思わせるような事例がある。

徘徊しては行方不明となることがくり返され，それが理由で，入院となるが，迷惑行為があるため隔離・身体拘束が実施される。あるいは，ノロウイルス等の感染，肺炎への罹患などで点滴等の医療処置が必要で，身体拘束下で実施するしかないという

方針が出される。こうなると，身体拘束→心身の機能低下→感染症，その他の疾患への罹患→身体拘束下での処置→さらに心身機能の低下というような悪循環に陥る。そして，入院時には徘徊するほど頑強な身体機能の持ち主であった高齢者も，衰弱し死亡退院となる。

このような事例が例外的であるといえないのが精神科病棟の現実なのだろうと思う。隔離・身体拘束最小化は，精神科病棟の差し迫った課題であり，重要な課題の1である。

これまで，精神科病院での隔離・身体拘束の議論は，主に急性精神病状態を想定したものであった。そもそも，精神保健福祉法における身体拘束の定義は，「衣類又は綿入り帯等を使用して，一時的に当該患者の身体を拘束し，その運動を抑制する行動の制限」となっており，拘束手段の多様化した現在の精神科病棟とは齟齬がある。

精神科病院では，高齢者の増加に伴ってミトンの使用や車いすの安全ベルト（拘束ベルト），ベッドの四方柵などが使用されている。しかし，この定義では，介護保険施設で原則禁止の対象として例示されているこれらの身体拘束の手法が，定義の中でいわれている身体拘束であると考えていいかどうかグレーゾーンになってしまうのである*11。

＊11 630調査の隔離の定義，身体拘束の定義は，精神保健福祉法の告示の定義を使用しており，車いすの拘束帯（安全ベルト），ミトン等の使用を身体拘束にカウントするかどうかは，各病院の判断に任されているようである。身体拘束の急速な増加，拘束手段の多様化している精神科病院の現状から考えると，隔離・身体拘束問題は，新たな時代に入ったと考えていいだろう。日精看は，このような状況にどう対応していけばいいか，新たな取り組みが求められている。

2. 行動制限最小化プロジェクト

歯止めのかからない隔離・身体拘束の増加にどう対処すればいいか。日精看では，2013年に「行動制限最小化プロジェクト」を立ち上げ，行動制限最小化のためのガイドラインの策定を試みている。その途中経過を報告する。以下，プロジェクトでの議論の焦点と考え方の大枠を整理してみた。

1）隔離・身体拘束の対象となる患者は3つの群に分けられる（図3-11）

精神科病院において隔離・身体拘束の対象となっている患者は，表3-7の3つの群に分けることができる。

プロジェクトでは，2群，3群についてどのように最小化を図っていくかを中心に検討している。身体拘束が増加し，隔離よりも多くなっている現状は，2群，3群への有効な隔離・身体拘束最小化の方策がないからであろうと考えたからである。

なお，この群分けは，状態像と最小化の視点の関連を考慮して行っている。たとえば，1群では，急性期の症状が改善しないと解除が困難となるのであるから，治療戦略の練り直しが焦点となる。認知症のBPSDや身体合併症の医療措置の場合には，リスクを考慮して医療安全的な観点から隔離・身体拘束が施行されることがあるが，症状の改善によって解除されるので，1群と2群の重なる部分（A領域）に相当すると考えることができる。

2群は，精神・身体の急性期症状はなく，主要に転倒・転落の予防のために隔離・

```
        1群：急性期
       （治療の再構築）
```

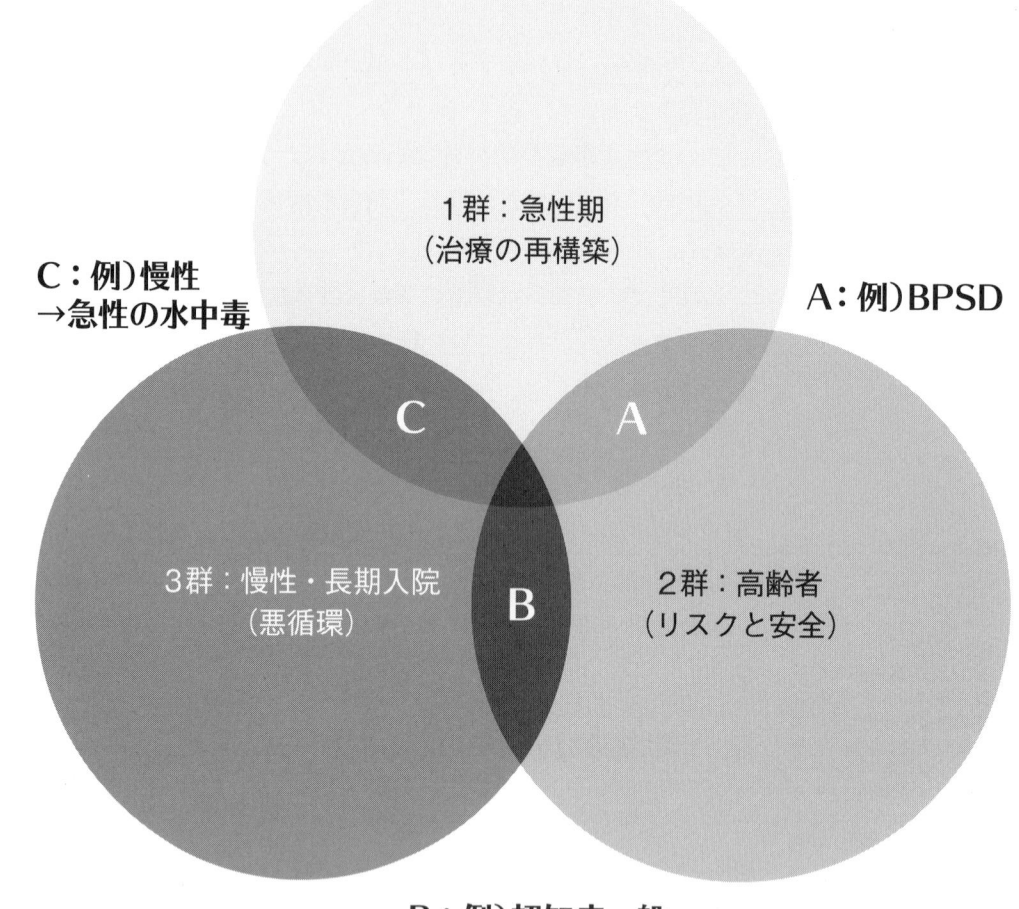

C：例）慢性
→急性の水中毒

A：例）BPSD

C   A

3群：慢性・長期入院　　　2群：高齢者
　　（悪循環）　　　　　（リスクと安全）

B

B：例）認知症一般

図3-11　3つの群の関連

表3-7　隔離・身体拘束の対象となっている患者の3つの群

1群	幻覚妄想状態，躁状態，うつ状態など激しい急性期症状のため隔離・身体拘束を施行。症状改善で解除が可能。
2群	認知症，身体合併症など医療安全的な観点から隔離・身体拘束が繰り返される
3群	慢性統合失調症，水中毒，知的障害，発達障害など，問題行動があり，長期あるいは頻回の隔離・身体拘束となる。

身体拘束がなされている群である。認知症一般は，転倒・転落の防止のためになされた隔離・身体拘束が長期，あるいは頻回にくり返されることで，さらに身体・精神症状の悪化を招き悪循環に陥ると考えれば，2群と3群の重なるB領域に位置すると考えることができる。

　1群と3群の重なるC領域は，慢性に経過していた症状の急性増悪ということになる。多飲水問題があって隔離を繰り返していた状態から，急激な多量飲水で低Na血症となりけいれん発作などの精神神経症状を引き起こした場合等が相当する。

2) 3つの患者群と行動制限最小化の視点

　幻覚妄想状態，躁状態，うつ状態など激しい急性期症状を呈する1群の患者は，回復が順調であれば症状の改善とともにおのずと隔離・身体拘束は解除されるはずである。治療が見通し通りいかない，あるいは回復が思うように進まないのであれば，治療戦略の練り直しとなるだろう。

　認知症や身体合併症など医療安全の観点から隔離拘束がくり返される2群では，医療安全と隔離・身体拘束最小化のトレードオフ関係を，最小化を基軸に決断できるかが鍵となる。管理者，看護スタッフ，患者家族に，「隔離・身体拘束という緊急行為」がその「行為により生じた害が避けようとした害の程度」を超えて有害な作用を及ぼす可能性があると認識できるかどうかだろう。

　慢性の統合失調症，水中毒，知的障害，発達障害などの場合が多いと思われるが，長期あるいは頻回の隔離・身体拘束が行われているのが3群である。この群では，問題とその解決としての隔離・身体拘束が悪循環に陥り，くり返し問題が起き，解決のめどもなく長期化していることが多い。

　問題は「問題」にあるのではなく，とりあえずの「解決」としての隔離・身体拘束そのものであったと気づかされることがある。問題行動→隔離・身体拘束→患者―看護者関係の悪化→問題行動という連鎖が起きている場合，悪循環を断ち切るためには「患者―看護者関係」の再構築が必要になる。問題行動へのそれまでの対処方法であった隔離・身体拘束を止める決断から，患者―看護者の信頼関係が回復し，問題が解消されることがある。

3) 行動制限判断の3要因

　精神保健福祉法第36条では，隔離・身体拘束を含む行動制限は「医療又は保護に欠くことのできない限度」で行なわれるのでなければならないと規定している。これは，最小化の原則と呼ばれている。

　一方，介護保険指定基準は「サービスの提供にあたっては，当該入所者（利用者）又は他の入所者（利用者）等の生命又は身体を保護するため緊急やむを得ない場合を除き，身体拘束その他入所者（利用者）の行動を制限する行為を行ってはならない」と定めている。そして，「緊急やむを得ない場合」とは，「切迫性」，「非代替性」，「一時性」の3要件を満たす場合のことであるとしている。

　この例外的にやむを得ず行われる身体拘束に関する判断の3要件は，一般病院の身体拘束の裁判事例でも判断基準として採用されたことがある。せん妄状態の高齢の女性患者にミトンを使用し，その紐をベッド柵にくくりつけたことの違法性をめぐる裁判である（名古屋高裁2008年9月5日判決）。この裁判では，「医療機関でも同意を得ずに患者を拘束して身体的自由を奪うのは違法である」としたうえで「緊急避難行為として例外的に許される場合もある」が，その基準としては介護保険の指定基準にある

「切迫性」,「非代替性」,「一時性」が参考になるとしている。

　精神医療においては，行動制限は「医療又は保護に欠くことのできない限度」で実施しなければならないとされている。この最小化の原則とともに3要件を基準として隔離・身体拘束を考えなければならない時代ではないかと思う。この3要件は，介護保険施設の基準として知られるようになり前述の通り，その後，障害者施設や一般科病院でも身体拘束の判断基準として採用され，あるいは検討されている。この「切迫性」,「非代替性」,「一時性」の3要件は，遠からず，一般病院を含む医療施設，障害者福祉施設や高齢者施設のいずれにおいても，緊急避難的にやむを得ず人の行動の自由を奪う場合の統一した判断基準としてコンセンサスが成立するのではないかと考えられる。

　行動制限は人権を侵害する行為であり，本来行ってはならない。医療施設であれ，高齢者施設や福祉施設であれ，隔離・身体拘束は生命身体などへの差し迫った危険があり，他に方法がないことが確認され，一時的な実施であるとの見通しをもって実施されるべきなのである。

　このように考え，プロジェクトではまず対象となる患者を急性精神病状態の群，医療安全上の対応を迫られる群，長期・頻回使用の各群の「切迫性」「非代替性」「一時性」についての判断基準を整理することから検討を始めた。

4) 刑法の緊急避難の3要件

　ここで，3要件についてその基本的発想について考えておきたい。刑法第37条は「自己又は他人の生命，身体，自由又は財産に対する現在の危難を避けるため，やむを得ずにした行為」は刑罰の対象としないことを謳っている。この緊急避難の要件は以下の3つに整理できるとされる[29]。
①自己または他人の生命・身体・自由もしくは財産に対する現在の危難があること。
②危難を避けるためやむことをえざるに出たる行為であること。
③避難行為により生じた害が避けようとした害の程度を超えないこと。

　医療施設，介護施設，障害者福祉施設で行われている隔離・身体拘束も，また「危難を避けるためやむを得ずした行為」であり，緊急避難と類似した行為と考えることができる。①でいわれていることは「切迫性」である。②は「危難を避けるためやむを得ざる」行為として他に方法がなかったことになるから「非代替性」に相当することになるだろう。③は，「避難行為」には限度があることを示している。つまり，避けようとする「害」以上の害が及ぶことがあってはならないのである。これは隔離・身体拘束の場合「一時性」という枠を超えると，原因となった行為以上の害が及ぶことになると考えることができる。

表3-8 3要件の整理

切迫性	患者本人又は他の入院患者等の生命又は身体が危険にさらされる可能性が著しく高い（身体拘束の要件）。著しく他者の自由や権利を侵害する迷惑行為や器物損壊の危険がある（隔離の要件）。
	○隔離・身体拘束等の本人への悪影響を勘案しても、それを行わなければ本人又は他人の生命・身体等が危険にさらされる可能性が著しく高い状況であることを確認する。
非代替性	隔離・身体拘束等の行動制限を行う以外に代替する方法がない。
	○人的、物的環境を整えることで隔離・身体拘束を行わないでケアできる可能性がないかどうか確認する。
一時性	隔離・身体拘束等の行動制限が一時的なものであること。
	○必要とされる最も短い時間を想定し、その時間にいったん解除し状態を観察することを隔離・身体構想時に予定しておく。

5) 3要件の定義

「身体拘束ゼロへの手引き」を参考に3要件を精神科医療的に文言の整理を行うと表3-8のようになる。下段は各々の要件のアセスメントの視点である。

6) 隔離・身体拘束判断の要因を4局面に分類整理する

隔離・身体拘束には多くの要因が関係する。この要因を患者、看護者、患者―看護者関係、臨床状況という4つの局面に分類して整理すると表3-9のようになる。「切迫性」、「非代替性」、「一時性」の3要件を慎重に検討することは、隔離・身体拘束施行時のアセスメントをこのような幅広い観点から行うことを意味する。

患者の「問題」行動だけで隔離・身体拘束は判断されるわけではない。人的、物理的「環境」（＝看護者という局面、臨床状況という局面）との相互作用で「問題」は浮上してくるはずである。例えば、転倒転落をくり返している高齢者、看護スタッフが比較的多い日中は常時観察的な気配りで対応できても、人手の少ない夜間は隔離、あるいは身体拘束でないと事故が起きる可能性があると判断されることがある。暴力の恐れについて、患者が男性か女性か、若いか高齢かで隔離が必要かどうかが判断されることがある。言うまでもなく、この判断には看護者の不安が関係している。

この4局面は3要件の中でも、他に対処法があるかどうか、すなわち「非代替性」を満たすかどうかを検討するときに、常に念頭になければならないだろう。先の例でいえば、恒常的には困難でも一時的に夜勤要員を増やすことで対処できないか（臨床状況の局面）、看護者の暴力への不安は過剰とはいえないか（看護者の局面）、などを吟味して隔離・身体拘束を判断することになる。

表3-9　4局面に分類した場合の隔離・身体拘束判断の要因

○患者
治療抵抗性／入院・治療上のストレス／順調な回復かどうか／暴力・自殺企図・自傷行為等の深刻さ／体力，性，年齢／家族の意向
○看護者
不安傾向かどうか／陰性感情，無力感／行動特性の理解の不十分さ／コミュニケーション能力／看護姿勢：協働志向かコントロール志向か等／行動制限最小化への意欲，倫理感
○患者・看護者関係
コミュニケーションの困難さ／相互不信／必要十分な基本的ケア（日常生活援助と観察）の実施による問題発生の予防と早期発見・早期対処
○臨床状況
病院や主治医等の行動制限最小化への姿勢／個室の有無・室数／病棟の物理的環境／医療チームの人間関係／主治医の治療方針，治療者としての力量／看護者数，夜間配置員数／看護管理者のリーダーシップ／カンファレンス開催，外部研修等への参加

7）1次予防（プリベンション），2次予防（インターベンション），3次予防（ポストベンション）

　以上で述べた通り，行動制限最小化ガイドラインでは，まず，対象者を3つの群に分類し，「切迫性」，「非代替性」，「一時性」の3要件について患者，看護者，患者―看護者関係，臨床状況という4つの局面からアセスメントして隔離・身体拘束を行わざるを得ないかどうか判断することを提案する予定である。

　6コアステラテジーの基礎理論の「公衆衛生学の考えにもとづいた予防モデル」からすると，3要件の吟味は二次予防の隔離・身体拘束実施の決断という介入局面でのことになる。一次予防として，隔離・身体拘束に至らないよう日常的に「環境」を整えておくことが重要なことはいうまでもない。

　隔離・身体拘束で対処せざるを得ない「問題行動」は，それを引き起こした患者自身の要因と，「看護者」，「患者―看護者関係」，「臨床状況」という患者を取り巻く環境の相互作用として起きると考えられるからである。

　2次予防は問題の早期発見であり，有効な早期介入を意味する。症状悪化の兆しを早い段階で察知して環境調整を行い，薬物療法を見直すことなどが基本だろう。興奮・暴力場面への対処では，「コミュニケーションの困難さ」や「相互不信」等が影響することが考えられる。ディエスカレーション技法で鎮静化が図れれば隔離・身体拘束を回避できる。

　隔離・身体拘束の決断は，迅速さを要求されることもある。不確実さと時間の重圧の下での決断となり，4局面からの検討は，隔離・身体拘束の実施後にもち越さざるを得ないことも考えられる。「一時性」を実現するためにも，デブリーフィング（振り返り作業）での丁寧な事後検討が「再発予防」という3次予防（ポストベンション）につながるだろう。

3. 犀潟病院事件以後の日精看の行動制限最小化への取り組み

　日精看では，これまでも行動制限最小化を精神科看護の重要な課題と認識しており，時代の要請に応じた取り組みを行ってきている。1998（平成10）年の犀潟病院事件以降の日精看の行動制限最小化への取り組みを振り返っておきたい。

1）犀潟病院事件

　1998年5月，当時の国立犀潟病院で身体拘束されていた女性患者が嘔吐し，その吐物をのどに詰まらせて亡くなるという事件が起こった。新聞などで報道されたのは，新潟県から改善命令が出された同年9月で，この事件を契機に「犀潟病院事件」として行政や精神医療関係者の間で「行動制限」に関する議論が巻き起こった。

　近年の日精看の行動制限最小化への取り組みは，この犀潟病院事件報道に危機感をもったことに始まる。この記事には，医師が包括指示を出し，現場での隔離身体拘束の判断は看護師に任せていたとの主治医の談話が載っていた。当時，全国の精神科病院で一般的に行われていた行動制限についての医師の指示の出し方と看護職の実施のあり方に疑義があるらしいということになり，看護者の間に一挙に緊張感が高まった。

　隔離・身体拘束問題は，継続的に新聞等で報道された。そのため，多くの精神科病院で隔離・身体拘束の指示－実施のあり方をどうするのかが検討されることとなり新たな体制作りに取り組むところも出てきた。しかし，「随時開放観察」とか，「適宜開放観察」という指示が当然のように出され，隔離・身体拘束の判断が実質的に看護職に任されている病院もあるようだ。犀潟病院事件から約15年が経過し，その事件で何が問題となったのか忘れられていると思われる。

2）行動制限最小化委員会の設置

　2004年度の診療報酬の「医療保護入院等診療料」の施設基準として「行動制限最小化委員会」が位置づけられた。日精看は，この年の診療報酬改定の要望事項の1つに「行動制限最小化委員会」の設置をあげていた。精神科病院には，医療安全，感染予防，褥瘡予防の3委員会以外に，行動制限の最小化に取り組む委員会が必要とされていると考えたのである。

　現在，ほとんどの精神科病院で行動制限最小化委員会が開催されている。しかし，その形骸化がいわれることも多く，管理者が行動制限最小化へのリーダーシップを発揮しているかどうか疑わしい精神科病院もあることも事実である。

3）精神科認定看護師（行動制限最小化看護領域）の養成

　2006年，日精看の精神科認定看護師制度の改正が行われた。それまでの急性期精神科看護，児童思春期精神科看護，老年期精神科看護，精神科リハビリテーション看護

の4分野を10領域に再編成したのであるが，この10領域の1つに行動制限最小化看護領域を設定し，精神科認定看護師の養成を始めることとなった。2014年現在，精神科認定看護師総数559名。そのうち行動制限最小化認定看護師は78名を占めている。

精神科認定看護師養成研修会の「行動制限最小化看護専門科目研修」は次のように構成されている。「行動制限最小化の歴史」，「判例にみる行動制限」，「精神保健福法と行動制限」「行動制限最小化のための看護マネジメント」，「行動制限をめぐる臨床上の課題：緊急時の隔離・身体拘束，早期解除のためのアセスメント，開放観察における看護師の役割，行動制限最小化の工夫，医療観察法入院医療機関における行動制限，急性期における薬物療法，暴力防止のためのケア」，「事例検討」。

日精看では，主に精神科認定看護師資格の取得を目指す看護職を対象として上記の内容で行動制限最小化研修会I，II（事例検討会2日間を含む各6日間）を開催している。この研修会の前後で受講者の行動制限に関する認識はどう変わるか，調査を行ったことがある（2009年）[30]。

受講前と受講後3か月で認識に有意の差があったのは，行動制限最小化に向けた「取り組みに関する知識をもっている」「具体的な取り組みを知っている」そして「あなたの行動制限最小化への取り組みを患者・主治医は非難する」であった。この結果から，研修会で得た知識を臨床で活用しようとすると，医師との間で摩擦が起きて実践に至らないのではないかということが推察された。

研修受講前後で受講者の所属する病棟の隔離・身体拘束の施行量がどのように変化するかについての調査も行った（2008〜2010年）[31]。その結果は身体拘束については受講1か月前に比べ受講後3か月では有意に施行量は減少したが，6か月後は有意差を認めなかった。研修会を受講している看護職は管理者であることが多く，行動制限最小化においても一定のリーダーシップを発揮していると思われるが，1人の看護者の受講のみでは病院組織をあげての取り組みには至らないことが推察される結果であった。

4）隔離・身体拘束最小化のためのコア戦略の翻訳

国立精神・神経医療研究センター 精神保健研究所 社会精神保健研究部と日精看が協力して行ってきたことに「Kevin Ann Huckshorn: Reducing Seclusion & Restraint Use in Mental Health Settings Core Strategies for Prevention 精神保健領域における隔離・身体拘束最小化—使用防止のためのコア戦略」の翻訳（2010年）[32]，そして，「行動制限に関する介入研究」（2011〜2013年）がある。この介入研究は精神科認定看護師（行動制限最小化看護領域）に参加を呼びかけ，その約半数の協力を得て実施した。

翻訳して雑誌に掲載した行動制限最小化の6つのコア戦略について，その概要を説明し，2014年にとりまとめたこの戦略にも基づく介入研究について紹介する。この論

考は，アメリカでは2004年に「Psychosocial Nursing and Mental Health」誌に掲載されている。翻訳は2010年に行い『精神科看護』に4回に分けて連載した[32]。

論考は4つの基礎理論に基づいて6つの戦略を立てている。まず，4つの基礎理論を紹介する。

(1) 基礎理論の1

基礎理論の1は「神話と思いこみ」である。これまで信じられてきたことを文献レビューで検討してみたところ，根拠は明確ではなく，一般的に信じられているだけの「神話」あるいは「思いこみ」が多数あった。例えば，「隔離・身体拘束が患者，スタッフ双方の安全を守っている」とか「他に方法がないときに最小限に使用されている」などは文献レビューでは証明されなかった。

(2) 基礎理論の2

基礎理論の2は公衆衛生学の考えに基づいた予防モデルである。これはよく知られているカプランの地域精神保健における一次，二次，三次予防のことを指す。

一次予防は発生予防のことであるから，隔離・身体拘束に至らないよう予防対策を考え，諸々の環境整備を行っておくことである。患者の混乱や不穏等が増大しないよう管理上そして治療環境の整備がなされなければならない。個々の患者について興奮・暴力，自傷・自殺企図等のリスク評価を入院早期に行う。そして，対処方法を計画・実施して継続的に見直していく。

二次予防は，早期発見と治療を指す。行動制限最小化の課題では，患者の暴力や自殺企図等，何らかの介入が必要となる事態への対処ということになる。早期発見・介入で，効果的な鎮静化を図らなければならない。言葉によるディエスカレーションで平静さを取り戻し，身体的な介入を必要としないことが望ましいことはいうまでもない。

患者が混乱し興奮した状況に直面した看護者はどのような姿勢でどう行動するかに焦点をおいたトレーニングも看護者自身が冷静さを保つために有意義だろう。日本ではなじみがないが，アメリカではコンフォートルームを活用して気持ちを落ち着かせるといった方法も用いられている。この部屋は，ゆったりしたソファー，環境音楽，気持ちを和らげる風景等の壁紙，鎮静系のアロマ等で五感を刺激することで，いらだちや興奮を抑える工夫がなされている。

3次予防は，一般的にはリハビリテーションと再発防止のことである。原著では，隔離・身体拘束実施後において，実施の目撃者も含めてその場にかかわったすべての者の精神的ダメージをどのように緩和するかが焦点となるとしている。実施直後のデブリーフィングは，このような意図をもって行われることになる。後述のように，再発防止を目的とした原因分析のためのデブリーフィングも時間をおいて行われる。

(3) 基礎理論の3

基礎理論の3には「トラウマインフォームドケア」という日本ではなじみのない考え

方がでてくる。トラウマを念頭に置いたケアという意味で，特別なケア方法やケア技術のことを指しているわけではない。隔離・身体拘束はトラウマ体験となるし，その人のトラウマ歴によって影響は異なるため，トラウマのアセスメントを行い，再トラウマ化には十分注意を払う必要があるという考え方である。

(4) 基礎理論の4

　基礎理論の4はリカバリーモデルである。これは説明するまでもなく，よく知られた概念である。リカバリーはリハビリテーションに限定した概念ではなく，保護室の前でも希望がもて，エンパワーされ，新たな役割をもち，責任を果たしていける，そういう考え方でケアが組み立てられなければならないということが主張されている。

　このような基礎理論の下に6つのコア戦略が立案されている。戦略1は，組織改革に向けてのリーダーシップ。経営幹部が「現場に立ち会うこと」が，取り組みの核となるとされている。病院長は隔離・身体拘束最小化について明確な考え方をもち，常に臨床現場に出向いて関与する姿勢でなければならない。

　戦略2は，データの利用。「隔離・身体拘束の施設内実施状況を示すデータは，決して処罰のためではなく，病棟間での前向きな比較競争を推進するために用いられる」として，行動制限最小化推進のための重要なファクターであることが強調されている。

　戦略3は，スタッフの力量の向上。隔離・身体拘束の可能性のある患者に対して，できるだけ隔離・身体拘束しない，最小化する─その方法をケアプランに組み入れる技能を身につけるための研修や教育を受ける機会が与えられなければならない。

　戦略4は，ツールの利用。ツールには多くのものがある。一般的なリスクのアセスメントツールとしてわが国の精神科臨床でよく使用されるのは，転倒転落，褥瘡，深部静脈血栓症・肺血栓塞栓症などのツールであるリスクアセスメントだが，ディエスカレーション技法，コンフォートルームなどの環境の工夫もツールの利用に含まれる。

　戦略5は，当事者の役割。ここでいう当事者とは，精神医療のコンシューマーのことである。翻訳では医療消費者（患者）とした。具体的には，過去に入院歴があって回復した当事者のことを指している。入院経験のある当事者を雇用して病院組織に入ってもらい，権利擁護者としての活動をやってもらう。初めはうまくいかなくても，役割を果たせるよう研修を受けさせたりして育てるべきだとされている。わが国でいえば，行動制限最小化委員会に当事者が委員会メンバーとして入っていると考えればいいだろう。

　戦略6は，デブリーフィング。これは2つある。まず，「隔離・身体拘束が実施された際，その場に居合わせた人を含むかかわったすべての人に，隔離・身体拘束の心理的副作用を和らげる」ためのデブリーフィング。これは，隔離・身体拘束がなされた直後に行われる。2つ目のデブリーフィングは，行われた隔離・身体拘束状況を分析して何らかの防止策を考えるためのものである。分析から得られたことは，その後の隔

離・身体拘束最小化に活かせる。初めのデブリーフィングが心のケア的なものだとしたら，このデブリーフィングは管理的なものといえる。

5）コア戦略に基づく介入研究

　以上が，米国で練り上げられた隔離・身体拘束最小化のための4つの基礎理論と6つのコア戦略である。この戦略の日本での活用を視野に6つの戦略を14の介入方法として具体化して，行動制限最小化看護領域の精神科認定看護師にその検証を呼びかけた。24人の精神科認定看護師の協力を得て，23施設，36病棟で実施することができた（2011年〜2013年）[33]。

　この研究は，6つのコア戦略に沿った14の隔離・身体拘束最小化のための具体的な介入方法を提示し，その中から実行可能性のある介入を各病院で選んでもらい，介入前後の隔離身体拘束の増減をみたものである。14の介入手法は以下の通りである。

(1) 戦略1（組織改革のためのリーダーシップ）
①管理者（院長）が隔離・身体拘束の場に出向く。
②隔離・身体拘束施行数の数値目標を立てる。

(2) 戦略2（データ利用）
③隔離・身体拘束のデータを病棟内に貼りだす。
④隔離・身体拘束データを師長会で定期的（月1回）に見直す。

(3) 戦略3（院内スタッフ力の強化）
⑤精神科認定看護師による定期的研修会の開催。
⑥ディエスカレーション研修の開催。

(4) 戦略4（隔離・身体拘束使用防止ツールの利用）
⑦個々のケースで「行動制限最小化計画」を立案。
⑧タイムアウトの実施。
⑨コンフォートルームの使用。
⑩セイフティプランの使用。
⑪心的外傷体験歴のアセスメントツールの使用。

(5) 戦略5（入院施設での患者〈医療消費者〉の役割）
⑫利用者（患者）の行動制限最小化委員会への参加。

(6) 戦略6（デブリーフィング）
⑬開始直後，その場に居合わせたスタッフ間での隔離・身体拘束のふり返りを行う。
⑭数日後以降，利用者（患者）を含め，隔離・身体拘束のふり返りを行う。

　この14の介入法で，研究参加施設で選択されなかったのは，「①管理者（院長）が隔離・身体拘束の場に出向く」，「⑨コンフォートルームの使用」，「⑫利用者（患者）の行動制限最小化委員会への参加」であった。これらの介入方法は，現在の日本の臨床現場では実施が困難と認識されていると考えられる。研究に参加した精神科認定看護師

からは，この研究を行うことで病院や病棟の行動制限最小化への意識が高まったとの声が寄せられた。

6) 精神科認定看護師への期待

　日精看の行動制限最小化への取り組みは，犀潟病院事件を受けての全支部での研修会の開催（1998年）以来，法的・制度的仕組みを看護職に理解してもらうことに力が注がれてきた。それは，臨床現場には入院患者層の変化に伴う拘束方法の多様化や指示のあり方などについての困惑があり，その問題を整理しておかなければならなかったからである。

　今回の介入研究を通して考えさせられたのは，このような理念の理解から具体的な取り組みの提示へと軸足を移していかなければならないということである。今後，日精看が精神科認定看護師とともに取り組まなければならないのは，今回提示された14の介入方法を始め，さらに6コア戦略を基礎に日本の臨床現場に見合った具体的介入方法のバリエーションを開発し，臨床現場で検証しつつ導入を図ることであろう。

　精神科認定看護師には，次のようなことを期待したい。まず，行動制限最小化委員会の事務局的機能を担うことである。隔離・身体拘束関係のデータを収集し，効果的な利用方法を考えてもらいたい。行動制限最小化のマネジメントについては，介入研究の延長線上での活動の継続が必要だろう。そして，隔離・身体拘束に関する病院文化の変革へつなげていくことを期待したい。

　日精看の精神科認定看護師養成研修会で行う事例検討は，患者の症状や問題行動だけを取り上げるのではなくて，看護師という側面，患者―看護者関係，そして臨床状況の4局面の全てに目配りした検討をすることに特徴がある。多様な局面に目を向けた総合的・統合的な事例検討を目指しているのである。1つ1つのケースを丹念に検討して，隔離・身体拘束の最小化を図っていく，そして，その経験を次のケースに活かすことも必要だが，さらに病院全体の意識を変える取り組みがあれば，行動制限最小化はさらに促進されるだろう。

　今回の介入研究の感想を精神科認定看護師に聞いた中で印象深かったのは，データの活用である。行動制限についての一覧性台帳は整理されていたが，そのデータは公表されていなかった。データを病棟に貼っただけで，病棟スタッフが隔離・身体拘束最小化を意識するようになったとのことであった。ちょっとした工夫で，病棟の雰囲気は変わるのである。

　また，隔離・身体拘束最小化計画立案のためのフォーマットを提案したが，その中のアセスメントを記載する欄に「ストレングス」として患者の健康な側面，肯定的に評価できる欄を用意した。隔離・身体拘束の対象になる患者なので，どうしても問題行動に目が行きがちになる。しかし，この欄を目にすることで，こうした健康な，良い面もあるという視点の切り替えができたという。

事例検討に加えて，このような病院文化を変える取り組み，行動制限最小化への意識を高めていくような戦略的な考え方を培い，変革していく力も精神科認定看護師には必要だろう。
　3つ目は精神保健指定医の補佐である。精神保健福祉法の中に，精神保健指定医の努力義務として，隔離・身体拘束をはじめ患者の処遇をめぐって何か問題があれば病院管理者に注意を促して改善することとした規定がある。精神科認定看護師には，精神保健指定医が気づかない看護現場での問題を発見し，改善を図る役割を期待したい。精神保健指定医を補佐する形で行動制限に関する権利擁護者としての役割を担うことはできないだろうか。
　2016（平成28）年に精神科認定看護師制度が改正される予定である。細分化されたこれまでの10領域が精神科認定看護師として統合される。行動制限最小化看護の領域もなくなる。しかし，統合された精神科認定看護師全員が前述のような役割を担っていければ，現在以上に行動制限最小化に対する病院内の意識の高まりが期待できると考えている。

Ⅳ 多職種チーム医療の中の看護

1. なぜ今，多職種チーム医療が求められているのか

1）近年増してきた多職種チーム医療の重要性
　近年，ますます高度に複雑化していく医療の中で，患者ニーズの多様性は増し，医療における安全性，効率性，患者主体性が求められている。患者の社会生活の全体を視野に入れ，心理社会的な視点を加えた援助の必要性について認識が高まっており，従来は軽視されがちだった倫理的，法的，経済的問題などの社会的問題を視野に入れた援助の必要性が自覚され，多職種によるチームアプローチの重要性が増してきている[34]。このように，従来の医師主導型の医療や単一職種のみの支援では，対応しきれない医療の現状を踏まえ，多職種チーム医療による対応に期待が寄せられている。

2）精神医療保健福祉分野における多職種チーム医療
　精神保健医療福祉分野[35]においては，長期入院者の退院促進，平均在院日数の短縮化，地域生活支援体制の強化，就労支援の促進などが求められ，多様な生活ニーズをもつ患者に対するケアマネジメント，ケアの質の向上が必要不可欠となっている。精神障害は，精神医学的な視点のみならず，能力障害や社会的不利などに着目していきながら回復を支援していくことが求められ，きめ細かな多面的な視点からのアプローチを要する。患者の治療ニーズも多様化し，患者の希望を踏まえながら，タイムリーに適切な治療を円滑に提供していくためにも，多職種チーム医療は求められるだろ

う。さらに，長期入院者の退院促進，平均在院日数の短縮化が求められる中，ますます，通院医療，地域支援の重要性は増しており，一施設といった枠組みを超えた有機的な多職種チームの連携・協働が求められる。

精神科医療では精神保健福祉法の下，治療のための非自発的な入院や行動制限が実施されている。医療者は，患者の病状や治療のためであるという名の下に，患者の権利が不当に侵害されていないか，みずからのかかわりも含めて常に見直していくことが求められる。同一職種のみでは気づきにくい部分も多職種チームであるからこそ気づくことができ，倫理的な面も視野に入れたかかわりをより一層実践することができると思われる。

再発予防の観点を踏まえると，どのように治療・支援サービスを継続して提供できるか，どこまでタイムリーに適切的に必要とされるサービスを提供できるか，が問われているといえる。重症の精神障害者を対象とした24時間365日対応のアウトリーチを特徴としたACT（Assertive Community Treatment）などの取り組み[36]はその先駆けともいえる。ACTの多職種協働においては，利用者が希望する生活の実現を共通目標としており，各職種専門家としてより，生きていくことの包括的な支援者としての役割を前面に出している[37]と述べられており，職種の役割を固定化したこれまでの支援を超えて提供されるチームアプローチが提唱されている。

3) 今後の発展が求められる多職種協働とその専門教育

以上のように，一施設，単独職種のみの支援では限界であり，このような状況の中で，日常的に多職種チーム医療を展開し，さらなる多職種協働のありようを発展させていくことは必要不可欠である。専門職間のみの協働にとどまらず，専門職以外とも積極的に協働して支援を展開することが求められる。

医療から保健福祉分野へ，地域へと，絶え間なく連続性のある支援サービスの提供が実現されることで，初めてニーズへの即応性が可能となり，回復への一助となり得る。

近年，保健医療福祉系のいくつかの大学では，多職種連携，多職種協働に関する専門教育（インタープロフェッショナル教育，interprofessional education：IPE）[38]が試みられている。医療保健福祉分野における現任教育においても同様に，多職種によるチーム医療を活性化するためのコミュニケーション方法や多職種チーム面接の方法などを実施していくことが求められるだろう。また，1つの研修に多職種で参加することで，共通言語を共有することなども期待できる。

これからの医療において，多職種チームによる支援サービスは基盤となるものであると同時に，さらなる発展が期待される。

2. 多職種チーム医療の可能性と看護者の役割
　―医療観察法におけるMDTの実践から

1）MDTが目的とするもの

　2005（平成17）年7月「心神喪失等の状態で重大な他害行為を行った者の医療及び観察等に関する法律（以下：医療観察法）」が施行された。医療観察法は，心神喪失又は心神耗弱の状態で重大な他害行為（殺人，傷害致死，放火，強盗，強姦，強制わいせつ，傷害）を行った者に対して，適切な医療を提供し，社会復帰を促進することを目的としている。医療観察法における医療では，精神疾患と対象行為とを包括した視野からのかかわりが求められており[39]，多職種によるチームアプローチを基盤とした医療の提供により，社会復帰の促進を遂行することが求められる。

　医療観察法入院医療には，対象者ごとの担当多職種チーム，緊急多職種チーム，治療プログラム担当多職種チームなどさまざまな形で多職種チームが存在し，重層的構成[40]となっている。

　特に，対象者ごとの担当多職種チーム（Multidisciplinary team:MDT）は，医師1名，看護者2名，臨床心理技術者1名，作業療法士1名，精神保健福祉士1名から編成され，指定入院医療機関によっては，さらに薬剤師1名が加わる場合もある。医療観察法入院医療では，入院時から退院時まで担当多職種チームが一貫して治療計画を作成し，実施される。従来の医療では，医師に治療の決定権や責任が集中していたが，医療観察法における多職種チームアプローチでは，治療方針やその実施，評価，社会復帰の方向性までを多職種チームによる定期的あるいは臨時の会議と同意で決定される。その際，対象者の意向が尊重され，対象者も話しあいや決定の過程に参加することが重視されており，このようなプロセスを通じて，強制治療から対象者の主体的治療参加へと促進することを目的としている。対象者が治療方針などの決定プロセスに参加し話しあうということは，対象者や医療者個々のそれぞれが抱いている考えや気持ち，価値観などを知る機会がお互いに増えることでもある。そのような話しあいのくり返しが，対象者と医療者間の関係を築く足掛かりにもなるであろうし，対象者も含めた話しあいの中で決定されたものであることから，その取り組みには医療者とともに，対象者の内にも取り組むべき責任が生じるのではないだろうか。対象者が自身の治療に対して責任をもつこと，このことこそ主体的治療参加の第1歩になるであろう。

2）チームメンバーのあり方

　このように，対象者も含めたチームで目標を共有することにより，目標達成に向けた各職種が果たす役割が調整され，それぞれの責任が明確になるのである。その際，大橋[41]は医療観察法の多職種チームへのインタビューを通して，チームの具体的目標を達成するために専門性をある程度は踏まえながらも，変化する状況に応じて必要な役割をそこで発見してそれをこなすというチームメンバーとしてのあり方のほうが，

チームとしての目標達成に効率的で有機体のようなチームに育つことを指摘し，専門性を強調するというよりは柔らかな専門性とでもいえる態度がチームの機能を高めると述べ，それらが医療観察法の多職種チーム医療で実践されていることを紹介している。その実態に沿って考えると，医療観察法における多職種チームは「Multidisciplinary team」の和訳として紹介されているが，むしろ，一定の目標に向かって連動し相互依存関係が強い「Interdisciplinary teamwork」と表現できる特徴を有している[42]といえる。

3) 多職種チームの中の看護者の役割
(1) 患者により身近な職種として

このような特徴のある医療観察法多職種チーム医療における看護者の役割とはどのようなものであろうか。担当多職種チームには，ケアコーディネーターという対象者の窓口となり利用者のニーズを聴取し，多職種チーム会議の開催を呼びかけ，各職種が提供するケア内容の調整・統合する担当者が設けられている[43]。看護者は24時間の継続した看護ケアを提供し，身近な存在として対象者にかかわる時間が長いことから，ケアコーディネーター役割を担うことが多い。多職種チームの活性化にはケアコーディネーターの経験や力量が大きく影響するとの指摘[44]もあり，果たすべき役割は大きいといえる。対象者と生活の状況を共有しながら，対象者のニーズを対象者とともに整理し，多職種チーム会議の場に反映できるよう支援する。多職種チーム面接で，対象者が伝えたいことを伝えられるように対象者とともに準備することや，多職種チーム面接やケア会議における話しあいの流れを対象者が理解して参加できるように，適宜説明補完していくことも必要であろう。

(2) 統合的な役割

看護者は生活を観察できる機会も多く，対象者がそれぞれの職種と取り組んでいることを日常生活に般化させ，ケア内容を対象者の中で統合できるように支援することも求められる。例えば，ある1つの目標に向けて作業療法士と治療プログラム内で取り組んでいること，臨床心理技術者と看護者が協働で面接をして取り組んでいることがあった場合，実際の生活場面では，それら2つの取り組みは，つながりを認識し，統合され，実践されなければならない。そのつながりや統合をていねいに支援していくことが重要となる。もちろん，これらのことは必ず看護者が担うといった独占的なものではない。多職種チームの一員として，誰かが担うことができれば良いものであり，治療時期や目標に応じて前面に出て統合的な役割を担う職種が代わることもあり得る。状況をみながら柔軟に対応し，担うべき時に担うことができるようにしておくこと，またこれらのような役割を担うことが看護の発展にもつながっていくと認識しておくことが求められるだろう。

(3) チーム内外の調和を図る

さらに，看護者は重層的構成となっているさまざまな多職種チームに所属しながら，24時間の継続看護を担う看護チームにも同時に所属している。個々の多職種チームと看護チームの協働，言い換えれば，チーム内外の協働体制の調和を図ることが求められる。各チーム同士が双方向的なやりとりを円滑に促進し，タイムリーな情報発信や情報共有を行い，多職種チームアプローチの効果が発揮できるよう支援していくことが重要となる。

困難事例や長期在院対象者を担当していることによる疲弊や行き詰まり感などで多職種チームのモチベーションが低下する場合もあり[45]，このような状況では多職種チームの議論が内向きになり，そしてチーム外のスタッフとの距離も生じやすく，孤立感が高まることも考えられる。このような状況では，特に，ケアコーディネーター役割を担うことが多く，かつチーム外の対象者とのかかわりも多いであろう看護師が，チーム内外から声をかけあい，コミュニケーション機会を増やし，コミュニケーション内容を豊富にしていくことで，多職種チーム医療の活性に一役買うことができると期待したい。

(4) 医療観察法通院医療における看護

医療観察法通院医療においても同様に多職種チーム医療の実践が求められており，定期的なケア会議の実施や訪問看護などのアウトリーチ型医療の提供などが行われている。しかし実際には，多くの職種が他業務と兼務で通院対象者のケアにあたっており，情報共有や会議などの効率化を図る工夫が求められ，各施設や個々人の個別的な努力により支えられている面も大きい。医療観察法入院医療との落差は大きく，いかに入院から通院へソフトランディングさせるか，そして，通院多職種チームの的確なアセスメントによる対象者ごとのケア度の濃淡などの適切な判断と実施が求められるだろう。さらには，一般精神医療と同様に，今後のマンパワーの充実が期待される。

4）非自発的入院・治療の場面において

医療観察法における多職種チーム医療の実践を踏まえ，一般精神医療について，特に，非自発的な入院や治療への同意が得られない場合を考えてみたい。非自発的な入院や治療への同意が得られない場合，患者と医療者は治療や処遇をめぐって対立関係に陥ることが少なくない。関係の修復ができないまま退院した場合，結果として，医療あるいは医療者への不信から，治療中断や再発へと至ってしまう場合も珍しくない。多職種チーム医療によって，患者のニーズに沿って目標を共有し，患者もチームメンバーの一員として，それぞれの立場から対等で率直な意見を出しあい話しあうことができれば，患者の無用な不信感を助長することを避けることができ，新たな関係構築や治療継続につながる可能性を模索することができるのではないだろうか。その前提条件としては，多職種チームメンバー間が民主的で対等な関係を築くこと，お互いの

価値観を理解し認めあえることにあるだろう。

5) 患者・医療者が互いにエンパワメントしあう

多職種チーム医療を展開することで，多角的な視野からの問題解決や支援が可能となり，複雑で多様なニーズに応えることができる。これまで解決困難と思えていた課題に複数職種と患者で一緒に取り組むことで，ピンチをチャンスに変えることができるのではないだろうか。そこには，医療者にとってチームであるからこそのある種の安心が得られ，困難と思われることにも取り組もうとするパワーをお互いに供給しあえる関係が育まれているといえる。さらに，多職種チームの存在は患者にとって相談可能な選択肢が増えることでもあり，選択の機会とともに安心感を提供できる。患者にとっても医療者にとってもお互いにエンパワメントできる多職種チーム医療が望まれる。

3. 精神科リエゾンチームの中での看護の役割・専門性

1) 精神科リエゾンチームへの期待

2012年度の診療報酬改定では，個別項目（重点課題1急性期医療の適切な提供に向けた病院勤務医等の負担の大きな医療従事者の負担軽減）において，多職種による質の高いチーム医療推進が重点課題として取り上げられ，その結果の1つとして「精神科リエゾンチーム加算（200点）」が新設された[46]。

精神科リエゾンチームの編成[47]は，精神科リエゾンについて十分な経験を有する専任の精神科医，精神科リエゾンにかかわる所定の研修を修了した専任の常勤看護者，精神科リエゾンについて十分な経験のある専従の常勤精神保健福祉士，常勤作業療法士，常勤薬剤師，常勤臨床心理技術者のうちの1人となっている。

精神科リエゾンチームの役割[48][49]は，①患者への直接介入，②病院全体への介入，③治療者への介入，④職員のメンタルヘルスに大別される。患者への直接介入では，精神症状の評価，治療，心理療法，外部医療機関への連携などを実施し，精神症状の改善や治癒，専門機関での治療継続，在院日数の短縮などの効果が期待される。病院全体への介入では，研修会の開催や医療安全との協働，有事の際の心理的支援，他部署・チームとの連携などの役割を担い，精神疾患への理解の促進や医療安全や危機管理への意識の向上などが期待される。治療者への介入では，精神疾患や治療などの見立ての説明や相談による支援などにより，患者の状態理解への一助を担うと同時に，対応技術の向上を支援する。また，患者カンファレンスやケア会議などへの参加や治療チームへの力動的介入などを通して，医療者の安心感を高めることが期待される。職員のメンタルヘルスでは，個別相談や本人や所属部署への直接介入などを通して，離職防止や事故などの際の心的外傷支援などが期待される。

2) 精神科リエゾンチーム活動

実際の精神科リエゾンチームの活動では，チーム回診およびカンファレンスを週1回程度行い，治療実施計画書や治療評価書の作成とそれに伴う医療ケアの実施が求められる。また，職種ごとの個別ケアも同時に提供され，患者中心のケアの提供を充実させる必要がある。病棟の看護者チームとのカンファレンスや病棟担当の多職種チームとともにチーム会議やケア会議を開催する，などチーム内外の職種と連携・協働しながら，医療効果を高めていくのである。リエゾン診療が多職種チーム医療体制になったことからチームで診療内容を共有でき，治療者自身の安心感につながり，結果として患者サポートの質が向上するという報告[50)51)]からも，多職種チーム医療の効果を実感することができる。

3) 精神科リエゾンチームにおける看護者の役割

このような精神科リエゾンチームの実践の中で看護者が担う役割や専門性はどのようなものだろうか。資格については，看護系大学院を修了し日本看護協会の認定を受けた精神看護専門看護師，日本看護協会の認定を受けた認知症看護認定看護師，日本精神科看護協会の認定を受けた精神科認定看護師などが施設基準を満たす看護師となっており，精神科リエゾンチームの一員として活動している。したがって，看護基礎教育の上に，精神科看護に関連した専門教育を受けている者と考えられ，精神科リエゾンチームの要になることが期待される。宇佐美[52)]は，精神科リエゾンチームにおける専門看護師について，情報収集し，身体と心の両側面からアセスメントを行い，計画を立て，チームとして同じ目標に向かって支援できるように，チームを統合・構築していく重要な存在であると指摘しており，チームとして成立させるために必要不可欠な存在といえるだろう。

実際の活動場面において，精神科リエゾンチームの看護者は，介入依頼のあった患者を訪問し，精神科リエゾンの活動やチーム回診などについて紹介しながら，精神状態やその背景となるものも含めアセスメントすることで，患者の全体像を把握する。得られた情報は，病棟の担当医療者および精神科リエゾンチームメンバーと共有し，患者の状態理解を促進する働きかけを行う。精神科薬物療法の必要性の検討も行い，精神科リエゾンチーム医師と協議あるいは薬物療法への働きかけを行い，介入後は精神状態の変動（薬物効果）のモニタリングと評価を行う。介入方針は，医療者の介入依頼ニーズを踏まえながら，患者の意向や状態に合わせて検討し，精神科リエゾンチームメンバーと協議する。

患者への直接的介入としては，患者の思いや体験に寄り添う受容的・支持的なかかわりを基盤としながら，積極的傾聴による問題の明確化，心理教育，ストレスや症状のマネジメントの検討，リラクゼーションの実施，など専門的な教育背景を活かしたかかわりを実施する。また，家族への支援も重要で，患者の精神症状やその対応につ

いての説明や情緒的支援を実施し，家族の不安を和らげることができる。

病棟看護者を中心とした医療者には，このような直接的介入を通じてロールモデルとなることや，大変さを共有するとともに専門的知識を背景とした対応方法などついて助言するなど情緒的，教育的支援を行うことが求められる。

医療者と患者の間や医療者同士の間で，葛藤や齟齬が生じている場合には，そのような状況を理解しながら介入し，橋渡し役割を担うなど建設的で患者中心の医療の提供につながるよう支援する。看護者に患者に対する陰性感情が生じているときなどは，労をねぎらいながら，患者の状態を説明し理解してもらうことや看護者の中に生じた感情の活用の仕方を指導するなど，医療や看護が適切的に提供されるように支援する。

4) 精神科リエゾンチームでの看護者の行うケアの特徴

以上のような実践を行っている精神科リエゾンチームの看護者には，どのような特徴があるのだろうか。精神科リエゾンチーム内の臨床心理士と看護者のアプローチに焦点を当て，それぞれのアプローチの特徴があることが報告[53]されている。査定においては，臨床心理士は客観的ツールを用いた精神状態の査定を重視し，看護者はセルフケア査定を重視していた。患者へのかかわりでは，臨床心理士が精神病理の重い患者に対する体系的な心理療法を担い，看護者は適応障害患者を中心に積極的傾聴と共に患者の気づきなどの促しを行っていた。また，看護者は病棟などの看護者の支援を中心とした葛藤調整や患者理解の促進に努めている点が特徴的であった。看護という専門性を背景とした看護者は，症状それ自体ではなく，症状によって起こる生活上の困難さ，社会的な不利などに関心を向け，セルフケア支援を重視する。そのため，セルフケア査定を重視し，患者へのかかわりや精神科リエゾンチームとしての見立てに反映させているといえるだろう。また適応障害を中心としたかかわりでは，疾患や障害の受容プロセスを大事にし，患者に寄り添いながら，患者の気づきを促し，患者のセルフマネジメント力の回復をめざしていると捉えることができる。特に，精神科リエゾンチームの対象患者は，身体疾患をもちながら精神症状をきたしている，あるいは心理的問題を有しているといえる。身体と精神の両面をアセスメントし得る看護教育を背景としているからこそ，患者に寄り添うことができ，気づきを促進することが可能となるのではないかと考える。さらに，同じ職種である病棟などの看護集団の特徴は，同じ教育体系と同様の臨床経験をしてきた背景を活かしながら理解することができ，介入のタイミングや支援方法を適切的に選択できると考える。このような専門性や強みを活かしながら，チーム内外で相互に補いあい，また重なりあう部分をもお互いに高めながら，効果的で有機的な活動を推進していく必要がある。

精神科リエゾンチームの活動は，ようやく始まったばかりである。実績を積み重ねながら，チームとして成熟とととともに看護者のとるべき役割の発展に期待したい。

V 通院医療（外来とデイ・ケア）における看護の役割

1. 通院医療における改革

2004年9月に「精神保健医療福祉の改革ビジョン」（以下，改革ビジョン）が示されて以降，日本の精神保健医療福祉の課題を解決するためにさらなる検討がなされ，診療報酬等でその解決に向けたさまざまな取り組みが行われてきた。

その取り組みとは，入院医療では急性期医療の促進を含む病床の機能分化と，在宅医療では精神科訪問看護の充実が中心であったといえる。これは，2002（平成14）年12月に社会保障審議会障害者部会精神障害分会の報告書で「全国に72,000人」と指摘された社会的入院者の存在と，その解消が日本の精神保健医療福祉の目標として掲げられたことが背景にある。

精神保健医療福祉施策の10年計画である「改革ビジョン」には，精神病床の機能分化によって早期退院を実現する精神医療改革と，精神障害者の福祉サービスの充実による地域生活支援の強化を行い，「今後10年間で，受け入れ条件が整えば退院可能な者約7万について，解消を図る」と明記された。しかし，その折り返し点となる2009年に出された「今後の精神保健医療福祉のあり方等に関する検討会」報告では，目標に向けた取り組みの成果が不十分であると指摘され，改革のさらなる加速の必要性が示された。この報告書には，入院医療に偏重した日本の精神医療を地域医療へシフトすることと，障害福祉サービスだけでなく在宅医療の充実の必要性も盛り込まれた。そして，2010年6月に閣議決定された「障害者制度改革の推進のための基本的な方向性について」では，精神医療の現場における医師や看護師等の人員体制の充実のための具体的方策に関する検討が示唆され，2012年6月の「精神科医療の機能分化と質の向上等に関する検討会」のとりまとめで，精神科においても急性期医療では一般病床と同等の人員配置とする方向性が示された。このように，精神病床削減が最大の争点とされた日本の精神保健医療福祉のこの10数年に及ぶ議論と改革は，入院医療に重心を置いて行われたことになる。しかし，これからは通院医療に関する改革も行っていかなければならない。

2. データでみる通院医療の現状

それでは，日本の精神科における外来医療の現状を見てみる（図3-12）[1]。2011年は，東日本大震災の影響で宮城県の一部と福島県のデータがあげられていないものの，精神疾患外来患者数は約290万人であった。疾病別の内訳を見ると，気分（感情）障害（躁うつ病を含む）（以下，気分障害）がもっとも多く，92万9千人となっている。次いで，統合失調症，統合失調症型障害及び妄想性障害（以下，統合失調症）が53万9千

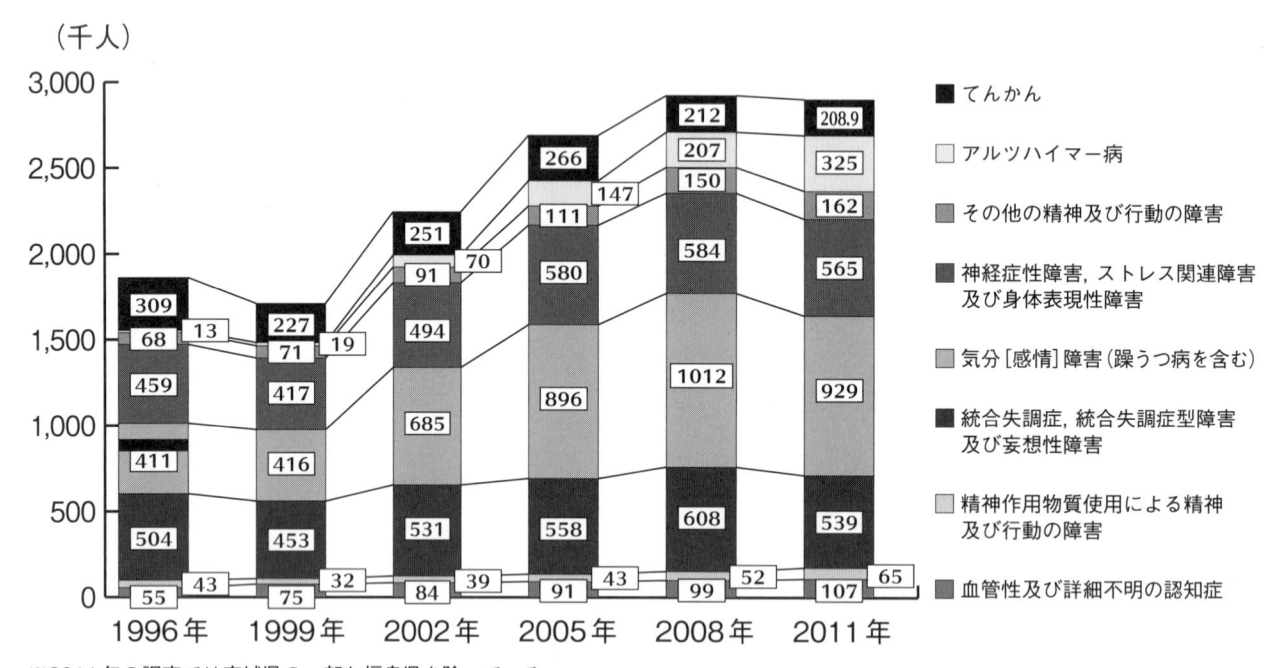

図3-12 精神疾患外来患者の疾病別内訳[1]

※2011年の調査では宮城県の一部と福島県を除いている

人となっている。以前は，精神病床への入院患者数も精神疾患での外来患者数でももっとも多かったのは統合失調症であったが，2002年の調査より気分障害が急増し，その数が逆転している。また近年，全国の精神医療の現場で指摘されているのが，アルツハイマー病の増加である。精神疾患外来患者の年齢分布を見ると35歳以上の患者が増えており，気分障害とアルツハイマー病の増加の影響が現れているのがわかる。

このような外来患者数の増加の背景には，精神科・神経科・心療内科を標榜する診療所の増加によって，精神医療へのアクセスが容易になったことがあると思われる（図3-13）[54]。

しかし，このように精神科の外来患者数が増えても，入院医療中心といわれる実態がある。一般医療費と精神医療の比較を見ると，一般診療医療費が入院51.8％，入院外48.2％であるのに対して，精神科医療費は入院が74.5％を占めている（図3-14）[55]。精神科にかかる医療費は，その3／4が入院医療に支払われていることになる。これでは，日本の精神医療が入院中心からまだ脱却できていないといわざるを得ない。2011年の精神病床への入院患者数は29万3千人となっており，その年齢分布をみると65歳以上が50％と徐々に増えており，長期入院患者の高齢化が進んでいることがわかる（図3-1）。しかし，精神病床の平均在院日数は2011年には298日になっており，この10年間に全国の精神医療の現場で行われてきた地域移行の取り組みが効果を表していることも見てとれる（図3-9 p.126）[26]。また，精神科病院に入院した患者の入院後1年間の月別累計退院率をみても，約9割が1年未満に退院しているという実態もある（図3-15）[53]。

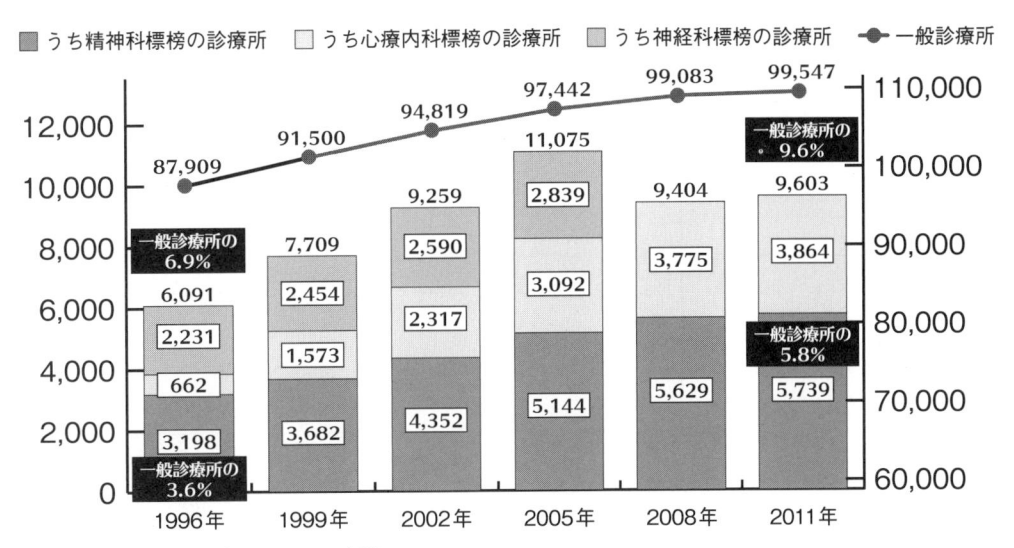

図3-13 一般診療所数及び精神科・神経科・心療内科標榜診療所数の推移[54]

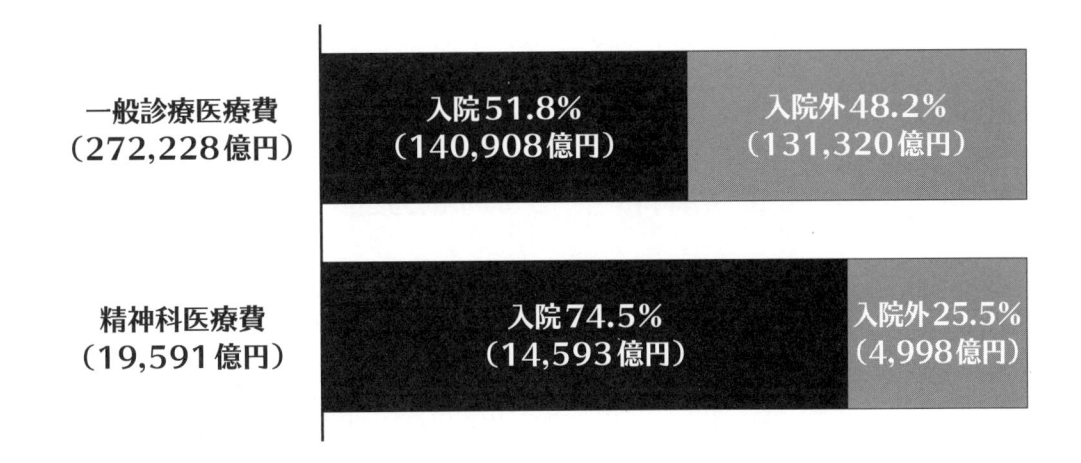

※1 心療内科は1996年9月1日に新設
※2 神経科を標榜する診療所については、2008年医療施設調査では分類されていない
※3 2011年の調査では宮城県の一部と福島県を除いている

注1：一般診療医療費，精神科医療費については，2010年度国民医療費によるほか，薬局調剤医療費、入院時食事療養費等を含まない。
注2：精神科医療費については、「精神及び行動の障害」に係るもの（精神遅滞を含み，てんかん，アルツハイマー病は含まない）。

図3-14 一般医療費と精神医療費の比較[55]

　その結果，精神医療の在宅医療では，短期間の入院治療を終えて在宅医療に切り替えた患者と，長期入院を経て地域で生活することになった患者を支えることが多くなり，地域においても精神科病院と同じような支援の対象者の二極分化といった現象が起きている。これらの患者は，年齢や入院期間に違いがあっても，急性期を脱してすぐに退院した直後の不安定な精神症状や，長期入院による社会生活能力の低下や地域生活への適応に時間がかかることに加えて，環境の変化による病状悪化というリスクを抱えているという共通点がある。そこで，地域においても必要に応じて医療を提供

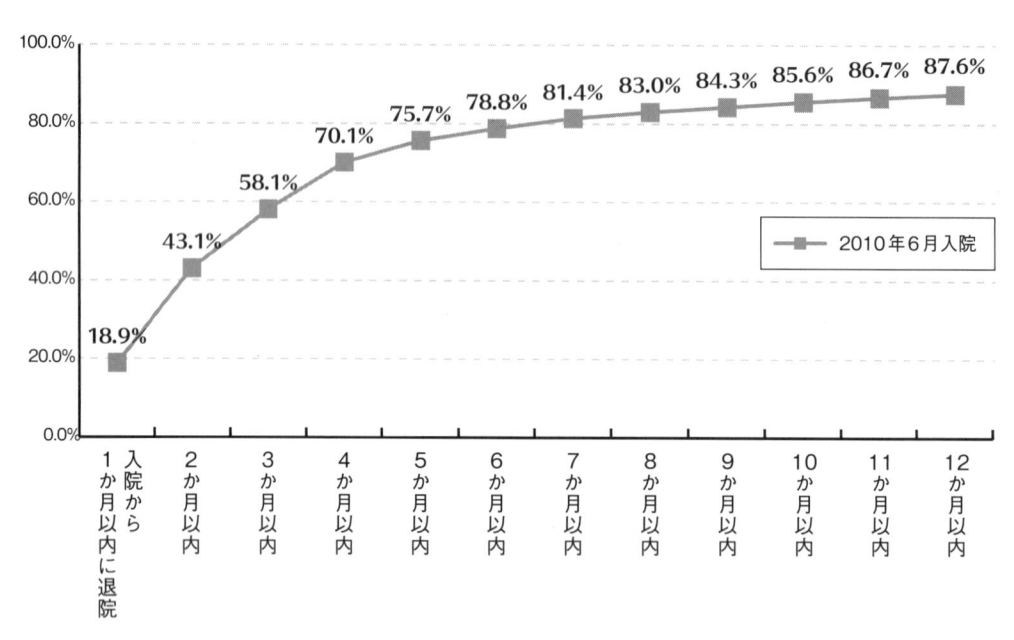

図3-15 精神科病院に入院した患者の入院後1年間の月別累計退院率[56]

する体制が必要不可欠になる。

　このような状況を受けて，国が力を入れている取り組みに精神科訪問看護の強化があるが，それは第4章-Ⅰ(p.163)に示すこととする。

3. 精神科デイ・ケア利用の実態

　精神科訪問看護と並んで，退院後の患者が利用する医療サービスに精神科デイ・ケア等（以下，デイ・ケア）がある。精神科デイ・ケアは，精神障害者の社会生活機能の回復を目的にグループで行う治療として，1974（昭和49）年に初めて診療報酬上で評価された。以後，1986（昭和61）年に精神科ナイト・ケア，1996（平成8）年には精神科デイ・ナイト・ケア，2006年には精神科ショート・ケアが新設された（図3-16）。精神障害者が利用できる社会資源が少なかった時代に安心して通所できる身近な地域医療サービスとして，全国の精神科病院や診療所に開設された。デイケアの利用実人数は右肩上がりに増えて，2011年は11万4千人になっており，10年間で約1.8倍に増加したと報告されている（図3-17）。

　しかし，デイ・ケアについてはその利用実態について，医療サービスとしての役割が果たされているのか，懐疑的な意見が出され続けてきた。日本精神科看護協会（以下，日精看）が2008年度障害者保健福祉推進事業で行ったデイ・ケアの実態調査の結果を見てみる。その結果によると，回答のあった施設の利用者のうち，今回のデイ・ケア入所で1年以上利用している者が75％ともっとも多く，初回入所からの利用期間が5年以上の者の割合が42.7％でもっとも多かった。また，1年以上登録を続けている利用者が男女共に多数いることがわかった。これは，利用者の多くを占めている統合

精神科デイ・ケア（1974～）

精神障害者の社会生活機能の回復を目的として個々の患者に応じたプログラムに従ってグループごとに治療するものであり，実施される内容の種類にかかわらず，その実施時間は患者1人当たり1日につき6時間を標準とする。

精神科ナイト・ケア（1986～）

精神障害者の社会機能の回復を目的として行うものであり，その開始時間は午後4時以降とし，実施される内容の種類にかかわらず，その実施時間は患者1人当たり1日につき4時間を標準とする。

精神科デイ・ナイト・ケア（1996～）

精神障害者の社会生活機能の回復を目的として行うものであり，実施される内容の種類にかかわらず，その実施時間は患者1人当たり1日につき10時間を標準とする。

精神科ショート・ケア（2006～）

精神障害者の地域への復帰を支援するため，社会生活機能の回復を目的として個々の患者応じたプログラムに従ってグループごとに治療するものであり，実施される内容の種類にかかわらず，その実施時間は患者1人当たり1日につき3時間を標準とする。

図3-16　精神科デイ・ケア等の概要

利用実人員は10年間で約1.8倍に増加

年	利用実人員（人）
2002年	63,180
2003年	64,748
2004年	70,373
2005年	74,697
2006年	75,524
2007年	90,223
2008年	98,409
2009年	103,197
2010年	110,809
2011年	114,152

※デイ・ケア等の利用実人員とは、①デイ・ケア、②デイ・ナイト・ケア、③ショート・ケア、④ナイト・ケアそれぞれの利用実人員の合計を指す。

図3-17　精神科デイ・ケア等の利用実人員の年次推移（各年6月の1か月間）

失調症患者の変化を嫌うという特性が影響していることも考えられるが，地域の障害者福祉サービスへの移行や就労といったステップアップにつなげていないという問題があるという指摘もある。デイ・ケアを運営する医療従事者の多くは，それらの利用者がデイケアに定期的に通所することで病状が安定し，地域生活の継続につながって

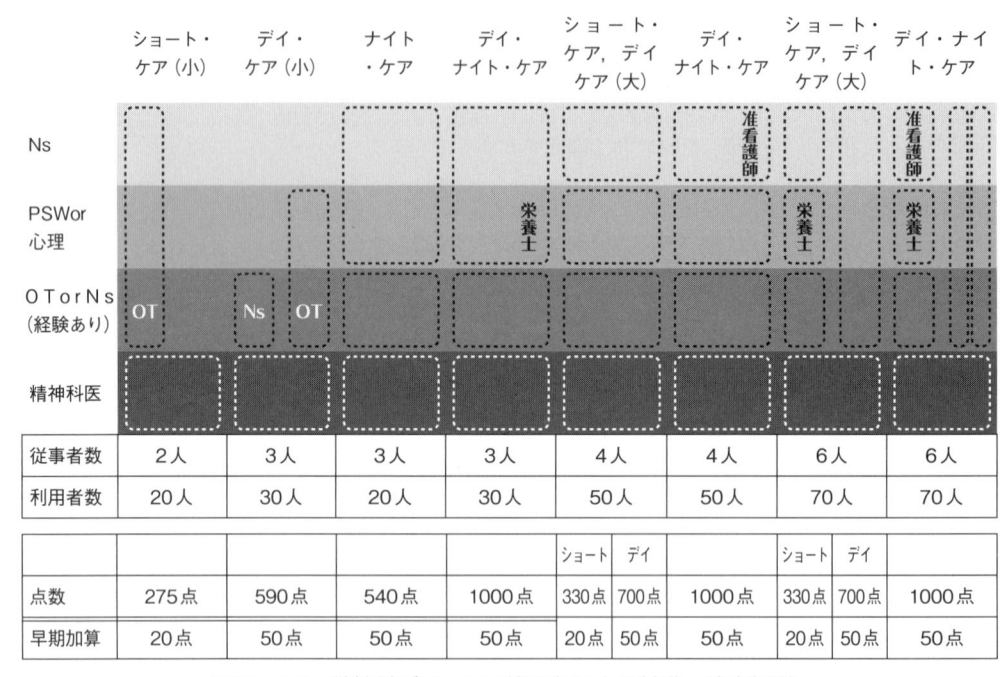

	ショート・ケア(小)	デイ・ケア(小)	ナイト・ケア	デイ・ナイト・ケア	ショート・ケア, デイケア(大)	デイ・ナイト・ケア	ショート・ケア, デイケア(大)	デイ・ナイト・ケア
Ns						准看護師		准看護師
PSWor 心理					栄養士		栄養士	栄養士
OT or Ns (経験あり)	OT	Ns OT						
精神科医								
従事者数	2人	3人	3人	3人	4人	4人	6人	6人
利用者数	20人	30人	20人	30人	50人	50人	70人	70人
点数	275点	590点	540点	1000点	ショート 330点 / デイ 700点	1000点	ショート 330点 / デイ 700点	1000点
早期加算	20点	50点	50点	50点	20点 / 50点	50点	20点 / 50点	50点

図3-18 精神科デイ・ケア等の主な人員基準・診療報酬

いるという実感をもっている。その反面、プログラムへの参加に消極的で居場所としてデイ・ケアを利用していると思われる者の存在も認識しており、デイ・ケア担当者のジレンマになっている。

このように、日中の居場所としてデイ・ケアに長期間通所している比較的年齢の高い利用者がいる一方、早期に退院した後にデイ・ケアを利用する若年層の利用者も増えている。早期退院後の利用者はデイ・ケア利用の目的も明確で、心理教育などクローズドグループのプログラムに参加する場合も多い。このように利用者のニーズが多様化すると、それに応じてデイ・ケアプログラムも充実させる必要が出てくる。グループで治療を行う場として始まったデイ・ケアであるが、個別の対応やケアが必要な場面が出てくる。デイ・ケアにおいても、利用者の二極分化、あるいは病態像やニーズの多様化が生じているが、それに対応するマンパワーは十分だとはいえない状況にある。診療報酬上の基準では大規模デイ・ケアでも従事者数が6人となっており、多数の利用者を少人数の従事者でケアしている実態がある（図3-18）。

しかし、このような厳しい状況の中でも、デイ・ケア従事者はよりよいケアを提供するために努力している実態もある。日精看が実施した調査によると、回答した施設の71.4%で利用者の担当を決めており、64.3%の施設で担当者が利用者個別の目標や計画を立案しているという結果が出ていた（図3-19）[57]。また、デイ・ケア運営に関するカンファレンスは、すべての施設で実施されていた。しかし、個別のケースに関するカンファレンスを実施している施設の割合は、42.9%と半数以下に止まっており、プログラムの評価を定期的に行っている施設の割合も39.3%であった（図3-20）[57]。

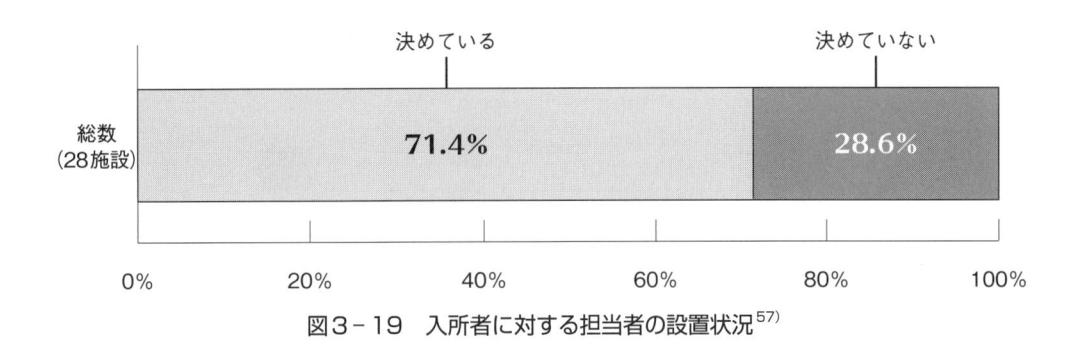

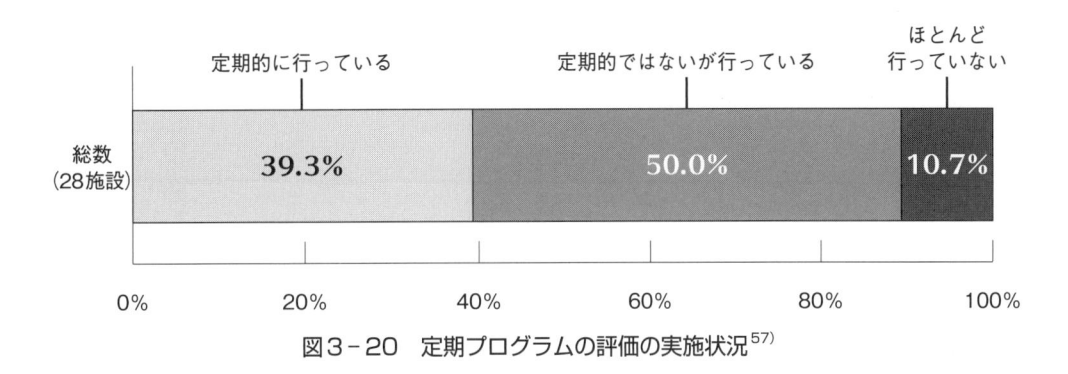

図3-19 入所者に対する担当者の設置状況[57)]

図3-20 定期プログラムの評価の実施状況[57)]

4. 診療報酬からみる外来とデイ・ケアの変遷

　このような状況の中，診療報酬でデイ・ケアに関する見直しが行われている。2010年度の診療報酬改定で，精神障害者の地域移行を推進するために，1年以内の利用についてショート・ケアは20点，デイ・ケアについては50点の加算が新設された（図3-21）。また，2012年度改定においても，ショート・ケア，デイ・ケアについては大規模なものについては疾患等に応じた診療計画を作成することが算定要件となり，デイ・ナイト・ケアについては点数を引き下げた上で引き下げた点数に相当する疾患別等診療計画加算が新設された（図3-22）。つまり，小規模以外のデイ・ケアについては利用者の個別の診療計画を立てることが義務化されたのである。そして，2014年度改定では，それまではデイ・ケアの利用について3年を超える場合は週5日とされていた算定の限度が，1年を超える場合に週5日と変更された（図3-23）。

　医療費で賄われるデイ・ケアで，精神症状が安定した精神障害者に長期にわたって日中の居場所を提供するというサービスを行うことの是非については，これまでも長年，議論されてきた。地域の障害者福祉サービスの整備が進んだいま，デイ・ケアの医療的な機能を強化する具体的な方策として，ここ数年の診療報酬改定がなされたと考えられる。

　精神科訪問看護についても，診療報酬改定のたびに加算の新設や算定要件の緩和が行われ，精神科病院を中心とした医療機関での実施件数が年々増加している。1994（平成6）年の健康保険法の改正によって，訪問看護ステーションでも精神科訪問看護を実

精神科デイ・ケアについて，精神障害者の地域移行を推進するために，早期の地域移行について評価

精神科ショート・ケア（1日につき）	
1　小規模なもの	275点
2　大規模なもの	330点

→

精神科ショート・ケア（1日につき）	
1　小規模なもの	275点
2　大規模なもの	330点

🆕〔算定要件〕
当該療法の算定を開始した日から起算して1年以内の期間に行われる場合、所定点数に20点を加算する。

精神科デイ・ケア（1日につき）	
1　小規模なもの	550点
2　大規模なもの	660点

→

精神科デイ・ケア（1日につき）	
1　小規模なもの	590点
2　大規模なもの	700点

🆕〔算定要件〕
当該療法の算定を開始した日から起算して1年以内の期間に行われる場合，所定点数に50点を加算する。

図3-21　2010年度診療報酬改定における精神科デイ・ケア等の見直し

精神科デイ・ケア等について要件を見直し，患者の状態像に応じた疾患ごとの診療計画を作成して行った場合の評価を行う。

精神科ショート・ケア（1日につき）	
1　小規模なもの	275点
2　大規模なもの	330点

精神科デイ・ケア（1日につき）	
1　小規模なもの	590点
2　大規模なもの	700点

改〔算定要件〕　それぞれの「2の大規模なもの」については，疾患等に応じた診療計画を作成して行った場合に算定する。

【現行】
精神科デイ・ナイト・ケア（1日につき）　1040点

→

【改定後】
改 精神科デイ・ナイト・ケア（1日につき）　1000点
新 疾患別等診療計画加算　40点

〔算定要件〕　疾患別等診療計画加算については，疾患等に応じた診療計画を作成して行った場合に算定する。

地域移行を推進するため，入院中であって退院調整中の患者が精神科デイ・ケア等を利用した場合の評価を新設する。

🆕 入院中の患者が精神科ショート・ケアまたはデイ・ケアを利用した場合，所定点数の100分の50に相当する点数を算定（入院中1回に限る）

図3-22　2012年度診療報酬改定における精神科デイ・ケア等の見直し

施することができるようになったこともあり，訪問看護を利用する精神障害者は増えている。

　その他に，精神科外来関連の診療報酬を見てみる（表3-10）。2008年度の診療報酬改定で精神科継続外来支援・指導料が新設された以降は，抗精神病薬の使用に関する

精神科ショート・ケア，精神科デイ・ケア，精神科ナイト・ケア，精神科デイ・ナイト・ケアを1年以上提供している場合の評価を見直す。

精神科ショート・ケア等　　275点〜

当該療法を最初に算定した日から起算して3年を超える場合は，週5日を限度として算定。

→ 改 精神科ショート・ケア，精神科デイ・ケア，精神科ナイト・ケア，精神科デイ・ナイト・ケアのいずれかを最初に算定した日から起算して1年を超える場合は，週5日を限度として算定。

図3-23　2014年度診療報酬改定における精神科デイ・ケア等の見直し

加算や管理料の新設があった。これは，精神科訪問看護やデイケアに関する改定と比較すると明らかに少なく，診療報酬による外来機能の強化はほとんど行われていないといえる。

　このように，精神病床に入院している患者の地域移行促進と歩調を合わせて，精神科訪問看護やデイケアはその機能強化を図ってきた。しかし，それらの取り組みはうまく連動しているといえるだろうか。今後，精神科医療においても急性期医療はますます促進されていくことが予想される。その結果，平均在院日数はさらに短縮される。短期間で退院するということは，急性期症状が落ち着いたばかりで精神症状がまだ安定しない状態で地域に帰ることになる。このような医療的課題が残った状態のまま退院することになれば，その後の治療を地域で行うことになる。その地域で継続して行う治療を担当するのは，デイケアや精神科訪問看護，外来作業療法や外来診察等になる。地域における医療を効果的かつ効率的に行っていくには，それぞれの部門で別々のケア計画を立てて治療を行っている現状を，関係者が情報を共有し，共通のケア計画を立てて治療を進めていくという方法に変えていく必要がある。また，デイケアや精神科訪問看護から，次の社会資源の活用等のステップアップしていくためにも共通のケア計画があれば有効であり，地域の支援者とも連携をとりやすくなる。

　しかし，現状ではこのような院内連携や地域連携といったコーディネートを誰が行うのが適切かが明確になっていない。日本では，地域で治療を続ける患者の情報については，主治医の元に集まる仕組みになっており，病状に変化があったときだけでなく，各部門で行われている治療に関する定期報告も主治医に届けられる。そこで，患者に関する情報を集約し，関係者に発信し，必要に応じてケア会議を招集する等して地域医療に関する計画を更新する役割を外来看護師が担うことが適当ではないだろうか。しかし，現状では外来の看護職の配置は医療法によって30対1と低い基準に設定されている（表3-11）[58]。今後，入院治療の期間を短縮し，地域医療によって精神障害者の地域生活を支えていくのであれば，外来部門のマンパワーを強化し，精神科における外来看護を確立していく必要がある。

表3-10 外来（精神科専門療法）の主な診療報酬

通院・在宅精神療法	初診日・精神科救急医療体制確保に協力する精神保健指定医等が実施	700点
	上記以外	30分以上400点 ・特定薬剤副作用評価加算 +25点
		30分未満330点
	20歳未満，初診より1年以内に限り	200点
精神科継続外来支援・指導料	他の精神科専門療法と同一日に算定不可 精神科の担当医師が患者又はその家族に対して，病状，服薬状況及び副作用の有無等の確認を主に支援した場合に算定 3剤以上の抗不安薬または睡眠薬を投与した場合は80％で算定	1日につき55点
	療養生活環境整備加算（保健師，看護師，OT，PSWによる生活環境整備の支援を行った場合加算）	40点
	特定薬剤副作用評価加算（月1回）	25点
通院集団精神療法	・6月に限り週2回限度 ・他の精神科専門療法と同一日に算定不可	270点
精神科作業療法	・患者1人あたり1日に月2時間・作業療法士1人あたり1日50人以内	220点
持続性抗精神病注射薬剤治療指導	統合失調症患者に対して，計画的な医学管理を行った場合月1回	250点
治療抵抗性統合失調症治療指導管理料		500点

■引用・参考文献
1）厚生労働省：平成23年（2011）患者調査の概況．
2）厚生労働省：精神科医療の機能分化と質向上等に関する検討会：今後の方向性に関する意見の整理．2012.
3）大塚恒子総編集：老年精神医学　高齢者の特徴を踏まえてケースに臨む．精神看護出版，p25, 2013.
4）前掲書3. p121.
5）三好功峰：大脳疾患の精神医学．中山書店，p2-3, 2009.
6）厚生労働省研究班（代表朝田隆）：患者調査報告，2012.
7）厚生労働省：平成17年（2005）患者調査．
8）前掲著3）p172 - 197.
9）朝田隆（研究代表者），松原三郎（分担研究者）：厚生労働科学特別研究事業　認知症の実態把握に向けた戦略立案及び予備的研究．平成20年度総括・分担研究報告書．

表3-11 病院に関する主な構造設備の基準および人員の標準[58]

	一般病床	療養病床	精神病床		感染症病床	結核病床
定義	精神病床，感染症病床，結核病床，療養病床以外の病床	主として長期にわたり療養を必要とする患者を入院させるための病床せる	精神疾患を有する者を入院させるための病床		感染症法に規定する一類感染症，二類感染症及び新感染症の患者を入院させるための病床	結核の患者を入院させるための病床
			1) 大学病院等 ※1	1) 以外の病院		
人員配置標	医師16:1 薬剤師70:1 看護職員3:1	医師48:1 薬剤師150:1 看護職員※2 4:1 看護補助者※2 4:1 理学療法士及び作業療法士病院の実情に応じた適当数	医師16:1 薬剤師70:1 看護職員3:1	医師48:1 薬剤師150:1 看護職員※3 4:1	医師16:1 薬剤師70:1 看護職員3:1	医師16:1 薬剤師70:1 看護職員4:1
(各病床共通) ・歯科医師歯科，矯正歯科，小児歯科及び歯科口腔外科の入院患者に対し，16:1 ・栄養士病床数100以上の病院に1人 ・診療放射線技師，事務員その他の従業者病院の実情に応じた適当数 (外来患者関係) ・医師40:1 ・歯科医師病院の実情に応じた適当数 ・薬剤師外来患者に係る取扱処方せん75:1 ・看護職員30:1					

※1 大学病院（特定機能病院及び精神病床のみを有する病院を除く）のほか，内科，外科，産婦人科，眼科及び耳鼻咽喉科を有する100床以上の病院（特定機能病院を除く）のことをいう。
※2 平成24年3月31日までは，6:1でも可
※3 当分の間，看護職員5:1，看護補助者を合わせて4:1

10) 公益社団法人日本精神科病院協会：我々の描く精神科医療の将来ビジョン2012，日本精神科病院協会雑誌，P10-11，2012．
11) 前掲著3) p70 - 73
12) 前掲著3) p149 - 154
13) 前掲著5) p 58
14) 前掲著3) p164 - 167
15) 厚生労働省：平成19年度厚労科研 精神医療の質的実態把握と最適化に関する総合研究」分担研究 精神病床の利用状況に関する調査．2007．
16) 中央社会保険医療協議会：診療報酬改定結果検証部会平成22年度診療報酬改定の結果検証に係る特別調査（平成23年度調査）．2012．
17) 社団法人日本精神科看護技術協会監修：現在の精神科医療における身体合併症医療の現状（横井志保）．実践精神科看護テキスト18 精神科身体合併症看護，精神看護出版，p14，2008．

18) 三好功峰：仁明会精神医学研究2010　認知症における身体合併症の治療をどうするか．仁明会精神衛生研究所第7巻, p1-5, 2010.
19) 公益社団法人日本精神科病院協会：我々の描く精神科医療の将来ビジョン2012, 日本精神科病院協会雑誌, P28-31, 2012.
20) 長岡研太郎：認知症における低栄養と電解質異常．仁明会精神医学研究2010（仁明会精神衛生研究所第7巻）, p44-48, 2010.
21) 上島国利編：気分障害．医学書院, 2008.
22) American Psychiatric Association編，高橋三郎ほか訳：DSM-Ⅳ-TR精神疾患の分類と診断の手引．医学書院, 2003.
23) 徳永雄一郎：ストレスケア病棟を有効に機能させるための治療．29, 日本精神科病院協会雑誌, 2010.
24) 特集・レジリエンスと心の科学．臨床精神医学, 42, 2012.
25) 厚生労働省：精神保健福祉資料（630調査）平成24年度6月30日調査の概要．2012
26) 厚生労働省：平成23年(2011)医療施設（静態・動態）調査・病院報告．2011.
27) 厚生労働省：平成11年度厚生科学研究費補助金（障害保健福祉総合研究事業）精神科医療における行動制限の最小化に関する研究　精神障害者の行動制限と人権確保のあり方（主任研究者浅井邦彦）．2000.
28) 吉岡充, 田中とも江：縛らない看護．医学書院, 1999.
29) 刑法理論研究会：現代刑法学原論　総論　改訂版．p 269-271, 三省堂, 1987.
30) 吉浜文洋, 野田寿恵, 柿島有子他：行動制限最小化看護研修受講前後における行動制限に関する認識の変化．日本精神科看護学会誌54, p86-90, 2011.
31) 野田寿恵, 吉浜文洋, 仲野栄他：行動制限最小化看護研修受講後における隔離・身体拘束施行量．精神医学54, p601-607, 2012.
32) Huckshorn,K.A, 吉浜文洋, 杉山直也, 野田寿恵訳：精神保健領域における隔離・身体拘束最小化—使用防止のためのコア戦略—　精神科看護vol.37 no.(6～9), 2010.
33) 杉山直也：行動制限最小化に関する研究の中間報告．厚生労働省科学研究費補助金（障害者対策総合研究事業）精神科救急医療における適切な治療法とその有効性等の評価に関する研究平成24年度総括・分担研究報告書．p25-31, 2013.
34) 宮本真巳, 高野和夫, 岩井和弘：多職種協働による医療提供．実践精神科看護テキスト第17巻　司法精神看護, 精神看護出版, p60-82, 2008.
35) 上野容子：援助や支援の目標をどう共有するか？．精神科臨床サービス, 7(4), p487-490, 2007.
36) 英一也, 足立千啓, 小川ひかる, 河西孝枝ほか：ACTにおける多職種の協働　臨床現場でチームアプローチした事例を中心に．精神科臨床サービス, 7(4), p508-514, 2007.
37) 前掲2)
38) 田村由美編：新しいチーム医療　看護とインタープロフェッショナル・ワーク入門．看護の科学社, 2012.
39) 熊地美枝, 高崎邦子, 小原陽子, 杉山茂ほか：対象行為に関する対象者との話し合いの実施状況と内省プロセスの明確化（第2報）．厚生労働科学研究費補助金「他害行為を行った精神障害者の診断, 治療及び社会復帰支援に関する研究」平成19年度分担報告書「他害行為を行った精神障害者の看護に関する研究」, p39-51, 2008.
40) 平林直次：医療観察法病棟における多職種チーム医療．精神科臨床サービス, 7(4), p500-507, 2007.
41) 大橋秀行：良いチームが育つ条件．精神科臨床サービス, 7(4), p568-575, 2007.
42) 前掲40)

43）前掲40）
44）高橋直美，美濃由紀子，宮本真巳：多職種チームによる医療の実際と効果に関する研究　多職種チーム医療についての看護師の認識．厚生労働科学研究費補助金「医療観察法による医療提供のあり方関する研究」平成21年度分担報告書「多職種チームによる医療の実際と公開に関する研究」，p293-299, 2010.
45）前掲44）
46）吉邨善孝，桐山啓一郎，藤原修一郎：精神科リエゾンチーム医療の現状と課題．総合病院精神医学，25（1），p2-8, 2013.
47）社会保険研究所編：医科点数表の解釈　平成24年4月版．社会保険研究所，2012.
48）吉邨善孝：総合病院（一般病院）精神科医療からの医療政策．厚生労働科学研究費補助金（障害者対策総合研究事業）「新しい精神科地域医療体制とその評価のあり方に関する研究」平成23年度研究報告書・分担研究報告書，p357-389, 2012.
49）前掲45）
50）落合尚美，池田真人，紺井理和，仲野真由美：聖路加国際病院におけるコンサルテーション・リエゾン活動の現状．総合病院精神医学，25（1），p9-15, 2013.
51）富安哲也，上田将史，小石川比良来，大上俊彦，井古田大輔：精神科コンサルテーション・リエゾンチームの効果の分析　フォーカスグループインタビューの結果から．総合病院精神医学，25（1），p16-22, 2013.
52）宇佐美しおり，福嶋好重，野末聖香，岡谷恵子ほか：慢性疾患で精神症状を呈する患者への地域精神科医療モデル事業およびその評価-精神看護専門看護師とリエゾン・チームの役割-．熊本大学医学部保健学科紀要, 5, p9-18, 2009.
53）山内典子，安田妙子，小林清香，異儀田はづきほか：精神科コンサルテーション・リエゾンチームにおける各職種の役割構築に向けたパイロットスタディ　リエゾンナースと臨床心理士に焦点をあてて．総合病院精神医学，25（1），p23-32, 2013.
54）厚生労働省：平成23年（2011）　医療施設（静態・動態）調査・病院報告の概況．2011.
55）厚生労働省：平成22年度 国民医療費の概況．2012.
56）厚生労働省社会・援護局障害保健福祉部精神・障害保健課:第1回精神障害者に対する医療の提供を確保するための指針等に関する検討会資料. 2013.
57）社団法人日本精神科看護技術協会（厚生労働省平成20年度障害者保健福祉推進事業）：精神科デイ・ケアの効果的活用と地域連携パスの開発．2008.
58）前掲56）

第4章 地域精神医療と看護

I 精神科訪問看護の動向

1. 精神保健医療福祉改革と精神科訪問看護

　2004（平成16）年9月に示された「精神保健医療福祉の改革ビジョン」（以下，改革ビジョン）から始まった精神保健医療福祉の改革の中で，精神科訪問看護は精神障害者の地域生活を支える中心的役割を期待され，その体制整備が進められてきた。改革ビジョン以降に進められてきた社会的入院者の地域移行や，精神科急性期医療の促進による早期退院の患者が安心して地域生活を送るためには，定期的に自宅を訪れて必要なケアを提供する精神科訪問看護は必要不可欠な支援となった。2014（平成26）年4月に出された「良質かつ適切な精神障害者に対する医療の提供を確保するための指針」の中でも，訪問診療・訪問看護に関する事項があげられており，多職種連携や地域連携によって精神障害者の地域生活支援を強化する必要性が明記されている。

2. 精神科訪問看護と診療報酬

　精神科訪問看護の充実は，診療報酬改定による評価の引き上げや要件の緩和などによって進められてきた。それでは，2010（平成22）年以降の精神科訪問看護に関する診療報酬改定などの内容をみてみる。

　2010年度は，訪問看護ステーションに関する改定があった。複数名訪問加算が新設されたのである（図4-1）。医療機関が行う精神科訪問看護では2004年に複数名加算が新設されており，訪問看護ステーションからの精神科訪問看護においても複数名加算を設けるように，日本精神科看護協会（以下，日精看）や訪問看護関係の団体が何度も要望を行い，それが実った結果となった。しかし，複数名訪問看護加算の対象となる利用者として精神障害者を想定した要件は「暴力行為，著しい迷惑行為，器物破損行為等が認められる者」であり，複数名での訪問看護が必要な精神疾患をもつ実際の利用者像と必ずしも一致するものではなかった。

　このように，精神科訪問看護は医療機関が行う場合と訪問看護ステーションが実施する場合で，料金や算定要件に違いがあった。それは，精神障害者を対象とした訪問看護が診療報酬で初めて評価された1986（昭和61）年の時点では，「精神科訪問看護・

末期の悪性腫瘍等の対象となる利用者(注)に対し，看護師等が同時に複数の看護師等と行う訪問看護の評価

新 複数名訪問看護加算（週1回）
（看護師等の場合） 4,300円※1／430点※2
（准看護師の場合） 3,800円※1／380点※2

（注）対象となる利用者
① 末期の悪性腫瘍等の者
② 特別訪問看護指示期間中であって，訪問看護を受けている者
③ 特別な管理を必要とする者
④ 暴力行為，著しい迷惑行為，器物破損行為等が認められる者

※1 訪問看護療養費，※2 在宅患者訪問看護・指導料及び同一建物居住者訪問看護・指導料

● 【訪問看護療養費（訪問看護ステーション）】

基本療養費（所定額を算定する者：1人目）	複数名訪問看護加算（同時に行く2人目）						
	保健師	助産師	看護師	理学療法士	作業療法士	言語聴覚士	准看護師
保健師・助産師・看護師・准看護師（注）	○	○	○	○	○	○	▲

※理学療法士，作業療法士又は言語聴覚士のみで同時に複数名で訪問看護を行っても複数名訪問看護加算を算定できない。

● 【診療報酬（医療機関）】

訪問看護・指導料（1人目）	複数名訪問看護加算（同時に行く2人目）			
	保健師	助産師	看護師	准看護師
保健師・助産師・看護師・准看護師	○	○	○	▲

算定する療養費／点数
○＝4,300円／430点
▲＝3,800円／380点

図4-1 複数名訪問加算の新設（2010年度診療報酬の改定）

指導料」は精神科を標榜する医療機関が実施するものとして診療報酬に位置づけられたのに対して，寝たきり高齢者を対象とした訪問看護を実施する事業所であった訪問看護ステーションは1994（平成6）年の健康保険法改正によって精神障害者に対しても訪問看護を実施できるようになったものの，訪問看護ステーションの事業は寝たきり高齢者やターミナル，身体的な医療ケアが必要な利用者を中心に展開されたことが1つの要因であったと考えられる。厚生労働省の中の担当部局も異なっており，その成り立ちからも違いがあったといえる。そのため，同じ精神障害者を対象とした訪問看護であっても，医療機関からの訪問看護では算定できるものが，訪問看護ステーションでは算定されないというものがいくつもあった。例えば，医療機関からの訪問看護は家族もその対象になっており，必要であれば家族だけを対象とした訪問看護を実施することができるが，訪問看護ステーションの場合は家族だけを対象にした訪問看護は算定することができなかった。また，医療機関からの訪問看護では，入院期間が6か月を超えた患者については，退院後3か月以内は週5日まで訪問看護を実施し算定することができたが，訪問看護ステーションは3回までしか算定することができなか

表4-1 医療機関と訪問看護ステーションの精神科訪問看護に関する改定内容の違い

	医療機関(精神科病院・クリニック)	訪問看護ステーション
1986(昭和61)年	「精神科訪問看護・指導料」(200点)新設	
1992(平成4)年		老人訪問看護ステーション開設スタート ○「老人訪問看護基本療養費」(看護師5,300円,准看護師4,800円) ○「老人訪問看護管理療養費」(訪問日数によって7,000円~38,900円)
1994(平成6)年	「精神科訪問看護・指導料(Ⅱ)」(150点)新設	指定訪問看護制度スタート (対象を高齢者以外にも拡大) ○「訪問看護基本療養費」(看護師5,300円,准看護師4,800円) ○「訪問看護管理療養費」(月の初日7,000円,2日目以降2,900円)
1996(平成8)年	「精神科退院前訪問指導料」(340点)新設	
1998(平成10)年		「訪問看護基本療養費(Ⅱ)」(1,600円)新設
2004(平成16)年	複数名加算の新設 「精神科訪問看護・指導料(Ⅰ)」(450点) 「精神科退院前訪問指導料」(320点)	
2010(平成22)年		「訪問看護基本療養費(Ⅲ)」新設 (看護師4,300円,准看護師3,800円) 複数名訪問看護加算の新設 (看護師等4,300円,准看護師3,800円)

った。2つの精神科訪問看護の違いについて,「精神科訪問看護・指導料」が新設された1986年から2010年までの診療報酬改定内容の抜粋を一覧に示す(表4-1)。このように,地域で暮らす精神障害者が訪問看護を受けるときに,医療機関と訪問看護ステーションのどちらを選ぶのかによって,利用料金などが違ってくるという状況が長く続いていたのである。

このような状況をリセットしたのが,2012(平成24)年度の診療報酬改定であった。「精神科訪問看護基本療養費」が新設されたのである。この他にも,医療機関の「精神科訪問看護・指導料」についても大きな改定があった(図4-2,図4-3)。この改定で「精神科訪問看護基本療養費」の新設に至った背景には,萱間らによる調査研究において訪問看護の中で家族支援の実施率が高いという精神科訪問看護の特性が明らかになったことなどがある(図4-4)[1]。その結果,精神障害者に対しては,一般的な訪問看

精神科訪問看護の報酬体系見直しについて（医療機関）

30分未満の点数区分を新設し，精神科訪問看護・指導の実施者に准看護師の訪問・指導を評価する。

●精神科訪問看護・指導料

現行
保健師，看護師，作業療法士又は精神保健福祉士による場合 575点

→

改定後		
保健師，看護師，作業療法士又は精神保健福祉士による場合	新 30分未満	440点
	30分以上	575点
准看護師	新 30分未満	400点
	30分以上	525点

看護職員が実施する必要性が高い精神・身体的なケアだけではなく，多様なニーズがあるため看護補助者の同行訪問に対する評価を新設する。

●複数名訪問看護加算

現行
複数の保健師，看護師，作業療法士又は精神保健福祉士による場合 450点

→

改訂後
保健師又は看護師が他の保健師，看護師，作業療法士又は精神保健福祉士と同時に行う場合 450点
新 保健師又は看護師が准看護師と同時に行う場合 380点
新 保健師又は看護師が看護補助者と同時に行う場合 300点

図4-2　精神科訪問看護の報酬体系見直しについて（医療機関）

精神科訪問看護の報酬体系見直しについて（訪問看護ステーション）

訪問看護基本療養費における精神科訪問看護基本療養費の区分と30分未満の点数区分を新設する（保健師，助産師，看護師，理学療法士，作業療法士又は言語聴覚士による場合の例）。

●訪問看護基本療養費

現行
Ⅰ　患者宅個別 5,550円
Ⅱ　精神障害者施設等複数名に対し同時 1,600円
Ⅲ　同一建物居住者 4,300円

→

改定後	
Ⅰ　患者宅個別	5,550円
Ⅲ　同一建物居住者	4,300円

●精神科訪問看護基本療養費

改定後		
Ⅰ　患者宅個別	新 30分未満	4,250円
	30分以上	5,550円
Ⅱ　精神障害者施設等複数名に対し同時		1,600円
Ⅲ　同一建物居住者	新 30分未満	3,300円
	30分以上	4,300円

看護補助者及び精神保健福祉士の同行訪問の評価に対する評価の新設

新 精神科訪問看護基本療養費Ⅰ及びⅢ　複数名訪問看護加算　3,000円

図4-3　精神科訪問看護の報酬体系見直しについて（訪問看護ステーション）

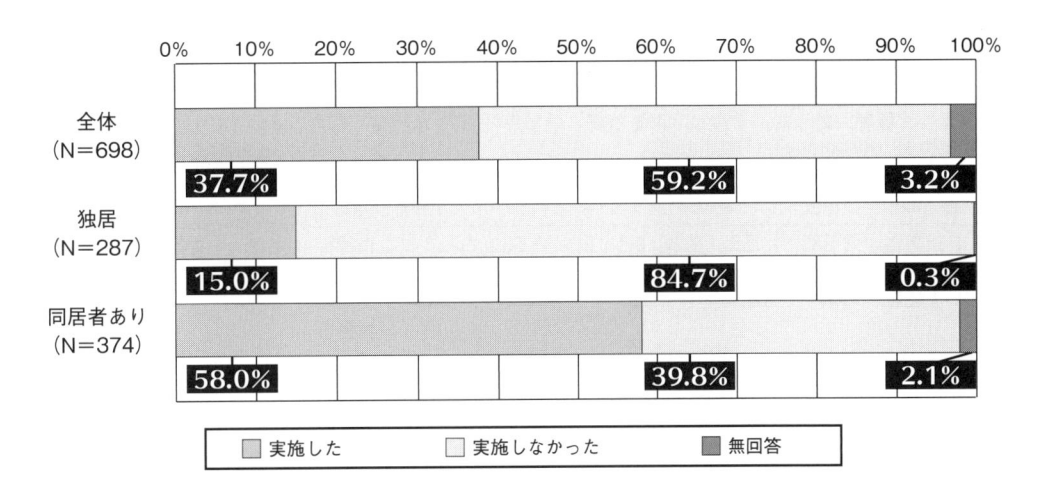

| | 0% | 10% | 20% | 30% | 40% | 50% | 60% | 70% | 80% | 90% | 100% |

	実施した	実施しなかった	無回答
全体（N=698）	37.7%	59.2%	3.2%
独居（N=287）	15.0%	84.7%	0.3%
同居者あり（N=374）	58.0%	39.8%	2.1%

支援内容	利用者数	割合
家族から話を聞き，苦労や困難をねぎらった	171人	65.0%
家族に対して，本人との日常的な接し方についてアドバイスした	136人	51.7%
家族に対して，本人の病状や治療，回復の見通し，利用できる社会資源について説明をした	108人	41.1%
本人と家族の関係を調整した（互いの気持ちを代弁するなど）	103人	39.2%
家族の状況が変化したため，本人や家族間の調整をした	29人	11.0%
家族が利用できる社会資源を紹介した	25人	9.5%
家族が休養をとりたいときに，レスパイトのために訪問した	2人	0.8%
その他	34人	12.9%
無回答	6人	2.3%

図4-4 精神科訪問看護における家族支援の実施率[1]

護とは異なるケアを実施することの必要性が認められ，高齢者などを対象とした「訪問看護基本療養費」とは別の枠組みを創設することになったのである（表4-2）。それに伴って，訪問看護ステーションにおいて「精神科訪問看護基本療養費」を算定する際には，実施する者は「相当の経験」を有する必要があるという要件が設けられた。この「相当の経験」とは，①精神科を標榜する保険医療機関において，精神科病棟または精神科外来に勤務した経験を有する者，②精神疾患を有する者に対する訪問看護の経験を有する者，精神保健センターまたは保健所等における精神保健に関する業務の経験を有する者，④専門機関等が主催する精神保健に関する研修を修了している者と示された。これまで，1998（平成10）年に新設されたグループホームなどに入所している複数の精神障害者に同時に訪問看護を行う「訪問看護基本療養費（Ⅱ）」について，実施の際には上記①～④に該当する保健師，看護師，作業療法士のいずれか1名が訪問看護ステーションに勤務していることが要件であったが，今回の「精神科訪問看護基本療養費」については実施者全てが算定要件を満たしている必要があるという高い

表4-2 訪問看護ステーションにおける精神科訪問看護とそれ以外の訪問看護の違い（2014年4月1日現在）

一般					精神				
人　員：保健師，助産師，看護し，准看護師，理学療法士，作業療法士，言語聴覚士 対　象：利用者 指示書：かかりつけ医					人　員：相当の経験を有する保健師，看護師，准看護師，作業療法士 対　象：利用者（精神障害を有する者）とその家族 指示書：精神科を標榜する医療機関の医師 ＊6か月以上入院していた場合，退院後3ヶ月は週5回まで訪問可能				
訪問看護基本療養費	訪問看護基本療養費（Ⅰ）	保健師・助産師・看護師・理学療法士・作業療法士，言語聴覚士	週3日まで	5,550(円)	精神科訪問看護基本療養費	精神科訪問看護基本療養費（Ⅰ）	保健師・看護師・作業療法士	週3回まで 30分未満	4,250円)
								30分以上	5,550
			週4日目以降	6,550				週4回目以降 30分未満	5,100
								30分以上	6,550
		准看護師	週3日まで	5,050			准看護師	週3回まで 30分未満	3,870
								30分以上	5,050
			週4日目以降	6,050				週4回目以降 30分未満	4,720
								30分以上	6,050
		悪性腫瘍利用者の緩和ケアまたは褥瘡ケアに係る専門研修を受けた看護師との訪問	月1回	12,850		精神科訪問看護基本療養費（Ⅱ）	障害福祉サービスを行う施設または福祉ホームに入所している複数の者（8名まで）に対して同時に訪問看護を行った場合	1日（週3回まで）	1,600

（次ページへ続く）

ハードルが設定された。これに対して，精神科での臨床経験のあるスタッフが少ない訪問看護ステーションでは5日間の指定研修会を受講しなければならなくなったが，連続した日程で勤務を休むことが難しい状況があり，困惑する声が多く聞かれた。

　この改定によって，訪問看護ステーションからの精神科訪問看護についても家族が対象者に含まれることになり，必要に応じて家族への訪問看護を実施できるようになった。一方，医療機関が行う「精神科訪問看護・指導料」については，准看護師が単独で実施できるようになった。また，利用者の多様なニーズに対応するために，看護補助者の同行訪問が認められた（図4-2）。訪問看護ステーションの「精神科訪問看護基本療養費」では，精神保健福祉士の同行訪問も算定できるようになった。この他に，訪問時間による区分も設定された。これについても，精神科訪問看護では利用者の病状などによって比較的短時間での訪問看護が行われている実態を明らかにした萱間らによる調査研究の結果が反映されている（図4-5）[2]。まだ細かい違いはあるものの，これで訪問看護ステーションによる「精神科訪問看護基本療養費」と医療機関からの「精

(表4-2続き)

	訪問看護基本療養費（Ⅱ）「同一建物居住者」で同一日複数者への訪問	保健師・助産師・看護師・理学療法士・作業療法士，言語聴覚士	週3日まで	4,300		精神科訪問看護基本療養費（Ⅲ）「同一建物居住者」で同一日複数者への訪問	保健師・看護師・作業療法士	週3回まで	30分未満	3,300
									30分以上	4,300
			週4日目以降	5,300				週4回目以降	30分未満	4,060
									30分以上	5,300
		准看護師	週3日まで	3,800			准看護師	週3回まで	30分未満	2,910
									30分以上	3,800
			週4日目以降	4,800				週4回目以降	30分未満	3,670
									30分以上	4,800
		悪性腫瘍利用者の緩和ケアまたは褥瘡ケアに係る専門研修を受けた看護師との訪問	月1回	12,850						
	訪問看護基本療養費（Ⅲ）	外泊中の訪問看護 ＊訪問看護管理療養費は算定不可		8,500		精神科訪問看護基本療養費（Ⅳ）	外泊中の訪問看護 ＊訪問看護管理療養費は算定不可			8,500
加算	特別地域訪問看護加算			基本療養費の50/100	加算	特別地域訪問看護加算				基本療養費の50/100
	緊急訪問看護加算	1日に1回限り		2,650		緊急訪問看護加算	1日に1回限り			2,650
	難病等複数回訪問加算	2回		4,500						
		3回以上		8,000						
	長時間訪問看護加算	週1回：特別指示 週3回：15歳未満の（準）超重症児		5,200		長時間精神科訪問看護加算	週1回：特別指示 週3回：15歳未満の（準）超重症児			5,200
	乳幼児加算・幼児加算			500						

（次ページへ続く）

神科訪問看護・指導料」の整合性がほぼとれたということができる（**表4-3, 4-4**）[3]。

　そして，2014年度の診療報酬改定では，精神科複数回訪問加算が新設された。これは，重症の精神障害者を対象に精神科医療機関が単独で，または訪問看護ステーションと連携しながら集中的なケアを行うものである。これについては，2011（平成23）年

(表4-2続き)

複数名訪問看護加算	看護師＋（看護師または理学療法士または作業療法士または言語聴覚士）	週1回	4,300	精神科福井数名訪問看護加算 *30分未満は算定不可	看護師＋（看護師または作業療法士）	週3回	4,300
	看護師＋（准看護師）		3,800		看護師＋（准看護師）		3,800
	看護師＋（看護補助者）	週3回	3,000		看護師＋（看護補助者または精神保健福祉士）	週1回	3,000
夜間・早朝訪問看護加算			2,100	夜間・早朝訪問看護加算			2,100
深夜訪問看護加算			4,200	深夜訪問看護加算			4,200

訪問看護基本療養費（Ⅱ）・精神科訪問看護基本療養費（Ⅲ）の内訳

訪問看護基本療養費（Ⅱ）「同一建物居住者」で同一日複数者への訪問	保健師・助産師・看護師・理学療法士・作業療法士，言語聴覚士	同一日に2人	週3日まで		5,550	精神科訪問看護基本療養費（Ⅲ）「同一建物居住者」で同一日複数者への訪問	保健師・看護師・作業療法士	同一日に2人	週3日まで	30分未満	4,250
										30分以上	5,550
			週4日目以降		6,550				週4日目以降	30分未満	5,100
										30分以上	6,550
		同一日に3人以上	週3日まで		2,780			同一日に3人以上	週3日まで	30分未満	2,130
										30分以上	2,780
			週4日目以降		3,280				週4日目以降	30分未満	2,550
										30分以上	3,280
	准看護師	同一日に2人	週3日まで		5,050		准看護師	同一日に2人	週3日まで	30分未満	3,870
										30分以上	5,050
			週4日目以降		6,050				週4日目以降	30分未満	4,720
										30分以上	6,050
		同一日に3人以上	週3日まで		2,530			同一日に3人以上	週3日まで	30分未満	1,940
										30分以上	2,530
			週4日目以降		3,030				週4日目以降	30分未満	2,360
										30分以上	3,030

（次ページへ続く）

度からモデル事業として実施された精神障害者アウトリーチ推進事業の実績に基づいて新設されたものである。他に，医療保険と介護保険の給付調整も盛り込まれた（図4-6）。これは，年齢が65歳になった精神障害者が介護保険に移行することによって，それまでと同等の医療サービスが受けられなくなるという問題を解消するものである。介護保険に移行すると要介護度が低く認定されてしまう傾向にある精神障害者が，ケアプランの枠組みの中では訪問看護の回数を減らさざるを得ないという実態について，日精看や訪問看護団体が要望をくり返して，ようやく改定されたものである。また，先に述べた「精神科訪問看護基本療養費」の算定要件である指定研修会の受講に

(表4-2続き)

訪問看護ステーションにおける精神科訪問看護とそれ以外の訪問看護の共通部分

訪問看護管理療養費	月の初日	7,300(円)
	2日目以降	2,950
24時間対応体制加算		5,400
24時間連絡体制加算		2,500
特別管理加算	在宅悪性腫瘍患者指導管理 在宅気管切開患者指導管理 気管カニューレを使用している状態 留置カテーテルを使用している状態	5,000
	その他	2,500
退院時共同指導加算	1回,厚生労働大臣の定める疾病等は2回まで	6,000
	更に,特別管理加算の対象は加算	2,000
退院支援指導加算	退院日1回	6,000
在宅患者連携指導加算	月1回	3,000
在宅患者緊急時等カンファレンス加算	月2回	2,000
訪問看護情報提供療養費	月1回	1,500
訪問看護ターミナル療養費		20,000

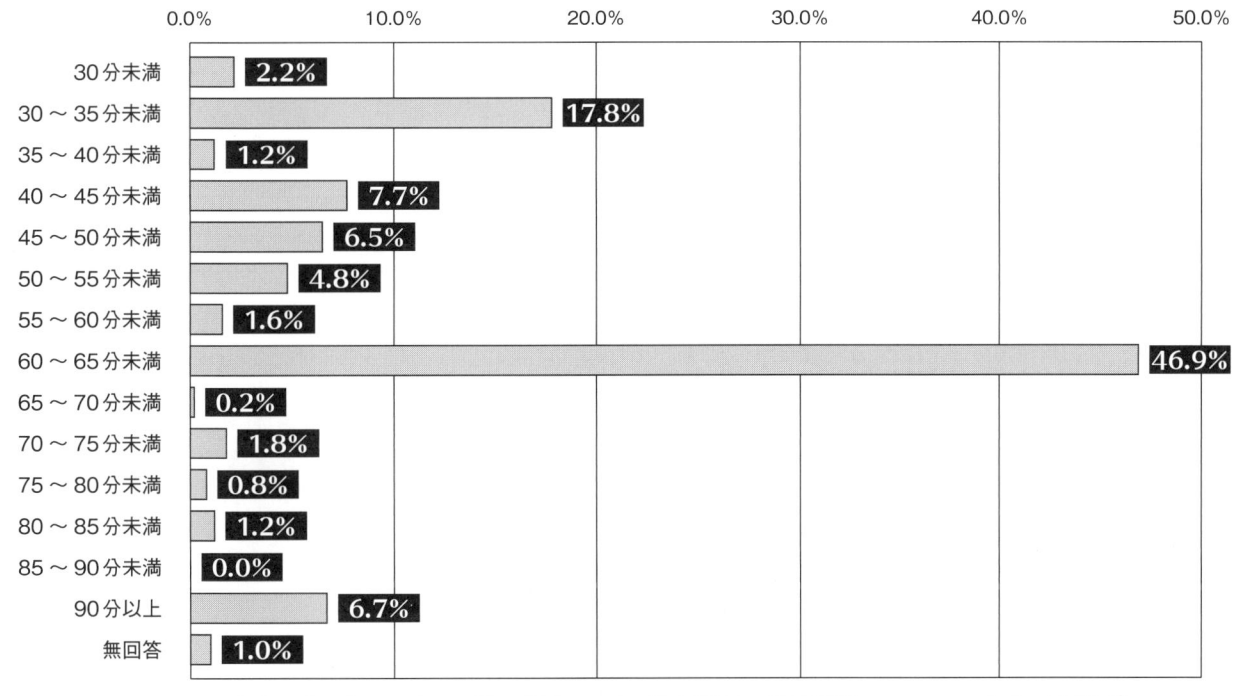

図4-5 統合失調症を有する人への訪問看護における滞在時間 (訪問看護ステーションからの訪問)[2]

- 30分未満: 2.2%
- 30〜35分未満: 17.8%
- 35〜40分未満: 1.2%
- 40〜45分未満: 7.7%
- 45〜50分未満: 6.5%
- 50〜55分未満: 4.8%
- 55〜60分未満: 1.6%
- 60〜65分未満: 46.9%
- 65〜70分未満: 0.2%
- 70〜75分未満: 1.8%
- 75〜80分未満: 0.8%
- 80〜85分未満: 1.2%
- 85〜90分未満: 0.0%
- 90分以上: 6.7%
- 無回答: 1.0%

ついて,訪問看護ステーションの業務の実態を鑑み,20時間程度の研修会の受講に緩和された(図4-7)。

3. 精神科訪問看護の実施数の推移

このように実施主体によって相違点があった精神科訪問看護であるが,近年では

表4-3 精神科訪問看護の主な診療報酬（医療機関）[3]

精神科退院前訪問指導料（保健師，看護師，作業療法士又は精神保健福祉士）	380点	
	6ヶ月未満退院患者3回まで	6ヶ月以上入院患者6回まで
複数職共同加算	320点	

精神科訪問看護・指導料（I）			440～675点	400～625点
			週3回（退院後3月以内は週5回）	
			保健師，看護師，作業療法士又は精神保健福祉士	准看護師
	複数名訪問加算（保健師又は看護師）	保健師，看護師，作業療法士又は精神保健福祉士	450点	
		准看護師	380点	
		看護補助者	300点	
	長時間精神科訪問看護・指導料加算		520点	
	夜間・早朝訪問看護加算		210点	
	深夜訪問看護加算		420点	
	精神科緊急訪問看護加算		265点	
	急性期増悪算定		1）服薬中断等で急性増悪した場合，7日以内の期間，1日1回算定可 2）さらに医師の判断で急性増悪した日より1月以内の7日間1日1回算定可	

精神科訪問看護・指導料（II）（精神障害者施設等の複数の入所者）（保健師，看護師，作業療法士又は精神保健福祉士）	160点
	週3回
	3時間超の場合1時間又はその端数ごとに400円（5時間以内）

精神科訪問看護・指導料（III）（同一建物居住者）		340～545点	300～495点
		週3回（退院後3月以内は週5回）	
		保健師，看護師，作業療法士又は精神保健福祉士	准看護師
複数名訪問加算（保健師又は看護師）	保健師，看護師，作業療法士又は精神保健福祉士	450点	
	准看護師	380点	
	看護補助者	300点	
長時間精神科訪問看護・指導料加算		520点	
夜間・早朝訪問看護加算		210点	
深夜訪問看護加算		420点	
精神科緊急訪問看護加算		265点	
急性期増悪算定		1）服薬中断等で急性増悪した場合，7日以内の期間，1日1回算定可 2）さらに医師の判断で急性増悪した日より1月以内の7日間1日1回算定可	

精神科訪問看護指示料		300点
	精神科特別訪問看護指示加算	100点

精神科退院指導料（医師，看護師，作業療法士又は精神保健福祉士）	320点
精神科地域移行支援加算	200点

訪問看護ステーションでも多く実施されるようになっている。改革ビジョンという追い風もあり，精神科訪問看護を実施する医療機関と訪問看護ステーションの数は増加の一途をたどっている（図4-8）[3]。2011年の精神科訪問看護の実施率は精神科病院で83.6％，訪問看護ステーションで59.4％に上っている。2012年4月1日現在の訪問看護ステーション数は6,298（一般社団法人全国訪問看護事業協会調べ）であるので，全国の約3,700の訪問看護ステーションで精神科訪問看護が実施されていることになる。しかし，これは精神疾患が主病名である利用者が1名以上いる事業所の数であり，これらの訪問看護ステーションが精神科訪問看護に積極的に取り組んでいるということではない。訪問看護ステーションにおける精神科訪問看護の特徴の1つに，1つの事業

表4-4 精神科訪問看護の主な診療報酬(訪問看護ステーション)[3]

精神科訪問看護基本療養費(I)		4250〜6550円	3870〜6050点
		週3回(退院後3月以内は週5回)	
		保健師,看護師又は作業療法士	准看護師
複数名精神科訪問看護加算(保健師又は看護師)	保健師,看護師又は作業療法士	4300円	
	准看護師	3800円	
	看護補助者又は精神保健福祉士	3000円	
長時間精神科訪問看護加算		5200円	
夜間・早朝訪問看護加算		2100円	
深夜訪問看護加算		4200円	
精神科緊急訪問看護加算		2650円	
精神科特別訪問看護指示書		主治医からの指示で1月に1回に限り14日を限度で算定可	

精神科訪問看護基本療養費(II)(精神障害者施設等の複数の入所者)	1600円
	週3回
	3時間超の場合1時間又はその端数ごとに400円(5時間以内)

精神科訪問看護基本療養費(III)		3300〜5300円	2910〜4800
		週3回(退院後3月以内は週5回)	
		保健師,看護師又は作業療法士	准看護師
複数名精神科訪問看護加算(保健師又は看護師)	保健師,看護師又は作業療法士	4300円	
	准看護師	3800円	
	看護補助者又は精神保健福祉士	3000円	
長時間精神科訪問看護加算		5200円	
夜間・早朝訪問看護加算		2100円	
深夜訪問看護加算		4200円	
精神科緊急訪問看護加算		2650円	
精神科特別訪問看護指示書		主治医からの指示で1月に1回に限り14日を限度で算定可	

精神科訪問看護基本療養費(IV)(入院中の外泊時に指定訪問看護を受けようとする者)	8500円
	入院中1回

所が契約している精神疾患の利用者の数が少ないということがある。精神障害者と契約している訪問看護ステーションの利用者のうち,精神疾患が主病名の利用者が5%未満の割合が非常に多いという報告がある(図4-9)[4]。つまり,多くの訪問看護ステーションでは,業務を通して精神科訪問看護の経験を積み上げていくことが難しい状況にあることがわかる。一般的な訪問看護ステーションのスタッフが,精神科訪問看護に対して困難感を抱いているという声は,以前から多く聞かれていた。

2012年度診療報酬改定において，要支援・要介護被保険者に対する精神科訪問看護は，急性増悪等の場合を除いて介護保険からの給付となったが，現行の介護保険給付から医療保険給付とする（認知症については介護保険給付のまま）。

現行	1.入院中の患者以外の患者	3.入院中の患者 ア．介護老人福祉施設又は地域密着型介護老人福祉施設 イ．短期入所生活介護又は介護予防短期入所生活介護を受けている患者
精神科訪問看護・指導料（Ⅰ）及び（Ⅲ）	○※	○※
精神科訪問看護基本療養費（Ⅰ）及び（Ⅲ）	○※	○※

※末期の悪性腫瘍等の患者及び急性増悪等により一時的に頻回の訪問看護が必要である患者に限る。

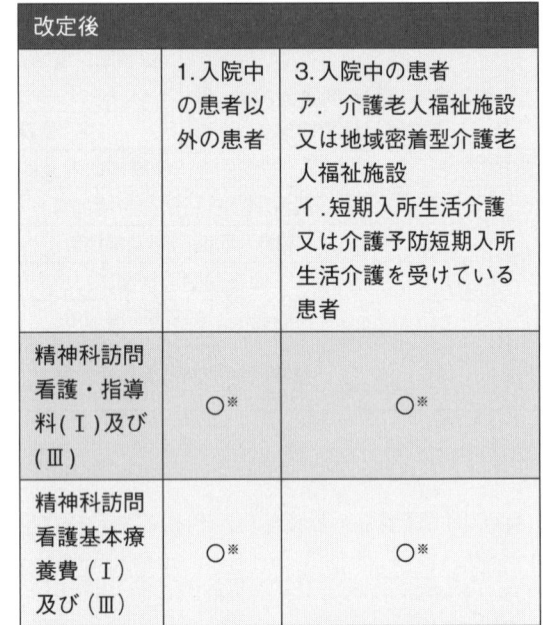

改定後	1.入院中の患者以外の患者	3.入院中の患者 ア．介護老人福祉施設又は地域密着型介護老人福祉施設 イ．短期入所生活介護又は介護予防短期入所生活介護を受けている患者
精神科訪問看護・指導料（Ⅰ）及び（Ⅲ）	○※	○※
精神科訪問看護基本療養費（Ⅰ）及び（Ⅲ）	○※	○※

※認知症を除く（ただし，精神科重症者早期集中支援管理料を算定する患者にあってはこの限りではない）

図4-6　精神科訪問看護の給付調整

2012年度診療報酬改定において，精神科訪問看護の質の向上のため，要件を厳格化したが，研修および経験について解釈が統一されていないため，明確化する。これによって，精神科疾患の患者に対し，十分な訪問看護が提供できる体制を整備する。

現行
精神科訪問看護基本療養費を算定する場合には，次のいずれかに該当する精神疾患を有する者に対する看護について相当の経験を有する保健師，看護師，准看護師又は作業療法士（以下「保健師等」という）が指定訪問看護を行うこと。 ①精神科を標榜する保険医療機関において，精神病棟又は精神科外来に勤務した経験を有する者 ②精神疾患を有する者に対する訪問看護の経験を有する者 ③精神保健福祉センター又は保健所等における精神保健に関する業務の経験を有する者 ④専門機関等が主催する精神保健に関する研修を修了している者 ［経過措置］ 平成27年3月31日までは新たな研修を修了していないものであっても要件を満たすものとみなす。

改定後
①精神科を標榜する保険医療機関において，精神病棟又は精神科外来に勤務した経験を1年以上有する者 ②精神疾患を有する者に対する訪問看護の経験を1年以上有する者 ③精神保健福祉センター又は保健所等における精神保健に関する業務の経験を1年以上有する者 ④専門機関等が主催する研修（20時間以上の研修で，以下の内容を含むもの） 　ア　精神疾患を有する者に関するアセスメント 　イ　病状悪化の早期発見・危機介入 　ウ　精神科薬物療法に関する援助 　エ　医療継続の支援 　オ　利用者との信頼関係構築，対人関係の援助 　カ　日常生活の援助 　キ　多職種との連携

図4-7　精神科訪問看護の研修および経験の明確化

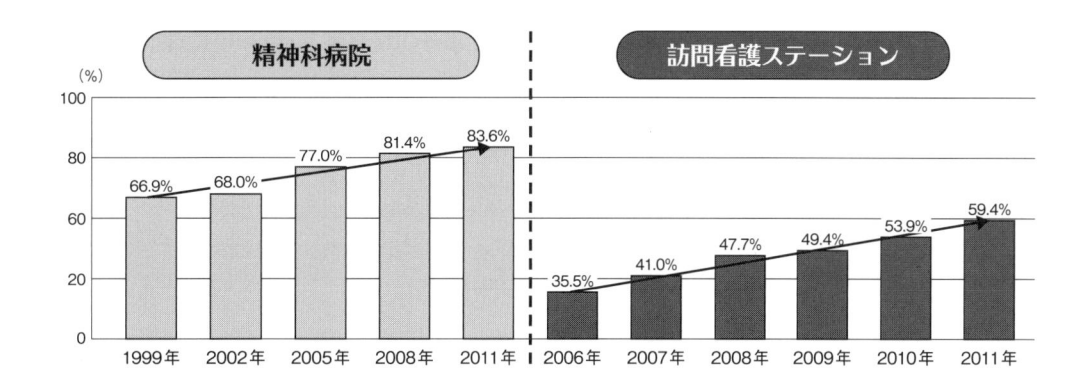

精神疾患患者に訪問看護を実施している機関は，精神科病院の8割超，訪問看護ステーションの約6割であり，増加傾向である。

- 医療施設（静態・動態）調査
- 平成18年度厚生労働省老人保健事業推進費等補助金「新たな訪問看護ステーションの事業展開の検討」
- 平成19年度厚生労働省障害者保健福祉推進「精神障害者の地域生活支援を推進するための精神科訪問看護ケア技術の標準化と教育およびサービス提供体制のあり方の検討」
- 平成20年度厚生労働科学特別研究事業「精神障害者の訪問看護におけるマンパワー等に関する調査研究」
- 平成21年度厚生労働省障害者保健福祉推進事業「精神科医療の機能強化に関する調査研究事業～訪問看護の充実に関する調査研究～」
- 平成23年度厚生労働省障害者保健福祉推進事業「精神医療の現状と精神科訪問看護からの医療政策」

図4-8　精神疾患患者に訪問看護を提供している精神科病院および訪問看護ステーション数の推移[3]

4. 精神科訪問看護の困難感について（日精看の調査より）

　日精看では，厚生労働省と東京都の委託を受けて訪問看護ステーションのスタッフを対象とした精神科訪問看護研修会を開催している。厚生労働省の「精神科訪問看護従事者養成研修事業」は2010年度から，東京都の「精神障害者地域移行体制整備支援事業人材育成事業」は2007（平成19）年度から受託し，毎年多くの参加者を集めている。

　東京都の2011年度事業では，研修会の開催と併せて精神科訪問看護のガイドブックを作成した。その際に，訪問看護ステーションのスタッフを対象に精神科訪問看護に関するアンケート調査を実施した。その中で，精神科訪問看護に対する困難感が明らかになったので報告する。

　調査は，2011年7月に東京都内の訪問看護ステーション585か所のうち，自立支援医療の指定を受けている370の事業所に調査票を送付し，454票の回答があった。回答者の平均年齢は44.6歳で，看護師（准看護師）としての勤務年数が10年を超える人が78％であり，うち訪問看護の経験年数も平均7.2年と中堅からベテランのスタッフが多かった。しかし，精神科での勤務経験については，65.2％が「経験なし」と回答していた。「1か月から5年」の10.1％を加えると，7割以上の人が精神科での臨床経験がない，もしくは少ないという実態があることがわかった。さらに，これまで訪問看護で担当し

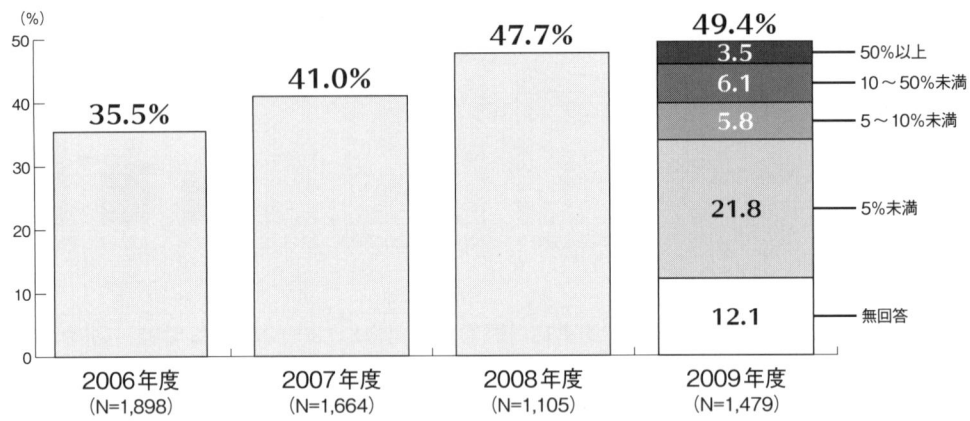

医療保険または介護保険による訪問看護で，精神疾患（認知症を除く）が主病名である利用者が1名以上いる事業所

図の凡例（2009年度の内訳）：
- 50%以上：3.5
- 10〜50%未満：6.1
- 5〜10%未満：5.8
- 5%未満：21.8
- 無回答：12.1

年度別割合：
- 2006年度（N=1,898）：35.5%
- 2007年度（N=1,664）：41.0%
- 2008年度（N=1,105）：47.7%
- 2009年度（N=1,479）：49.4%

- 2006年度 社団法人全国訪問看護事業協会：平成18年度厚生労働省老人保健事業推進費等補助金 新たな訪問看護ステーションの事業展開の検討，平成18年度報告書委員長：上野桂子
- 2007年度 社団法人全国訪問看護事業協会：平成19年度厚生労働省障害者保健福祉推進事業「精神障害者の地域生活支援を推進するための精神科訪問看護ケア技術の標準化と教育およびサービス提供体制のあり方の検討」，主任研究者：萱間真美．
- 2008年度 萱間真美：「精神障害者の訪問看護におけるマンパワー等に関する調査研究」，厚生労働科学特別研究事業（速報）
- 2009年度 社団法人全国訪問看護事業協会：平成21年度厚生労働省障害者保健福祉推進事業「精神科医療の機能強化に関する調査研究事業〜訪問看護の充実に関する調査研究〜」，主任研究者：萱間真美．

図4-9　精神障害者の訪問看護を実施する訪問看護ステーションの割合[4]

た精神疾患（認知症を除く）の利用者数は，「経験なし」が11.2%，「1〜5人」が50%と，精神科看護の経験が少ないスタッフが精神疾患の利用者を担当していることがわかった。

このような状況の中，精神科訪問看護を実施して「困ったこと」，「困っていること」について聞くと，以下のような困りごとがあげられた（複数回答）。①精神症状の見極めや対応が難しい（79.6%），②利用者とのコミュニケーションや信頼関係の構築が難しい（59.6%），③訪問看護以外の電話等の対応が多くて時間がとられる（45.9%），④拒否がある等訪問看護の導入に時間がかかる（43.8%），⑤精神疾患が疑われるなど対応が難しい家族がいる（42.6%），⑥訪問時に不在のことがある（41.9%），⑦精神科訪問看護を学ぶ機会が少ない（37.7%），⑧タイムリーに相談できる窓口がない（32.5%），⑨主治医との連携がうまくいかない（30.1%），⑩病状悪化時の受け入れ先が確保できない（28.6%），⑪精神科看護の経験のあるスタッフがいない（26.7%），⑫家族が在宅療養に非協力的なことがある（25.5%），⑬制度や地域の社会資源の活用の仕方がわからない（25.5%），⑭多職種と何をどう連携すれば良いかわからない（13.4%），⑮困っていることはない（1.5%）。そして，精神科訪問看護における困りごとを解決するには何が必要だと思うかという問いには，以下のような回答があった（複数回答）。①困ったときにすぐに電話で相談できる窓口（76.9%），②精神科訪問看護に関する研修会や

事例検討会（68.1％），③社会資源の把握や多職種との定期的な交流（68.1％），④さまざまな支援事例やノウハウを集めた冊子や書籍（40.4％），⑤支援事例検索などができる精神科訪問看護師のための情報サイト（39.2％）。

　以上の結果から，訪問看護ステーションで精神科訪問看護を実施するにあたって，経験のないスタッフが多くの困難を感じながら取り組んでいる実態が明らかになった。精神科病院での訪問看護の実施率が高くなっているとはいえ，「精神科訪問看護・指導料」は当該医療機関に通院している患者を対象としており，地域の精神障害者が自由に利用できるものではない。また，多くの精神科病院ではまだ入院治療が中心であり，人員配置も病棟を中心に強化する傾向にある。そのため，精神科病院の訪問看護部門では利用者の増加に合わせて訪問スタッフを増員するということは少なく，患者のニーズや治療上の必要性に応じて訪問件数を増やしていくという状況にはないと思われる。今後ますます精神科訪問看護の需要が増えていくと，地域の精神障害者のニーズに応える社会資源として訪問看護ステーションの存在感は大きくなっていく。そこで，現在のように訪問看護ステーションが精神科訪問看護に困難を感じ，相談するところもなく孤立しているという状況を何とかしなければならない。日精看はこれまでと変わらず，精神科訪問看護の知識と技術の習得のための研修会や，訪問看護師が自分のケアの振り返りやエンパワメントできる事例検討会などを開催していく予定である。それに加えて，調査の回答者の多くが希望している「困ったときにすぐに電話で相談できる窓口」の設置など，訪問看護ステーションのスタッフを支える方策を国や自治体が講じる必要があると考えられる。

　精神科訪問看護への期待の高まりが続いている昨今，精神に特化した訪問看護ステーションの開設が増えている。精神科の臨床で身につけた精神科看護の技術を活かして，精神障害者の地域生活を支える社会資源として柔軟に活動したいと考えて，訪問看護ステーションの開設を決意したという看護者が多い。訪問看護ステーションは対象者を限定するものではないが，近年は「がん看護」，「ターミナルケア」，「小児」，「精神」など，提供するケアの専門性を表明する事業所も少なくない。原則として，どこの訪問看護ステーションでも指示書が発行されれば利用者と契約し，訪問看護を実施するものであるが，「強み」や「得意分野」をPRする事業所も増えてきている。このことは，利用者にとって選択肢が広がることにもつながり，メリットも多いのではないだろうか。また，精神科訪問看護については，ACTチームやアウトリーチチームが全国で活動を広げており，これらと精神科病院，訪問看護ステーションが役割を分けながら，精神障害者の地域生活支援を実施することができるようになれば，多様な医療的課題を抱えて精神科病院での入院期間が長引くリスクのある精神障害者も早期に地域に帰ることが可能になると考えられる。

II 精神障害者アウトリーチ推進事業について

1. 精神障害者アウトリーチ推進事業の概要

1) 事業の背景

　2010年の閣議決定を踏まえ，国は精神保健医療福祉の分野で，退院支援と地域生活の支援体制整備について検討を進め，①地域移行，社会的入院の解消に向けた，病院からの退院に関する明確な目標値の設定，②地域移行・地域生活を可能とする地域の受け皿整備の2点について，それぞれ取り組みを行う方針を掲げた。②は，医療面での支え，福祉・生活面での支え（従来の障害福祉サービスの基盤整備に加え新たな取り組みとして），認知症の方に対する支えから構成される。②を実現するための取り組みの筆頭として挙げられたのが，アウトリーチ（訪問支援）の充実である。

　アウトリーチ（訪問支援）の充実に向けた施策の一環として，2011年度から3年度にわたって，精神障害者アウトリーチ推進事業が実施された。この事業は，受療中断者やみずからの意思では受診が困難な精神障害者に，日常生活を送るうえで，生活に支障や危機的状況が生じないためのきめ細やかな訪問（アウトリーチ）や相談対応を行うことが必要であるという趣旨で実施された。

　この事業では，上記のような状況にある精神障害者に対し，一定期間，保健，医療および福祉・生活の包括的な支援を行うことにより，新たな入院および再入院を防ぎ，地域生活が維持できるような体制を地域において構築することを目的とした。実施主体は都道府県で，事業費の負担率は国10分の10であった。アウトリーチ（訪問）による支援により「入院」という形に頼らず，まずは「地域で生活する」ことを前提とすることを，関係者が共通認識としてもつことが掲げられた。

　事業のイメージを図4-10に示す。

2) 事業の方向性

　この事業は，実施当初から将来的に一般制度化（診療報酬等）を目指すため，モデル事業（全国25か所）として評価指標や事業効果について検証を行っていくとされた。実施主体である都道府県は，①アウトリーチ事業評価検討委員会の設置，②アウトリーチチーム体制の整備，③精神病床の削減，④関係者に対する講習等の実施を行うこととされた。

　アウトリーチチームの体制整備では，民間（一部公的）医療機関等に，支援対象者の状態に応じた医療面・生活面の支援を，保健医療スタッフと福祉スタッフから構成する多職種によるアウトリーチチームを設置するとされた。委託先の医療機関は，相談支援事業所や地域活動支援センターなどとも十分な連携がとれていることが条件と

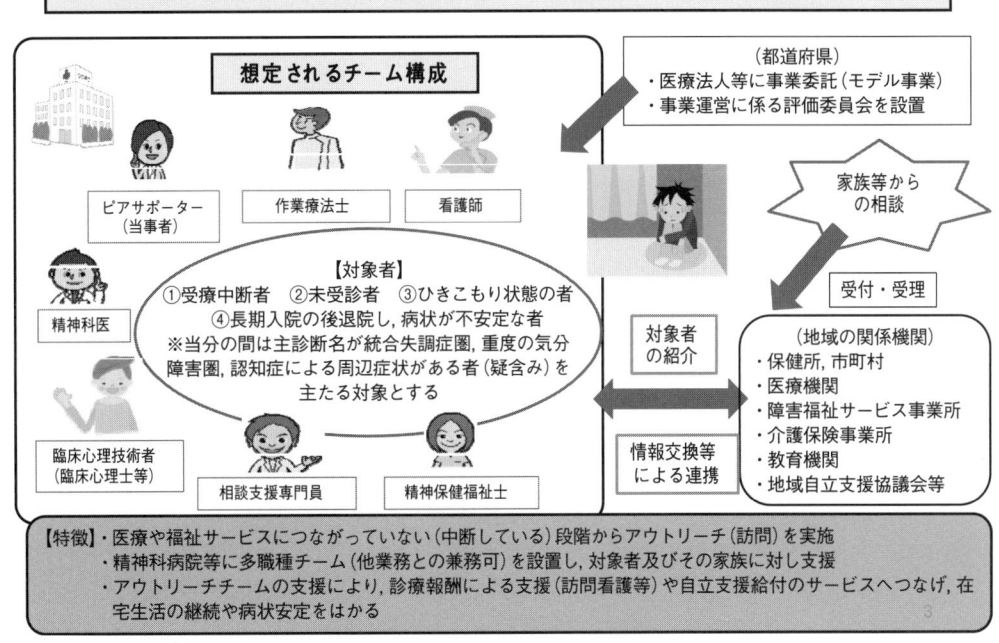

図4-10 精神障害者アウトリーチ推進事業のイメージ[5]

された。

精神病床の削減については、アウトリーチの支援実施が、委託先である医療機関が病床削減に取り組んでいくための一手段となることが期待された。都道府県の精神病床削減計画の一環として、事業を委託する医療機関は、精神病床を30床（医療機関が300床未満の場合は10％）以上削減することが義務づけられた。この削減は複数の機関や圏域での取り組みも可とされた。

3) 対象者と支援内容

アウトリーチ支援の対象者は、統合失調症、統合失調型障害及び妄想性障害、気分（感情）障害、認知症による周辺症状（BPSD）があるか、その疑いがあって、精神医療の受療中断者、精神疾患が疑われる未受診者、長期入院等の後退院した者や入院をくり返す者、ひきこもりの精神障害者とされた。精神科病院、精神科診療所が実施する場合には、自院以外の患者にも対応することが明記された。

支援内容では、24時間体制（休日と夜間を含む）で対象者およびその家族、関係機関からの相談に対応可能であること、医療や福祉サービスにつながっていない段階から支援を行うこと、ケアマネジメントの技法を用いた多職種チームによる支援、関係機関との連絡調整、ケア会議の開催、状況に応じて地域の関係職員をチームに加えて対応することとされ、病状悪化の場合も、できるだけ入院させず、地域生活の継続を前提に支援することが、従来のアウトリーチ支援と異なるとされた。

事業が開始された2011年度には3県，翌2012年度末までに24道府県，事業終了までには25道府県が参加した。

4) 事業におけるケアの特徴

図4-10に示したように，事業では現在の精神科訪問看護の制度では算定できない心理技術者とピアサポーターがケアに参加した。また，自宅以外の場所での支援，1日複数回訪問，受診同行など，現在の訪問看護制度では実施しても診療報酬が得られない機能を実施することができた。多様な場，多様な支援形態で精神障害者の地域生活継続を支援する必要が指摘される現在，これらの支援を通じてどのような効果が得られるかを検証する機会となった。

事業の主な対象者である未受診や受療中断の者には，これまで行政が中心となって関与してきた。病院が自院の受療中断者にとどまらず，地域でケアの優先度が高い対象者にケアを提供できるように，事業に関する相談の受付と事業の対象者の選定には，病院外の行政，学識経験者，自立支援協議会の構成員などで作る検討委員会があたることとされた。

2. 具体的な精神障害者アウトリーチ支援の流れ

1) 相談の受付と関係性の構築

この事業では，本人，家族，医療関係者，地域住民，行政職員などの関係者からの相談を受けて，都道府県に設置されたアウトリーチ事業評価検討委員会がチームへの委託の有無を検討し，対象とするか否かを決定することとされていた。相談の手順や受付機関は都道府県が要綱に沿って具体化し，アウトリーチ事業検討委員会の構成員や開催頻度，議論の方法もまた多様であった。特徴は，病院が自院以外の，地域で対応が困難となっているケースにかかわることであり，保健師やワーカーなどの行政職員がその存在を把握していることが多かった。行政職員は，従来こうしたケースを抱えても相談する場所が限定され，訪問支援も単独で行うことが多かった。この事業をきっかけに，行政からの訪問支援の頻度が十分でないケースの支援を共同で行い，きめ細やかな情報収集ができるようになったという評価は多く聞かれた。また，訪問活動においては行政職員とアウトリーチチームの同行訪問が頻繁に行われていた。

長期間にわたる受療中断や未治療の対象者へのアウトリーチケアは，信頼関係の構築までに長い時間を要する場合が多かった。長期間にわたって本人に拒否されながら訪問をくり返し，対象者の困りごとの場面に居合わせることとなり，困りごとへの支援を通して信頼関係を構築できたケースもあった。会えないままにケアを終了することとなったり，あえていまは訪問を頻回にしないで，行政からの訪問にとどめたほうがよいと判断され，ケアを終了したケースもあった。

表4-5 アウトリーチの事例

性別	女性	GAF	30
年齢	70歳代	SBS	27
類型	未受診者	通院	なし
診断名	F2 統合失調症	服薬	なし
合併症	高血圧症		
支援の経緯	X-2年，本人が市役所に助けを求める電話をしたことをきっかけに民生委員や生活福祉課，地域包括支援センターなどとのかかわりをもつようになり，市役所と地域包括支援センターからの訪問が開始。(2～3か月に1回程度) 「タヌキにとり憑かれている」との訴えがあり，外出できない状況。精神科の受診を促すも拒否する状況が続く，経過観察が定期的に必要であると判断され，アウトリーチ推進事業の対象者となった。		

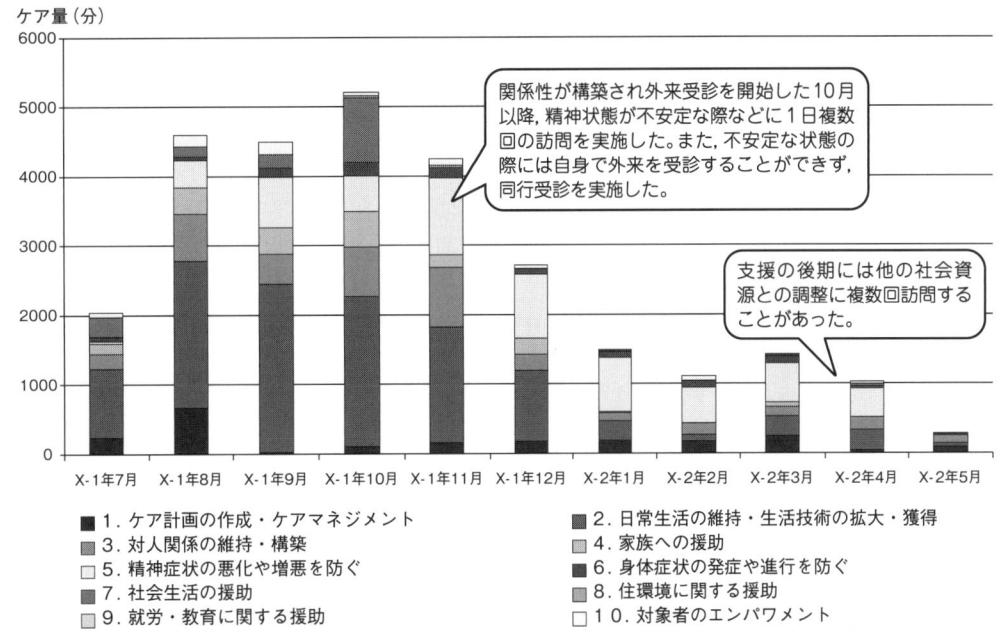

図4-11 事例のケア時間の推移

関係性が構築され外来受診を開始した10月以降，精神状態が不安定な際などに1日複数回の訪問を実施した。また，不安定な状態の際には自身で外来を受診することができず，同行受診を実施した。

支援の後期には他の社会資源との調整に複数回訪問することがあった。

凡例：
1. ケア計画の作成・ケアマネジメント
2. 日常生活の維持・生活技術の拡大・獲得
3. 対人関係の維持・構築
4. 家族への援助
5. 精神症状の悪化や増悪を防ぐ
6. 身体症状の発症や進行を防ぐ
7. 社会生活の援助
8. 住環境に関する援助
9. 就労・教育に関する援助
10. 対象者のエンパワメント

2) アウトリーチケアの展開事例

この事業では，一般制度化に向けて事業のプロセスとアウトカムを詳細に分析するため，調査研究班が設置された。筆者は厚生労働科学研究費補助金障害者対策総合研究事業費の助成を受けた研究班を運営した。ここでは，研究に参加された道府県から収集したデータを基に，匿名性に配慮して整理した架空の事例を表4-5に示す。

事例は70代で，これまで精神疾患による受診をしたことはなかった。憑依妄想が強くなり，本人がそのことに困って市役所に電話で助けを求めた。市役所からの連絡で民生委員や生活福祉課，地域包括支援センターが数か月に一度訪問を行って様子をみるようになったが，状況が変わらず，精神科外来を受診することには拒否的であった

ため，検討委員会ではこの事例には頻度の高い経過観察が定期的に必要であると判断して事業の対象者となった。

　ケアが開始されて4か月後には，同行することで事例は外来を受診することができた。受診に至るまでには精神状態が不安定となった時期もあって，一日複数回の訪問を実施した。外来受診も，当初は同行が必須であった。図4-11はケア時間の総計と内訳をグラフで示したものである。日常生活の維持，生活の拡大に要した時間がもっとも多く，家族への援助，対人関係の維持・構築，精神症状の悪化防止のためのケア時間が多くなっている。このケースでは宗教に関する強い妄想があり，「憑依をよくする」と本人が信じていたある場所をスタッフが事前に関係者に調整したうえで，ともに訪問したところ，その後本人の憑依妄想が改善したという出来事もあった。図4-11のグラフで示すように，この事業の対象者は関係性の構築に困難を伴う場合が多く，アウトリーチケアの開始直後には集中的に，長時間のケアを投入するケースが多かった。医療を定期的に受けられるようになるとケア時間は落ち着いていき，ケアを終結するに当たっては，他の社会資源の導入を調整するために再びケア時間が増えるという流れがみられた。ケア時間が集中的に投入されたケースでは，地域生活を継続できたものが多く，1日複数回訪問などが必要に応じて集中的に提供されることの効果を示唆するデータが得られた。

3. アウトリーチ支援における看護の役割

　アウトリーチ推進事業はピアサポーターや心理技術者を含む多職種チームでの訪問を前提としていた。今回の事業で専従職員をおいたチームのうち，看護師は26.6%，精神保健福祉士は21.1%であった。

　多職種チームでケアを提供する際には，チームワークが必須である。チームワークとは，「異なった考え方や能力をもった複数の人々が，共通の目標を達成するために，知恵と力をあわせること」[6]である。アウトリーチケアとは訪問型ケア全般をさす，ケア提供の形態を指す名称に過ぎない。各専門職は，それぞれの専門性に基づいたケアを提供するのであるが，個人プレーを求められているのではない。

　本事業では，多くのチームが日々のケア会議を行っていた。チームが提供するケアの質は，専門職がそれぞれの視点から意見を述べ，担当者の職種はさまざまであっても，多職種によってすり合わせたケア内容によって規定されていた。このような場では，看護職はチームメンバーとして看護の視点から意見を述べることはもちろん，会議やチームの運営を担うこともある。重要なのは，チームの中でどのような役割を担っているのかを自覚し，その役割に応じて，チームがケアの質を最大にできるように場を作り出すこと，あるいは場に参加することである。

　看護職は，医師がリーダーを務める医療チームで働くことが多い。職制としても，診療の補助においては医師の指示の下に働くとされている。アウトリーチチームでは，

常に誰かの指示を受けなければ動けない看護職でいることは不可能である。アウトリーチに出向いた場では，いくらチームでの話しあいをそのまま実施しようとしても，対象者や状況の変化があればそれは不可能であり，自分自身で判断することが必要となるからである。アウトリーチチームでは医師がリーダーとは限らない。看護職には，その場に合わせて，リーダー，フォロアーの両方の役割を取れることが求められる。

このような役割を果たすためには，施設内で働く場合もそうでない場合も，自分自身が何を根拠に，どう判断し，誰に対して，何をすることが必要なのかという，みずからの判断と行動の根拠を明確にする習慣をつけておくことが必要である。専門職は，たとえ誰かの指示を受けて動く場合であっても指示の目的と根拠を知り，みずからその行為について必要性を判断していなければ実施はできないのである。自分が判断した結果，行動しているのだということを常に意識化することが大切である。

病院における医療チームは顔を合わせる時間が比較的長く，常に誰かに相談しながら働くことが可能である。アウトリーチにおける医療チームは，常に誰かに相談するということができないことが多い。だからこそ，想定する状況を多様にし，変化が起きても応用できるように，ケアの目標を広い視野から立てておく必要がある。看護職にとってこのような働き方は1つの意識改革を要するといえよう。

4. ACT (Assertive Community Treatment) という方法

ACTは，重症の精神障害（統合失調症および双極性障害）と診断され，入退院を繰り返している中度～重度（おおむねGAF（社会機能尺度）スコア40以下）の精神障害者に対して，多職種（精神科医，看護師，作業療法士，精神保健福祉士，心理技術者およびピアスタッフ）からなるチームによって提供される，包括的なサービスである。24時間，365日のサービス提供を基本とし，かかわりの期間は長期に及ぶ。スタッフ1人当たりのケアマネジメント担当患者数は10名以下とされている。サービスの基本理念として，対象者のリカバリー（回復）とエンパワメントを，ストレングスモデルを用いて促すことが掲げられており，スタッフ教育，チームのケア水準の維持，DACTと呼ばれるプログラムの基準（フィデリティ）の遵守が基本である。

フィデリティを重視する背景として，ACTというプログラムはエビデンスに基づいた実践としてアメリカを中心として開発され，各国で効果の検証や費用対効果に関する検討，他のプログラムとの比較などが行われてきたことがあげられる[7]。近年，英国ではAO（Assertive Outreach）と呼ばれる，重度精神障害の診断を前提としない，医療のかかわりが困難な事例に対するアウトリーチプログラムの普及がみられる。

アウトリーチ推進事業との主な相違は，重度精神障害の診断の有無，GAF尺度の基準の有無，ケースロード設定の有無，スタッフ教育の基準の有無があげられる。

■引用・参考文献

1) 平成22年度厚生労働科学研究費補助金（障害者対策総合研究事業）「新しい精神科地域医療体制とその評価のあり方に関する研究（研究代表者　安西信雄）」：精神医療の現状把握と精神科訪問看護からの医療政策（研究分担者　萱間真美），2011
2) 平成19年度厚生労働省障害者保健福祉推進事業（障害者自立支援調査研究プロジェクト）：「精神障害者の地域生活支援を推進するための精神科訪問看護ケア技術の標準化と教育およびサービス提供体制のあり方の検討（主任研究者：萱間真美）」全国訪問看護事業協会，報告書より抜粋
3) 厚生労働省：第1回精神障害者に対する医療の提供を確保するための指針等に関する検討会資料（精神障害者に対する医療の提供の現状：平成25年7月26日資料）
4) 厚生労働省：第3回新たな地域精神保健医療体制の構築に向けた検討チーム．平成22年6月10日資料．
5) 厚生労働省：アウトリーチ推進事業の手引き；www.mhlw.go.jp/bunya/shougaihoken/service/dl/chiikiikou_03.pdf
6) 野中猛：心の病 回復への道．岩波新書，p20, 2012.
7) TEAGUE, G. B, BOND, G. R. & DRAKE, R.E：Program fidelity in assertive community treatment. American journal of orthopsychiatry, 68(2), p216-233, 1998.

第5章 災害と看護

I 東日本大震災でのこころのケア活動―その実際と課題

はじめに

　2011（平成23）年3月11日に発災した東日本大震災では，三陸沖を震源にマグニチュード9.0，最大震度7を記録し，広域に大津波を発生させ，未曾有の被害をもたらした。また，この震災に併発した福島第一原子力発電所の事故により，放射性物質に関連する影響は国内外に広まった。東日本大震災による死者・行方不明者は1万8,500人を超え，40万棟以上の住家が全壊もしくは半壊し，3月のピーク時には45万人以上が避難所生活を経験した。その後，徐々にプレハブ仮設住宅や民間賃貸住宅などに避難先は移行し，震災から3年経った今でもなお26万人以上（2014年4月10日現在）が避難生活を送っている。

　筆者は震災時まで，宮城県仙台市中心部にある東北大学病院で精神看護専門看護師（リエゾンナース）として勤務していた。震災後半年間，東北大学精神科心のケアチームのメンバーとして活動した。そして，宮城県における震災後心のケア事業の一環として，東北大学予防精神医学寄附講座およびみやぎ心のケアセンターが立ち上がったのをきっかけに籍を移し，被災地のこころのケア活動を続けている。今回は3年間の活動を振り返り，災害時のこころのケアの課題を考えたい。

1. 震災直後―被災地から患者を受け入れる際の心理支援

　3月11日14時46分，東北大学病院は震度6弱の地震に見舞われた。当院では外来棟等に一部被害はあったものの，病棟はほとんど損傷がなかったため，病院機能はほぼ維持できた。発災から20分後には災害対策本部が置かれ，40分後にはトリアージブースを設立した[1]。しかし，予想に反して外傷患者が次々と運び込まれて野戦病院化するようなことはなかった。それは，建物倒壊の被害よりも津波による被害が甚大で，亡くなった方が多かったからである。沿岸部で内陸に立地し津波被害を免れた災害拠点病院でも震災当日の救急搬送患者は少なく，2, 3日後に急増した。後に判明したが，救急車自体が津波で流されたり，ガソリンが不足していたりと搬送手段がなかったことも影響していたようである[2]。

数日経つと，沿岸部ではいくつかの医療機関自体が被災して機能が停止したことも影響し，被害を免れた病院に患者が殺到するようになった。東北大学病院は被災県にある大学病院として「最後の砦」になる使命を果たすべく，沿岸部の病院からできる限り入院患者を受け入れる役割を担うという方針を立てた。連日，ヘリポートなどを活用して患者を受け入れ，3月中は院内に被災地からの200名超の搬送患者が入院していた。

　患者の中には津波に巻き込まれたり逃げたりした体験を経た方もおり，急性ストレス反応が強く出ている方もいた。パニックになる方，解離する方，悪夢にうなされる方，行方不明の家族を探すといって離院しようとする方もいた。筆者は各病棟をラウンドし，見守りが必要な患者・家族へ直接かかわり，スタッフにコンサルテーションを行った。その際，ガイドラインとして役立ったのが，災害時の心理的応急処置として推奨されているPFA（Psychological First Aid：サイコロジカル・ファーストエイド）[3]であった。安全と安心の提供を心がけ，混乱の強い方には安定化を図った。

　また，宮城県北沿岸部の気仙沼市からの慢性透析患者の大量広域搬送もあった。78名の透析患者に対して，当院を一時滞在先にし，自衛隊固定翼機を用いて札幌へ搬送したのである。筆者は血液浄化療法部の医師からの依頼で，78名のこころのケアを担当することになった。まず，78名の患者は数名ずつ各病棟に入院する予定であったので，事前準備として病院全体に被災者への対応方法に関する知識提供が必要であると判断した。

　そこで，前述のPFAから必要最低限，被災者と接するうえで配慮してほしいことを抜粋し，A4用紙1枚にまとめ，全職員にメールで配信した。当時，筆者が医療スタッフにもっとも配慮してほしいこととして記載したのは，「災害直後にむやみに体験を詳細に聞きだすと，トラウマによる傷が深くなる可能性があるので注意すること」と「家族を亡くされた方へ言ってはいけないこと」であった。この2点を選んだのは，医療者がよかれと思って"積極的に傾聴"し"アドバイス"しがちなことが，裏目に出る可能性があると考えたからである。

　災害後の基本原則は「do no harm（害を与えない）」ことであり，被災者を受け入れる病院のスタッフは，それを踏まえた姿勢でコミュニケーションすることが必要である。実際，病棟をラウンドした際に，職員から「被災した方とどんな接し方をしたらよいのか参考になった」，「何も考えずに言葉をかけていたら傷つけていたかもしれないので，事前にガイドラインのようなものがあってよかった」という声を聞いた。

　災害発生時，病院は多数の被災者を受け入れる可能性がある。今回は災害が発生してから慌てて必要最低限の知識提供を行った。しかし，理想的には平時から医療者が被災者への対応方法を学び，早期介入スキルとして身につけておくことが望まれる。今後は，医療者が防災対策の一環として，PFAなどを学習する機会が必要だと考えられる。

2. 震災後急性期—こころのケアチーム

　震災発生後,岩手県,宮城県,福島県および仙台市は災害対策基本法第30条に基づき厚生労働省に「心のケアチーム」の派遣要請を行った。これを請けて,次々と自治体単位で心のケアチームの派遣が始まった。厚生労働省で管轄している自治体単位のチームだけでも,2012（平成24）年3月までに合計57チームが派遣され,述べ3,504人が活動した[4]。また,自治体以外でも各種協会や学会等の民間組織が結成した支援者がこころのケアチームとして被災地で活動したが,その全貌はつかみきれていない[5]。

　東北大学精神医学教室でも3月22日にこころのケアチームを結成した。メンバーは東北大学病院に所属するスタッフや地元関係者に加えて,ボランティアで駆けつけてくれた県内外の精神科医,看護者,心理士,精神保健福祉士で結成された。主な活動地域は気仙沼市,石巻市,沿岸南部（岩沼市など）であった。筆者は看護者のメンバーとしてそこに加わり活動した。

　こころのケアチームの活動場所としては,最初は避難所であり,数か月以降は仮設住宅が増えていった。また,自宅を訪問することもあった。他のこころのケアチームも,同様に活動場所は変化していったようである[6]。

1）避難所でのこころのケアチーム活動

　避難所での活動では,大きく分けて以下の内容に大別された。①精神障害者の発見と対応,②急性ストレス反応が生じている者の発見と対応,③被災者全体に対する災害後のメンタルヘルスに関する心理教育,④支援者支援,である。

　①に関しては,明らかに精神症状が増悪して行動が目立つ場合や,当事者から薬がないとか,交通手段がなく通院が困難である等の訴えがある場合は,発見・対応が可能であった。しかしながら,今回は大規模災害であり,震災直後は避難所の収容人数は1か所に数百人を超えている所も多かった。そのため,大規模の避難所では避難所の管理者（行政職）も避難者名簿を作成するような余裕はなく,どこの誰かも,既往歴もわからない多数の被災者がごった返す状況であった。そのような中で,目立たず自主的な訴えもない①および②を探し出してアプローチするためには,避難所内を巡回し,1人1人の状況を確認していくしかなかった。

　しかし,災害後急性期における被災者の特徴としてよくいわれていること[7]だが,被災者の多くは自分が心理的ストレスを抱えているという自覚はなかった。そのため,こころのケアとして声をかけても「自分は大丈夫です」という返答を返されることが多かった。そこで,まず,チームの中の看護者が血圧計を手に身体的アプローチから入っていくことにした。血圧測定を行いながら,体調,睡眠,ストレスと話題を展開しつつ,ストレス反応の程度をチェックし,必要時には,精神科医や心理職につなぐという方法でアプローチした。他のこころのケアチームでも同様に,看護者がファー

スト・コンタクト役になった報告がある[7]。

このように，多職種の中では看護職は被災者に気軽に受け入れられやすい存在であり，ファースト・コンタクトチーム内の大きな役割である。また，多くの避難所では外部から身体医療チームが派遣されていたため，そのメンバーと情報共有・連携し，身体的ケアから精神的ケアにつなぐ方法でアプローチを行った。以上のアプローチにより，カバーできる被災者が増えた。宮城県に長期的に派遣されたこころのケアチームの報告[9]でも，初期の主訴は身体症状が多くを占めており，リエゾン的な視点が重要であることが示唆されている。

③に関しては，災害後のメンタルヘルスに関するパンフレットを作成して配布したり，ミニ講話を行ったりした。しかし，災害直後から急性期の混乱した状態では，どのくらい被災者にインプットされていたのかは疑問である。ただ，災害後の急性ストレス反応にはどのようなものがあるのか，またそれは正常な反応であり，病的なものではないという心理教育により，「自分は頭がおかしくなったわけではないのだ」と安心したという声も聞かれた。

④に関しては，災害直後から急性期において現場の支援者は目の前の支援業務をこなすことに精いっぱいで，自分の状態を顧みるような状況ではなかった。基本的には，支援業務の邪魔をしないよう配慮しながら，必要な物品を手配すること，足りないマンパワーそのものとなって動くこと，支援者をねぎらい肯定することを行った。なお，外部支援者の一部で現場の支援者に一方的な意見・助言をする人もいたが，たとえ正論であったとしても，「口を出して手は出さない」ということは被災地では害になりうることである。少なくとも直後期から急性期においては，現場のニーズに応えることを第一優先とし，短期的に応援する立場での限界を踏まえて活動を行うことが重要である。

2013（平成25）年4月に厚生労働省は，従来のこころのケアチームに代わる災害派遣精神医療チーム（Disaster Psychiatric Assistance Team：DPAT）の活動要領を発表した[10]。その班構成の必須要員は精神科医，看護職，業務調整員（ロジスティクス）となっている。よって，今後も災害時直後期に看護職が被災地に派遣され，こころのケアの担い手となることが予想される。今回の災害の経験も踏まえ，こころのケアチームの中で看護職の特性を活かして活動できるよう，研修などの教育システムを準備することが望まれる。

2) 仮設住宅でのこころのケアチーム活動

震災から2，3か月経過した頃から，仮設住宅が完成しはじめ，避難者は徐々にそちらに移っていった。その動きと同様に，こころのケアチームの活動場所も避難所から仮設住宅へ移行した。その頃には一部の長期派遣チームを除き，県外からのこころのケアチームの多くは撤退していた[6]。当方のこころのケアチームは県内のチームとし

て，中長期支援体制に移行するまで（こころのケアセンターができるまで）活動を継続することになった。

　この時期の活動内容の多くは，仮設住宅入居後の健康調査で保健師がピックアップした精神健康面でのハイリスク者を訪問することであった。仮設住宅を訪問すると，時期もあるのか，プライバシーが保たれることがわかったということもあるのか，話をする被災者が増えた。トラウマ体験の語りや，喪失体験，今後の不安，周囲への不満など，さまざまな思いが表出されるようになった。また，アルコールや悲嘆の問題も深刻化しはじめた。仮設住宅でも，もともとのコミュニティを維持した仮設住宅はよいが，抽選で入居者を決めた仮設住宅は近所づきあいが希薄なため，孤立しがちであった。

　一方，狭い空間で家族関係も密になり，問題が生じるケースもあった。震災前はある程度の広さの家で適度な距離をもって自宅で家族と暮らすことができていた精神障害者も，仮設住宅で家族関係が悪化し，入院せざるを得なくなった方もいた。

　さらに，仮設住宅にシフトする一方で，避難所に残されている者や残存住宅で生活する者も孤立しがちであり，フォローが必要であった。避難所で常に周囲に支援されて何も役割がない生活に慣れてしまい，仮設住宅に移るのが困難になった方もいた。津波により自宅の1階は被害にあったが2階が無事だったため，恐怖とともに2階に住む被災者も多かった。また，ある集落では，海岸に近い家は全壊したため仮設住宅に入居したが，丘の上の方にある家の者は，建物の損傷は免れたため自宅に住まなければならず，近所がほとんどいなくなった中で暮らして抑うつ状態になった方もいた。

　このように，避難所から仮設住宅へ移行していくと，被災者の状況も精神的問題も多様化してくる。活動場所も1か所に集まっているわけではないので，訪問対象者が多いときはチームメンバーがバラバラに活動することも多かった。したがって，精神科医が不在な時もあり，医療機関につなぐべきか，継続面接で様子観察をするのか，1回の訪問で完結するのか，アセスメント力と柔軟に対応するスキルが必要であった。また，初回訪問後，ケースによって担当職種を振り分けることもあり，多職種の強みを活かせるよう工夫も行った。

　また，仮設住宅に移ると，保健師や訪問看護師，介護福祉職，生活支援員などさまざまな立場の者が被災者を訪問することになるが，それについて対応に悩むケースも浮上してきた。そのため，知識提供やケース・コンサルテーションも行った。

　このような形で継続的に支援していくにつれ，支援者との信頼関係も構築され，徐々に個人的な相談にのることも増えていった。支援者は一方で被災者でもあるが，最初から第三者に胸の内を話すことはしないことが多い。そのため，継続的に支援にあたり，支援者のニーズに応えて信頼関係を築くことが重要である。

3. 震災中長期—震災からの回復・復興を支える支援

　宮城県では震災から約半年後の2011年10月に，震災後こころのケア事業の一環として，東北大学予防精神医学寄附講座が立ち上がり，その後みやぎ心のケアセンターが始動した。両者は連携・協力しながら，支援活動を続けている。

　震災から3年が経過したが，被災地では復興がなかなか進まず，仮設住宅から復興住宅へ移ることもまだ先であるという地域も多い。厳しい状況の中，被災者の方々は今後の人生の岐路に立たされている。震災後急性期のストレスとは種類の異なる，「自己決定，自己責任」という復興期のストレスが生じている。

　例えば，住居の問題を取り上げれば，仮設住宅の後は永住の地を探すことになる。復興住宅に移るのか，自宅を再建するのかなど，自己決定していかなければならない。また，自営業の方は，人口流出が続き街の復興プランも定まらない状況で，商売の継続をどうするのかを考えなくてはならない。精神障害者や高齢者など，他者の手を借りて生活する必要がある場合は，手助けしてくれる存在を確保することも検討事項である。

　災害後の疲労が蓄積した状態で，このような複雑な問題に対処していくのはたいへんなことである。支援者にも，被災者がベストな選択をできるよう，問題を一緒に整理し考える役割が求められている。

　また，支援者支援としては，被災地域において，地域精神保健や職場のメンタルヘルスの底上げが重要である。外部支援が去った後に残されるのは，もともとその地域にある組織であり，その組織自体が被災によって上積みされた課題に対応する力をつけることが必要なのである。よって，コンサルテーションや研修などの取り組みが重要である。

　そういった意味では，日本精神科看護協会（以下，日精看）が，石巻地区で在宅医療にかかわるスタッフを対象に，継続的に事例検討会を開催したことは非常に意義があると思われる。筆者もコメンテーターとして参加させていただいたが，回を重ねるごとに参加者がスキルアップしていくのを感じていた。また一方で，遠方から日精看の方々が継続的に被災地に来てくださり，一緒にコンサルテーションを行ってくださることは，筆者に対する支援にもなっていた。この紙面をお借りして深く感謝の意を述べたい。

II 福島県相双地区の取り組み

　東日本大震災では，阪神・淡路大震災，新潟県中越沖地震で培った災害支援のあり方が通用しないほど大規模かつ長期の支援が必要となった。特に福島県では，福島第一原子力発電所の事故により，福島県相双地区（相馬，双葉地区）にあった全ての精

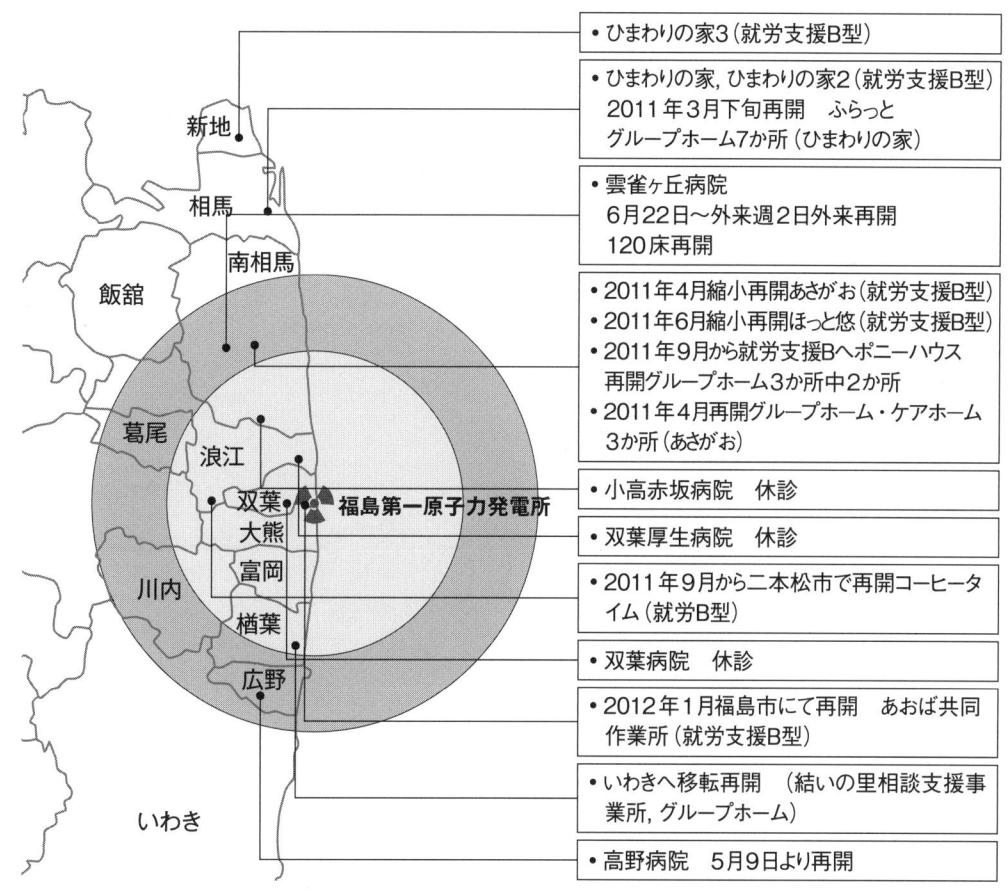

図5-1 相双地区の精神保健医療福祉の分布（2014年4月1日現在）

神科病院，自立支援事業所が避難を余儀なくされ，精神保健医療福祉サービスが一時壊滅状態となった。現在も福島第一原子力発電所をはさんで北側と南側で地域が分断され，5病院で約900床あった精神病床が，2病院224床しか再開されていない（2014年4月現在）。震災前は自立支援医療（精神通院医療）を利用する精神障害者が2,800名，精神保健福祉手帳の利用者が約600名いた。しかし震災後は，自立支援事業所のほとんどが避難場所での再開であり，完全な復興は遂げていない（図5-1）。また，通院診療先はごく限られている。このような混乱の中，新しい精神科保健医療福祉システムが設立された。これまでの経験と震災後の新たな心のケアの拠点が築かれた経緯と活動から，今後起こりうる震災時の精神障害者の対策や災害後の心のケアの活動，そして平素から必要な心のケアについて述べていく。

1. 震災直後―中期の活動内容

1) 福島県立医科大学心のケアチームの活動とNPO法人の設立の経緯

組織的な取り組みの始まりは福島県立医科大学こころのケアチーム（県，学会，協会等単位で構成されるチーム）であり，全国からの支援を受けて2011年3月29日に相

図5-2　拠点となった相馬市保健センター（2011年4月撮影）

馬市保健センターを拠点とし，相双地域の北側のエリアの支援を開始した。その活動を継続的に進めていくため，同年11月29日にNPO法人「相双に新しい精神科医療保健福祉システムをつくる会」を設立した。続いて，2012年1月10日に相馬広域こころのケアセンターなごみ（以下，ケアセンターなごみ）を開設し，その後，被災者の支援や障害者の支援を行っている。さらに，精神監護法の制定の発端となった相馬事件以来，精神科医療機関が開設されることのなかった相馬市において，歴史上初の「メンタルクリニックなごみ」を開設した。

2) 震災直後の被災者の様子

　避難の受け入れで混乱する相馬市には，同市の避難者に加え，福島第一原子力発電所事故の放射能汚染や津波によって，南相馬市，相馬郡，双葉郡からの避難者も殺到した。災害支援チームの拠点が相馬市の相馬市保健センターに置かれ（図5-2），遅れること数日，福島県立医科大学心のケアチームが，公立相馬総合病院の精神科臨時外来の診療チームと避難所の巡回チームに分かれて活動を開始した。すでに，被災者の外傷などの直後期の支援はピークを過ぎ，D-MATやJ-MATなどさまざまなチームが活動していた。その時期は「こころのケア」というよりは，災害後の身体症状を中心とした支援を他のチームと協同し行っていた。不慣れな避難所生活のストレスによる不眠や高血圧などの身体症状や，栄養のバランスが偏りがちな支援物資による食生活

で糖尿病の悪化などを訴える避難者に対し，同行した医師らとともに薬剤を処方すること，避難者の話を傾聴するのが主な役割であった。

2011年3月29日，公立相馬総合病院にて臨時の精神科外来の支援が開始された。相双地区の精神科医療機関がなくなり，相双保健福祉事務所に問い合わせることで臨時外来の存在を知った住民が，やっとの思いで外来受診した。ところが，相馬市にはもともと精神科医療機関がなかったため，向精神薬を扱う調剤薬局がなく，診察をしても薬の処方ができなかった。また，震災直後は情報が錯綜しており，得た情報の全体的な把握もできなかった。

避難をせずに精神障害者の支援を継続していた相馬市の自立支援相談事業所の所長の訴えと県職員の薬剤師の尽力によって薬局での薬の処方が開始されるまで，緊急の医療体制すらとれなかった。調剤薬局にさまざまな支援が入り薬の入手に関する混乱が収まったのは，震災から数か月後であった。震災によって，多くの精神障害者が避難生活を送るための配慮を受けられなかったり，医療機関が一時機能が停止し受診先が見つからない状況が続いた。また，自分の病名や処方薬がわからず，ようやくたどり着いた受診先でも，お薬手帳を所持していない場合には，自立支援医療制度の手続き書類にある処方内容を参考に処方された。しかし，それは必ずしも最新の処方内容ばかりではなく，薬剤不足も重なり症状が悪化したというケースもあった。

精神科病院や診療所が閉鎖を余儀なくされ，精神科関連の薬剤を調剤した経験のない薬局が地元の要望で調剤を引き受け，その薬を求めて患者が薬局に列をなすという事態になるなど，震災などの緊急時における患者の支援体制の弱さが露呈した。

3) 津波の被害や原発事故による避難の特徴

避難している相馬市民は津波で家族や家をなくした人がほとんどであったが，津波の被害が少なかった南相馬市からも数百名が旧相馬女子高校に避難してきた（相馬市では多数の避難所を抱えていたため5月末でこの避難所は閉鎖された）。原発事故によって後に警戒区域となった地区の住民が比較的多く避難していたが，そのほとんどの住民は，「ほかの人は，家族が亡くなったのだから自分はまし」，「住むところはあるからましだ」と，自分に起こった不幸を「他人よりはまだよい」とみずからを落ち着かせているようであった。このような避難者は，初回訪問ではみずからの体験や困りごとを表出せず，避難所に複数回訪問して，ようやくみずからの感情を話し出すケースが多かった。そのため，何度も訪問を行うことによって，関係性を作る必要があった。

2. 中期―仮設住宅や地域生活への支援が活動の中心となる時期

相馬市では2011年6月を過ぎると，比較的早期に避難所から仮設住宅の入居が始まり，J-MAT，D-MATなどの急性期のチームのほとんどは撤退した。最終的に相馬市保健センターに残ったのは，福島県立医科大学心のケアチームのみであった。その頃に

行われていた主な支援活動は，以下のような多様な健康問題への支援であった。
①避難所から仮設住宅に移った避難者を対象に，全戸訪問によるハイリスク者の把握や訪問。
②仮設住宅の談話室や相談室でのサロン活動の運営。
③支援者のバーンアウトを防ぐための消防署職員，高校職員のこころの検診や健康教育。
④精神障害者の病状悪化の対応など。

こうした活動が後に拡大し，後述する「こころのケアセンターなごみ」へ引き継がれることになった。9月を過ぎると県内外からの支援者は少なくなり，公立相馬総合病院の臨時の精神科外来を維持するのがやっとの状態になり，仮設住宅での集団活動や訪問が日によっては実施できなくなる恐れがでてきた。

3. 震災直後から中期の課題

今回の震災で痛切に感じたのは，災害の規模にもよるが，地元の支援機能が回復するまでの支援は，こうした状況においても正確かつ適切であることが求められるということである。そのため，刻々と変化する現場に応じた支援ができるコーディネーターの養成が，支援体制整備の最優先課題となる。これについては，福島県Fukushima ψ21Planプランナー（代表：丹羽真一氏）が精神科医療者としての提言を行っている。以下は，その内容を参考に課題について考えた。

1）支援者の交代で運営されるチームのコーディネーターの役割の明確化

福島県立医科大学心のケアチームは，多い日には5チーム，総員20名弱くらいのチームが集まった。大半のチームは月曜日から金曜日というスケジュールでの支援であったのに対し，決まった日に到着，撤収とは限らないチームもあったので，これらの調整が必要となった。派遣されるチームはボランティアなので，原則として，宿泊先，交通機関，食料の手配は自分たちで行うことになっている。しかし，宿泊先や移動手段が確保できない，30キロ圏内の地域で活動することが派遣元から許可されないなど，想定外のことが起こり，それらを細かく調整することは困難であった。チームの特徴は，自治体の多職種や同じ病院の職員で編成されたチーム，学会や協会から派遣されたチームなど，職種，派遣された立場，形態などはさまざまであった。コーディネートする側としては，チームの希望に沿った活動内容と現実的に必要な支援内容のギャップに悩まされた。

また，直接的な支援以外に集計作業などの事務作業も多かった。こころのケアは長期間に及ぶことが多く，支援チームを維持するためコーディネーターの補佐など裏方の支えがあってこそ有効な支援が実現する。

2) 支援者の健康を守るコーディネートの困難さ

　原発事故の影響が大きかった相双地区における支援チームのコーディネートでもっとも難しいと感じたのは，安全上の問題で福島第一原子力発電所から30キロ圏の南相馬市には入れないという意向を示すチームが多かったことである。当時は，放射線量の詳細なデータが整っておらず，実際に支援者にどの程度影響があるかを確認する方法がなく，活動の安全性については派遣チームの長が決断するしかなかった。そのため，南相馬市への支援はとぎれることが多かったが，その一方で南相馬市への支援を希望したチームもあった。

3) 支援者の減少と情報共有の必要性

　震災を経験したチームの中には急性期よりも中長期支援の重要性を理解し，この時期を選んで支援に来るチームもあったものの，夏が過ぎると，一時期には1日20名ほどいたこころのケアチームが最小3名になる日もあった。筆者には震災から6か月過ぎると「福島に対する他県の関心が薄れていっているのでないか」という印象があった。こうした事態は，被災地の支援を受け入れる側が現地の被害状況と必要とされる人員について十分に発信できなかったことが原因として考えられる。また，外部からの支援チームが現地の情報や地理感，また現地で使われている方言を理解するまで時間を要してしまったという事態も，支援を受け入れる側の情報発信の仕方に起因すると考えられる。

　同時に，被災地の支援を受け入れる側には，県外の支援者や他機関の調整などで疲弊し，支援者自身も支援が必要になっているという実態もあった。特にコーディネーターは，ほかの業務を兼任している者もおり，バーンアウトしそうになりながら支えなければならないという状況に苦しんだ。こうしたことから，有志による支援体制から，被災地で継続的に機能できるシステムへと早期に転換することが喫緊の課題であった。

4) 障害者の急性期増悪期に対する対応体制の強化

　相双地域では，2011年の夏以降，精神障害者の警察官通報（24条通報）と，移送が増加した。これは，服薬の中断や，震災のストレスによって症状が悪化した人が，この時期に集中したことが主な原因であると考えられる。これらの対処に追われた日々が続いたが，特に相双地区は精神病床がゼロになってしまったため，福島県中通りの病院（約60キロ離れた精神科病院）に移送するケースが多かった。

4. 相双に新しい精神科医療保健福祉システムをつくる会の取り組み

1) 相馬広域こころのケアセンターなごみの取り組み

　現在，NPO法人「相双に新しい精神科医療保健福祉システムをつくる会」が運営す

る「相馬広域こころのケアセンターなごみ（以下，ケアセンターなごみ）」，「訪問看護ステーションなごみ」の両事業所は，保健師，看護師，精神保健福祉士，作業療法士，社会福祉士からなる多職種チームとして活動している（2014年4月現在）。事務には保育士の資格をもつ者，社会福祉士や精神保健福祉士の取得を目指す者がいる。ケアセンターなごみは，2012年1月に6名からスタートした。開設当初は，精神障害者アウトリーチ支援事業（震災対応型）の委託を受けていたが，4月に，福島県精神保健協会よりふくしま心のケアセンター事業を再受託した。さらに，南相馬市にあったふくしま心のケアセンター南相馬市駐在と統合し，南相馬事業所を新しく開設した（図5-3）。これによってケアセンターなごみは，相双地区北部の大部分を担当することになった。スタッフの多くは震災前には福島県内に居住しており，失業した者や警戒区域から避難して仮設住宅や借り上げ住宅に住んでいる者など，出身地や経験年数などさまざまである。中には震災後の支援のためボランティアとしてかかわってきた者などもおり，スタッフの福島の復興にかける思いは強い。

(1) 精神障害者アウトリーチ推進事業（震災対応型）

　ケアセンターなごみが開設当時から行ってきた精神障害者アウトリーチ推進事業（震災対応型）では，未治療，治療中断者，引きこもりの者を対象とした訪問を行う。地域の医療機関と連携してかかわることで，対象者が安定した地域生活を送ることができるように支援する。震災対応型以外のアウトリーチ推進事業は精神病床を削減するための目的も含まれているが，震災対応型は利用できる精神病床が少ない中で，危機的状況に際しては適切に早期入院を進めると同時に早期に退院支援にかかわる役割がある。対象者の多くは統合失調症であり，今まで医療に結びつかなかった人や治療を中断している人を治療に結びつけるため，生活に必要な技能の習得や，住み慣れた地域で生活全般にかかわる支援を患者に寄り添いながら行っている。はじめは治療を拒否し，1人で外出することのできなかった当事者が自立した生活を実現している。また，介護サービスでの対応が困難な問題行動のある高齢者に，買い物などの日常生活支援などを行う中で，安定した生活が送れるように変化した例もある。さらに，震災によって服薬を中断した人や症状が表出した人やPTSDの状態を呈した対象者にもかかわり，震災前の生活に近づけることができた例もあった。このような支援は，従来の医療福祉サービスでは支えきれない対象者の地域生活を維持させる可能性を切り開いている。

(2) ふくしま心のケアセンター事業

　ふくしま心のケアセンター事業（福島県精神保健福祉協会委託）では，被災者への訪問活動をはじめ，仮設住宅の住民の運動不足の解消を目的とした集団への健康教室や季節の催しの開催などを行っている。被害者の生活が復興するまでの支援は自殺予防の効果や精神的な支えとなっており，被災者が自分の生活を取り戻すための重要な支援となっている。震災発生から4年目を迎えた被災地では，放射能問題に関する直

```
┌─────────────────────────────────────────────────────────┐
│  NPO法人相双に新しい精神科医療保健福祉システムをつくる会  │
│              （2011年11月29日設立）                      │
└─────────────────────────────────────────────────────────┘
                              │
                          （理事会）
                    ┌─────────┴─────────┐
          訪問看護ステーションなごみ    相馬広域こころのケアセンター
                 所長                      なごみ　センター長
                                    ┌──────────┴──────────┐
                              （南相馬事務所）        （相馬事務所）
                               （南相馬担当）        （新地・相馬担当）
```

訪問看護ステーションなごみ	南相馬事務所	相馬事務所
1. 看護師　訪問看護専任 2. 精神保健福祉士　アウトリーチ事業専任 3. 看護師　アウトリーチ事業と訪看兼務 4. 看護師　アウトリーチ事業と訪看兼務 5. 看護師　訪看専任（非常勤） 6. 事務員　サービス管理責任者 7. 事務員 8. 事務員	1. 保健師 2. 看護師 3. 社会福祉士（ふくしま心のケアセンター南相馬市駐在） 4. 作業療法士　ふくしま心のケアセンター（ふくしま心のケアセンター南相馬市駐在）	1. 作業療法士 2. 保健師 3. 作業療法士 4. 事務員　保育士

　　　↑　　　　　　　　　　　　　　　↑
精神障害者　　　　　　　　　　ふくしま心のケアセンター
アウトリーチ推進事業　　　　　事業（南相馬市駐在）
（震災対応型）　委託　　　　　　　　委託

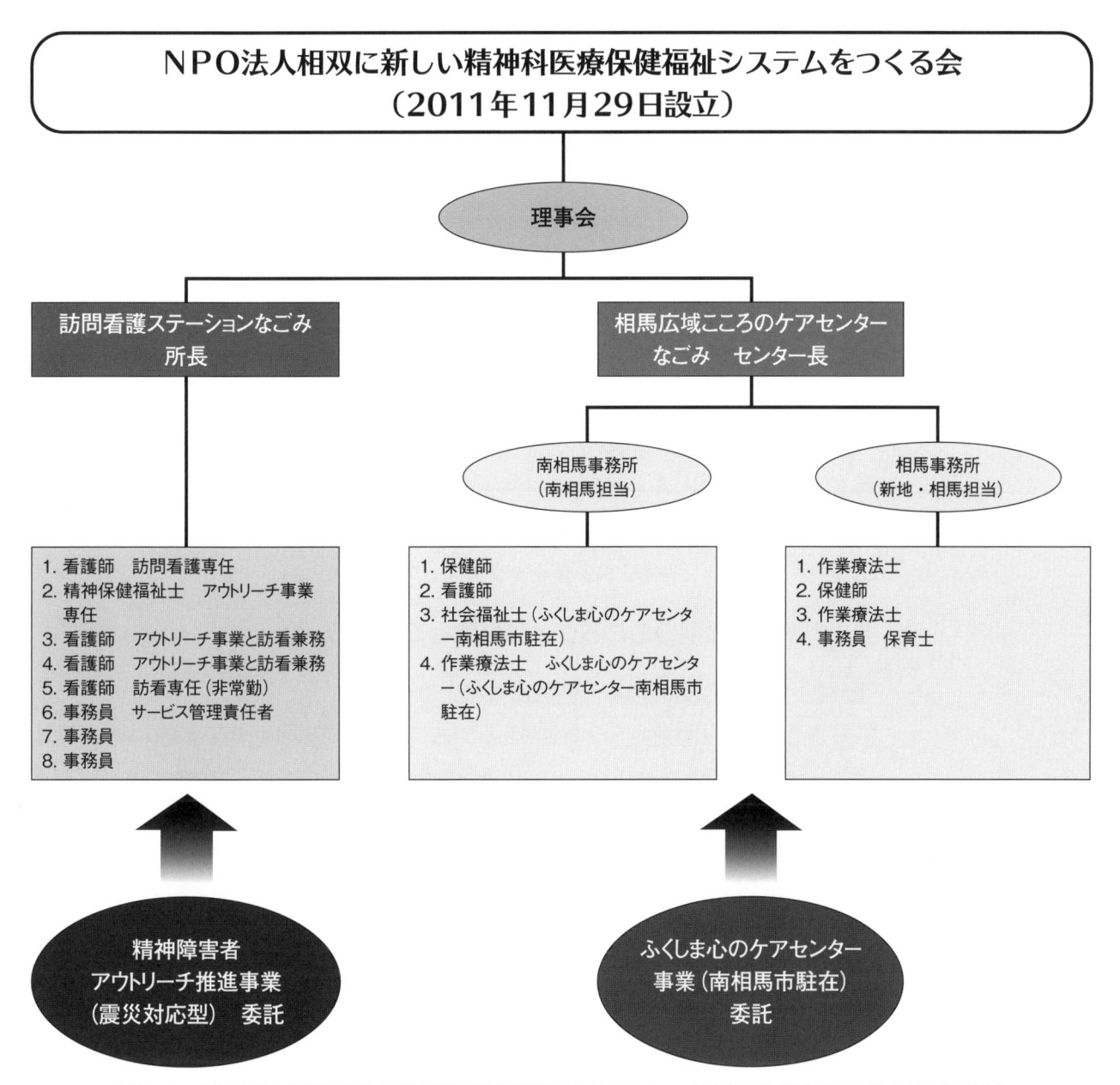

図5-3　NPO法人相双に新しい精神科医療保健福祉システムをつくる会の体制（2014年4月1日現在）

接的な被害以前に，長期の避難生活や家族の離散，復興の格差，ストレス障害，アルコール関連問題などが複雑に絡みあい深刻化している。特に福島では，放射能汚染により帰還の見通しが立たないというかつて経験したことのない心的外傷が，避難者の将来や生活設計の具体化を阻んでいる。

　原発事故による避難によってコミュニティが分断されただけではなく，同時に職員不足によって被災者支援を行う行政の職員は疲弊している。そうした状況に対応するためにカウンセリングや健康教室などを行うことも，ケアセンターなごみの役割である。例えば，被災した福祉事業所との事例検討会を開催して連携を取りつつ，行政の

職員の対応能力の強化を図っている。また、放射能不安や成長発達に不安を抱える避難者の母子への支援も行っている。保育士が中心となり、遊具を用意して子どもに遊びの場を提供している。その中で、母親が放射能の影響を考えて外で遊ばせることが可能かどうか悩み、遊びや外出させることをためらうことが子どもの心身の成長発達に及ぼす影響などについて、精神科医や臨床心理士、作業療法士が相談を受けている。このような幅広い年齢層や対象者への活動は、ケアセンターなごみの職員だけではマンパワー不足で対応が難しいが、国内外の支援団体からの寄付やボランティアによって支えられている。

2) 訪問看護ステーションなごみ

精神障害者に対する事業の継続を図るための支援体制の強化と相双地区の新しい試みとして、全国からの人的支援と技術支援を受けて精神医療に特化した訪問看護ステーションを2014年4月1日に開設した。今後、精神障害者が安定した地域生活を継続していくためのモデルの1つとなるよう展開していく。

5. 中期から長期のこころケアの課題とこれから

1) 震災から学ぶ真の精神保健医療福祉とは

障害者に限らず地域の中で心の病をもつ人に対する多職種チームによるかかわりは有効な手法の1つである。しかし、保健医療福祉の垣根を越えたチームとして成熟させるのは並大抵のことではない。ケアセンターなごみの活動に関していえば、震災後に急遽スタートした事業であり、スタッフの力量不足に加えてケアセンターなごみの活動が市民にどれだけ理解され浸透していくのかなど課題は山積している。復興が進むにしたがい、将来的にはケアセンターなごみは特別な存在ではなく、既存の診療報酬や障害福祉サービスとしての取り組みや、1つのNPO法人として住民にサービスを還元する使命も担うことになるだろう。震災で心のケアの拠点として生まれたが、今後は地域にとってなくてはならならない存在になることが求められている。

2) 被災地の支援者の精神保健医療福祉の技術の向上と連携体制の構築

さまざまな心の脆弱性をもち、発症の可能性のある潜在的な問題を抱える人は、今後も増えると考えられる。心の健康を維持するための対策を、関係機関と協力してどのように取り組むのか考えていく時期になっている。これまでも、市町村の保健センターや保健所との連携体制を構築や医療機関や福祉事業所との連携を行い、心のケアをどう進めていくのか、時間を重ねて検討してきた。まず、震災のよって生まれたケアセンターなごみが、既存の関係機関にとってどのように役立つのかの発信に努めた。被災者への支援は、医療者やボランティア、地域住民など多くの機関が重複して行っていることも多かった。それぞれの職種や支援者によって行われる支援の方法が統一

されていないことによって被災者がとまどうことがあった。これらの疑問についてはケアセンターなごみの「できること」と「できないこと」を根気強く伝える機会を増やしていったことで解消された。

　震災から2年が経つと，長期に支援を継続する人が出てくる。そのため，生活の視点と医療の視点の両方をもって支援を行っていく必要性が出てきた。そのため，福祉事業所などとの定期的な事例検討会の開催や，仮設住宅の住民を支援する社会福祉協議会，行政，ボランティア等の支援者や住民の代表との意見交換を継続して行っている。福祉事業所の事例検討会は，当初，数人の参加者で始まったが，外部の支援者からのアドバイスもあり，事例検討会の経験が豊富なケアセンターなごみが主催することで，参加者が自然に力をつけていった。現在では参加者も増え，各事業所が持ち回りで開催するようになり，相双地区の事業所が困難事例に対応する能力が向上し，精神科関連の事業所がお互いに顔の見えるよい関係に変化してきている。また，仮設住宅の組長や仮設住宅の住民を支援する社会福祉協議会，行政，ボランティア等の支援者と情報交換の場をもつようになり，住民全体の本音を直接聞くことで支援の方向性をタイムリーに修正することが可能となった。

　筆者は，福島県立医科大学心のケアチームのボランティアとして活動をしていた頃，保健所のベテラン保健師と同行訪問をした経験がある。その時，保健師と対象者とのかかわりの中で，普段の会話の中から必要な情報を収集し，支援に結びつけていく技術を学ばせていただいた。かつては，都道府県の保健師は精神障害者の支援の要であり，この時代に生きた保健師と活動をともにした経験は，新たな地域の精神保健医療福祉を構築するうえで不可欠なものとなっている。

3) 心のケアの予防活動と障害を抱える人の地域ケアの可能性

　今回の震災は，平常時の精神保健医療福祉の課題を明確にした。医療や福祉などの利用者がサービス提供者と契約を結び行う支援のみでは，震災によって表面化した心の問題の対応は困難である。これまでの活動から，医療に結びつかない人や，医療が必要であるというサインを出すことが困難な人には，アウトリーチ事業が有効であると実感している。地域ケアには当事者の回復力を信じ，支援者の視点に立ちセルフケアを支援し，豊かな生活を取り戻すことがもっとも必要なことである。また，病気を抱える人の，Life（生命，日常生活，人生）を地域で支える視点が必要である。職域の専門性を追求するのではなく，時には「なんでも屋」になることのできる支援者の持ち味や，職種の互換性があってこそ職種の専門性が初めて活かされる。この教訓は，震災によってできた私たち多職種チームで失敗をくり返して学んだことである。これから私たちが目指すものは，新しいことではなく，むしろ地域で保健師らが培ってきた「生活を支える」視点や，知恵と新しい取り組みとの融合からよりよいものを生み出すことに尽きると考えている。

6. 財政面での支援の課題

　当法人は，震災後の5月から全国の有志によって新しい精神科医療保健福祉システムの構築に向けてアクションを起こし，行政より先行した形となった。そのため，開設する事務所の確保，スタッフの給与などは寄付金を活用し，スムーズに行えたと感じている。また，福島第一原子力発電所の事故のため住民が避難し，医療スタッフの確保が困難であった事情もあり，広範囲な活動を維持するためにはボランティアによる支援が重要であった。このことから，医療者であっても，組織を維持するための資金調達や寄付の募集，ボランティアや組織の運営にも関心を向け，災害時に備えなければならないと感じている。

　以下は，福島県相双地区の例から財政面における課題をあげる。

1) 寄付金の受け入れと運用面の脆弱さに対する支援の不足

　被災地では，支援の受け入れさえも満足にできない状況になるため，組織作りのための資金的・人的支援が必要である。具体的には，法人の設立から拠点作りなど，現地のスタッフが運営できるようになるまでのバックアップが望ましい。

2) 中長期支援のおける支援の必要性

　震災後，急遽集められた職員によって構成された組織が独り立ちできるまでには相当な期間を要する。資金面の支援がもっとも必要な時期は，震災直後の混乱が収まり，生活再建に向けて動きはじめ，将来の展望を計画しはじめるこの時期である。したがって，組織が独立して運営ができ，採算がとれ，支援の実績があげられるようになるまでのスタッフ研修や，新しい取り組みができるような現地の事情に合わせた現地スタッフの教育支援などの技術的支援や末長い資金提供が必要である。

おわりに

　震災などによってコミュニティがいったん崩壊してしまうと，元に戻ることが難しい。被災地に限らず，地域の文化や生活習慣には多様性がある。専門職集団として，地域の多様性を踏まえつつ，当事者や家族，そして支援者などさまざまな人との出会いと可能性を結びつけて真価を発揮することが重要である。

　福島県相双地区では，いまだに震災前にあったような精神科病院の機能の回復には至っておらず，筆者らの活動が，精神保健医療福祉にどれだけ貢献できているのかを明確に示すことは，今の段階では難しい。ただ，1つだけいえることがある。国民全体がメンタルヘルスの不調を事前に予防する重要性に着目し，かつ，今までサービスが届きにくかった，未治療者や再入院をくり返す者へのケアが充実していくことによって，今回のような大災害時にも，必要な医療や福祉サービスを適切につなげることが

図5-4　震災後4年目経過した避難準備区域の南相馬市小高区（2014年3月撮影）

できるのではないだろうかと筆者は考えている。

Ⅲ ケア者ケアとは何か

1. ケア者ケアとは

　ケア者ケアとは，ケアすることによって生じる患者，サービス利用者（以下，利用者）との関係性を振り返りながら，ケア者が抱える困難な状況をケア者間で共有することで，ケア者が安心して次のケアを行えるように支援することである。解決の難しい課題のあるケア者の状況を把握し，ケアが円滑に行われない原因をケア者とともに明らかにする。ケア者と患者，「利用者の関係性をさまざまな角度から見直すこと」によって新たなケアの糸口を作りだしていく取り組みである。

　近年，医療の高度専門化や療養環境が整わない中での在宅療養支援など，ケア者は戸惑ったり不安をもちながら取り組まざるを得ない状況であり，ケア者ケアのニーズは高まっている。精神科リエゾンチーム加算が診療報酬に新設されたことや，福祉分野の支援活動やコンサルテーション，コーディネーターによるケア者ケアの重要性が脚光を浴びている。これは，ケア者ケアがケアの継続に必要な後方支援の要素をもった有効な技術であることが認識されてきたからである。

2. ケア者を支える方法

　ケア者ケアを行う方法としては，相談などの二者関係において行われる場合と，ケアにかかわる関係者が一堂に会して行うグループワークによる方法がある。特にケア者と患者，利用者との関係性で生じるさまざまな感情，とりわけ否定的な感情や，ケアを行うときの不安や戸惑いなどを取り扱う。そのため事例検討などのグループワークによって共有することが効果的である。

　患者や利用者と医療者の間で起こる気持ちのズレなどは，率直に話すことに抵抗があるのは無理もないことである。そこで，ケア者と患者，利用者間や，ケア者同士の気持ちのズレを確認する役割のコーディネーターの存在が期待される。なぜなら，時にはケアの限界を見極めるなど，深刻な状況を参加者全体で受け止めなければならないことがあるからである。そのため，あらゆる展開を想定できる事例検討やグループワークの経験あるファシリテーターの役割が重要である。

　ケア者ケアは，問題解決だけが目標ではない。だが，時にはケア者の置かれている状況やケアの方法について吟味していく過程で，患者，利用者に対する不安や不満が直接的に患者，利用者を交えた話しあいでないと解決できないこともある。そのようなときには，コーディネーターも立ち会うことがある。ケア者ケアの目標は，ケア者が安心してケアを行えるようになることなのである。

　ケア者を支えるために，同僚やコーディネーターなどの関係者がそれぞれの経験や思いを語りあうことで，ケア者がケアという仕事を「孤独な作業」として行わなくて済むことが，新たなケアの原動力になるのである。

3. 震災時のケア者ケア

　宮城県石巻市の訪問看護師などの地域ケアを担う人々への支援について，ケアプロ株式会社（以下，ケアプロ）の川添高志社長から日精看に協力要請があったのは，東日本大震災発生から5か月ほどが経過した2011年8月であった。

　ケアプロのグループは，日精看のボランティア活動と同様に震災発生直後から被災地に入り，避難所や仮設住宅での訪問活動を行っていた。震災直後は，医療機関や在宅ケアを提供する事業所などの多くが機能できない状況であったため，ケアプロは職員を交替で被災地に派遣して必要なケアを提供していたそうである。

　震災発生から時間が経過し，医療機関や事業所等の機能は徐々に回復してきたが，精神的な不調を訴える被災者が増え，一方で精神科看護の経験のあるスタッフがほとんどいない石巻市の訪問看護ステーションのスタッフが，ケアに苦慮しているために，精神科看護や精神科医療における地域ケアについて，一緒に勉強する場を提供できないかというのがケアプロからの依頼であった。ケアの担い手が感じている困難の原因を明らかにし，対処方法を一緒に考えられるような支援を行うための活動である。具

体的には，石巻市において訪問看護やホームヘルプサービスに従事する方々を対象にした研修会を行うというスタイルでのグループワークによるケア者ケアの取り組みを行うこととなった。

4. 仲間でも支えるのが難しいとき

2011年9月23日，訪問看護ステーション以外からも参加しやすいように「石巻市地域ケア担当者交流会（以下，交流会）」と名づけた研修会の第1回を，石巻赤十字病院の研修室を借りて開催した。

訪問看護師，ホームヘルパーの他に，理学療法士，薬剤師など31名が参加した交流会は，前半に精神科訪問看護に関する基礎的な講義，後半はケアを行う人同士のサポートとして「ケア者ケア」に関する講義と質疑を行った。午後の講義の後半にはグループセッションを行った。その中で，震災当日のことをどのようなことでもいいので振り返って話してもらった。これについては強制的に話させるのではなく，話したくない人は退席したり，発言をパスすることができることを前提とした。思い出したくない人にとっては，その場所にいることでいたたまれない気持ちが生まれるかもしれないことや聞くことはできるが，まだ発言する気持ちにはなれない人の気持ちを尊重したのである。その結果，発言しない，その場を離れるという選択をした人もいた。

グループセッションの中では，それまで一度も口にしなかった震災発生時のことを話す人や，職場では無事を喜びあったが，家や家族を失った状況を話してはいなかった人が多かった。被災による不安やつらい気持ちが語られはじめた。参加者のほとんどが利用者宅でのケアの途中や訪問の移動中に被災しており，「入浴介助中に大きな揺れが始まり，怖くてどうしてよいかわからなかった」，「車から降りて走って逃げたが，少し遅ければ自分も流されていたかもしれない」など切迫した体験が語られた。

参加者の方々によれば，それまで厳しい状況を語らなかったのではなく，語れなかったのであった。それは，震災は「まったく予想できないことだった。誰もがみんな大変だった。それがお互いにわかっているから『自分だけがつらい』とか，誰かに甘えるわけにはいかない」からであり，自分のことよりもケアを滞りなく継続することがまず大切なことであるという考えであることがわかった。

悲惨な状況にある周囲を見渡して，自分よりも患者，利用者とその家族のケアが優先されていたのである。ほとんどの方が震災によって起こった生活や境遇の激変は，自分自身で受け止める以外にないと思っていたというのであった。つまり，震災によって受けた痛手や傷ついた体験は自分だけではなく，周囲の支援者もまた被災者であるために語りあっても互いにつらくなるだけであり，解決は見いだせないと思っていたのである。

震災後の過酷な状況下でも，必要とされる訪問活動は休まずに行わなくてはならない。被災による痛手と訪問を続けることによる疲労が重なっても休めないだけではな

く，お互いに話すことも自然にできなくなるような緊迫した状況が生まれていたことになる。これは，被災当事者でありながら，さらに過酷な状況に直面していたといえる。直接的な被災のみならず，二重の被害といえる。自分の被害と患者，利用者の被害をも体験することになる二次的な心的外傷であるともいえる。

5．ケア者ケアと共感疲労

　誰も想像できないような悲惨な状況から生まれた困難感は，積み重なって重い疲労感をもたらすことになる。これは，気分転換を図るくらいでは解消できない重いストレスとなる。しかも，このようなストレスは，本人が気づきにくいという特徴がある。その結果，信頼できる仲間とさえもケアについて語りあえなくなるという「問題」を抱えることになる。

　重くて，しかも本人が気づきにくい「侵入的なストレス」は，やがてケア者の感情や行動を支配するようになる。やがて気がつかぬうちに気力がなくなり，怒りっぽくなり，気分が落ち込んだ状態が続く。このような状態は震災などの心身の危機的状況や過酷な条件下に置かれるだけで起こるものではなく，少し前に流行語のようになった「燃え尽き症候群」と重なるものがある。ここでいう「燃え尽き」とは，人にかかわる人の「共感疲労」である。ケア者は人を助けるということから「共感疲労」に陥りやすいのである。

　交流会の開催を機に，地域の仲間とともに過酷な状況に置かれているということを共有することで，自分自身やお互いをケアすることの大切さをあらためて確認するとともに「共感疲労」の重要性に気づいたのである。

　参加者は，震災後も同じ職場で働いている人も多く，地域ケアの担い手として町の中や会議で比較的よく顔を合わせてもいたが，この交流会をきっかけとしてお互いに声をかけあい，よりいたわりあうことになった。

　その後も継続している交流会の参加者からは，「（交流会に）参加して自分の気持ちが落ち着いていくのがわかった」，「私1人だけがたいへんな思いだったのではないという連帯感がもてた」，「支援者にとってこころの中にあるもやもやした重いものを語りあうことで，気持ちを整理していける場があるといいかもしれない」などの感想が寄せられた。「優しく親切」，「家族にも明るくさわやか」，「誰に対しても怒りを向けない」などのケア者の姿勢は，ケア者の行動における「感情ルール」にしばられた状態といえる。ケア者は，ケアを行ううえで自分の感情を管理しなくてはならない。これを「感情ワーク」というのだが，「感情ルール」と「感情ワーク」は，ともに全てのケア者が経験する感情状態なのである。そしてそれは対人的な職種や役割によって微妙に違っている。したがって，ケアを行うときに起きる感情の不安定要因を自分たちで特定し，ケアの安定を図らなくてはならないが，それはとても難しい。そこで，ケア者ケアの考え方を取り入れて，外部のコーディネーターの支援を受けるなどして，継続

的なケアに支障をきたさないようにしていくことが大切なのである。

　この交流会は，精神障害者や高齢者のケアからターミナルケアなどにケア対象を広げながら，講義と事例検討会という形で今も断続的に続いている。

6. ケア者の「本当の自分」とは

　この石巻市の実践から，ケア者はどのような状況におかれても，人を助ける仕事を続ける意思と責任感をもっているということを感じ取ることができる。なぜ，ケア者はケアを放棄せず，自分がたいへんな状況を抱えていてもケアに取り組むのであろうか。

　あらためてケア者とは何かと考えたとき，ケア者の理想像のイメージが浮かんでくる。それは「いつでも笑顔を絶やさず，利用者を理解し，自分を犠牲にしてでも人に尽くす存在。ときには利用者や家族に攻撃的，否定的な言動を浴びせられても静かに耐え続ける。恐怖心があったとしてもたじろがず，困難に立ち向かっていく姿」だ。

　それは，優しく善意に満ちた善人のイメージといってもよい。しかし，これらのイメージはケア者の本来の姿ではなく，いわば「期待されたイメージ」が増幅されているのではないだろうか。ケアを天職にしているとしても，迷ったり困ったりすることも職業人であるとしたら，こうしたイメージはケア者を現実とはかけ離れた姿に縛りつけるものだともいえるのである。利用者に対して，無理をしても笑顔をつくり，受け入れがたいことでも受容しようと努めるのは，職業人としての自分である。職場にいるときは，「本当の自分」とは別人格の「職場の自分」としてふるまうのがプロだと考える人も少なくない。しかし，ケアの現場で患者や利用者とその家族に理不尽な要求をされたり，ときには怒鳴られたりしても「それは私個人にではなく，職員としての私に怒鳴っている」と割り切ってしまうのだろうか。もし，それができるとしたら，それは自己の人格を否定してしまうような「解離的なふるまい」であるともいえるのではないか。

　普段，ケア者には人一倍の優しさと安定感が求められる。ところが，実際の医療や福祉の現場では，緊迫した事態や緊張の連続して起こることがある。実際のケアや援助の場面では優しさよりも冷静さが求められており，業務管理上は公平性や迅速性，さらに経済性についても直接的なケア者に求められる時代になっている。このように，感情ルールには避けられない，さまざまに関連したケアに影響を与える要因がある（図5-5）。

　また，患者や利用者との関係性だけではなく，ケアを提供する場にもケア者の仕事を妨げる要素がある。ケアにおける関係性は，ケアの場での自分自身の感情のコントロールだけではなく，場の問題や制度などさまざまな要素の影響を受ける。結果的にケア者の個人の能力や権限では対処しきれなくなってしまう。そのため，ケア者はいくつもの人格を時と場合によって演じ分けざるを得なくなる。このことから，ケア者

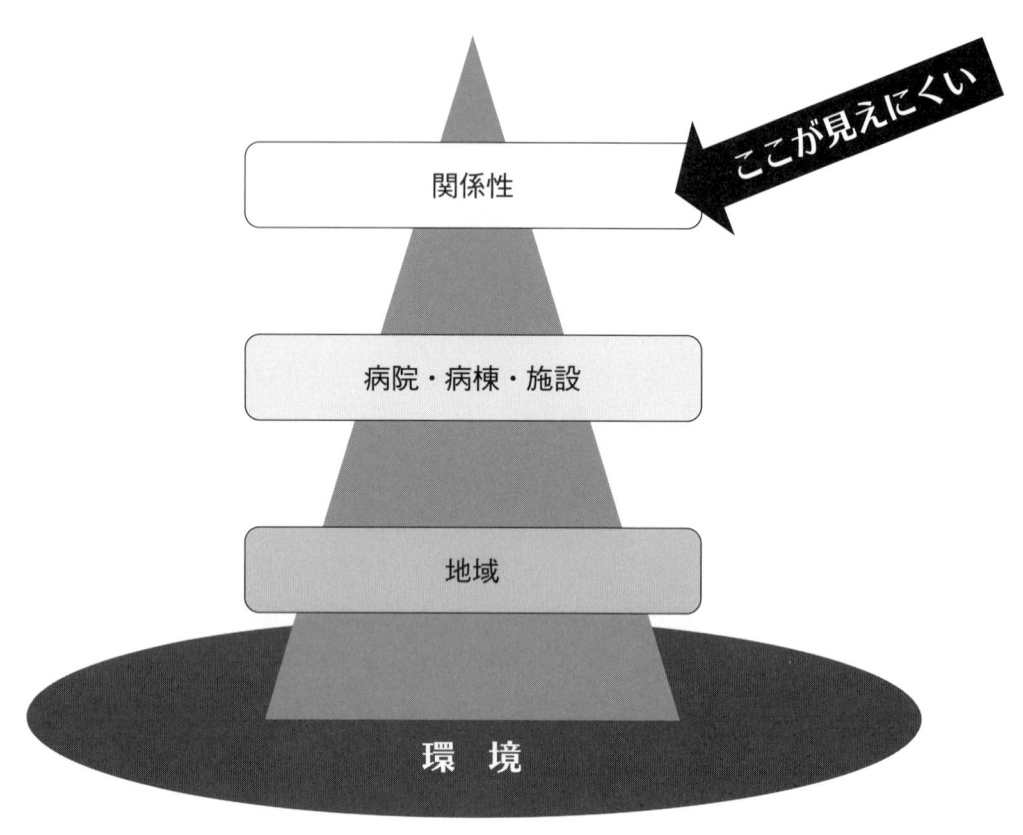

図5-5 ケアに影響する要因

は，ケアを行う過程でいくつものケア促進要素とケアを妨げる要素の影響を受けている。これが，ケア者が単純反復的な肉体労働者ではなく，感情労働者といわれるゆえんなのである。

7. ケア者ケアと感情労働

　ケアの目的は利用者の不安を解消し，身体的・心理的・社会的な負担を軽減しながら生活や就業や教育を受けることへの意欲を高めることである。ケア者は患者，利用者に直接的な接触を行うだけでなく，心理的にも接近する。そのため，ケア者が意図していなくても，ケア者をさまざまな人に見立てた感情（転移）を向けられることになる。その結果，ケア者には利用者との接触や接近によってもたらされる不安や葛藤が必ず生じるのである。

　震災後のケア者には，ケアそのものから生じる共感疲労だけではなくて，自分も被災者であり，かつケア対象者も被災者であるという二重のストレスが生じていた可能性が高い。自分の過酷な状況と直面し葛藤することで，自分では気づかないうちに強い無力感や，何もできていないのではないかという無能感に浸されていたのかもしれない。

8. 共感疲労からの回復

　ケア者として仕事を続ける限り，このリスクからの完全な回避や回復の手立てはない。だが，ケアがケア者と患者，利用者との関係性の中で生まれたリスクである以上，この関係性の中に回避や回復の糸口があると思われる。

　方法の1つは前述したグループセッションや事例検討などである。個別支援を前提としたコーディネートやサポートも有益であるが，相互理解にはさまざまな経験や知識を通して自己理解を深めることが重要なのである。

　「自分の行ったケアをどのように振り返ればよいのだろうか」という，ケア者の中に発生している漠然とした感情の揺らぎや気がかりは，困難感や異和感，不全感，行き詰まり感であることが少なくない。それを明らかにするためには，ケア場面そのものを振り返ることが全てのはじまりである。だが，ケア者が自己理解を深め，自分の中にある感情の揺らぎや気がかりについて振り返りながら考える作業を自分1人で行うのは難しい。

　そこで，グループセッションの有効性を活用して，ケアの建前と本気に気づくことが必要である。グループでの話しあいでは，個人の感情が映し出され，その人の行動の源泉が何なのか，どうしたいのかを浮かびあがらせることができる。それは「こうありたい自分」と「現実の自分」とのギャップを知ることでもあり，素直に受け止められないことであり，また強制できるものではない。

　ケアを行う過程ではさまざまなことが起きる。そこで生じた問題の解決と意味について考えなければならないことが多いのだが，人はいつも人との関係性や自分に起こった問題の解決を望んでいるとは限らない。個人の中にも組織の中にも常に解決を阻む非合理だが，誰にも止めることのできない力が働いていることを自覚する必要があると考えられる。

　何が起きたのか，お互いの気持ちを含めて話しあう。また，臨床の現場で起こった危機的な状況を振り返る場合には，そのときのことだけではなく，日々のかかわりの中での気がかりなども含めて，感じたことを話しあうとよい。この場合，利用者のことだけを話すのではなく，自分たちのかかわりや家族との関係なども含めて，利用者を取り巻く全体の出来事を話すことが重要である。

　石巻市の地域ケア担当者交流会においても，支えあうためには日ごろはテーマとして話しあわないことなども自然に出てくるようなグループの力が働いていた。「つらいのは自分だけじゃないから」と我慢して心の中にとどめていたつらい思いや不安について，自分だけが遭遇した過酷な体験を自分だけのものとせずに，そのときの恐怖を1人1人語りあった。グループの中で自分の感情を表出し，それをグループに受け止めてもらえた体験は，それまで非常に厳しい状況に置かれていた参加者の心を回復させていくことにつながったと考えられる。

感情労働であるケアを息長く続けるために，ケア者ケアは必要不可欠なものである。

■引用・参考文献
1) 里見進：東日本大震災 東北大学病院の取り組みと得られた教訓．日本外科学会誌，112巻臨増3，p1-8，2011．
2) 金愛子：東日本大震災を体験して伝えたい教訓．日本看護歴史学会誌，第26号，p28-30，2013．
3) サイコロジカル・ファーストエイド実施の手引き 第2版 Psychological First Aid Field Operations Guide 2nd Edition：アメリカ国立 子どもトラウマティックストレス・ネットワーク National Child Traumatic Stress Network，アメリカ国立 ＰＴＳＤセンター National Center for PTSD，日本語版作成：兵庫県こころのケアセンター，http://www.j-hits.org/psychological/index.html
4) 厚生労働省：東日本大震災の被災地に派遣された心のケアチームについて．http://www.mhlw.go.jp/seisakunitsuite/bunya/hukushi_kaigo/shougaishahukushi/kokoro/shinsai/
5) 加藤寛，鈴木友里子，金吉晴：自然災害後の精神保健医療の対応について．トラウマティック・ストレス，9；152-157，2011．
6) 災害時こころの情報支援センター：東日本大震災こころのケアチーム派遣に関する調査報告．http://saigai-kokoro.ncnp.go.jp/activity/pdf/activity04_02.pdf
7) 心的トラウマの理解とケア第2版：金吉晴編，じほう，2006
8) 永井翔：看護師としてのこころのケア—震災とこころのケア—．医療，67巻2号，93-96，2013．
9) 今井敏弘ほか：東日本大震災におけるこころのケアチームの活動について．信州公衆衛生雑誌，7巻．
10) 厚生労働省：災害派遣精神医療チーム（DPAT）活動要領．http://www.mhlw.go.jp/seisakunitsuite/bunya/hukushi_kaigo/shougaishahukushi/kokoro/ptsd/dpat_130410.html
11) 末安民生編：実践に活かす！ 精神科看護事例検討．中山書店，2013．

第6章 看護政策と看護教育

I 看護師教育の内容と方法に関する議論の変遷

　厚生労働省は，2009（平成21）年4月に「看護教育の内容と方法に関する検討会（以下，検討会とする）」を設置し，看護基礎教育で学ぶべき教育内容と方法に焦点をあてた具体的な検討を行なってきた。この検討会は，2011（平成23）年2月までに9回の検討会とその他にワーキンググループによる議論を重ね，①免許取得前に学ぶべき事項の整理と具体的な教育内容の見直し，②看護師養成機関内における教育方法の開発・活用，③効果的な臨地実習のあり方，④保健師及び助産師教育のあり方について検討し，その結果を報告書として取りまとめた。本稿では，『看護教育の内容と方法に関する検討会報告書（厚生労働省，2011年2月28日）』[1]の内容を踏まえ，その概要について説明する。

　検討会では，具体的な検討に先立ち，看護師教育の現状と課題を整理した（表6-1）。看護師教育の現状と課題は，教育を受ける学生の特性に関するものと学生が教育を受けるカリキュラムや教育方法に関するものとに大別される。

　教育を受ける学生の特性については，学生の生活体験の乏しさや社会人経験のある学生の増加があがっており，学生の主体性や自立性を育むことや個々の学生のレディネスに応じた教育を提供することの難しさが指摘されている。

　学生が教育を受けるカリキュラムや教育方法については，①患者の在院日数の短縮化および患者の権利擁護の高まりによって，学生が実習の目的に沿って学習することが難しくなってきていること，②短期間で実習場が変わることや実践の場で行う教育のみを実習と見なしている現行の教育方法によって，学生が十分に学習を深められず，課題をこなすことで手一杯である現状が指摘されている。加えて，看護のプロセスを重視する現在の実習方法では，看護技術等を実践する機会が減少している場合も少なくない。検討会では，以上のように看護師教育の現状と課題を整理したうえで，看護師に求められる実践能力と卒業時の到達目標，看護師教育における教育内容と方法，修業年限にとらわれない看護師教育で学ぶべき内容について示唆されている。

1. 看護師に求められる実践能力と卒業時の到達目標

　検討会では，看護師に求められる5つの実践能力として，「Ⅰ群　ヒューマンケアの

表6-1　看護師教育の現状と課題（『看護教育の内容と方法に関する検討会報告書』[1]から抜粋）

- 若い世代においては生活体験が乏しくなっている。そのため、看護師養成機関で学ぶ学生も全体的に生活体験が乏しく、教育を行う上では教員の丁寧な関わりが必要となっている。一方で、丁寧な関わりが学生の主体性や自立性を育ちにくくしている側面もあり、教員は葛藤を感じている。
- また看護師養成所（以下、「養成所」という。）では、社会人経験のある学生も増えてきており、学習状況や生活体験など様々な面で学生間の差が広がっている。そのため、個々の学生のレディネスに合わせた教育を行うことが難しくなっている。
- 看護師教育においては、限られた時間の中で学ぶべき知識が多くなり、カリキュラムが過密になっている。そのため学生は主体的に思考して学ぶ余裕がなく、知識の習得はできたとしても、知識を活用する方法を習得できないことがある。
- 臨地実習では、在院日数の短縮化により学生が実習期間を通して一人の患者を受け持つことが難しくなっている。また、患者層の変化や患者の権利擁護のためなどにより、従来の対象別・場所別の枠組で実習を効果的に行うことが困難になってきており、目的に合った学習体験の機会が確保できにくくなっている。
- 学生は新しい実習場に適応するのに、一定の時間がかかる。そのため、短期間で実習場が変わる現在の実習方法では、学生が各々の実習場で十分に学習することが困難になっている。
- 臨地実習では、実際に対象者の看護を行うことよりも看護過程の展開における思考のプロセスに重きを置いて指導することが多く、技術等を実践する機会が減少している場合も見受けられる。
- 養成所における教育では、実践の場で学習を行う場合のみ臨地実習とみなすことになっている。そのため、その日の臨地実習が終了した後に、必要な文献を図書館で調べたり、実習記録をまとめたりしている状況であり、課題をこなすことに手一杯で、自分で考えて行動するという学習ができなくなっている場合もある。また、臨地実習のオリエンテーション、体験の振り返り等を臨地実習以外の時間で実施しているため、ますますカリキュラムが過密になり、学生、教員共に余裕が無くなっている。このように、看護師教育については多くの課題がある。

基本的な能力」、「Ⅱ群　根拠に基づき、看護を計画的に実践する能力」、「Ⅲ群　健康の保持増進、疾病の予防、健康の回復にかかわる実践能力」、「Ⅳ群　ケア環境とチーム体制を理解し活用する能力」、「Ⅴ群　専門職者として研鑽し続ける基本能力」と73の卒業時到達目標が設定された。

1）Ⅰ群　ヒューマンケアの基本的な能力

　ヒューマンケアの基本的な能力とは、看護師が人間を対象としてケアを実施するために必要な能力のことをいい、「対象の理解」、「実施する看護についての説明責任」、「倫理的な看護実践」、「援助的関係の形成」から構成され、15の到達目標が示された（表6-2）[1]。

2）Ⅱ群　根拠に基づき、看護を計画的に実践する能力

　根拠に基づき、看護を計画的に実践する能力とは、看護を計画的に実施する能力のことをいい、「アセスメント」、「計画」、「実施」、「評価」から構成され、11の到達目標が示された（表6-3）[1]。

表6-2 I群 ヒューマンケアの基本的な能力[1]

A	対象の理解	1	人体の構造と機能について理解する
		2	人の誕生から死までの生涯各期の成長, 発達, 加齢の特徴を理解する
		3	対象者を身体的, 心理的, 社会的, 文化的側面から理解する
B	実施する看護についての説明責任	4	実施する看護の根拠・目的・方法について相手に分かるように説明する
		5	自らの役割の範囲を認識し説明する
		6	自らの現在の能力を超えると判断する場合は, 適切な人に助言を求める
C	倫理的な看護実践	7	対象者のプライバシーや個人情報を保護する
		8	対象者の価値観, 生活習慣, 慣習, 信条などを尊重する
		9	対象者の尊厳や人権を守り, 擁護的立場で行動することの重要性を理解する
		10	対象者の選択権, 自己決定を尊重する
		11	組織の倫理規定, 行動規範に従って行動する
D	援助的関係の形成	12	対象者と自分の境界を尊重しながら援助的関係を維持する
		13	対人技法を用いて, 対象者と援助的なコミュニケーションをとる
		14	対象者に必要な情報を対象者に合わせた方法で提供する
		15	対象者からの質問・要請に誠実に対応する

表6-3 II群 根拠に基づき, 看護を計画的に実践する能力[1]

E	アセスメント	16	健康状態のアセスメントに必要な客観的・主観的情報を収集する
		17	情報を整理し, 分析・解釈・統合し, 課題を抽出する
F	計画	18	対象者およびチームメンバーと協力しながら実施可能な看護計画を立案する
		19	根拠に基づいた個別的な看護を計画する
G	実施	20	計画した看護を対象者の反応を捉えながら実施する
		21	計画した看護を安全・安楽・自立に留意し実施する
		22	看護援助技術を対象者の状態に合わせて適切に実施する
		23	予測しない状況の変化について指導者またはスタッフに報告する
		24	実施した看護と対象者の反応を記録する
H	評価	25	予測した成果と照らし合わせて実施した看護の結果を評価する
		26	評価に基づいて計画の修正をする

3) III群 健康の保持増進, 疾病の予防, 健康の回復にかかわる実践能力

健康の保持増進, 疾病の予防, 健康の回復にかかわる実践能力とは, 健康状態に合わせて看護を実施する能力のことをいい, 「健康の保持・増進, 疾病の予防」, 「急激な健康状態の変化にある対象の看護」, 「慢性的な変化にある対象の看護」, 「終末期にある対象への看護」から構成され, 23の到達目標が示された (表6-4)[1]。

表6-4　Ⅲ群　健康の保持増進，疾病の予防，健康の回復にかかわる実践能力[1]

I	健康の保持・増進，疾病の予防	27	生涯各期における健康の保持増進や疾病予防における看護の役割を理解する
		28	環境の変化が健康に及ぼす影響と予防策について理解する
		29	健康増進と健康教育のために必要な資源を理解する
		30	対象者および家族に合わせて必要な保健指導を実施する
		31	妊娠，出産，育児にかかわる援助の方法を理解する
J	急激な健康状態の変化にある対象への看護	32	急激な変化状態（周手術期や急激な病状の変化，救命処置を必要としている等）にある人の病態と治療について理解する
		33	急激な変化状態にある人に治療が及ぼす影響について理解する
		34	対象者の健康状態や治療を踏まえ，看護の優先順位を理解する
		35	状態の急激な変化に備え，基本的な救急救命処置の方法を理解する
		36	状態の変化に対処することを理解し，症状の変化について迅速に報告する
		37	合併症予防の療養生活を支援をする
		38	日常生活の自立に向けたリハビリテーションを支援する
		39	対象者の心理を理解し，状況を受けとめられるように支援する
K	慢性的な変化にある対象への看護	40	慢性的経過をたどる人の病態と治療について理解する
		41	慢性的経過をたどる人に治療が及ぼす影響について理解する
		42	対象者および家族が健康障害を受容していく過程を支援する
		43	必要な治療計画を生活の中に取り入れられるよう支援する（患者教育）
		44	必要な治療を継続できるようなソーシャルサポートについて理解する
		45	急性増悪の予防に向けて継続的に観察する
		46	慢性的な健康障害を有しながらの生活の質（QOL）向上に向けて支援する
L	終末期にある対象への看護	47	死の受容過程を理解し，その人らしく過ごせる支援方法を理解する
		48	終末期にある人の治療と苦痛を理解し，緩和方法を理解する
		49	看取りをする家族をチームで支援することの重要性を理解する

4）Ⅳ群　ケア環境とチーム体制を理解し活用する能力

ケア環境とチーム体制を理解し活用する能力とは，ケアを提供する環境と協働のために必要な能力のことをいい，「看護専門職の役割」，「看護チームにおける委譲と責務」，「安全なケア環境の確保」，「保健・医療・福祉チームにおける多職種との協働」，「保健・医療・福祉システムにおける看護の役割」から構成され，20の到達目標が示された（表6-5)[1]。

5）Ⅴ群　専門職者として研鑽し続ける基本能力

専門職者として研鑽し続ける基本能力とは，卒業後も専門職として働きつづけるに

表6-5　Ⅳ群　ケア環境とチーム体制を理解し活用する能力[1]

M	看護専門職の役割	50	看護職の役割と機能を理解する
		51	看護師としての自らの役割と機能を理解する
N	看護チームにおける委譲と責務	52	看護師は法的範囲に従って仕事を他者（看護補助者等）に委任することを理解する
		53	看護師が委任した仕事について様々な側面から他者を支援することを理解する
		54	仕事を部分的に他者に委任する場合においても，自らに説明義務や責任があることを理解する
O	安全なケア環境の確保	55	医療安全の基本的な考え方と看護師の役割について理解する
		56	リスク・マネジメントの方法について理解する
		57	治療薬の安全な管理について理解する
		58	感染防止の手順を遵守する
		59	関係法規および各種ガイドラインに従って行動する
P	保健・医療・福祉チームにおける多職種との協働	60	保健・医療・福祉チームにおける看護および他職種の機能・役割を理解する
		61	対象者をとりまく保健・医療・福祉従事者間の協働の必要性について理解する
		62	対象者をとりまくチームメンバー間で報告・連絡・相談等を行う
		63	対象者に関するケアについての意思決定は，チームメンバーとともに行う
		64	チームメンバーとともに，ケアを評価し，再検討する
Q	保健・医療・福祉システムにおける看護の役割	65	看護を実践する場における組織の機能と役割について理解する
		66	保健・医療・福祉システムと看護の役割を理解する
		67	国際的観点から医療・看護の役割を理解する
		68	保健・医療・福祉の動向と課題を理解する
		69	様々な場における保健医療福祉連携にいて理解する

表6-6　Ⅴ群　専門職者として研鑽し続ける基本能力[1]

R	継続的な学習	70	看護実践における自らの課題に取り組むことの重要性を理解する
		71	継続的に自分の能力の維持・向上に努める
S	看護の質の改善に向けた活動	72	看護の質の向上に向けて看護師として専門性を発展させていく重要性を理解する
		73	看護実践に研究成果を活用することの重要性を理解する

あたっての基本的能力のことをいい，「継続的な学習」，「看護の質の改善に向けた活動」から構成され，4つの到達目標が示された（表6-6）[1]。

表6-7 看護師等養成所の運営に関する指導要領　別表3[2]

教育の基本的考え方	看護師教育の基本的考え方，留意点等改正案
1) 人間を身体的・精神的・社会的に統合された存在として幅広く理解し，看護師としての人間関係を形成する能力を養う。 2) 看護師としての責務を自覚し，倫理に基づいた看護を実践する基礎的能力を養う。	Ⅰ群　ヒューマンケアの基本的な能力
3) 科学的根拠に基づき，看護を計画的に実践する基礎的能力を養う。	Ⅱ群　根拠に基づき，看護を計画的に実践する能力
4) 健康の保持増進，疾病の予防，健康の回復に関わる看護を，健康の状態やその変化に応じて実践する基礎的能力を養う。	Ⅲ群　健康の保持増進，疾病の予防，健康の回復にかかわる実践能力
5) 保健・医療・福祉システムにおける自らの役割及び他職種の役割を理解し，他職種と連携・協働する基礎的能力を養う。	Ⅳ群　ケア環境とチーム体制を理解し活用する能力
6) 専門職業人として，最新知識・技術を自ら学び続ける基礎的能力を養う。	Ⅴ群　専門職者として研鑽し続ける基本能力

(次ページへ続く)

2. 看護師教育における教育内容と方法

検討会では，「看護師に求められる実践能力と卒業時の到達目標」に示された実践能力を身につけるため，免許取得前に学ぶべき教育内容と方法について検討し，1) 看護師の免許取得前に学ぶべき教育内容，2) 看護師に求められる実践能力を育成するための教育方法，3) 学生の実践能力向上のための教育体制の観点からその方策が示された。

1) 看護師の免許取得前に学ぶべき教育内容

検討会では看護師の免許取得前に学ぶべき教育内容については，「保健師助産師看護師学校養成所指定規則」の別表3に示されている教育内容及び単位数による教育を前提とし，「看護師等養成所の運営に関する指導要領について」における別表3の「教育の基本的考え方」と「留意点」の改正案をあげている（表6-7）[2]。

改正案では，まず「教育の基本的考え方」と「看護師に求められる実践能力と卒業時の到達目標」を対応させることで，教育内容の整合性を図っている。具体的には，「教育の基本的な考え方」の1) および2) は「卒業時到達目標」のⅠ群に，3) はⅡ群に，4) はⅢ群に，5) はⅣ群に，6) はⅤ群に対応するように修正された。

教育内容の留意点については，以下のように修正された。検討前の項目から削除されたものは，専門分野Ⅱの「看護の対象及び目的の理解」と「成人看護学，老年看護学，精神看護学に記載されていた留意点」である。いずれも教育の場において十分に普及が図られているという判断のうえ，削除された。

(表6-7続き)

教育内容		単位数	留意点
基礎分野	科学的思考の基盤 人間と生活・社会の理解	13	「専門基礎分野」及び「専門分野」の基礎となる科目を設定し，併せて，科学的思考力及びコミュニケーション能力を高め，感性を磨き，自由で主体的な判断と行動を促す内容とする。人間と社会を幅広く理解出来る内容とし，家族論，人間関係論，カウンセリング理論と技法等を含むものとする。 国際化及び情報化へ対応しうる能力を養えるような内容を含むものとする。 職務の特性に鑑み，人権の重要性について十分理解させ，人権意識の普及・高揚が図られるような内容を含むことが望ましい。
	小計	13	
専門基礎分野	人体の構造と機能 疾病の成り立ちと回復の促進 健康支援と社会保障制度	15 6	人体を系統だてて理解し，健康・疾病・障害に関する観察力，判断力を強化するため，解剖生理学，生化学，栄養学，薬理学，病理学，病態生理学，微生物学等を臨床で活用可能なものとして学ぶ内容とする。 演習を強化した内容とする。 人々が生涯を通じて，健康や障害の状態に応じて社会資源を活用できるように必要な知識と基礎的な能力を養う内容とし，保健医療福祉に関する基本概念，関係制度，関係する職種の役割の理解等を含むものとする。
	小計	21	
専門分野Ⅰ	基礎看護学 臨地実習 　基礎看護学	10 3 3	専門分野Ⅰでは，各看護学及び在宅看護論の基盤となる基礎的理論や基礎的技術を学ぶため，看護学概論，看護技術，臨床看護総論を含む内容とし，演習を強化した内容とする。 コミュニケーション，フィジカルアセスメントを強化する内容とする。 事例等に対して，看護技術を適用する方法の基礎を学ぶ内容とする。 看護師として倫理的な判断をするための基礎的能力を養う内容とする。
	小　計	13	
専門分野Ⅱ	成人看護学 老年看護学 小児看護学 母性看護学 精神看護学 臨地実習 　成人看護学 　老年看護学 　小児看護学 　母性看護学 　精神看護学	6 4 4 4 6 16 6 4 2 2 2	講義，演習，実習を効果的に組み合わせ，看護実践能力の向上を図る内容とする。 健康の保持増進，疾病の予防に関する看護の方法を学ぶ内容とする。 成長発達段階を深く理解し，様々な健康状態にある人々及び様々な場で看護を必要とする人々に対する看護の方法を学ぶ内容とする。 知識・技術を看護実践の場面に適用し，看護の理論と実践を結びつけて理解できる能力を養う実習とする。 チームの一員としての役割を学ぶ実習とする。 保健医療福祉分野との連携，協働を通して，看護を実践する実習とする。
	小　計	38	
統合分野	在宅看護論 看護の統合と実践 臨地実習 　在宅看護論 　看護の統合と実践	4 4 4 2 2	在宅看護論では地域で生活しながら療養する人々とその家族を理解し地域での看護の基礎を学ぶ内容とする。 地域で提供する看護を理解し，基礎的な技術を身につけ，他職種と協働する中での看護の役割を理解する内容とする。 地域での終末期看護に関する内容も含むものとする。 チーム医療及び他職種との協働の中で，看護師としてのメンバーシップ及びリーダーシップを理解する内容とする。 看護をマネジメントできる基礎的能力を養う内容とする。 医療安全の基礎的知識を含む内容とする。 災害直後から支援できる看護の基礎的知識について理解する内容とする。 国際社会において，広い視野に基づき，看護師として諸外国との協力を考える内容とする。 看護技術の総合的な評価を行う内容とする。 訪問看護に加え，地域における多様な場で実習を行うことが望ましい。 専門分野での実習を踏まえ，実務に即した実習を行う。 複数の患者を受け持つ実習を行う。 一勤務帯を通した実習を行う。 夜間の実習を行うことが望ましい。
	小計	12	
	総計	97	3,000時間以上の講義・実習等を行うものとする。

検討前の項目から修正されたもの（表6-7＊下線部分）は，専門分野Ⅱでは，教育内容を横断的に組み合わせた科目を設定した場合にも対応できるように，「講義，演習，実習を効果的に組み合わせ，看護実践能力の向上を図る内容とする」，「健康の保持増進，疾病の予防に関する看護の方法を学ぶ内容とする」が加えられた。また，卒業時の到達目標において看護の対象者を健康状態で表した一方で，対象者の成長発達段階の理解についてはこれまでと同様に教育内容に含まれることを示すために，「成長発達段階を深く理解し，さまざまな健康状態にある人々及びさまざまな場で看護を必要とする人々に対する看護の方法を学ぶ内容とする」が加えられた。

近年，地域における医療提供については，在宅だけでなく老人保健施設，特別養護老人ホーム，グループホームなどさまざまな場に広がり，これらの場所で最期を迎えたりするなど，医療サービスや医療提供の場が変化している。こうした変化に対応できるようにするため，統合分野の在宅看護論については，多様な場での療養生活に対応した教育内容を展開できるように，留意点で「在宅」と示していた箇所を「地域」に変更している。

2）看護師に求められる実践能力を育成するための教育方法

看護師に求められる実践能力を育成するための教育方法については，(1) 講義・演習・実習の効果的な組み合わせ，(2) 講義・演習における効果的な指導の方法，(3) 効果的な臨地実習の方法の3つの観点から議論が整理されている。

(1) 講義・演習・実習の効果的な組み合わせ

わが国の看護教育においては，これまで各教科目を専門の教員が担う形式をとってきた。また，低学年では専門基礎分野の学習に比重が置かれ，専門基礎分野の知識を学んだうえで専門分野の学習が進行する形式をとってきた。このような知識の積み上げにより，1人1人の学生は，患者の身体で何が起こっているのかを系統的に説明できるようになることが期待されている。しかし，「人体の構造と機能」を学ぶことが，看護にどのようにつながっているのかは，専門の教員（基礎医学）の講義だけでは深まりにくい。そのため，検討会では，専門基礎分野と専門分野の教員が1つの科目を分担して教授するなど，分野を超えた教育体制をとることで，学生が専門基礎分野の科目を学ぶ際に看護とのつながりが理解できるような仕組みづくりを提案している。

また，わが国の看護教育は，講義が先行し，講義で学んだことを最終的に実習で体験し，知識と技術を統合できるように教育を行ってきた。しかし，近年諸外国の看護教育では，知識と実践を効率的に統合させていくために，1つの授業科目において講義と実習を交互に行なうなどの工夫を施している。そのため，わが国においても，諸外国の取り組みを手がかりにしながら，新たな教育方法の開発に着手していくことの必要性についても言及している。

近年，学生が実習場で体験し習得できる技術の幅が狭まってきていることを鑑み，

学内でシミュレーションを用いた演習を実施することの有用性についても提案している。これは高機能シミュレーターの活用により、実習では習得の難しい侵襲性の高い技術にも挑戦することができるという利点がある。

(2) 講義・演習における効果的な指導の方法

前述したように、看護師教育の早い時期に行われることが多い専門基礎分野の教育においては、学生の興味関心が高まるように看護と関連づけた事例を用いるなど教育方法を工夫し、専門基礎分野の教育内容が看護の役に立つ内容であることを意識できるよう教授することが望ましいと示されている。

これまでの看護師のキャリアビジョンには、管理職に就くか、教職に就くか、専門病院で看護業務に携わるのか、広くさまざまな分野で看護業務に携わっていくのかという選択肢から自分の進むべき道を模索するしかなかった。しかし、1990年代から養成が開始された専門看護師や認定看護師は、着実に臨床看護実践の場に根付いてきており、新たな看護師のキャリアとして注目されている。学生が講義や実習で認定看護師や専門看護師とかかわる機会を設けることは、そのときの学習だけではなく、卒業後の彼らの目標へとつながっていくものであり、専門職として学びつづける動機づけとなるのではないかと提案している。

学生が自己の看護実践についての分析力、統合力を身につけるためには、技術の習得に焦点をあてた演習や臨地実習において学生が実際に体験する機会を多くし、体験の後には必ず振り返りを行うことが効果的である。そのためには、学生に課す課題を整理し、学生の学びを促進するような工夫が必要であろう。

また、前項ではシミュレーターの活用によって技術習得を促すことの有用性について示唆されていたが、シミュレーターの活用だけでは、患者とのコミュニケーション能力の獲得には限界がある。それを補完するためには、模擬患者を活用するなど学生のコミュニケーション能力を育む教育方法を取り入れることも不可欠である。

(3) 効果的な臨地実習の方法

従来の臨地実習は、基礎看護および看護の領域別に学習したことを、実習場で実施し、学ぶことができるように組み立ててきた。しかし、近年は医療安全や患者の権利擁護の観点から、特に侵襲性の高い技術の実施は困難な状況である。このような状況を鑑み、検討会では、学生が臨地実習で効果的に学び、卒業時到達目標を達成できるよう支援するための方略として、いくつかの提案が行われている。

まずは、実習場でしか体験できないことは、確実に体験できるように調整することである。これは、教員―指導者の連携によって成立することである。学生が受け持つ患者の成り行きを予測しながら、その時々に行われる援助や支援を的確に把握し、学生が体験できるように調整することである。また、学生の自律的な学習を促進するためには、日々の学生の体験および実践能力の習得状況を確認し、その学生の状況に合わせたかかわり方をする必要がある。実習教員には、臨床状況を読み込みながら、的

確に判断し，言語化できる能力が，これまで以上に必要とされる。

　次に，実践能力を育成するためには，実践と思考を連動させながら学ぶことができるようにする必要があり，実習の事前準備や実習中あるいは実習後に振り返りを活用することが重要である。従来のカリキュラムでは，これらのために必要な学習時間は，臨地実習の時間外に設定されてきたが，検討会では，これらの学習時間を臨地実習に含めることで，臨地実習の充実を図るということが提案されている。実習の効果を上げるためには，提供する看護のエビデンスを確認するための文献検索や，患者に合わせた技術を提供するための演習などが必要である。しかし，これらが実習の時間外で，学生の自主性だけに任せていては，時間をかけているわりには十分な学習効果が得られないという問題が起こりかねない。そのため，学生が実習の進行状況に合わせながら，もしくは進行状況を予測しながら，計画的にこれらの学習機会を設け，学生の学びを支援していくことが求められる。

　なお，従来のように看護の領域別に行う臨地実習ではなく，対象者の健康状態や特性，病棟または施設などの看護実践の場を弾力的に組みあわせて実習を行う場合は，学生がどのような対象者にかかわり，どのような学びをしたかを，教師と学生双方が共通に認識できるようにする必要がある。そのためには，体験した内容や獲得した能力を記載したもの（ポートフォリオなど）を活用することが効果的である。このような学習の記録により，教育内容が網羅された効果的な臨地実習を行うことが可能になるとしている。

3) 学生の実践能力向上のための教育体制
(1) 教員および実習指導者の指導能力の向上

　教育の質の向上を図るためには，教員および看護師養成機関の双方が教育方法を常に見直す必要がある。教員は個々に自己の教育方法について振り返ることができるよう研修や教育を受け，自己研鑽を積んでいくことが必要である。看護師養成機関は，カリキュラムに応じた教育が適切に提供されているのかについて見直すだけではなく，個々の教員の自己研鑽を促進するような組織づくりが必要である。

　本検討会の報告書で示されているように，看護教育のあり方は，知識重視の学び方から看護師に必要な能力の育成へと変化してきている。これまでの看護教育では，講義や演習で学んだことを，実習で体験するという演繹的に学ぶことが主流であった。しかし，学生の実践能力を向上させていくためには，演繹的な学びだけではなく，実習で体験したことを通して，自己の課題を明確にして学んでいくという帰納的な学び方も重要である。この点を踏まえ，検討会では，学生が看護の考え方を深め，実践能力を向上させていくことができるように振り返りの指導を行うためには，教員や実習指導者は看護実践の場の出来事や学生の体験等を教材化する能力を向上させることが必要であることが示唆されている。

*1 FD (Faculty Development)とは教員が授業内容・方法を改善し向上させるための組織的な取組の総称。

表6-8 「自己啓発を促進するための取り組み」の例

自己啓発を促進するための取り組み	A養成機関（大学）
	機関内で行われるFD（Facalty Development）*1活動への参加
	●全教員を対象としたFD：教育方法やコンプライアンスに関する内容
	●各専門分野を対象としたFD：最新の知識・技術に関する内容，諸外国の取り組み，1年間の教育成果のとりまとめと共有
	機関外で行われるFD（Faculty Development）活動への参加
	●複数の機関がネットワークを組み，それぞれの機関が提供するFDへの参加：教育方法や教材の開発など
	実践能力の維持・向上のための臨床研修の参加
	●実習調整とは別に，週に1回以上，臨床現場で看護実務に携わる。
	●教員がCNSの場合は，実践だけではなく相談・調整なども実施する。
	関連諸学会・研修会への参加
	B病院（実習機関）
	機関内で行われる研修会の参加
	●実習指導者委員会と教育委員会とが連携し，実習指導に必要な研修会を実施；初任者を対象とした内容（院内講師），最新のトピック（養成機関の教員）など
	期間外で行われる研修会の参加
	●都道府県や職能団体等が実施する実習指導者講習会への派遣：年間2～3名
	関連諸学会・研修会への参加

指導要領に示されている実習指導教員については，配置が望ましいとされているものの，特に要件が規定されていない。実習指導教員は臨地実習において専任の教員と同程度の指導ができることが期待されることから，検討会では，実習指導に関する何らかの研修等を受け，質を高める必要があるとしている。以下に，養成機関と実習機関での取り組みの内容（一部）を示す（表6-8）。

(2) 教員と実習指導者の役割分担と連携

検討会の報告書では，臨地実習の学習効果を高めるためには，教員と実習指導者の合同会議を開催するなど，両者が学生の学習状況等について情報共有等を行うことが必要であると示されている。実習を担う教員と実習指導者には，学生の実習指導に際してそれぞれの役割を有している。例えば，教員には学生がカリキュラムに沿った実習によって実践能力の向上を図ることができるように，実習病棟で受け持つ患者の選定や体験すべき技術や事象を整理し，実習スケジュールの枠組みを組み立てなければならない。実習指導者には，受け入れる養成機関のカリキュラムや学習内容を考慮して，教員が示した実習スケジュールの枠組みに応じた実習が展開できるように，実習場の調整を図らなければならない。このように教員と実習指導者がそれぞれの役割を

表6-9 「養成機関と実習機関の協働に関する取り組み」の例

		A養成機関（大学）	C実習機関（病院）
実習期間前	年度初め	調整会議①：実習スケジュールの共有・実習指導体制の確認	
	実習開始1か月前	調整会議②：実習要項の説明・実習内容の共有・事前研修の日程調整	
	実習開始2週間前	部署毎に，必要時ミーティングを実施	
		実習事前研修（週3日程度）：実習場の臨床状況の把握，1人1人の患者へのあいさつ，学生が実習を行ううえで配慮すべき内容について整理しオリエンテーション内容を精査する，受け持ち患者候補者の確認・あいさつ	教員への事前オリエンテーション，受け持ち患者候補者の確認・あいさつ，学生の情報について事前に共有
実習期間中		部署毎に，必要時ミーティングを実施	
		教員は学生のコンディションを確認し，実習指導者に情報提供する	
		個々の学生に対する指導内容について共有する	
		個々の学生がどの程度実習目標を達成できているのか共有する	
		教員は学生が実習場に入ることで，病棟全体に与えている影響を考慮し，必要時，実習指導者とともに患者様へ説明を行う	
実習期間後		実習反省会の実施：学生の学びを共有し，次年度以降の実習に向けて課題を整理する	

果たすためには，両者が協働して実習指導を行うことが望ましく，情報を共有するための会議等を適宜組み入れていくことが望ましい。表6-9に，養成機関と実習機関での取り組みの内容（一部）を示す。

3. 修業年限にとらわれない看護師教育で学ぶべき内容

2008（平成20）年の指定規則の改正において修業年限が変わらないまま単位数が増加したことから，3年間で教育を行うには過密なカリキュラムとなっており，教育目標を達成するのが困難な状況になっている。加えて，近年，養成所では社会人経験のある学生が増えており，学生層が二極化してきている。基礎学力が十分とはいえない学生に合わせて教育を行うと，社会人経験のある学生にとっては物足りない内容となる。両者のギャップが大きいなか，現行の教育体制・方法では，両者に対して同じ教育期間・教育内容で卒業時の到達目標を達成できるように教育を行うことは困難な状況である。

このような現状を踏まえ，検討会では，現行の看護師教育の修業年限は3年以上であるが，これにとらわれずに教育するとした場合に，学ぶべき内容は何かについて検討している。

修業年限にとらわれない場合，現在の学生の状況から考えると，看護師教育の初期に基礎的な学力を高め，看護師教育の内容を十分に理解できるようにすることが必要

表6-10 保健師助産師看護師学校養成所指定規則の改正内容[3]

改正後	改正前
別表三の三（第四条関係） （略） 備考 一 単位の計算方法は，高等学校にあつては高等学校学習指導要領（平成二十一年文部科学省告示第三十四号）第一章第二款第一項の規定に，専攻科にあつては大学設置基準第二十一条第二項の規定の例による。	別表三の三（第四条関係） （略） 備考 一 単位の計算方法は，高等学校にあつては高等学校学習指導要領（平成十一年文部省告示第五十八号）第一章第二款第一項の規定に，専攻科にあつては大学設置基準第二十一条第二項の規定の例による。

であるとしている。例えば，①いわゆる初年次教育としての読解能力や数的処理能力，論理的能力をより高めるための教育内容や，人間のとらえ方やものの見方を涵養するための教養教育の充実を図ること，②免許取得前に学ぶべき教育内容に加え，今後の看護師の役割拡大を視野に入れた専門基礎分野の教育内容の充実を図ること，③養成所が設置されている地域の特性を踏まえた教育内容の充実を図ることなどである。

現行の指定規則における看護師教育の教育内容と単位数を国家試験受験資格の要件としつつも，教育内容を拡充して看護師教育を行うことも考えられ，個々の養成所がみずからの教育理念や学生の状況に応じて①から③を複数選択し，組み合わせて教育を充実させることも考えられると示している。

II 2013（平成25）年「保健師助産師看護師学校養成所指定規則」の一部改正

2013（平成25）年，保健師助産師看護師学校養成所指定規則の一部改正が行われた[3]。今回の指定規則の改正は，高等学校の新学習指導要領の実施に伴う条文等の変更に伴うものである（表6-10）。

なお，高等学校の新学習指導要領（2013年4月1日実施）[4] では，①新しい学習指導要領の趣旨をあらためて確認し，その実現に努めること，②言語活動を充実する趣旨を確認し，各教科等の目標と関連付けた効果的な指導を行うこと，③見通しを立てたり，振り返ったりする学習活動を重視すること，④義務教育段階での学習内容の確実な定着を図る工夫をすること，⑤指導方法や指導体制を工夫改善し，個に応じた指導の充実を図ること，⑥学校全体として，指導に関する検証改善サイクルを確立すること，⑦人間としてのあり方生き方に関する教育を学校の教育活動全体を通じて行うことにより，道徳教育の充実を図ること，の7つの観点から教育活動の見直しを図ることとしている。

この中でも，新しい学習指導要領においては，国語をはじめ各教科等において，説明，論述，討論，記録，要約等の言語活動の充実を図るよう定めており，言語活動が，論理や思考などの知的活動やコミュニケーション，感性・情緒の基盤となるものであり，生徒の思考力・判断力・表現力等を育むために有効な手段であることを示してい

る。具体的には，これまでの一斉授業を見直し，道具（付箋やホワイトボード）を活用して生徒同士の意見交換を促したり，教師が説明するだけではなく，生徒が黒板や製作物を通して説明したり，また，板書するだけではなく，生徒がレポートや製作物などを作成して表現したりすることを提案している。

近年，看護基礎教育のあり方についても，卒業時の能力に焦点をあてて，カリキュラムの見直しなどが行われてきたが，今回の新学習指導要領の変更は，今後看護師養成所の教育のあり方にも工夫が求められるところである。新たな学習指導療養の実施に伴う成果を確認しながら，専門教育の質の向上（授業や演習，実習形態の修正や工夫）を図っていくことが求められているといっても過言ではない。

Ⅲ チーム医療推進会議における高度実践看護師の議論

チーム医療推進会議は，「チーム医療の推進について」（2013年3月19日　チーム医療の推進に関する検討会とりまとめ）[5]を受け，さまざまな立場の有識者から構成される会議を開催し，同報告書において提言のあった具体的方策の実現に向けた検討を行うために，厚生労働省医政局内に設置された。チーム医療推進会議の検討課題は大きく2つあり，チーム医療を推進する医療機関の認定のあり方，チーム医療を推進するための看護師業務のあり方であった。

1. 2年間に渡る議論の結果について―特定看護師制度から特定行為の実施へ

チーム医療推進会議の発足当初，この検討会は医師の包括指示のもと医療行為を担う特定看護師制度の制定に向けて動きはじめた。具体的には，本会議内にチーム医療推進のための看護業務検討ワーキンググループ（以下，看護業務ワーキンググループ）が設置され，将来的に特定看護師の教育機関となり得る大学院や臨床現場の協力を得て，特定看護師の役割開発に関する試行事業が開始された。しかし，本会議の議論を重ねていくなかで，「侵襲性の高い医行為及び難しい判断を伴う医行為は，医療安全の視点から，医師が行うべきである」という意見や，本来看護師が担うべき療養上の世話のレベルアップを求める意見などがあがり，「現場が求めているのは，特定看護師（仮称）ではなく，一般の看護師が診療の補助として実施できる範囲を明らかにすることである」という議論へ発展していった。その結果，特定看護師制度の発足は，事実上凍結され，看護業務ワーキンググループは診療補助業務としての特定行為の明確化へと方向転換していった。

19回の本会議と31回の看護業務ワーキンググループでの検討の結果，チーム医療推進会議は，チーム医療の推進を図り，医療安全の確保にも資するという考え方の下，「特定行為に係る看護師の研修制度（案）」について提言し，厚生労働省や関連する審議会で引き続き検討することになった。

2. チーム医療の推進に関する検討会（チーム医療推進会議の前身）での議論の整理

　チーム医療とは，「医療に従事する多種多様な医療スタッフが，おのおのの高い専門性を前提に，目的と情報を共有し，業務を分担しつつも互いに連携・補完しあい，患者の状況に的確に対応した医療を提供すること」と一般的に理解されている。質が高く，安心・安全な医療を求める患者・家族の声が高まる一方で，医療の高度化・複雑化に伴う業務の増大により医療現場の疲弊が指摘されるなど，医療のあり方が根本的に問われる今日，「チーム医療」はわが国の医療のあり方を変え得るキーワードとして注目を集めている。

　チーム医療がもたらす具体的な効果としては，①疾病の早期発見・回復促進・重症化予防など医療・生活の質の向上，②医療の効率性の向上による医療従事者の負担の軽減，③医療の標準化・組織化を通じた医療安全の向上等が期待される。今後，チーム医療を推進するためには，①各医療スタッフの専門性の向上，②各医療スタッフの役割の拡大，③医療スタッフ間の連携・補完の推進，といった方向性を基本として，関係者がそれぞれの立場でさまざまな取り組みを進め，これを全国に普及させていく必要があるとされている。このような背景のもと，看護師の役割拡大について議論がかわされてきた。

3. 高度実践看護師（APN）とは何か

　そもそも，高度実践看護師とは何か。それについて，日本学術会議健康・生活科学委員会看護学分科会（委員長：南裕子）が発行した『高度実践看護師制度の確立に向けて―グローバルスタンダードからの提言―』[6]では，以下のように示されている。

　高度実践看護師とは，看護師の免許を有し看護系大学院において理論と技能の統合を目指す修士課程以上の教育を受け，高度な看護実践を行いうる能力をもつ看護師を指す。高度実践看護師はグローバルスタンダード（世界的な標準）でいうところのAdvanced Practice Nurse（以下，APN）と同等のものとし，次のように定義する。日本におけるAPNとは「個人，家族，及び集団に対して，ケアとキュアの融合による高度な看護学の知識，技術を駆使して，対象の治療・療養過程の全般を管理・実践することができる看護師」とする。高度実践看護師は特定の専門領域において，自律してケアとキュアを融合できる能力を持つ看護師であり，次の2つのタイプが考えられる。
①病院や在宅など医療現場において卓越した能力を発揮するクリニカル・ナーススペシャリスト（Clinical Nurse Specialist）
②病院・診療所，あるいは地域医療連携のもとに開設する看護クリニックにおいて医師との協力関係のもと自律的に医療ケアを行うナース・プラクティショナー（Nurse Practitioner）

　この提言では，グローバルスタンダードの観点から看護師の役割拡大が論じている。

高度実践看護師（APN）は，薬剤の処方権や一部の医療処置が認められており，教育はおおむね大学院修士課程を修了していることが世界的な標準であると考えるのが一般的である。ただし，わが国の特性として，現在制度として認証されているのは，専門看護師（CNS）と認定看護師（CN）である。専門看護師教育は大学院の修士課程で行われている一方，認定看護師は職能団体等の機関が行っており，養成にかかわるカリキュラム・期間が大きく異なり，また期待されている役割も異なる。グローバルスタンダードの観点からはAPNにはCNは含まれないが，わが国の現行制度には馴染まない考え方であるともいえる。制度発足から20年，当初の教育環境とは異なり，看護系大学院は急激に増加した。わが国のスペシャリスト制度は，現在さらなる発展に向けた転換期に差しかかってきているのかもしれない。

4. 看護師の役割拡大と特定看護師制度

チーム医療の推進に関する検討会では，看護師については，あらゆる医療現場において，診察・治療等に関連する業務から患者の療養生活の支援に至るまで幅広い業務を担い得ることから，いわば「チーム医療のキーパーソン」として期待されているとしたうえで，①看護師が自律的に判断できる機会を拡大するとともに，②看護師が実施し得る行為の範囲を拡大するという基本方針のもと看護師の役割拡大が論じられてきた。具体的には，①包括的指示の積極的活用，②看護師の実施可能な行為の拡大・明確化，③行為拡大のための新たな枠組みの構築，④専門的な臨床実践能力の確認である。

チーム医療の推進に関する検討会で示された上記の論点について，「チーム医療推進会議」では，看護業務検討ワーキンググループが発足し，試行調査や実態調査を行いながら，議論を重ねてきた。

看護師の役割拡大は，大学における看護師養成が急増するなど教育水準が全体的に高まるとともに，水準の高い看護ケアを提供し得る看護師（専門看護師・認定看護師等）の増加，看護系大学院の整備の拡大等により，一定の分野に関する専門的な能力を備えた看護師が急速に育成されつつある状況を鑑み，チーム医療の推進に資するよう，①看護師が自律的に判断できる機会を拡大するとともに，②看護師が実施し得る行為の範囲を拡大するという方針の下，論じられてきた。この議論は，まず「包括的指示」の積極的な活用が看護師の役割拡大につながること，そのためには，保助看法第37条「看護師は，医師の指示がある場合には，自らの業務（保助看法第5条の「診療の補助」）として医行為を行うことができる」ことという規定に対して『看護師の実施可能な行為の拡大・明確化』が必要であるということが論じられてきた。そして，これらの特定行為を実践するためには，『行為拡大のための新たな枠組みの構築』が必要であり，特定看護師制度という形で議論が進展していった。この議論の中では，あくまでも特定看護師は，医師の指示を受けずに診療行為を行う米国のナースプラクティ

表6-11 特定行為に係る看護師の研修制度（案）[7]

○医師又は歯科医師の指示の下，診療の補助のうち，実践的な理解力，思考力及び判断力を要し，かつ高度な専門知識及び技能をもって行う必要のある行為（以下「特定行為」という）について，保助看法において明確化する。なお，特定行為の具体的な内容については，省令等で定める。
※特定行為の規定方法は限定列挙方式とする。また，その追加・改廃については，医師，歯科医師，看護師等の専門家が参画する常設の審議の場を設置し，そこで検討した上で決定する。
○医師又は歯科医師の指示の下，看護師が特定行為を実施する場合に，以下のような研修を受けることを制度化する。
・医師又は歯科医師の指示の下，プロトコール（プロトコールの対象となる患者及び病態の範囲，特定行為を実施するに際しての確認事項及び行為の内容，医師への連絡体制など厚生労働省令で定める事項が定められているもの）に基づき，特定行為を行おうとする看護師は，厚生労働大臣が指定する研修機関において，厚生労働省令で定める基準に適合する研修（以下「指定研修」という。）の受講を義務づける。
・指定研修の受講が義務づけられない，特定行為を行う看護師については，医療安全の観点から，保助看法上の資質の向上に係る努力義務として，特定行為の実施に係る研修を受けることを追加する。
※既存の看護師であっても，プロトコールに基づき特定行為を行おうとする場合は指定研修を受けなければならなくなることから，制度施行後，一定期間内に研修を受けなければならないこととするといった経過措置を設ける。
※特定行為が追加された場合であって，かつ，当該内容が研修の教育内容も変更する必要がある場合にあっては，当該内容に係る追加の研修義務が生じる。
○厚生労働大臣は，研修機関の指定を行う場合には，審議会の意見を聴かなければならない。
※審議会は，医師，歯科医師，看護師等の専門家により組織する。
○特定行為に応じた研修の枠組み（教育内容，単位等）については，指定研修機関の指定基準として省令等で定める。
○指定基準の内容は，審議会で検討した上で決定する。
○厚生労働大臣は，指定研修を修了した看護師からの申請により，当該研修を修了した旨を看護師籍に登録するとともに，登録証を交付する。
※指定研修機関における研修を修了したことの看護師籍への登録は，あくまで研修を修了したことを確認するためのものであって，国家資格を新たに創設するものではない。

ショナー（NP）とは異なることを明文化し，あくまでも医師の包括指示の下，特定医行為を担う看護師として考えられていた。

5. 特定行為の明確化と「特定行為に係る看護師の研修制度（案）」

特定看護師制度の議論が進展していくなか，2011年11月のチーム医療推進会議では，この制度の抱える問題点についての議論がかわされ，現場の混乱を来す恐れのある制度の制定は時期尚早であり，まずは包括的指示とされている特定行為の内容を精査し，吟味することへと議論は転換していった。その後，看護業務ワーキンググループを中心に特定行為の内容を分類し，看護師が実施するうえでの安全性を考慮しながら，行為の特定化を行っていった。その結果，2013年3月の最終報告書では，『特定行為に係る看護師の研修制度（案）』[7]がとりまとめられ，厚生労働省および関連する審議会で引き続き検討することになった。その内容を表6-11に示す。

2013年10月のチーム医療推進会議では，看護業務ワーキンググループから，教育を受け，認証された看護師が実施可能な41の特定行為が明示され，教育と認証に関するプロセス（案）が提案された[8]。今後の看護師の特定行為に関する検討は，省庁，学術団体，関連する審議会での継続していくことになった。2014（平成26）年1月12日に

表6-12 精神看護分野に関連する特定行為（案）[8]

特定行為	特定行為の内容
臨時薬剤（抗けいれん薬）の投与	医師の指示の下，プロトコールに基づき，身体所見（発熱の程度，頭痛や嘔吐の有無，発作の様子など），既往の有無が，医師から指示された状態の範囲にあることを確認し，抗けいれん剤を投与する。
臨時薬剤（抗精神病薬）の投与	医師の指示の下，プロトコールに基づき，身体所見（興奮状態の程度，継続時間，せん妄の有無など）が医師から指示された状態の範囲にあることを確認し，抗精神病薬を投与する。
臨時薬剤（抗不安薬）の投与	医師の指示の下，プロトコールに基づき，身体所見（不安の程度，継続時間など）が，医師から指示された状態の範囲にあることを確認し，抗不安薬を投与する。

は，看護師の特定行為を含む法案「地域における医療及び介護の総合的な確保を推進するための関係法律の整備等に関する法律案」[9]が閣議決定され，今後は実施に向けて関係団体が準備を進めているところである。

　特定行為とは，医師または歯科医師の指示の下，診療の補助のうち，実践的な理解力，思考力及び判断力を要し，かつ高度な専門知識及び技能をもって行う必要のある行為のことをいい，特定行為の検討にあたっては，①行為そのものに「技術的な難易度又は判断の難易度」があることに加えて，②あらかじめ対象となる患者の病態の変化に応じた行為の内容が明確に示された，特定行為に係るプロトコールに基づき，看護師が患者の病態の確認を行ったうえで実施することがある行為であることが判定基準とされている。

　上記の判定基準に基づき，明示された41の特定行為の内，精神看護分野では，3つの特定行為が該当する。3つの特定行為とは，いずれも臨時薬剤の投与であり，①抗けいれん薬，②抗精神病薬，③抗不安薬である（表6-12）。これらの特定行為に関する指定研修を受けた看護師は，看護師籍に記載されることになっており，今後は関係諸団体で指定研修の運用を含め，整備を進めていくことが必要になってくる。今後も，本制度の動向については厚生労働省のホームページ等で随時確認していただきたい。

■引用・参考文献
1) 厚生労働省：看護教育の内容と方法に関する検討会報告書. 2011.
　http://www.mhlw.go.jp/stf/houdou/2r9852000001310q-att/2r98520000013l4m.pdf
2) 厚生労働省：看護師等養成所の運営に関する指導要領（平成13年1月5日健政発第5号）（最終改正：平成24年7月9日医政発0709第11号）. http://kouseikyoku.mhlw.go.jp/kantoshinetsu/shokan/kankeihourei/documents/yoryo_kango_shido.pdf
3) 文部科学省. 保健師助産師看護師学校養成所指定規則の一部の改正について. 2011. http://search.e-gov.go.jp/servlet/Public?CLASSNAME=PCMMSTDETAIL&id=185000626&Mode=2
4) 文部科学省：高等学校等の新学習指導要領の実施に当たって（通知）. 2013. http://www.mext.go.jp/b_menu/hakusho/nc/1343618.htm
5) チーム医療の推進に関する検討会（平成22年3月）：チーム医療の推進に関する検討会 報告書

http://www.mhlw.go.jp/file.jsp?id=145748&name=2r9852000002yoc6_1.pdf
6）日本学術会議健康・生活科学委員会看護学分科会（委員長：南裕子）：高度実践看護師制度の確立に向けて―グローバルスタンダードからの提言―2011. http://www.scj.go.jp/ja/info/kohyo/pdf/kohyo-21-t135-2.pdf
7）厚生労働省：チーム医療推進会議（平成25年10月）：特定行為に係る看護師の研修制度について http://www.mhlw.go.jp/file/05-Shingikai-10801000-Iseikyoku-Soumuka/0000028112.pdf
8）厚生労働省：チーム医療推進会議看護ワーキンググループ（平成25年10月）：チーム医療推進のための看護業務検討ワーキンググループこれまでの検討状況　http://www.mhlw.go.jp/file/05-Shingikai-10801000-Iseikyoku-Soumuka/0000028610.pdf
9）厚生労働省：地域における医療及び介護の総合的な確保を推進するための関係法律の整備等に関する法律案（平成26年2月12日提出）　http://www.mhlw.go.jp/topics/bukyoku/soumu/houritu/186.html

第7章 日本精神科看護協会のこれまでの活動

I 精神科認定看護師制度のこれまでの変遷と今後の展開

　日本精神科看護協会（以下，日精看）による精神科認定看護師制度は，1995（平成7）年に創設された。始まりは4つの分野だったが，精神科認定看護師のもつ専門技術をより具体的に示すために，2007（平成19）年には10の領域に細分化された。それから5年。近年の精神科医療の変化のスピードは加速度的である。5名からスタートした本制度も，いまでは559名の登録がある（2014年4月現在）。

　本稿では，表7-1に従い，これまでの精神科認定看護師制度の変遷を振り返るとともに，今後の展開について述べる。それを踏まえ，最後に，精神科認定看護師制度の改正とともに変化する学術集会の今後の展開について述べることとする。

1．精神科認定看護師制度の変遷

1）精神科認定看護婦・看護士制度の発足

　当初の目的は，「精神科の専門分野において，すぐれた看護技術と知識を用いて水準の高い看護を実践できる精神科看護婦・看護士を社会に送り出すことにより，看護現場における看護ケアの質の向上を図ること」であった。また，4つの役割が求められていた。1つは，優れた実践，2つ目には，他分野の看護師からの相談を受ける，3つ目が医療チームとの協働，最後が該当領域の問題解決であった。

　認定看護分野は，表7-2の通り4分野であった。

　制度発足にあたっては，日精看の多くの会員が勤務する全国の精神科病院の状況から，ある一定期間集中して課程をおさめていく方式は困難であると考えられたことから，単位加算制という独自の教育システムが導入された。

2）改正された精神科認定看護師制度―4分野から10領域へ

　発足より10年を節目に，制度の充実と見直しを図るため，2005（平成17）年度に精神科認定看護師制度検討プロジェクトが発足した。これは，精神医療において，地域移行が進み，救急・急性期医療での初期対応がいっそう重要になってきたこと，高齢化による認知症や身体疾患を伴う入院患者の増加など，状況が変化してきたことによる。このような変化に対応するために，これまで4つに分けていた認定分野を，精神

表7-1 精神科認定看護師制度の変遷

年	精神科認定看護師制度の動向	関連団体の動向
1987		精神衛生法を精神保健法に改正 看護制度検討委員会(厚生省)
1993	専門看護婦・看護士検討委員会の発足	
1995	精神科認定看護婦・看護士制度(現行の精神科認定看護師制度)創設	精神保健法を精神保健福祉法に改正 日本看護協会が認定看護師制度を創設
1997	最初の精神科認定看護婦・看護士誕生	
2005	精神科認定看護師制度検討プロジェクト発足	
2007	精神科認定看護師制度改正 4分野を10領域に再編	
2009		日本精神科病院協会が日精協認定看護師制度を発足
2010		チーム医療の推進に関する検討会報告(厚生労働省)
2011	精神科認定看護師制度の方向性に関するプロジェクト発足	
2012	精神科認定看護師制度検討プロジェクト発足 精神科認定看護師マークおよびバッジの作成	
2013	2015年より10領域を1つに統合することを決定	

表7-2 制度発足当初の認定看護分野

精神科救急・急性期看護
精神科リハビリテーション看護
思春期・青年期精神科看護
老年期精神科看護

科認定看護師のもてる知識と技術をより特化して,専門性が明確になるようなカリキュラム内容と名称に組み直した。これにより,精神科認定看護師の介入効果がいっそう明確になることが期待された。採用された認定領域は**表7-3**の10領域であった。10領域への細分化とともに大幅な制度の改正を実施した。

具体的には,10の専門領域に対応するカリキュラムの充実,協会が指定する施設での実習の実施,単位取得の期限の設定,精神科認定看護師養成カリキュラムに準拠したテキストの作成・発行を行った。

さらに,4分野に合わせて開催されていた4つの専門学会は,2008(平成20)年から,2つの専門学会へと統合された。ここでは,専門領域ごとの分科会を開催し,精神科

表7-3 2007年から採用された10領域

行動制限最小化看護	司法精神看護
うつ病看護	児童・思春期精神看護
退院調整	薬物・アルコール依存症看護
精神科訪問看護	精神科身体合併症看護
精神科薬物療法看護	老年期精神障害看護

　認定看護師がセミナーを企画をしたり，活動を発表するなど，学会自体が活動の場ともなった。

　2008年の認定推進事業において実施された，精神科認定看護師の現状に関する調査によると，精神科認定看護師の活動は，院内の教育活動，委員会活動，コンサルテーション，指導などの院内教育に関する活動に集中していることが明らかになった。しかしながら，看護学生の授業や学会の座長，市民向けの活動なども実施されるようになっていた。精神科認定看護師が対外的にも認知されるようになり，少しずつ活動の幅に広がりが出てきたことがうかがえる。

3）10領域から領域の統合へ―2011（平成23）年から始まった制度改正へ向けての動き

　社会の中で，各領域の専門性をもつ精神科認定看護師が認知されるにつれ，精神科認定看護師の活動の場も役割も広がっていった。

　しかしながら，制度改正時には国の施策を見据えて専攻領域を決定したものの，そのニーズが当初予想したよりも低い専門領域が出てきた。そのため，研修会を企画しても予定通りに開催することが難しいという事態も生じるようになってきた。また，専門領域を限定しているがゆえに，専門領域以外の部署に配属になった場合，専門領域を活かした活動を継続しにくいという問題も生じていた。さらに，精神科認定看護師を取り巻く状況として，看護系大学や大学院が増加し，看護師の基礎教育のいっそうの充実がみられるようにもなってきた。それに伴い，専門看護師の教育課程は38単位となり，厚生労働省の「チーム医療推進会議」では，特定行為に係る看護師の研修に関する議論も行われるようになった。

　これらの現状を踏まえると，看護師に対して，これまで以上に高度な実践能力が求められていることは明らかであり，精神科認定看護師の養成のあり方について検討することは必至であると考えられた。

　そこで，2011年に精神科認定看護師制度の方向性に関するプロジェクトを発足させ，「専攻領域の見直しの是非」，「教育制度のあり方」，「看護管理に関する認定制度導入の是非」，「精神科認定看護師への活動支援のあり方」，「広報活動の強化」について検討を行った。

その結果，精神科認定看護師の教育カリキュラムにおいては，各専攻領域の専門科目よりも，精神科認定看護師として共通の知識・技術を習得するための共通科目の割合が，本協会以外の認定看護師教育カリキュラムと比較して高いということがわかった。つまり，専攻領域別に認定をしているが，精神科認定看護師の中核的な教育内容は，専攻領域に限定されない共通した内容により構成されていると考えることができる。

以上，10領域に細分化されていることによるメリット・デメリット，本制度を取り巻く看護および精神保健医療福祉の動向，そして教育内容の実情から，「精神科認定看護師」として統合した制度へと改正し，そのことによって中長期的に精神科認定看護師の養成体制の充実強化を図ることとなったのである。

2．今後の展開—2015（平成27）年度の制度改正に向けて

1）改正による変更点

精神科認定看護師の役割は以下の4つである。
①すぐれた看護実践能力を用いて，適切な看護を行うこと。
②ほかの看護領域の看護職に対して相談に応じること。
③関係する医療チームと協働して，質の高い看護実践を行うこと。
④看護技術の知識の集積に貢献すること。

これらの役割を十分に果たすために，2つの大きな変更を行った。1つは，「受講資格審査の受講資格の見直し」である。教育カリキュラムの要となる実習において精神科看護師としての豊富な経験が欠かせないことから，受講資格要件の「精神科看護師経験」を5年以上とした。

2つ目は，「教育カリキュラムの充実」である。近年の精神保健医療福祉制度改革で求められている「地域生活支援の推進」に対応できるよう，外来・在宅実習を充実させ，入院から地域生活までを一貫して学習できるようにした。さらに，複雑多様化する患者の心身の状態に対応できるよう，臨床薬理学，精神科診断治療学，フィジカルアセスメントに関する教育内容の充実をはかった。そして，変化する社会のニーズに対応して精神科認定看護師の質を保証するために，単位数を38単位にすることなどが改正に盛り込まれた。具体的な変更点を表7-4に示した。

2）資格取得までの流れ

2015（平成27）年度以降の資格取得までの流れは図7-1の通りである。
その他，精神科認定看護師の実践能力の向上を支援するために，新たに，2012（平成24）年より，精神科認定看護師を対象としたブラッシュアップ研修会を開催している。さらに，いっそうの一般市民等への認知を広めるために，可視化するアイテムとしてマークとバッジを作成した（図7-2）。精神科認定看護師の英語表記Certified

表7-4 2015年度の精神科認定看護師制度改正の概要

	現行	改正後
専攻領域	10領域	統合
受講資格	看護師経験5年以上 (そのうち精神科看護の経験3年以上,かつ専攻領域の経験1年以上)	精神科看護師経験5年以上
教育課程	単位数：32単位 10の専攻領域から1つを選択 見学実習・施設実習の実施	単位数：38単位 専攻領域を統合したカリキュラム 臨床薬理学, 精神科診断治療学, フィジカルアセスメント科目の充実 中間評価の実施 見学実習を廃止し, 外来・在宅部門における実習の充実 演習・実習の指導体制の強化
認定試験	小論文・筆記試験・面接・口頭試問	小論文・筆記試験・口頭試問
登録	専攻領域ごとに登録	精神科認定看護師として登録
更新	専攻領域ごとの活動実績ポイント算出	活動実績のポイント配分の改定

```
受講資格審査
小論文・書類審査
    ↓
単位取得
研修会の受講 | 演習・実習
    ↓
精神科認定看護師認定試験
筆記試験 | 小論文 | 口頭試問
    ↓
「精神科認定看護師」として登録
```

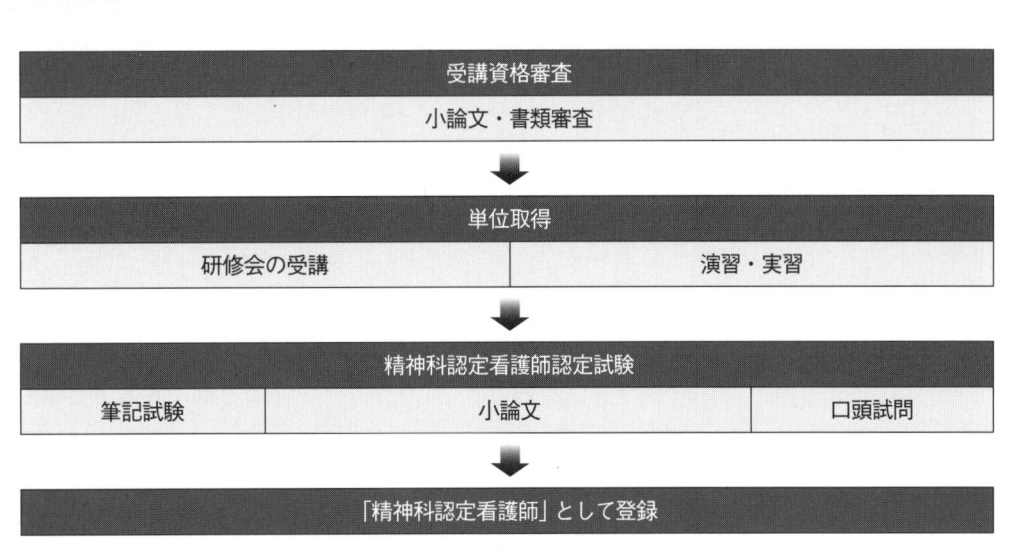

図7-1 精神科認定看護師資格取得までの流れ

Expert Psychiatric Nurseの頭文字であるCEPNを中心に, 背景のトライアングルは, 知識, 技術, 経験を表している。バランスのとれたスキルは, 精神科認定看護師の確かな実践力を示した。

3. 精神科認定看護師制度改正に伴う学術集会の動き

10領域の認定看護分野が定められた時に, 専門学会が4つから2つへと統合されたことは先に述べた通りである。さらに2012年には, 新法人への移行に伴い「学会」の名称を「学術集会」へと変更した。

図7-2　精神科認定看護師のマーク

　現在，学術集会は，5月の全国学術集会，8月～9月に開催される「学術集会専門Ⅰ」，そして10月～11月に開催される「学術集会専門Ⅱ」の3つが開催されている。これらの学術集会では，2010（平成22）年より会員の自主企画セミナーを募集しており，精神科認定看護師を中心に，工夫を凝らした多彩な企画が年々増えてきた。

　企画が豊富になると同時に，その内容も充実する中，問われるようになってきたことは，「全国学術集会の意義」と「専門学術集会との差別化の是非」，そして精神科認定看護師の専攻領域を統合することに伴う「専門学術集会のあり方」であった。

　この課題を十分に検討し，具体的に開催までの工程についての検討を行うことを目的としたプロジェクト会議（学術集会再編検討プロジェクト）が2013（平成25）年に発足した。

　この会議により，学術集会は今後以下に示す方向に向けて展開していくこととなった。

　まず，日精看が学術集会を開催するにあたって，今後めざすべきコンセプトに「パワーアップをはかること」，「クオリティをより高くすること」をすえた。

　この2つのコンセプトを実現するために，今後2016（平成28）年度を目途に3つの学術集会を2つに再編することになった。1つは，全国大会である。全国大会は，これまで，全国の会員が集い情報を共有しあう場であった。その特性をそのままに，社会貢献活動を含む幅広い活動を行う集会の場として位置づける。

　もう1つは，2つに分かれていた専門学会を学術集会として1つに統合する（表7-5）。これまでの専門学会が，専門的な知識と実践を求めて発展してきた経緯から，臨床の知識を集積する活動を発展させる場と位置づける。

　今後，全国大会および学術集会という2つの大きな場で，パワーアップをはかり，クオリティーをより高くすることを目指して，具体的な工夫が進められる予定である。

　精神科認定看護師は，これら2つの場の中心的な役割を担っていくことが期待されている。

表7-5 日精看の学術集会の再編

現行	再編後
日本精神科看護学術集会（全国学術集会）	日本精神科看護全国大会
日本精神科看護学術集会専門Ⅰ（学術集会専門Ⅰ）	日本精神科看護学術集会
日本精神科看護学術集会専門Ⅱ（学術集会専門Ⅱ）	

Ⅱ 災害支援に関する日精看の動き—東日本大震災から今後起こり得る災害に対する支援体制の整備

1. 東日本大震災の協会支援活動（震災当日から1年半のまとめ）

東日本大震災の発生を受け，日精看は災害対策本部を立ち上げた。震災直後から1年半の支援活動を振り返る。フェイズで考えると，1. 震災直後～1か月間，2. 3か月以内，3. 6か月以内，4. 1年以内，5. 現在までの5つに分けられた。この期間ごとに主に行った活動を表7-6に示す。

2. 活動内容ごとの詳細

これらの活動内容を前記の時系列で整理すると，①情報収集と発信，②支部との連携，③支援物資の募集と発送，④義援金と会費免除，⑤人的支援（ボランティア派遣），⑥教育的支援，⑦行政との調整の7項目が主にあげられた。活動内容と時期は表7-6の通りであった。

1）情報収集と発信

震災当初からの被害状況の把握と47都道府県支部への情報発信を心がけ，3か月を過ぎた段階で会員の被災状況を調査した。また，FAXや協会ホームページを中心に配信データを公開した。また，雑誌『精神科看護』やその他の刊行物にこれまでの活動を集約して，報告した。

被災状況の情報収集においては関係団体からの発信されている情報を整理，集約し，協会役員や会員で共有に努めた。例として，被災会員施設の分布図を作成し，そこに被災状況を整理していった（図7-3）。

2）支部との連携

震災当初，支援物資を持参して被災支部事務局を訪問し，会議を行った。その後，支部活動再開への支援を展開した。2011年7月には東北復興会議を開催した。10月には宮城県支部の支部大会，2012年1月の福島県支部大会の開催支援を行い，3月には看護管理者対象のリーダーシップ研修会を開催し，被災地における看護管理者の横のつながりを促進した。

表7-6 震災当日から1年半の日精看の活動

①震災直後〜1か月
被災地や会員からの情報収集，災害対策本部の設置と組織化，被災地の情報発信，厚生労働省看護課との連携，現地への訪問，支援物資の募集と配送（レンタカーや自家用車による直送），義援金の募集。
②3か月以内
支援物資の配送，災害支援ボランティアの募集と派遣および派遣先の行政や施設との調整，全国の会員や会員施設，支部事務局への情報発信と協力の依頼，総会での議案を決定し承認後実施（被災会員の会費免除），学術集会における被災地支援アクションの展開。
③6か月以内
被災会員の状況調査（東北6県および茨城県，千葉県の約6,000名が対象），この調査に基づく義援金の配布，ボランティアの組織化と活動の調整（現地にコーディネーター配置），被災され亡くなった会員家族への慰問，被災県（特に福島県）との連携，被災県で働く会員への支援（相談や調整），協会の機関誌や日精看ホームページ上で活動内容を公開。
④1年以内
被災県支部の活動の再開支援と研修会の開催，被災地においてこころのケアにかかわる研修会や事例検討会を実施，年末に地元の訪問看護ステーション交流会と日本看護連盟との共催で支援者のこころを癒すコンサートを開催，被災された会員の再就職の支援（厚生労働省障害保健福祉課の事業），看護管理者対象としたリーダーシップ研修会を開催し，参加者の交流を促進。
⑤現在まで
2012年度の支部事業支援，東北地区における研修会強化，被災地でのこころのケアに関する研修会，事例検討会を継続，1年を経過した時点での座談会を開催（被災県で働く会員や協会役員），座談会の内容を機関誌や日精看ホームページ上で配信，継続した支援の呼びかけ。

3) 支援物資の募集と発送

震災後すぐに支援物資の募集を行い，全国の会員施設から段ボール箱800個以上の支援物資が集まり，それを被災会員施設と個人に発送した。当初は，宅配便の復旧がままならない時期があり，協会役職員が直接被災地に配送した（図7-4, 7-5）。震災発生直後の支援物資は生活必需品が多かったが，被災地からの要請で白衣や予防衣，ナースシューズの募集も行った。

4) 義援金と会費免除

震災後すぐに義援金の募集を開始した。現時点で集まった義援金は22,415,000円である。義援金配分状況（表7-7）と被災状況と義援金配布状況（被災県別）は表7-8, 7-9の通りであった。

義援金を配布した会員数は922名であった。また，2011年度の会費免除者数は1,090名であった。免除会員数が義援金配布者より数が多いのは，新入会した会員数が会費免除に含まれているためである。

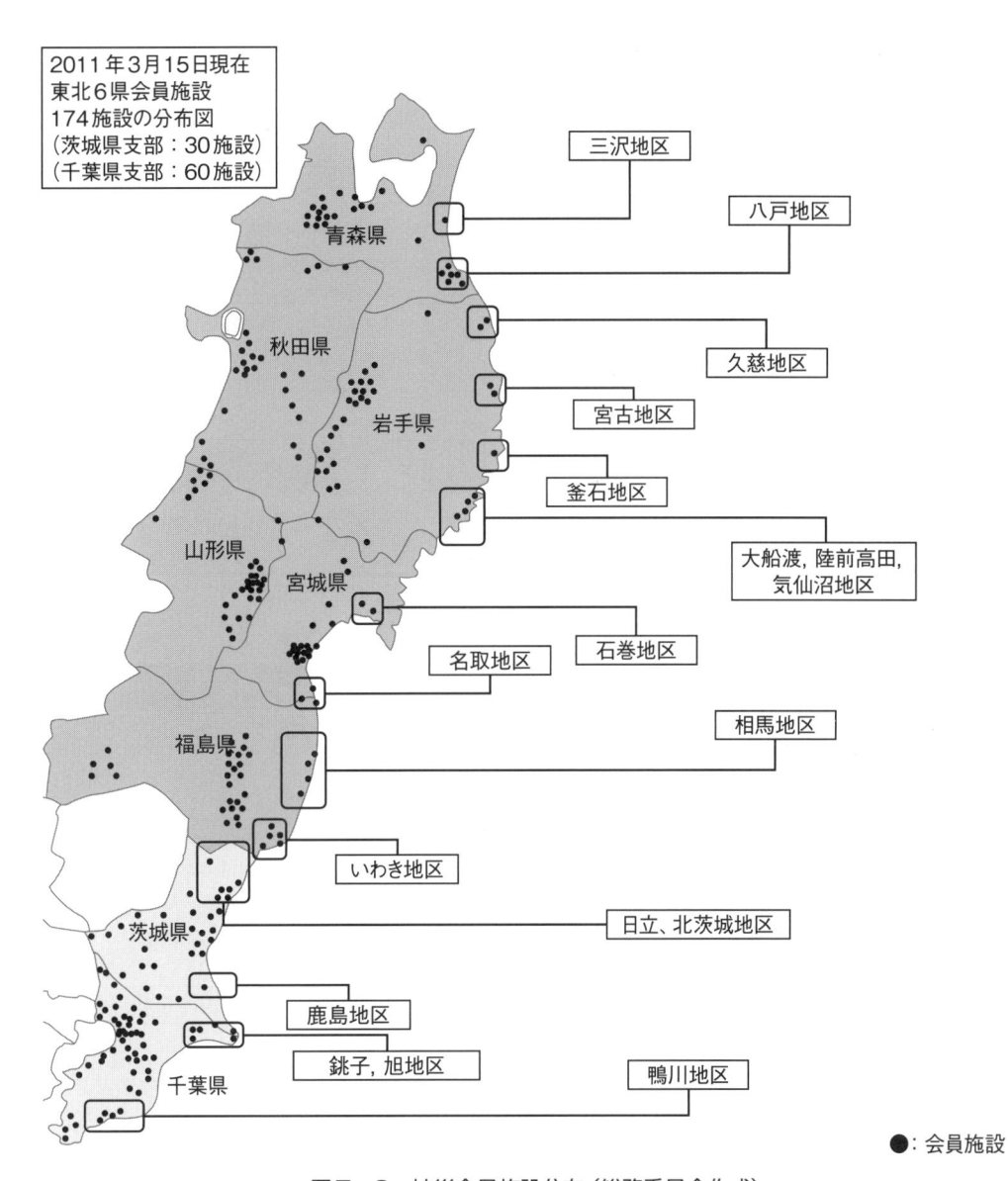

図7-3 被災会員施設分布（総務委員会作成）

表7-7 義援金配分状況

費目	人数	義援金
亡くなった方	2名	10万円（義援金7万円＋弔慰見舞金3万円）
自宅全壊相当	45名	7万円
自宅半壊相当	103名	3万5千円
その他被災会員	772名	2万円（御見舞金として）

n=923

5）人的支援（ボランティア派遣：図7-6〜9）

　2011年4月から5月に，宮城県の会員施設へ延べ63名のボランティアを派遣した。

　6時から18時までの12時間の活動で，朝は近くの川へ水を汲むところから1日が始

図7-4 被災地を目指す協会支援物資を積んだレンタカー

図7-5 ある会員施設の津波後のホール状況。時計が16：30過ぎで止まっていた。

表7-8 調査結果（2011.8.30現在）

	青森県	岩手県	秋田県	山形県	宮城県	福島県	茨城県	千葉県	合計	被災率
調査施設数	25	30	24	24	27	34	30	60	254	
調査対象会員数	319	888	521	996	394	725	615	1324	5782	
会員死亡（行方不明）	0	0	0	0	2	0	0	0	2	
全壊	0	19	0	0	3	5	1	0	28	
半壊	0	9	0	0	10	44	5	1	69	
一部損壊，実家	1	52	0	2	249	420	54	14	792	
被災会員数総数	1	80	0	2	262	469	60	15	889	
連絡が取れない会員数	0	0	0	0	67	91	1	0	159	
被災率	0.30%	9.00%	0.00%	0.20%	66.40%	64.60%	9.70%	1.10%		15.30%

表7-9 最終義援金配布結果（2012.5.30現在）

	青森県	岩手県	秋田県	山形県	宮城県	福島県	茨城県	千葉県	合計	被災率
調査施設数	25	30	24	24	27	34	30	60	254	
調査対象会員数	319	888	521	996	394	725	615	1324	5782	
会員死亡（行方不明）	0	0	0	0	2	0	0	0	2	
全壊	0	18	0	0	21	7	1	0	47	
半壊	0	9	0	0	10	72	11	1	103	
一部損壊，実家	1	49	0	0	234	408	71	10	773	
義援金配布会員数	1	76	0	0	265	487	83	11	923	
連絡が取れない会員数	0	0	0	0	67	91	1	0	159	
被災率	0.30%	8.50%	0.00%	0.20%	67.20%	67.10%	13.30%	0.80%		15.90%

今回の調査は東北6県および茨城県、千葉県の施設へ調査票を発送した結果である。

図7-6　派遣先の看護部長とボランティアメンバー

図7-7　現地保健師とコーディネーター，ボランティアの皆さん

図7-8　真夜中の引き継ぎ

図7-9　ビックパレットで活動する各団体のボランティア集合写真

まり5日間の派遣を4クール展開した。現地までの送迎は日精看職員がレンタカーで行った。

　2011年5月の連休中は福島県支部と連携し，いわき市に延べ15名のボランティアを派遣した。また福島県の要請に基づき5月から7月末まで，郡山市のビックパレットふくしまに延べ291名のボランティアを派遣した。この期間中はコーディネーター1名を常駐させ，原子力発電所から避難していた方々をケアしていた現地の保健師を支援する業務を中心に行った。活動は夜間の救護所を中心に行い，準夜と深夜のシフトで各2名ずつ配置し，避難者の対応を行った。ボランティアの宿泊については近隣のホテルの5室を2か月間以上借り上げて，部屋を確保した。

　また福島県の要請に基づき，2011年10月の1か月，相双地区に1名の現地コーディ

ネーターを派遣した。ここで2012年に発足したNPO法人相双に新しい精神科医療保健福祉システムをつくる会（以下，つくる会）の活動を支援した。つくる会の事業では精神科認定看護師2名が管理者として就任した。

他に，厚生労働省の被災県人材確保事業において，3名（岩手，宮城，福島各1名）の会員を紹介し，2012年4月1日から各県で勤務を開始した。

6）教育的支援（研修会の開催など）

2011年の9月から石巻市の訪問看護スタッフ等を対象に研修会と事例検討会を開催しており，現在も継続中である。9月の講演については石巻日日新聞（10月5日）により，報道された（図7-10）。

この石巻市の活動を通して，日本看護連盟と共催で12月27日に年末コンサートを開催した。コンサートの様子は日精看ホームページで動画配信している[*1]。また，2012年の4月には石巻市の訪問看護ステーションの管理者と座談会を開催し，その模様を動画で配信した。このように日精看ホームページ（http://www.jpna.jp/）では災害対策本部の情報を掲載している。また，教育事業の支援については2011年10月の宮城県支部大会と1月の福島県支部大会において会長講演を実施し，九州地区においては2011年11月に災害支援フォーラムを開催した。また，2011年度研修会で好評であった精神科看護ガイドラインと倫理の研修会を，岩手・宮城・福島の3県において実施した。2012年3月中旬にはトップマネジメント研修会を開催した。2012年度は教育認定委員会において4回のトピックス研修会を仙台において開催した。

7）行政との調整

厚生労働省看護課の要請により，震災直後からボランティアの登録を開始した。また，京都市の京都セミナーハウスを避難住居として，申請した。

ボランティア派遣中は定期的に派遣状況を看護課に報告し，2012年6月からは厚生労働省精神・障害保健課と支援について検討を開始し，12月からは人材確保事業に協力した。

8）2012年度の協会災害対策活動

災害支援ボランティアの登録制度を開始し，2012年9月現時点ですでに700名以上の登録があった。これは全国4万人の会員のうち，60名に1名は登録している計算になる。また，各学術集会で災害対策本部ブースを開き，震災支援活動の報告を行った。

9）2013年度の協会災害対策活動

南海沖トラフ連動型および首都直下型の地震を想定したシミュレーションを行い，東京事務所（品川）が機能不全に陥った場合の想定を検討した。また，四国地区の支

[*1] 動画は以下のURLで視聴可能できる。
http://www.youtube.com/watch?v=OQXY3aSxiFY

巻日日新聞　【月ぎめ購読料1280円・1部売り60円（消費税込み）】

心のケアの心構え学ぶ

石巻で研修会　医療関係者らが参加

被災者の心のケアを行う際の心構えなどについて学ぶ研修会が先日、石巻赤十字病院で開かれた。精神科看護の専門家が講演し、精神的に不調をきたしている人たちへの接し方などを学んだ。

研修会は、避難所や仮設住宅での生活を強いられ、不眠などから精神的に不安定になる人が増える可能性あるとし、日本精神科看護技術協会＝東京都港区＝が開いた。石巻地方の医療関係者らが参加。同協会の末安民生会長と仲野栄専務理事がそれぞれ講演した。

このうち、末安会長はケアを行う医療、福祉関係者らの心の健康について「人を助ける仕事―息長く続けるための方法―」と題し講話。「ケアという仕事は肉体労働であり頭脳労働でもある。普段は優しさが求められ、職員業務としては公平と迅速さが求められる。その場その場で感情をコントロールしいくつもの人格を演じ分けなくてはならない。感情を扱う労働はケアする者にじわじわと影響を及ぼす」と指摘した。

その上で「『誰かのために一生懸命に働くことにこそ意味がある』『言いたいことを抑えられるのがプロだ』などと考えている人は気を付けること。自分自身を理解することから始めるべきで、援助場面を振り返り違和感や行き詰まり感などを感じたら注意が必要」と訴えた。

参加した人たちは時折、メモを取るなどしながら真剣な表情で講演に耳を傾けていた。

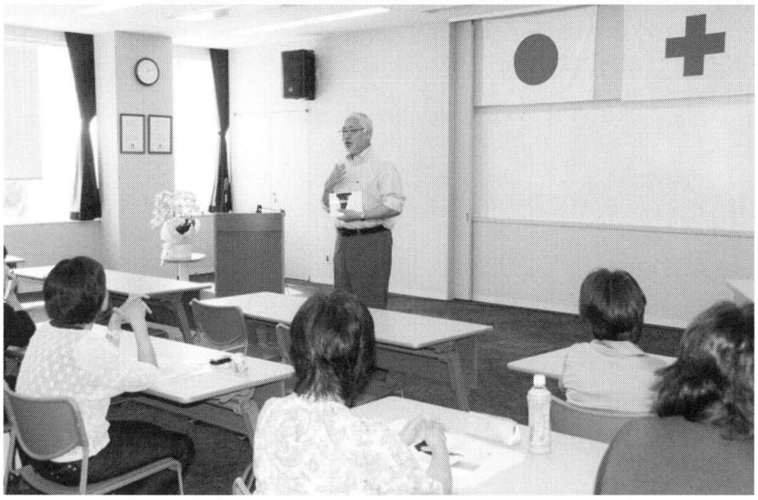

ケアを行う立場の人の心の健康について説明する末安会長

図7－10　石巻日日新聞2011年10月5日号に掲載

援内容についても検討を行った。

これらの結果を受け，理事会で「災害支援マニュアル作成プロジェクト」を立ち上げ，協会の災害対策マニュアルを作成した。このマニュアルは3部構成となっており，その構成は，Ⅰ．協会の災害対策マニュアル，Ⅱ．会員施設の対策マニュアルモデル，Ⅲ．資料編とした。また，東京と京都，福岡の研修会場に，災害被災時の災害対策キ

ットを購入し，帰宅が困難になった受講生への対応の準備を整えた。

10）2014年度の協会災害対策活動

2013年度に作成したマニュアルを各都道府県事務局と役員に冊子（CD付）にして配布し，日精看ホームページで公開して，ダウンロードできるようにした。また，マニュアルの活用方法について，広島県で開催した学術集会において説明会を開催した。

今後，協会ボランティア登録をした会員を対象とした災害看護の研修会を企画していく予定である。

Ⅲ 社会貢献活動について

1．こころの日

「こころの日」は，日精看が1998（平成10）年から取り組んでいる社会貢献事業である。1988（昭和63）年の精神保健法の施行日である7月1日を「こころの日」と位置づけ，その前後の時期に，全国の支部でさまざまなイベントを行い，こころの健康について考える機会につなげることを目的としている。

2010年度までは，全国の3か所で協会主催のイベントを企画して開催していたが，地域性を把握しており，かつ行政や関係団体と連携がとりやすい支部が主催で行うほうが，参加者にとって身近なイベントになると考え，2011年度からは支部主催のイベントのみを開催することにした。日精看は，イベントの企画運営を行う支部をサポートする役割を担い，広報用ポスターやパンフレット，グッズの作成を行うこととした。

具体的には，2010年度にこころの日の活動の始まりや内容等を掲載した「こころの日パンフレット」を作成し，広報活動に活用するように全国の支部に配布した。また，精神疾患の正しい知識や自分自身のこころの健康状態を知るためのチェックリスト等を掲載した『こころのお手入れ　はじめてBOOK』（以下，「はじめてBOOK」）を発行し，こころの日事業の参加者に他のグッズ（マグネット，アール・ブリュットレターセット等）と併せて配布した。この「はじめてBOOK」は，2010年7月21日東京新聞に掲載された。

これらのものを活用して，こころの日事業を実施した支部の数は，**表7-10**の通りであった。

こころの日事業は定期的に開催することで，内容も多彩になっていった。2013年度に各支部で実施した内容と参加者数は，**表7-11**の通りであった。

2004（平成16）年に開催された心の健康問題の正しい理解のための普及啓発検討会では「こころのバリアフリー宣言」が出され，その後の「精神保健医療福祉の改革ビジョン」（以下，改革ビジョン）で『入院医療中心から地域生活支援中心へ』という基本

表7-10 こころの日事業を実施した支部の数

年　度	実 施 支 部 数
2010年度	39支部
2011年度	34支部
2012年度	36支部
2013年度	41支部

的方策の実現のための1つの柱として国民の理解の深化を進める方針が示された。そして，改革ビジョンの中間評価となる2009年9月の「今後の精神保健医療福祉のあり方等に関する検討会」報告書でも，普及啓発の重点的実施が再び重点項目としてあげられ，「患者が早期に支援を受けられ，精神障害者が地域の住民として暮らしていけるような，精神障害に関する正しい理解の推進」の必要性が指摘された。

　このように，日本の精神保健医療福祉施策推進のためには必要不可欠なものとして普及啓発に関する項目があげられつづけているものの，精神疾患に対する国民の理解はそれほど深まってはいない。日本における自殺者数が3万人を超える事態が続き，うつ病については早期受診を促す活動が全国的に展開されたことで，うつ病に関しては国民が広く知ることとなった。しかし，統合失調症を初めとする精神疾患に対しては，いまなお偏見があるのが実態である。併せて，精神疾患の治療機関である精神科病院に対しても強い偏見がある。

　そこで，日精看では精神科領域で働く看護者が地域に出て，こころの健康に対する地域住民の関心を高め，精神疾患に関する正しい知識を提供することは，精神障害者の理解や精神科病院に対するイメージアップにつながるとして，こころの日の事業を継続している。しかし，メンタルヘルスに関する講演会等は，さまざまな団体や企業がすでに行っている地域が多く，それらと協会事業を差別化することが難しい現状もある。また，こころの健康相談コーナーを開設しても，身体疾患と比べて気軽に訪れる人はまだ少ない。それでも，定期的に事業を継続していくことで精神科看護者の存在を知ってもらい，精神医療を身近に感じてもらえることにつながると考えている。

　最近では，日精看主催の日本精神科看護学術集会で精神障害者が主人公になった映画を上映するようになった影響で，支部のこころの日の事業で映画の上映をする企画が増えている。医療者の講演を聞くことも精神疾患を正しく理解するために有効であるが，懸命に生きる精神障害者の姿を描いた映画を通して精神疾患について知ることも，普及啓発を促進することにつながると考えられる。

　この他に，精神保健医療福祉分野に関する図書の監修や発刊を，表7-12の通り行った。難しい専門用語を使わずに，事例を通して精神疾患について書かれた書籍ということで好評であった。

表7-11　2013年度各支部のこころの日の事業概要

支部	開催日	参加人数	内容
青森県支部	6月30日	200名以上	血圧・体脂肪・骨密度測定，血管年齢測定，ストレスチェック他
岩手県支部	7月6日	380名	血圧・骨密度測定，こころの悩み相談，認知症体験（DVD）他
秋田県支部	7月7日	300名	血圧測定，擬似体験，相談コーナー他
山形県支部	7月6日	500名	相談コーナー，測定コーナー，体験コーナー，展示販売
宮城県支部	7月20日	450名	講演「仮設住宅でペットを飼うためのマナー」「自分でできるハンドマッサージ」，こころの相談コーナー他
茨城県支部	7月21日	102名	講演「こころの健康と精神科看護師の役割」映画上映「それでも愛してる」他
栃木県支部	7月14日	400名	トークショー，バンド演奏他
群馬県支部	7月9日	430名	ミニライブ，アロマ体験，こころの相談窓口他
埼玉県支部	5月26日	120名	禁煙支援，生活習慣病指導，血圧・体脂肪・骨密度測定他
千葉県支部	6月29日	200名	バンド演奏，作品展示他
東京都支部	6月30日	2,000名	こころとからだの健康，作業所出展，バルーンアート，スタンプラリー他
神奈川県支部	6月30日	10名	講演「認知症のかかわり」，「励ますうつ」他
新潟県支部	7月28日	28名	講演「ストレスと戦う」，健康相談，ストレス測定，展示・販売他
山梨県支部	7月20日	67名	ヴァイオリン演奏会，講演「このベルを鳴らす時」他
富山県支部	8月31日	238名	ストレス度チェック，ダンス療法，相談コーナー，DVD放映他
石川県支部	7月7日	207名	ストレスチェック，性格診断，血圧・体脂肪測定，相談コーナー他
静岡県支部	7月6日	100名	こころの相談，ストレスチェック他
愛知県支部	7月13日	70名	講演「認知症と地域包括ケア支えて，支えられて」健康コーナー他
三重県支部	7月6日	20名	講演「心地よい睡眠〜質のよい睡眠をとるために〜」他
滋賀県支部	10月20日	1,000名	SwingKidsライブ，作品コンクール，メンタルヘルスチェック擬似体験他
兵庫県支部	6月30日	155名	講演「うつのリハビリテーション」他
奈良県支部	6月29日	18名	こころの健康相談，ストレス度チェック，こころを癒すアロマセラピー他
和歌山県支部	7月6日	74名	講演「命の大切さ」他
福井県支部	7月10日	27名	講演「こころを病む人を支えるために」他
島根県支部	7月13日	53名	講演「忘れても，しあわせ」他
鳥取県支部	7月6日	81名	精神科認定看護師による説明会，就職フェア他
岡山県支部	7月6日	58名	講演「青春期のこころを支える」他
広島県支部	7月6日	200名	こころの相談，ミニライブ，バルーンアート，作品展示他
山口県支部	6月29日	67名	講演「認知症に負けない」，ちひろコンサート，こころの相談コーナー他
徳島県支部	7月6日	127名	講演「もし，自分がうつ病になったら」映画上映「それでも愛してる」他
香川県支部	7月28日	18名	講演「生きづらさを抱える人たち」他
愛媛県支部	7月13日	250名	血圧・体脂肪測定，こころの健康相談，展示，AED体験他
高知県支部	7月6日	72名	講演「自殺予防への高知県の取り組み」他

福岡県支部	7月7日	5000名	トークセッション，ストレスチェック他
佐賀県支部	7月6日	900名	健康相談，血圧測定他
長崎県支部	7月13日	多数	こころの健康相談，血圧・体脂肪測定他
熊本県支部	7月6日	200名	健康相談他
大分県支部	7月7日	20名	講演会「認知症ケアのあれこれ〜ビフォー・アフター〜」他
宮崎県支部	7月13日	300名	トークセッション，ストレスチェック他
鹿児島県支部	7月13日	90名	講演「うつ病について」「地域自殺対策」
沖縄県支部	7月6日	200名	作品展示，疑似体験，健康チェック他

2．こころの健康出前講座

2008年度から始めたこころの健康出前講座（以下，出前講座）については，2010年度に「こころの健康出前講座パンフレット」を作成して支部に配布し，事業の拡大を図るために開催支部の支援を行った。地域住民や企業の要請に応じて精神科看護者が小さな研修会にも出向いて講師を無料で務める出前講座は好評であったが，広報活動が難しく，出前講座を必要とする人に情報がなかなか行き渡らない状況が続いた。また，医療的知識のない市民に対してわかりやすい講義をするためのノウハウも十分とはいえない状況もあり，講師の確保が難しい実態もあった。そこで，2011年度より出前講座に先進的に取り組んで実績のある島根県支部役員を講師とした「こころの健康出前講座講師養成研修会」（以下，講師養成研修会）を開催した。出前講座に関する情報を広く提供するためにホームページを活用する広報活動も2012年度より行い，講師養成研修会を修了した受講者を講師として登録し，ホームページで閲覧できるようにした。

また，2012年度に発足した「こころの健康出前講座に関するプロジェクト」では，出前講座を実施することができていない支部に対するヒアリング等を行い，開催に向けて以下のような具体的な支援を行っている。

- 出前講座の専用ホームページの開設。
- 講師ガイドと資料（パワーポイント）の作成。
- 支部開催要項の作成。
- 講師募集の会員向けポスターの作成。
- 学術集会での出前講座に関する説明・相談ブースの開設。
- 講師養成研修会の企画開催。

出前講座は精神疾患の正しい知識の提供だけでなく，精神障害者への対応も含めたコミュニケーション技術等の講義も行い，臨床で精神科看護を実践している看護者ならではの内容となった。また，企業の人事担当者や認知症患者の家族といった同じ立場の人が集まる小規模の講座であることで，具体的な質問や相談ができる場として

表7-12　日精看の発行物

2010年度	「45分でわかる！『かったるい』から始まる心の病」（マガジンハウス）
	「大切な人の『こころの病』に気づく　今すぐできる問診票付」（朝日新書）
2011年度	「メンタルケア専門ナースが教える『相手の心を開く』ビジネスコミュニケーション術」（リットーミュージック）

徐々に活用されるようになってきた。

　このような特徴をもつ出前講座は，精神疾患の正しい知識を普及するための方法であるとともに，受講者が暮らす地域にある精神科病院の看護者と接することで精神科病院の存在が身近になる有効な方法であるといえる。精神科看護者だからこそ行える社会貢献事業として，今後も事業を拡大していく必要がある。

3. アール・ブリュット

　アール・ブリュット（仏：Art Brut）とは，フランス人画家ジャン・デュビュッフェ（Jean Dubuffet 1901－1985）が1945（昭和20）年に考案した概念であり，Artは芸術，Brutは「磨かれていない」,「（加工していない）生の」という意味をもち,「生(き)の芸術」と表されている。美術の専門教育を受けていない人々が独自の方法と発想により制作した芸術作品を指す。

　社会福祉法人滋賀県社会福祉事業団（2014年4月より，社会福祉法人グロー）による活動に協力する形で始まった当協会の障害者美術の取り組みは，日本精神科看護学術集会における展覧会の企画開催と，全国の会員施設での作品の発掘を中心に継続している。全国の会員から提供される作品に関する情報を基に発掘された作品は，海外の展覧会にも出品され，高い評価を受けている。それらの作品を展示したアール・ブリュット展には学術集会の参加者だけでなく，学術集会開催地の市民も数多く訪れ，貴重な作品に触れる機会となっている。アール・ブリュット展で初めて作品を鑑賞した人は，障害者による作品であることに驚き，その不思議な魅力に感動したという声が多く寄せられる。アール・ブリュットに関する事業は，精神科看護者が障害者の表現活動を支援すると同時に，市民が障害者のもつ芸術的才能に触れる場を提供することで障害者に対する偏見を解消することにつながる普及啓発活動でもある。アール・ブリュット展は年に1回の事業であるが，重要な事業であると認識して継続していかなければならない。

　2014年の4月には,「障害者の芸術文化振興議員連盟」が設立され，厚生労働省・文部科学省・内閣府・経済産業省・外務省がアール・ブリュット作品をはじめとした芸術文化活動の促進を目的に，美術館機能や相談支援機能，人材育成機能を併せもつ拠点（アール・ブリュットナショナルセンター）の整備やバリアフリー映画の普及に向けた活動が始まった。当協会もその支援団体として活動を行っていく予定である。

4. 日精看　しごとをつくろうプロジェクト

　当協会主催の学術集会では毎回，開催地の作業所が製造している商品を販売する出展コーナーを設けている。学術集会参加者の協力も得て商品の売り上げ増加に一役買っているものの，出展する多くの作業所が販路の拡大に苦戦しており，工賃の引き上げが困難な状況がある。

　そこで，学術集会での出展という単発的な支援だけでなく，作業所の販路拡大や情報交換が可能な全国的なネットワークの構築等，継続的な支援を行う目的で，企業の協力を得て2013年度より「日精看　しごとをつくろうプロジェクト」を開始した。

　プロジェクトの事業内容は，当協会が毎月発行する情報誌『ナーシング・スター』の流通網を通じて，全国の会員に看護者向け通販カタログを配布し，会員が商品を購入するごとにノベルティとして作業所で製造された商品を配布するというものである。作業所の商品をノベルティとして採用することで作業所の売り上げが増え，工賃アップにつながる。

　本プロジェクトの特徴は，看護者が日常業務で使用する商品を通信販売を通して購入することで，精神障害者の就労を支援するという参加しやすい方法であるということである。働くことを希望している精神障害者が多いことを知っている精神科看護者は，その願いを叶えるための支援をしたいと日常的に考えているものの，具体的な方策がなくて実施できないでいることが多い。そのような状況の精神科看護者が，特別なことをせずに確実な支援が行える本プロジェクトに賛同し，作業所の支援が実現した。このプロジェクトは，全国の作業所を対象に長く続けていきたいと考えている。

IV　新潟県立精神医療センターの事件における日精看の対応と理事会声明

はじめに

　2011年9月3日，新潟県立精神医療センター（以下，精神医療センター）の患者負傷事件が地元新聞で報道された。この報道については日精看理事会でも報告があり，当該精神医療センター，新潟県当局のその後の対応を見守っていくこととなった。その後，日精看に新潟県病院局から第三者委員会を立ち上げるので，委員を1名推薦してほしいとの依頼があった。依頼を受けて，常任理事であった筆者が委員の1人として第三者委員会に加わることとなった。

　第三者委員会は，2011年12月18日に第1回が開催され，第4回の2012年3月18日に報告書を取りまとめている。そして，3月27日，精神医療センター院長に報告書を提出し，記者会見を行った。日精看では，この報告書を受けて7月22日理事会声明を出している。

1. 組織文化・職員の意識の把握・分析からみてきたもの

　以下は，事件の背景等の調査にかかわった者としての個人的見解である。
　第三者委員会では，2つの側面から調査・分析を行っている。1つは，入院患者負傷の事実関係・原因の解明。2つ目は，この事件の背景と考えられる組織文化や職員意識の実態の把握である。
　筆者が担当したのは，後者の組織文化や職員の意識の把握・分析である。調査方法はグループインタビューで，2日間にわたり以下の5つのグループを対象に話を聞いた。師長・副師長等の看護管理者グループ，他の病院勤務の経験がない看護師グループ，若手看護師グループ，看護職以外の医療職グループ，医療職以外の職員を含む多職種グループで，各グループは7人で構成され，人選は精神医療センターが行った。
　インタビューでは，組織文化，看護のあり方，改革の方向性等について，できるだけ率直な発言が行えるよう配慮した。こうして，多様な職員合計35人の意見を聞いた。
　筆者は，このグループインタビューの結果を材料に，報告書27ページから37ページの「精神医療センターの組織と職員に関する提言（資料3p.291）」の原案を執筆した。執筆に際して，新潟県病院局からは，「できるだけ具体的な内容の提言を」と言われていた。そのため，具体的であろうとするあまり，かなり個人的な見解も書き込むことになった。特に，管理については，民間病院の急性期治療病棟での筆者自身の師長体験が色濃く出ている。
　筆者が個人的な思いを書いても，統括部署の新潟県病院局から指摘があったり，文章に手が入るだろうから，それでバランスが取れれば，と思いつつ書いたが，意外と指摘は少なく，ほぼ原案が通った形となって戸惑っている部分もある。
　報告書の「はじめに」にある通り，この調査のさなか，1人の看護者が自殺するという痛ましい事態が起こった。その看護師は，第三者委員会委員長あての遺書を残していた。志をもって精神科看護に従事していたことがうかがえるその看護者は，看護者仲間として，筆者の隣にいても不思議でない人に思えて仕方なかった。
　報告書の原案を書きながら思ったのは，「自殺したこの看護者が生きていたら，こういう話がしたかった」ということであった。筆者がこう書くと，その看護者はどう言うだろうか，そういう思いを心の中で反すうしながら報告書の原案を起草した。
　提言では，「組織の硬直化」，「リーダーシップの不在」，「人間関係の希薄さ」などを取り上げたが，まったりとした雰囲気の現状維持に甘んじている精神科病院の多くが抱えている問題だと思う。ただ，民間精神科病院の看護師長として10年ほど看護管理業務に携わってきた筆者個人の感覚からいうと，現在の精神科病院が置かれている状況への危機感が感じられなかった。時代の流れの中で，どうすれば生き残っていける病院であり続けられるか。病院経営はどうなっているか。民間病院の看護師長クラスならそういうことに関心をもつが，精神医療センターでは病院経営がどうであろうと

職員は安泰という雰囲気を感じた。

看護管理者グループのインタビューで，病院の総収入（ほとんどは診療報酬）に占める人件費の割合とか，今後の病院改革，精神科救急主体の医療への転換，医療観察法病棟などの改革が他の自治体立病院で進んでいる—といった他の病院の機能分化についての話題が出たが，関心はいまひとつであった。

また，職務規律や指示命令系統がどうなっているのかと思わせるような話もあった。民間病院から移ってきたという若手のスタッフが「ここは上司の言うことを聞かなくてもいい職場だから」と皮肉交じりに語ったのが印象深かった。

報告書を読み返してみて，リーダーシップについての部分は「上から目線」での表現になっているなと，自分自身でも気になっている。高みからものを言うのではなく，精神医療センターの皆さんと一緒に問題を考えていきたい，そのたたき台なのだという思いと，遺書を残して自死した看護者の思いをくみ取った議論を展開したいという思いで，提言の原案を起草したつもりである。

事件の背景にある組織文化の問題は，精神医療センターだけの特殊な問題とは思えない。日本の精神科病院のどこで起こっても不思議ではない。起こっているけれども隠蔽されている可能性があるかもしれない。そういう問題だと考えての原案作成であった。

これまで，傷害致死事件等の裁判以外では取り上げられることのなかった「看護スタッフの患者への暴力」という重いテーマである。おそらく，公的な文書でここまで具体的に，1つの病院の影の部分が赤裸々に活字になるということはなかったのではないか。再発を防ぐために徹底して事実を解明していこうという新潟県病院局の姿勢には，頭が下がった。

2．報告書の反響

この報告書が，精神科病院関係者にどう読まれたか。この報告書を読んだある精神科看護者は，組織文化などについてアンケートとグループインタビューの結果報告が興味深かったとメールを寄こした。「自分の病院でも同じようなことがある」，「自分も同じ思いをした」という思いで読んだのではないかと思った。

ある自治体立病院では，すべての看護者と医局に報告書を配ったと聞いた。報告書についての批判も耳にする。その1つに，「精神科看護のマイナス面ばかりで，患者を第一に考え，キチンとしたケアを行っている多くの看護者への応援メッセージがない」というのがある。

反論するとすれば，起こったことと向きあい，臨床の現実を見据えたところからものを考えるのでなければ，がんばっている看護者たちに「精神主義的」に精神科看護は素晴らしいといってみても，表面的な中身のないエールにしかならないのではないか—筆者はそう思う。

現実否認ではなく，精神科医療にはこういう現実もあるということを認めて，正面から議論がなされなければ，また忘れたころに同じような問題が起きることは明白だろう。「看護者の患者への暴力」はあってはならないが，現実にはある。このことを認めたがらない精神科看護関係者がいることは確かだ。精神科病院における看護者による傷害致死事件について書いて，バッシングを受けた経験からそう言える。それは伝聞だが，看護学生や若い看護者に精神科看護を誤解させるとの趣旨の批判であったようだ。

見たくないことは，なかったことにしよう。このような現実否認の姿勢からの脱却が問われている。今回の報告書は，見たくないものでもきちんと見るようにしなければならないというメッセージを多くの精神科看護者に届けたのではないかと思う。

報告書の提言については，患者の人権という観点に立った原則的なことが述べられていないという批判もある。原案を書いた筆者には，正義の味方的な高飛車な物言いは避けようという思いがあったし，倫理をもち出してもむなしいという思いから，意識して人権や倫理といった切り口では意見を述べていないということがある。

「テレビモニターの設置」を提言したことについての批判もあった。この提言は，監視強化の必要性を言っているのではなく，テレビカメラを「他者の目」として使えないかということが言いたかったのである。不祥事は密室の中で起きる。他者の目を意識させ，自己コントロールが働くようにするには，どのような方法があるのか。課題は精神科病院の密室性を打破する方法である。他に何かあれば，それでいいのだが，テレビモニターしか思い浮かばなかったのである。「スタッフの監視」ではなく，「他者の目」，「密室性」がキーワードであることは，報告書を読んでもらえれば理解してもらえると思う。

3．組織文化に責任をもつのは

「組織文化」について筆者が驚いたのは，「病棟の雰囲気は看護師長が代わっても同じ」というであった。各病棟は病棟医，あるいはその病棟に担当患者を多くもつ医師によって雰囲気が決まってくる。「医師の個人クリニックの寄せ集めが，新潟県精神医療センターなのだ」とグループインタビューで話した看護者がいた。

入院や転棟などのベットコントロールも医師がやっていると聞いて，病棟師長のリーダーシップはどこで発揮されているのだろうかと思った。筆者の知っている精神科病院で，医師がそこまで病棟運営にかかわっている病院はない。看護部長が副院長を兼ねる病院も増えてきているくらいなので，病棟管理の役割は当然，病棟師長の役割という思い込みがあった。

病棟の組織文化や組織風土という場合，一般的には，その良し悪しは病棟師長によって決まる。「病棟師長は病棟の演出家」といわれる。組織文化上の問題があるとすれば，その責任の多くは病棟師長が負わなければならないことを，この言葉は意味して

いる。演出家である病棟師長が代わると病棟の雰囲気が変わる。これが，看護職の常識だと思っていた。例えば，ある病院では，病棟師長が交代したところ，その病棟の隔離・身体拘束が激減したというデータを公表している。

問題が起こった病棟も，ある病棟師長が着任してそういう雰囲気になったのかと思いつつグループの話を聞いていた。しかし，精神医療センターでは，病棟の雰囲気作りに病棟師長はそれほど影響力をもっていないようだと考え直した。精神医療センターでは，医師の病棟文化・風土に対する責任が，他の病院に比べても格段に大きいと思われた。

4．看護者の精神的負担の軽減を

「精神医療・看護のあり方について」という項目で強調しておきたかったのは，看護者の精神的負担と看護業務に対する理解である。医療専門職の多くは，面接の時間，検査の時間，作業療法の時間など，時間を限定して患者とかかわる。看護だけが，そのような区切られた時間がない。勤務時間内のすべての時間が，濃淡があるとはいえ，「患者にかかわる」あるいは「起こりうる事態に備えて待機しておく」そういう時間である。他の職種には，その独特の緊張感の持続や精神的負担を理解してもらいたいと思った。

対処困難や処遇の難しい患者については，多職種チーム（医療観察法のマルチ・ディプシナリー・チームのイメージ）でかかわることがあってもいいのでないか。1人の受け持ち看護者が悶々と悩むつづけることにならないようにするにはどうするかを考える必要がある。同じ問題がくり返し起こって，一向に解決に向かわない。その徒労感，不全感，イライラ，そういう気分が続くと，つい感情的な対応をしてしまうことになる。病棟スタッフ間の対人関係がよく，明るく良い雰囲気のチームだと忌憚なくものが言えて，ケア上のストレスも解消される。そういう雰囲気の病棟チームを作り維持するには1人1人が自覚的でなければならない。

対処困難な患者のケアでは，病棟スタッフがいかに前向きな気分になれるかが鍵だろう。真剣に物事に取り組むのはいいが，深刻になるのはよくないという。患者を理解する視点を変えていく，別の見方をしていく方法について，提言ではいくつかの技法を紹介しておいた。

おわりに—「誇りをもてる仕事」であるために

第三者委員会報告書の原案を書いていて思ったのは，患者の中に「まともさ」とか「回復可能性」とか，その人のもっている「小さな自尊心」などといったものを探そうとする姿勢がいちばん大切だということだった。そうでなければ，対処の困難な患者は，ただの「厄介者」になってしまう。小さな変化の中にキラリとしたものを見出していく。看護という仕事がやりがいのある仕事となるためには，そういう姿勢が必要だ

と思う。

　芥川龍之介の『侏儒の言葉』には「人生を幸福にする為には，日常の瑣事を愛さなければならない」と書かれている。現実生活が充実しているためには日常のこまごましたこと，些細なこと，小さな出来事に思いを寄せて，そこに喜びを感じなければならない―そういうことを言っている。筆者は，看護学生のころから，この芥川の言葉は看護という仕事の本質，基本をついているのではないかと考えてきた。

　病人の生活上の瑣事，こまごましたことにかかわる仕事，それが看護なのだから，細やかな配慮が必要だし，小さな変化，ほのみえる回復の兆しに気づいて患者や家族とともに喜ぶ。それが看護なのだろうと。

　ずいぶん前から，リカバリーということが言われている。病気そのものの治癒はなくても回復はある。その人らしい生活は可能だといわれる。リカバリーの概念が紹介されるとき，第一に強調されるのは，患者が希望をもてるように援助することである。

　自治体立病院には民間病院で対応困難な先の展望の見いだせない患者が入院してくる。精神科病院のどの病棟にも患者自身が希望をもてず，医療者もまた展望をもてない，そういう患者が少なからずいるという現実がある。

　看護は，展望がなく希望がもてなくても，そこに生きて生活している人がいる以上，かかわらざるを得ない仕事である。そういった閉塞的な状況でもかかわりつづけるには，こまごまとしたこと，瑣事を愛さなければやっていけない。そういう仕事だと思う。芥川は，「人生を幸福にする為には，日常の瑣事を愛さなければならない」と述べたあと，「しかし瑣事を愛するものは瑣事の為に苦しまなければならぬ」といい，「人生を幸福にする為には，日常の瑣事に苦しまなければならぬ」と結んでいる。

　提言の最後に，患者の「誇り」，「まともさ」，「回復可能性」を必死で探し当てない限り精神医療・看護は「誇りのもてる仕事」にならないのではないか，と述べたのは，「瑣事を愛さなければやっていけない仕事」，「瑣事に苦しまなければならない仕事」という思いがあったからである。

　日常のこまごましたこと，小さな出来事の中に患者のポジティブな面を見つけ出そうとする努力，それが看護スタッフの前向きな気持ちを支えるのではないか。

　筆者は精神科病院の不祥事に関する1つの報告書をまとめることにかかわり，世に送り出した。今後，この報告書がどう読まれることになるのか。批判的に読む関係者がいるのは当然だが，無視されないことを願うだけである。かかわった責任を感じつつ，そのような思いでいる。

V　精神科看護倫理事例集の発行

　2002（平成19）年7月，和歌山県の精神科病院における看護助手による傷害致死事件

が報道された。この事件を契機に日精看では,「倫理」問題への取り組みが課題であることが認識されるようになった。それまでは,このような精神科病院における不祥事問題等への取り組みは十分とはいえなかった。

そこで,倫理問題への取り組みとして行ったのが,日本精神科病院協会の協力も得ながら各都道府県支部で開催した「補助者研修」である。以後,10年が経過した現在でも,この「補助者研修」を継続して実施している支部もある。ただし,対象を拡大して「看護補助者ないし初任者研修」として実施している支部が多い。

「補助者研修」は,精神科病院における不祥事の根絶を目指した取り組みの一環であった。そのため,この研修は教育事業ではなく,政策業務委員会が管轄する事業として位置づけられていた。

日精看の当時の会長であった藤丸成氏は,精神科病院の暴力事件や傷害事件等の不祥事が断続的に報じられる状況に危機感をもっていた。精神科病院で働く者への世間からの批判があれば,それに応えられる自浄能力を職能団体はもっていなければならない。これまで,日精看はこの種の精神科看護の「影」の部分にどれだけ切り込んできたか。このような問題意識をもっていたのではないかと思う。

そして,藤丸元会長から政策業務委員会に,継続的に倫理問題に取り組んでほしいとの指示が出された。その指示は,精神科病院における不祥事,事件・事故に関する記録を収集・整理して,次の世代に引き継げるようにすること,そして,精神科病院における倫理問題を考える土台や基礎をつくるために日精看として何ができるかを検討してほしいというものであった。

どうすれば,精神科看護の現場での倫理意識の高揚が図れるのか。日精看がやらなければならないことは何か。当時の政策業務委員会での検討は,妙案が出るわけでもなく,難渋を極めた。結局,議論は倫理事例集の編纂ということに落ち着いた。精神科看護領域に特化した倫理事例集は出版されていないのではないか。とりあえず,倫理事例を集め,検討することから始めるのは,それなりに意義があるとの認識であった。

そこで,2008年に政策業務委員会内に精神科看護の倫理に関するワーキンググループ(以下,倫理WG)を立ち上げ,アンケート調査を行うことになった。それは,臨床現場にはどのような倫理問題があるか,何が倫理問題として意識されているかを把握したいと考えたからである。調査の対象として考えたのは,精神看護学の実習指導にあたっている看護専門学校の看護教員であった。専門学校の精神看護学実習にあたっている看護教員は,精神科看護の臨床経験が比較的少ない人が多く,精神科看護を外からの視点で見ている可能性があると考えたからである。精神科病院の内部にいる精神科看護者が,慣れで見えなくなっていることを,彼らは新鮮な感性で感じ取っているのではないかと思われた。その視点から見える精神科病棟の倫理状況があり,それを指摘してもらえば,精神科看護の倫理問題を考える手がかりが得られると考えたの

であった。

　精神科認定看護師にも倫理事例の提供を依頼した。彼らには，臨床現場で考えあぐねている倫理的ジレンマのケースの提供を期待した。

　アンケート調査は，会員である看護教員と精神科認定看護師へは郵送で行い，2008年の第15回専門学会Ⅱ（愛媛）でもアンケート用紙を配布し，事例提供を呼びかけた。このアンケート調査の中間まとめを素材にして討論する場として，第17回専門学会Ⅰ（高知），Ⅱ（山口）においてワークショップを開催した。

　このようなプロセスを経て2011年6月に『精神科看護者のための倫理事例集2011』は発行された。この事例集は，全ての会員施設に配布するとともに日精看のホームページにも掲載している。4,000部発行した冊子版は会員施設への無料配布の後に実費販売したところ，ほぼ1年で完売となった。それまで，精神科看護における倫理をテーマにして編集された本がなかったこともあって，臨床では歓迎されたのではないかと思っている。各病院の臨床倫理研修等で活用されている。

　アンケート調査の回答者は198人（精神科認定看護師84人，専門学会Ⅱ参加者13人精神看護学担当教員101人）であった。全回答から抽出された問題は821項目で，その内容は以下の3つのカテゴリーに分けることができた。「接遇に関する問題」，「病棟ルールに関する問題」，「看護の基本姿勢に関する問題」。

　アンケートから抽出できた具体的な問題は**表7-13〜15**の通りである。

　倫理WGの責任者であった筆者は，このアンケート調査や事例集の編集過程での議論等をもとに，2011年の第18回専門学会Ⅰ（三重）の学術講演「精神科看護者が日常的に出会う倫理問題―自尊心を大切にする関わり」を行った（精神科看護2011年11月号，12月号に講演原稿を収録）。

　『精神科看護者のための倫理事例集2011』には，6つの事例を収録しているだけである。日精看は今後も継続的に事例を収集して，論議を重ね，多方面からの意見を集約して公表するシステムの構築を考えていく必要がある。この事例集は，資料も充実している。その1つに倫理的意思決定の「4ステップモデル」がある。この手順は，臨床の場で倫理問題を検討する際の参考になるだろう。

　「これは接遇の問題であって倫理問題ではない」，「看護技術が未熟なだけで，倫理問題というより卒後教育の問題」などといわれることがある。しかし，倫理は，「倫理という視点」から見ることによってしか見えてこない。意識してそうした視点から考えてみるという姿勢がなければ倫理問題としては浮上しない。看護業務の中で「これでいいのだろうか」と考えはじめたとしたら，そこでは多くの場合，倫理が問題となるのではないだろうか。

　この事例集の編纂から，日精看の精神科看護倫理の組織的取り組みは始まったといえる。これを契機に，臨床現場での倫理問題に焦点をあてた議論が活性化していくことを期待したい。

表7-13 接遇に関する問題

項目	具体的な事例
不適切な呼称	患者の名前を呼び捨てにしたり「〜ちゃん」づけで呼ぶ
	入院が長いためか職員との距離が近すぎるのではないかと思われる場合がある
	若い看護者までもが自分よりも年上の患者を「〜ちゃん」と呼ぶ
	大人の患者に向かって「〜ちゃん，かしこいね〜」など子どもに話すような言葉で話す
	名前でなく「じいちゃん」「ばあちゃん」と呼びかけながらケアをしている
威圧的・管理的な言葉や態度	「言う事を聞かない」「約束を守らない」などの患者に注意をするときの口調が強く威圧的である
	「約束守らなかったら縛るよ」など脅迫するようなことを言う
	患者が失敗したりすると，理由も聞かずに叱りつける
	力関係や圧力で抑えつけることで患者をおとなしくさせようとしている
	被害妄想で食べられない患者に「残したら胃管入れるから」と脅した
	患者に対して命令口調で話す
	患者に対して，無視，命令，言うとおりにさせるという対応をする
	管理的に「〜しなさい」と言うことが多い
	指示的な言葉が耳につく看護者がいる
不適切な言葉遣いや態度	患者に敬語を使えない看護者が多い
	年配の患者に対する友達言葉（タメ口）
	ここ数年新人看護者の態度が目に見えて悪くなった
	配膳車のカーテンを足であける看護者（男性）がいた
	職員が患者と一緒に喫煙しながら話している。患者と同じ目線でリラックスして会話をするためといっているが，そのようにしなくても話はできるはず
	時間が1分早い，または遅いだけで，「貸し出しはもう終わり」「まだ早い」と対応する
	患者が看護室に訴えに来ても何かと理由をつけて待たせ，結局は放置する
	看護者の服装や髪の毛がだらしない
プライバシーが保護されていない	自立している男性患者の入浴時に女性スタッフが観察している
	摂食障害の患者の食事中の様子を見張るようにチェックしている
	カーテンなしの大部屋でオムツ交換をしたり，ポータブルトイレを使用している
	ナースステーションで処置中に他患が入ってくるのを止めない
	ホールで座薬を入れていた
	入浴時自室で脱衣し，裸のまま浴室に連れて行く
	不測の事態に対処するためかもしれないがトイレに鍵がない
治療についての説明と同意	患者が理解できないと決めつけ十分な説明をしない
	治療についての説明なしで薬物が投与されている
	症状が悪化して拒薬している患者に他の方法を検討することなく，味噌汁に水薬を入れて飲ませた
	患者に対する説明が常に不十分，特に医師は退院指導を行っていないのに書面上行ったことになっている
	院内のアンケート調査で退院請求や不服申し立てなどの権利について知らないと答えた患者が40%いた
	医師が患者と話をしないでカルテのみ記載している

患者の同意なしで無理に行う行為	長期間入浴を拒否していた患者を無理に引っ張って入浴させる
	自分で髪が洗えない患者の髪を短髪にしてしまった
	患者に口を開けさせて内服薬を入れる
	研究のための採血の際「ここだけにサインすればいいから」と傲慢な言い方をした
	レクリエーションに参加したがらない患者を無理に衣類を引っ張って座らせる
	無意味に制限して食事を早く終わらせる
懲罰的な行為	盗癖のある患者を「反省しろ」と保護室に隔離した
	盗食する患者にテーブルでバリケードした中で食事をさせる
	保護室内で衣類やリネンをトイレにつめるという理由で全裸の状態で隔離していた
一段上の立場であるかのような言葉や行為	しつこい（嫌いな）患者の訴えには全く耳を貸そうとしない看護者がいる
	冗談半分だが，うるさいと口をガムテープでふさごうとした看護者がいた
	患者の言葉を聴くよりも自分言いたいことを伝えている感じの看護者が多い
	患者をさげすんでいるように見える
	患者の前で「この人たちは治るわけがない。だからほっとけばいいんだよ」と言った
	患者に対して「〜してあげる」など，対等でない言い方をする
	患者の私物であるおやつを時間を決めて並ばせて配る

表7-14 病棟ルールに関すること

項目	具体的な事例
過剰な管理	過去に縊死をした患者がいるという理由でバスタオルと80cm以上のタオルの持ち込みが禁止されている
	読む本は医師がチェックする
	ヘッドホンステレオのイヤホンが危険物として禁止されている
	任意入院でも，ボディチェックをする・持ち込み検査を強化する
	開放病棟で金銭管理を看護者が行っている
	洗濯用洗剤で自殺企図をした患者がいるということで患者全員の洗剤が看護室預かりになっている
患者の気持ちを考えず一律に，しかもずさんな管理をする	綿棒や爪楊枝を預かるが，使用した分に関してはチェックしない
	衣類が共有されている（洗濯はしている）
	盗まれたりなくしたりするため，私物や食べ物全てに名前を書いて預かっている
	私物の持ち込みは制限されており，化粧品は持ち込めない
	私物はほとんど倉庫にしまってあり，日常生活はほとんど管理されている
	本人に私物を管理させておらず，本人に不足を気づかせずに「次はこれを買え」と指示している
	病棟の規則ということで，患者の能力をアセスメントせずに一律に，金銭，おやつ，テレホンカードなどを全て預かっている
	一人の患者の持ち物が紛失したとき，患者全員の荷物を点検した
	衣類に大きく名前を書くことになっており（見えるところに），人格障害の女性が，「大切にしていたブラジャーにまで名前を書かされて悔しい」ととても怒っていた
	多飲水の患者さんのコップは預かることになっている
嗜好品で患者をコントロールする	決められた時間に5分遅れるとタバコを渡してもらえない
	隔離などの行動制限時に「おやつはなし」という
	片づけをなかなかしない患者に片づけをしないとおやつを渡さないことになっている

	タバコ1本を3つに切り分けて渡している
外出・外泊の不適切な制限	大学受験をしたい患者が願書提出のために外出を希望したが，主治医の「非現実的」との判断で不可になった
	任意入院の患者に医師や看護者が説得して外出制限をする
	帰院時間までに帰らなかった開放病棟，任意入院の患者を1週間外出禁止にした
	外出・外泊が患者の希望や状況によらず，一律的になっている
電話や面会の制限	早朝に電話をかけた相手から苦情があり，電話使用時間の制限をせざるを得ない
	退院患者の面会を一律に許可しない
	面会に制限があり，状況に応じて対応したいが，対応できないときのことを考えると一律に制限するしかない
	電話は自由なのにテレホンカードは預かりになっていて，電話中監視していた
罰則的な代理行為	罰則的に代理行為をしている
	院内に売店があるのに，1日1回の代理行為もしない
	「OTに参加しなければ買い物なし」などの看護計画を立て，実行しないスタッフに「和を乱すな」という
患者が行うシーツ交換	リハビリという名目で患者にリネン交換をさせている
	なぜそうするかの意味も伝えずに患者にシーツ交換をさせ，ぐしゃぐしゃでも直そうともしない
個別性を無視した画一的なスケジュール	ほとんどの患者が介助が必要なため時間が足りず，流れ作業のように介助している
	リハビリ病棟なのにほとんどの患者が洗濯を外注にしていて，学生がつけばできる人も援助させてもらえない
	誤嚥が心配だからと患者が全員通路の方向を向いて食事をする
	病院のレクリエーションに家族が来ない患者は一律参加させない
	安全の重視はわかるが，余暇時間をすごすための物品が不足している
	開放病棟，社会復帰病棟でも消灯時間は21時になっている
	画一的なスケジュールで患者が動かされている
	レクリエーションや作業が患者の希望や状況によらず画一的に行われている
看護者の都合による服薬	服薬のときナースステーションの前に並ばせたり，一斉放送で呼び出している
	夕食時間が遅いわけでもないのに食後すぐに就寝前薬を飲ませる
	食後薬を食前にすべてまとめて服用させている

表7-15 基本的な看護姿勢・技術・知識

項目	具体的な事例
知識不足	速乾性擦式手指消毒液を携帯し，手洗いをあまりしていない
	長期臥床患者に対する体位変換や，拘縮予防のための関節可動訓練，肺塞栓予防の下肢のマッサージなどがあまりみられない
	一部の看護者だが，点滴やIVHなどの管理に基本的知識が不足している
	呼吸音や腸音の聴取が必要時正しい方法で行われていないことが多い
	薬の内容や目的などについて理解せずに，与薬している
	心電図や脈拍に対する知識不足のせいか，リスクのある不整脈でも放置されている
	薬剤の血中濃度が高いのに，それに対する判断の記載がないので放置されているように見える
	検査データの知識不足のせいか放置している

看護技術の原則無視	点滴の流量が調節されないなど，点滴の管理がいいかげんに行われていた
	褥瘡の処置をしていても，体位交換が効果的に行われていなかった
	浣腸液を温めていない
	浣腸を立位で行っていた
感染管理対策が不十分	体温計を使用後消毒せずに次の人に使っていた
	消毒液の濃度をきちんと計量しないで適当に入れている
	点眼薬を患者が自分で点眼していたが，その時の手洗いが不十分
	軟膏塗布するときの手の清潔が気になった
	導尿時の無菌操作がいい加減であった
	採血をゴム手袋なしで行っていた
安全管理不十分	処方箋を見ないで薬の準備をしていた
	点滴の確認を一人で行っていた
看護者の都合による行動制限	週末には，行動制限解除を延期していた
	夜勤帯はスタッフが少ないので，隔離や拘束をする
	少ないスタッフで看護していると，10代の患者に対応できず保護室に入ってもらう
危険予防のための過剰な行動制限	暴力・問題行動・他患とのトラブルの不安があるからといって隔離する看護者がいた
	他患への迷惑行為だけで隔離する
	ＩＶＨ・胃管留置だけで必ず抑制する。点滴中に抑制することが当たり前になっている
	転倒予防のため車椅子拘束を行っている
	高齢者に対して転倒をおそれるあまり拘束する
	オムツをはずしてしまうという理由で腰ひもをきつく結んだり老人予防衣を着せる
	リスクの予防対策として他の方法を検討せずに安易に行動制限を行う傾向がある
懲罰的な行動制限	患者の迷惑行為に対して，懲罰的に行動制限が行われていた
	患者が暴力にいたった理由を検討せずに隔離・拘束の方法が検討されていた
	訴えが多い，スタッフに文句を言うなどの理由で隔離が行われる
	「約束事」と称して，少しの暴言，叩く程度でも保護室を使用していた
ルーチン化した行動制限	救急で入院した患者はルーチンなので，全員拘束する
	PICUではルーチンでバルンカテーテルを留置している
拘束中のケア不足	抑制時オムツを使用し，患者からトイレに行きたいという訴えがあっても決まった時間にしか誘導できなかった
	抑制している患者には夜間オムツを使用する
環境への配慮不足	隔離室の臭いが気になった。特に便臭が強い
	ＭＲ病棟で，換気が悪いせいか異臭がした
	男子病棟のトイレ付近は尿臭が強く学生が気分不快になった
	身体合併症病棟で尿臭が強く，仕方がないという考えが気になった
	男子病棟はタバコ臭，体臭などいろいろな臭いが強い
	閉鎖病棟のトイレの臭いが強い
	ベッドや柵にほこりがつもっている
	トイレがいつも汚れている
	給茶器や流しがいつも不潔で，給茶器の下にたまっているお茶が腐って異臭がすることがよくあった

	床頭台においてあるペットボトルの水が腐っていても気づかない（冷蔵庫の中も同様）	
	ベッド下に置いてある衣装ケースを掃除のために直接ベッドの上に置く	
非告知投薬	拒薬する患者に対して食事に薬を入れて服用させる	
	食事にハロペリドール液を混入するなど，本人への説明なく薬が投与されている	
患者の自己決定の軽視	入院中に恋愛関係になり結婚を含めて生活設計を立てたいと申し出があったが，積極的な支援対策がとれなかった	
	統合失調症の患者が子どもがほしいといったとき，家族が反対し主治医も賛成しなかった	
	統合失調症の患者に，夫も出産を望んでいたのに，医療者が中絶を勧めた	
	統合失調症の患者が妊娠し，出産を希望したが家族が反対し中絶した	
	母親の葬儀に参列するとパニックや状態悪化を起こすのではないかという懸念から親族の希望で告知が延期され，葬儀に参列できなかった	
身体症状の訴えの軽視	患者の腹痛の訴えを主治医は心気的なものと判断し，プラセボ（偽薬）で対応していたが，すい臓がんで亡くなった	
	定期的に検査を行い，血糖が高いにもかかわらず，その後のフォローがされたかどうかがカルテに書かれていない	
	検査値に異常があっても計画にあがらず，記録にも残っていない	
	患者のいつもと違う状態を「波がある」「たまにある」とし，検査データの確認や処方の変更の確認，バイタルサインの確認などをしない	
	膝関節痛の訴えがある患者に，腫脹や熱感があっても不定愁訴として対処しない	
	身体合併症に関する患者の訴えに対してきちんと取り上げ，他科受診に至るまでに時間がかかりすぎる	
	内科の薬を数年のみ続けている患者について「この人こんな薬飲んでましたっけ」という程度の認識しかない	
	本人が疼痛を訴えても「どうせ妄想だから」と取り上げず，観察もしない	
	乳がんの患者が腰痛を訴えたが放置し，結局，骨転移，肝転移で亡くなった	
	患者から身体的な訴えがあったとき「精神症状」と判断しがち	
ケア不足	下痢をしていることを確認せず，そのまま下剤を飲ませる	
	身体観察が不十分。排便など本人の訴えのみで腹部の触診や聴診をしない	
	口腔ケアを十分行っていない	
	ADL自立の患者に対して歯ブラシをもっているかどうかも把握できていない	
	生活習慣病予防の働きかけをしようとしたら医師に必要ないといわれた	
	食事制限に対して精神症状が悪くなるという理由で最初から取り組まない	
看護記録の不備・不適切な表現	状態を詳しく記録したら「必要ない」と管理者に叱られた	
	情報を口頭で共有し，記録しない看護者が多く，患者の状態を把握しにくい	
	基本的にほとんど何も書かない	
	記録に「しつこい」「うるさい」などの言葉が使用されている	
	説明の仕方の不十分さを棚にあげて，患者の「理解が悪い」と書く	
	記録の目的が不明な記録がただ書いてある	
	患者の具体的な言葉の記録がない	
	おとなしくしている，暴言を吐く，ふてくされた，頻回，再三など主観的な表現の記載が多い	
	情報に対するアセスメントがない	

不十分な看護計画	看護計画が立てられていない
	入院時の計画しかない
	計画の評価が定期的に行われていない
	計画が古いものしかない。1年に1回くらいしか見直されていない
	計画が活かされていない
口頭指示の記載不十分	医師が書くのを嫌がるので，看護者が臨時処方箋を書くことがある
	診察時に口頭で指示することが多い
	電話による指示の記録がない
一方的な医師の指示	医師の指示で患者への対応が決まり，看護者の意見はほとんど聞かれない
	医師が看護者を怒鳴る
	家族への対応を医師が独占していて，看護者が家族と自由にかかわれない
	医師の指示を理由も聞かずにそのまま受ける看護者がいる

Ⅵ 精神科看護ガイドラインの作成

　日精看では，1999年発行の『精神科看護業務指針』以来，2001（平成13）年，2003（平成15）年と業務指針を改定してきた。2005年には，はじめて「精神科看護基準」を発刊している。この年は，「指針」は作成されていない。2007年には「指針」が4年の間隔をおいて改訂されている。そして，2011年「精神科看護ガイドライン」が作成された（表7-16）。整理すると以下のようになる。

- 1999年　精神科看護業務指針の作成
- 2001年　同業務指針の改訂
- 2003年　同業務指針再改訂
- 2005年　精神科看護基準の策定
- 2007年　精神科看護業務指針再々改訂
- 2011年　精神科看護ガイドラインの作成

　このように，日精看は，1999（平成11）年以来「精神科看護指針」と「精神科看護基準」を2年ごとに改訂あるいは作成してきている。2年間隔で「指針」と「基準」を交互に改訂するということも検討されたが，2011年はそのどちらでもなく「精神科看護ガイドライン」を作成することとなった。

　これまでの慣行を変更してなぜ「ガイドライン」なのかについて，政策委員会の中での議論を整理すると以下のようになる。

　看護の世界では，「看護業務指針」，「看護基準」，「看護手順」と階層的に業務を整理することが一般的であった。「指針」は方向性を示すため，精神科看護業務の望ましいあり方，方針を明示することになる。現在の精神科看護が目指さなければならない水準を明らかにし，「どの施設の精神科看護でも実現できているとまではいえないが，こ

表7-16 『精神科看護ガイドライン2011』 もくじ

1. 精神科看護の基本	3. 臨床看護
1-1 精神科看護の基本	3-1 精神科救急・急性期看護
1-2 精神科看護と法制度	3-2 精神科身体合併症看護
1-3 精神科看護の倫理	3-3 認知症の看護
1-4 精神科看護の展開	3-4 発達障害の看護
2. 専門的知識・専門的技術	4. 地域生活
2-1 看護過程と記録	4-1 精神科外来看護
2-2 コミュニケーション	4-2 精神科訪問看護
2-3 セルフケア・アセスメント	4-3 精神科デイケア
2-4 暴力への対応	4. 看護管理
2-5 精神科薬物療法	5-1 療養環境
2-6 電気けいれん療法（ECT）	5-2 看護管理
2-7 心理社会的リハビリテーション，認知行動療法	5-3 リスクマネジメント
2-8 行動制限最小化看護	5-4 情報管理
2-9 退院支援・退院調整	5-5 防災対策
2-10 代理行為	6. 看護者への学習支援と臨床看護研究
	6-1 看護者への学習支援
	6-2 臨床看護研究

ういう考え方で，このレベルを目指さなければならない」という，その方向性を示したのが「精神科看護業務指針」である。

一方，「基準」は，比べるための指標となる目安として位置づけられる。どの精神科施設であってもここまでは到達可能なはずであり，この基準を満たしていなければならないという精神科看護実践のスタンダードを示したのが，「精神科看護基準」である。もし，この基準を満たしていないとすれば，その基準に到達するための努力が要求される。

2011年に作成したのは「精神科看護ガイドライン」であるが，「ガイドライン」は辞書的には，「政策の指針」，「指導目標」を示した文書をさす。改訂を重ねてきた「精神科看護業務指針」，そして2005年に1回だけ作成された「精神科看護基準」。本来，「指針」があり，それに照らして「基準」がつくられるはずなのだが，これまで作成，改訂された両者を比べてみても，そのような関係にはなっていない。そもそも，精神科看護の場合，「指針」と「基準」を区別した内容とするのは困難である。それに，精神科看護の多くの領域はケアのスタンダードが示せるほど論議が深まっていないということもある。

あえて両者を区別する必要もないだろうということで，「指針」に大きく傾いてはいるが，「基準」的な要素も含んだ「ガイドライン」という呼称で2011年版「精神科看護

ガイドライン」を作成することとなった。

2011年は，「障がい者制度改革推進会議」や「新たな地域精神保健医療体制の構築に向けた検討チーム」において障害者基本法，障害者自立支援法，精神保健福祉法等の改正に向けた議論が展開されていた。全国28か所での精神障害者アウトリーチ推進事業もこの年に始まっている。このような政策が大きく変わっていく可能性のある時代状況を見据えつつ，『精神科看護ガイドライン2011』は作成された。

このガイドラインでは日精看の精神科看護の定義を枠組みとして基本的な考え方を整理し，課題であった看護記録，代理行為，看護者への学習支援，臨床研究について臨床の現実に即した方向性を示した。また，認知症の看護，発達障害の看護などの項目を付け加えている。

ガイドには，案内や手引きという意味がある。この『精神科看護ガイドライン2011』は各施設の看護業務の見直し，あるいは院内教育に際し，その枠組みを提供することができることを目標に作成した。このガイドラインが依拠しているのは日精看会員の声である。作成までに，政策業務委員会のみならず理事会や学会等でも点検，検討を重ねた。次回の改訂に向けて，さらに会員の意見を聞く機会を設けなければならないだろう。

Ⅶ 日精看の補助金事業（2010〜2013年）

日精看は，厚生労働省を中心に補助金事業の申請を行い，毎年複数の精神科看護に関する委託事業を行っている（表7-17）。

1. 2010年度

1）平成22年度障害者総合福祉推進事業「精神科病院からの地域移行における障害福祉サービスの効果的利用を促進するための普及・研修事業

平成22年度障害者総合福祉推進事業「精神科病院からの地域移行における障害福祉サービスの効果的利用を促進するための普及・研修事業」は，以下の3つの事業からなる。

(1) 精神科病院の地域連携部門の職員を対象とした調査

精神科病院の地域移行支援における障害福祉サービスの利用や支援の実態を明らかにすることを目的に行われたものである。調査用紙A（施設用）と調査用紙B（患者用）を1,000施設に送付し，364施設から回答があった（回答率36.4％）。その結果，以下の課題が明らかになった。

- 専門部署が機能するためには，専門部署の人員配置基準を検討する必要がある。
- 地域移行支援に関して，精神保健福祉士と看護師には，専門性や役割に違いがあり，両者が配置され部署内で役割分担をしながら協働できるシステムをつくることが望

表7-17 補助金事業一覧

年度	交付元	事業名
2010年度	厚生労働省	平成22年度障害者総合福祉推進事業「精神科病院からの地域移行における障害福祉サービスの効果的利用を促進するための普及・研修事業」
		平成22年度精神保健福祉人材養成等研修事業委託費　精神科訪問看護等従事者養成研修事業「精神障害者を対象とした多職種によるアウトリーチサービス従事者養成研修会」
	東京都	平成22年度東京都障害者地域移行体制強化事業
2011年度	厚生労働省	平成23年度障害者総合福祉推進事業「精神障害者を対象とした相談支援事業所等におけるアウトリーチ支援に関する実態調査と分析」
		平成23年度精神保健福祉人材養成等研修事業委託費　精神科訪問看護従事者養成研修事業
	東京都	平成23年度東京都精神障害者地域移行体制強化事業
2012年度	厚生労働省	平成24年度精神保健福祉人材養成等研修事業委託費精神科訪問看護等従事者養成研修事業
	東京都	平成24年度東京都精神障害者地域移行体制整備支援事業
2013年度	厚生労働省	平成25年度精神保健福祉人材養成等研修事業委託費　精神科訪問看護等従事者養成研修事業
	東京都	平成25年度東京都精神障害者地域移行体制整備支援事業

まれる。
- 必要に応じて専門部署と委員会やプロジェクトの両方をおく必要もあるが，その場合は機能や役割について検討し，両方が有効に機能するようにしなければならない。
- 障害福祉サービスについては，本研究では，サービスの種類による違いが明確ではないが，利用されているサービスにも偏りがあることが予想されるので，細かく検証をしていく必要もある。
- 地域移行支援を実施する中で，あがってきた課題について検討し，新しい資源やサービスをつくることや現在のサービスを利用しやすいように転換することも官民共同で考えていかなければならない。
- カンファレンスやケア会議については効果的であることは検証されたので，より効果的にするにはどうすればよいかも考えていく必要がある。・地域移行支援の実施について施設間格差や地域格差がすくなくなるようなシステムづくりも必要であるといえる。

(2) 障害福祉サービス利用の普及啓発パンフレットの作成

地域で暮らす精神障害者だけでなく，精神科病院に入院中の患者が退院準備に活用できるように，精神障害者が利用できるサービスの紹介や利用方法などを，サービスを利用している障害者の生活などを通して，できるだけわかりやすく，かつ簡潔に示

表7-18 地域連携促進のための多職種セミナー－知って得する！！地域移行のための安心生活支援（定員50名）

開催日	会場	参加者数
2010年12月25日（土）～26日（日）	岡山国際交流センター	57名
2011年1月9日（日）～10日（月）	名古屋国際会議場	55名
2011年1月22日（土）～23日（日）	新潟ユニゾンプラザ	45名

※精神科病院1施設から2職種以上の複数名の参加を条件とした

したパンフレットを作成した。

(3) 地域連携促進のための多職種研修会の実施

　精神科病院の職員と地域の障害福祉サービス事業者の職員がお互いの役割や専門性を学び共通理解を図ることで，当事者が適切な支援を受けて安心して地域で生活できることをめざして多職種を対象としたセミナーを企画した。日程・参加者数などは，表7-18の通りであった。

2）平成22年度精神保健福祉人材養成等研修事業委託費　精神科訪問看護等従事者養成研修事業

　「精神障害者を対象とした多職種によるアウトリーチサービス従事者養成研修会」事業では，多職種によるアウトリーチサービスを効果的に実施するための人材養成を目的としたテキストを作成し，多職種の参加によるグループワークと全体会へのフィードバックによる相乗効果が得られる研修を企画し，アウトリーチサービスを現場で広げていくことを目的に行った。プログラム・参加者数等は，表7-19の通りであった。

3）平成22年度東京都障害者地域移行体制強化事業

　本事業では，東京都内の訪問看護ステーションを対象に表7-20，7-21の研修会を企画開催した。

2. 2011年度

1）平成23年度障害者総合福祉推進事業「精神障害者を対象とした相談支援事業所等におけアウトリーチ支援に関する実態調査と分析」

　本事業は，既存の医療・福祉サービスでは支援が行き届かない精神障害者に対するアウトリーチ支援を実践している相談支援事業所や訪問看護ステーション等を対象に実地調査を実施し，対象者像やその選定方法，具体的な支援内容や地域連携について明らかにすることによって，精神障害者の地域生活支援に携わる専門職のアウトリーチ支援の実際や効果に対する理解を促進する目的で行った。

(1) アウトリーチ支援に係る実態調査

　未治療・治療中断者を対象としたアウトリーチ支援を先進的に実践している相談支

表7-19 多職種によるアウトリーチサービス従事者養成研修会

	時間	内容
1日目	9:40～10:30	講義① 精神障害者へのアウトリーチ支援実現に向けて
	10:40～12:00	講義② アウトリーチ支援の基本理念
	13:00～16:00	事例検討① 様々な社会生活支援によって生活安定につながった事例 事例検討② 頻回に入院を繰り返す事例
	16:10～17:00	グループディスカッションの事例紹介
2日目	9:15～12:30	ケアプラン作成のためのグループディスカッション・発表
	13:30～14:30	講義③ 未治療・治療中断の実態と新しいかかわり―行政の立場から
	14:40～15:50	講義④ アウトリーチ支援における多職種の意義

開催日	会場	修了者数
2011年1月29日(土)～30日(日)	東京都・慶應義塾大学	47名
2011年2月12日(土)～13日(日)	福岡県・パピヨン24	57名
2011年2月23日(水)～24日(木)	愛知県・菱信ビル	41名
2011年2月26日(土)～27日(日)	京都府・日精看　京都研修センター	46名
2011年3月12日(土)～13日(日)	岡山県・第一セントラルビル	51名

表7-20 精神科訪問看護がよりよくわかる研修会（定員50名）

時間	内容
9:00～	受付（9:25～オリエンテーション）
9:30～ 9:50	精神障害者地域移行促進協会事業の概要
9:50～11:05	主治医に聞きたい
11:15～11:45	精神科訪問看護のポイント
11:45～12:45	知って得する社会資源の情報
12:45～13:30	休憩
13:30～15:30	グループワーク「精神科訪問看護の疑問と悩み」
15:40～16:30	お答えします！精神科訪問看護の疑問と悩み

開催日	会場	参加者数
2010年11月27日(土)	スター貸会議室　秋葉原ホール	45名
2010年12月4日(土)	府中グリーンプラザ	25名
2010年12月12日(日)	新宿エステックビル	47名
2011年2月5日(土)	トヨタドライビングスクール東京　ホール（立川）	35名

援事業所等，下記の6か所に聞き取り調査を実施した。

①相談支援事業所れいんぼー（岩手県）

②地域生活支援センター翔（山形県）

③地域生活支援センターゆずり葉（栃木県）

④訪問看護ステーション元（東京都）

⑤多摩たんぽぽ訪問看護ステーション（東京都）

⑥潮・地域活動支援センター（福岡県）

表7-21　精神科訪問看護をみんなで考える研修会（定員15名）

13:00〜	受付	
13:30〜15:30	事例検討	
開催日	会場	参加者数
2011年1月15日（土）	トヨタドライビングスクール東京　ホール（立川）	8名
2011年1月29日（土）	新宿ファーストウエスト会議室	13名

(2) 先行事例の分析等

　先行事例の分析と今後の支援のあり方について有識者による検討委員会を設置し，聞き取り調査によって抽出した事例について，以下の内容で分析を行った。

①対象者像
②対象者の選定方法（紹介ルート等）
③アウトリーチ支援導入の契機
④具体的な支援内容
⑤多職種連携や，地域や行政との連携に関する具体的内容
⑥アウトリーチ支援の効果や課題
⑦地域と事業所の状況等

(3) アウトリーチ支援に係る事例集の作成

　調査対象の施設でアウトリーチ支援を行った利用者の中から，①精神医療の受療中断者，②精神疾患が疑われる未受診者，③ひきこもり状態の者，④長期入院等の後，退院した者に該当する事例を抽出した。今回の調査では，④に該当する事例はなく，①〜③の11事例が抽出された。

　その結果，紹介ルートとしては，受療中断者は家族や友人からの相談が多く，未治療者は近隣住民や保健所からの相談が多く，いずれも本人を病院に連れていくことができずに困っている状態で相談が持ち込まれていた。また，具体的な支援内容についてはいずれも対象者との関係づくり（ジョイニング）にもっとも多くの時間をかけ，対象者のペースに合わせて慎重に接近していた。そして，信頼関係が構築されてから，問題解決のための介入を行なっていた。精神症状の悪化によって，精神医療に対する不信感や抵抗感が強くなっている対象者を脅かさないように，対象者の状態やペースに合わせて，訪問の時間帯や頻度，場所等を柔軟に対応することがアウトリーチ支援の特徴であり，強みである。既存にサービスでは対応することが難しい支援を実施することで，大きな効果が得られるアウトリーチ支援の内容が明らかになった。これらの内容を盛り込んで，11事例のアウトリーチ支援の内容を紹介する事例集を作成した。

表7-22 みんなで取り組む精神科訪問看護セミナー

	時間	内容
1日目	9:30～10:00	講義① 精神科訪問看護の動向
	10:00～10:55	講義② 精神疾患と生活障害の理解
	11:05～12:00	講義③ 精神科訪問看護に必要な薬物療法の知識
	13:00～16:30	講義④ 事例でみる精神科訪問看護の基本的技術 ○信頼関係の構築が難しかった事例 ○訪問看護の必要性が認識できずに拒否のある事例 ○拒薬傾向のため服薬管理の指示がでている事例 ○QOLの低さと病状の関連の見極めが難しい事例 ○家族との関係の調整が必要な事例
	16:50～17:00	グループディスカッションの事例紹介
2日目	9:30～14:20	支援計画作成のためのグループディスカッション・発表 ○身体合併症の自己管理ができず、内科医等との連携が必要な事例 ○障害福祉サービスの利用につなげた事例
	14:30～16:00	講義⑤ 精神科訪問看護における社会資源の活用

開催日	会場	修了者数
2012年2月9日（木）～10日（金）	宮城県・TPK仙台カンファレンスルーム	48名
2012年2月12日（日）～13日（月）	山口県・海峡メッセ下関	50名
2012年2月26日（日）～27日（月）	埼玉県・マロウドイン大宮	34名
2012年3月1日（木）～2日（金）	愛知県・名古屋国際会議場	38名
2012年3月10日（土）～11日（日）	鹿児島県・鹿児島文化センター（宝山センター）	47名
2012年3月19日（月）～20日（火）	富山県・富山県総合情報センター	41名

2) 平成23年度精神保健福祉人材養成等研修事業委託費　精神科訪問看護従事者養成研修事業

　本事業は、精神障害者の多様なニーズに応えるために精神科訪問看護の基本的な知識と技術を習得し、その中で多職種の専門性や連携のあり方についても学習し、効果的な精神科訪問看護を提供できる人材を養成する目的で、精神科訪問看護の経験がまだ十分でない、あるいは、これから取り組む予定の多職種を対象とした研修会を開催した。プログラム・日程・参加者は表7-22の通りであった。

3) 平成23年度東京都精神障害者地域移行体制強化事業

　本事業では、東京都内の訪問看護ステーションを対象に表7-23, 7-24の研修会を企画開催した。
　精神科訪問看護の経験が浅く、困難を感じている訪問看護ステーションの訪問看護師が活用できる事例を中心とした精神科訪問看護ガイドブックを作成し、東京都内の訪問看護ステーションに配布した。

表7-23 精神科訪問看護がよりよくわかる研修会（定員50名）

9:00〜	受付（9:25〜オリエンテーション）
9:30〜10:30	主治医に聞きたい part1
10:30〜11:00	主治医に聞きたい part2
11:10〜11:50	精神科訪問看護のポイント
11:50〜12:30	知って得する社会資源の情報
12:30〜13:30	休憩
13:30〜15:00	グループワーク「精神科訪問看護の疑問と悩み」
15:10〜16:30	お答えします！精神科訪問看護の疑問と悩み

開催日	会場	参加者数
2011年11月19日（土）	コンベンションルームAP西新宿	45名
2011年12月17日（土）	LMJ東京研修センター（本郷）	52名
2012年1月14日（土）	コンベンションルームAP西新宿	58名
2012年2月25日（土）	貸会議室 内海（新宿）	59名

表7-24 精神科訪問看護をみんなで考える研修会（定員15名）

13:00〜	受付
13:30〜15:30	事例検討

開催日	会場	参加者数
2011年11月26日（土）	貸会議室メディアボックス（新宿）	12名
2012年1月28日（土）	新宿エステックビル	11名

3. 2012年度

1）平成24年度精神保健福祉人材養成等研修事業委託費　精神科訪問看護等従事者養成研修事業

　本事業は，次年度に引き続き精神科訪問看護の基本的な知識と技術の習得と多職種連携のあり方をグループワークを通して学習し，効果的な精神科訪問看護を提供できる人材を養成することを目的とした研修会を開催した。プログラム・日程・参加者数は表7-25の通りであった。

2）平成24年度東京都精神障害者地域移行体制整備支援事業　人材育成事業

　本事業では，東京都内の訪問看護ステーションを対象に表7-26，7-27の研修会を企画開催した。

表7-25 みんなで取り組む精神科訪問看護セミナーⅡ

	10：00～10：30	講義① 精神科訪問看護の動向
	10：00～12：00	講義② 精神疾患と生活障害の理解 精神科訪問看護に必要な薬物療法の知識
1日目	13：00～16：10	講義③ 事例でみる精神科訪問看護の基本的技術 ○信頼関係の構築が難しかった事例 ○訪問看護の必要性が認識できずに拒否のある事例 ○拒薬傾向のため服薬管理の指示がでている事例 ○QOLの低さと病状の関連の見極めが難しい事例 ○家族との関係の調整が必要な事例
	16：20～17：00	講義④ 精神科訪問看護における社会資源の活用
	17：00～17：30	グループディスカッションの事例紹介
2日目	11：00～14：30	支援計画作成のためのグループディスカッション ○地域生活への移行・定着に家族調整が必要な事例 ○単身生活の準備からかかわった事例
	14：40～16：00	グループディスカッション発表

開催日	会場	修了者数
2013年2月10日（日）～11日（月）	静岡県・アクトシティ浜松研修交流センター	57名
2013年2月24日（日）～25日（月）	香川県・香川県社会福祉総合センター	46名
2013年3月3日（日）～4日（月）	栃木県・栃木県総合文化センター	48名
2013年3月11日（月）～12日（火）	長崎県・長崎ブリックホール	55名
2013年3月17日（日）～18日（月）	青森県・青森県観光物産館アスパム	51名
2013年3月20日（水）～21日（木）	新潟県・新潟駅前カルチャーセンター	49名

表7-26 精神科訪問看護がよりよくわかる研修会（定員50名）

9：00～	受付（9：25～オリエンテーション）
9：30～10：30	主治医に聞きたい　part 1
10：30～11：00	主治医に聞きたい　part 2
11：10～11：50	精神科訪問看護のポイント
11：50～12：30	知って得する社会資源の情報
12：30～13：30	休憩
13：30～15：00	グループワーク「精神科訪問看護の疑問と悩み」
15：10～16：30	お答えします！精神科訪問看護の疑問と悩み

開催日	会場	参加者数
2012年9月22日（土）	コンベンションルームAP西新宿	50名
2012年10月14日（日）	コンベンションルームAP西新宿	50名
2012年11月24日（土）	コンベンションルームAP西新宿	57名
2012年12月15日（土）	コンベンションルームAP西新宿	38名

表7-27 精神科訪問看護をみんなで考える研修会（定員15名）

13:00〜	受付	
13:30〜15:30	事例検討	
開催日	会場	参加者数
2012年10月13日（土）	コンベンションルームAP西新宿	14名
2012年12月8日（土）	コンベンションルームAP西新宿	8名

表7-28 みんなで取り組む精神科訪問看護セミナー

	時間	内容
1日目	9:30〜10:00	講義① 精神科訪問看護の動向
	10:00〜10:55	講義② 精神疾患と生活障害の理解
	11:05〜12:00	講義③ 精神科訪問看護に必要な薬物療法の知識
	13:00〜16:30	講義④ 事例でみる精神科訪問看護の基本的技術 ○訪問拒否や拒薬のある事例 ○QOLの低さが問題になっている事例 ○家族との関係の調整が必要な事例
	16:50〜17:00	グループディスカッションの事例紹介
2日目	9:30〜14:20	支援計画作成のためのグループディスカッション・発表 ○地域生活への移行・定着に家族調整が必要な事例 ○社会資源を活用して地域生活支援を行った事例
	14:30〜16:00	講義⑤ 精神科訪問看護における社会資源の活用

開催日	会場	修了者数
2014年1月24日（金）〜25日（土）	東京都・日精看　東京研修会場	56名
2014年2月2日（日）〜3日（月）	福岡県・TKPカンファレンスシティ博多	64名
2014年2月10日（月）〜11日（火）	岡山県・第一セントラルビル1号館	58名
2014年2月23日（日）〜24日（月）	京都府・日精看　京都研修センター	55名
2014年3月2日（日）〜3日（月）	愛知県・TKP名古屋ビジネスセンター	54名
2014年3月9日（日）〜10日（月）	宮城県・仙台青葉カルチャーセンター	49名

4. 2013年度

1）平成25年度精神保健福祉人材養成等研修事業委託費　精神科訪問看護等従事者養成研修事業

本事業は，前年度に引き続き精神科訪問看護の基本的な知識と技術と多職種連携のあり方を学習する目的で，精神科訪問看護の経験が浅い多職種を対象とした研修会を開催した。プログラム・日程・参加者数は表7-28の通りであった。

2）平成25年度東京都精神障害者地域移行体制整備支援事業人材育成事業

本事業では，東京都内の訪問看護ステーションを対象に表7-29，7-30の研修会を

表7-29　精神科訪問看護がよりよくわかる研修会（定員50名）

9:00～	受付（9:25～オリエンテーション）
9:30～10:30	主治医に聞きたい　part 1
10:30～11:00	主治医に聞きたい　part 2
11:10～11:50	精神科訪問看護のポイント
11:50～12:30	知って得する社会資源の情報
12:30～13:30	休憩
13:30～15:00	グループワーク「精神科訪問看護の疑問と悩み」
15:10～16:30	お答えします！精神科訪問看護の疑問と悩み

開催日	会場	参加者数
2013年9月7日（土）	コンベンションルームAP西新宿	48名
2013年10月20日（日）	コンベンションルームAP西新宿	33名
2013年11月9日（土）	コンベンションルームAP西新宿	48名
2013年11月24日（日）	コンベンションルームAP西新宿	32名

表7-30　精神科訪問看護をみんなで考える研修会（定員15名）

13:00～	受付
13:30～15:30	事例検討

開催日	会場	参加者数
2013年9月14日（土）	コンベンションルームAP西新宿	12名
2013年10月12日（土）	コンベンションルームAP西新宿	9名

企画開催した。

■参考文献
1) 社団法人日本精神科看護技術協会：21世紀の精神科看護をデザインする　協会25周年史．2001．
2) 社団法人日本精神科看護技術協会：精神科看護白書2006→2009．p249-253，2009．
3) 社団法人日本精神科看護技術協会教育認定委員会：精神科認定看護師制度の方向性に関するプロジェクト報告書．2011．
4) Nursing Star：647-649号．日本精神科看護技術協会，2013．
5) 社団法人日本精神科看護技術協会：精神科認定看護師制度検討プロジェクト報告書．2013．
6) 社団法人日本精神科看護技術協会：学術集会再編プロジェクト検討プロジェクト報告書．2014．
7) 天賀谷隆：精神科認定看護師制度の現状と展望．日本精神科病院協会雑誌，29(7)，p668-672，2010．
8) 日本精神科看護技術協会：30周年記念誌2001～2005年のあゆみ．日本精神科看護技術協会，2006．
9) 日本精神科看護技術協会ホームページ：http://www.jpna.jp/education/certified-nurse.html

第8章 精神科看護の本質と社会的意義

はじめに

本書の最終章では『精神科看護の本質と社会的意義』をテーマに，先輩方の意思をどう受け継いでいくのか，また，先輩方の果たすことのできなかったことに対して私たちに何ができるのかいうことについて考えていきたい。こうしたテーマは私たち看護者のためだけというわけではなく，私たちがケアしている，精神科病院に入院している患者32万人，外来患者320万人にも直結するテーマである。

1. 基本的な考え方

精神科病院に通院する人は，その瞬間から否応なく「精神障害者」としてカウントされる。しかし「精神障害者」になっても，その人のすべてが「精神障害者」になるわけではなく，「病気ではない」部分，その人らしい健康な部分がある。その部分を維持し拡大するような「自律性の回復を通して，その人らしい生活ができるように支援すること（精神科看護の定義，日本精神科看護技術協会，2004年）」を1つの基本的な考え方として話を進めたい。

2. 今，精神科看護者が置かれている状況

精神科病院は常にさまざまな問題を抱えている。精神科病院で看護職員が患者に暴力を振るうという事件はくり返し行われている。「精神科病院の中はブラックボックス」だと言われることもあるが，だからといって，精神科で働くすべての看護職員が，そのようなことをしたり，低い倫理観をもっているわけでは決してない。自分たちではどうすることもできずに，ぎりぎりの状態で精神科病院に来院する人々に対して，医療者は日々力を尽くしている。それは，私たちがプロだからだ。私たちを頼りにする患者や家族も，精神医療に従事する私たちのことをプロだと期待をしている。

日本は，諸外国と比べて精神病床数が圧倒的に多いことを批判されることがある。しかしいま述べたように，わが国では現在も精神医療を必要としている人たちがいるという現実がある。精神科病院に対していまだ強い偏見をもっている一方で，精神医療を頼りにせざるを得ない矛盾した状況が歴然と存在している。

1) 法律によって変わる「世の中」

では,「世の中」はどのような仕組みで動いているのだろうか。一言で言ってしまえば,多くの場合,目に見えるルールとしては法律によって動いている。

私たちの仕事に関することでいえば,たとえば診療報酬。診療報酬は厚生労働省令であり,強制力があるが,意外とこのことは知られていない。いわば,法律と同じである。ほかにも,病院自体は医療法で,看護の仕事は保健師助産師看護師法で,入院制度などは精神保健福祉法で,患者の生活支援は障害者総合支援法などで定められている。

2014(平成26)年には精神保健福祉法が改正され,長年の課題とされてきた保護者制度が廃止された。日本精神科看護協会(以下,日精看)としては,保護者制度の廃止について賛成してきたが,それによって新しい問題も想定される(たとえば,家族の誰かが同意すれば入院できるようになるため,家族間で意見の対立が起きるなど)。日本には家制度の名残りがあり,それが払しょくされない限りは保護者制度はなくならないという意見もあった。今回の改正でそれは間違いであることがわかった。私たちが望む精神医療の制度をしかるべき機関に適切に訴えていくことで,法律は変わり,「世の中」は変えられるのである。

2) 変わり続ける精神科医療

図8-1は「死亡場所別,死亡者数の年次推移と将来推計」である。この図では「その他」がポイントで,2025年から2030年になると,「病院で死ねない人」がどんどん増えてくることがわかる。なぜこの図を示したかというと,医療費を決めるのは,やはり法律であり,国が権限をもって決めていることを示したかったからである。しかし,この図8-1の「その他」のように,あと10数年経つと国の権限だけでは解決し得ない事態が到来する。厚生労働省が「2025年問題」というときには,このことを指している場合が多い。

もちろん,この「その他」の中には私たちも,精神障害者も含まれる。精神科病院に入院している患者の平均年齢は50歳代後半と考えられるが,「2025年問題」に直面するまであと10数年しかない。そのとき,この患者たちはどこに行くのだろうか。いままでのように,身体症状が生じたので,その治療のために転院するということが可能だろうか。

法律によって「世の中」は変わる。これはつまり,精神医療が変化していく可能性があるということである。

3. 50年前から変化したこと,していないこと

私が東京都立松沢病院(以下,松沢病院)に入職したのは1978(昭和53)年のことだが,その当時,病院の周辺には退院した600人ぐらいの患者が単身生活をしていた。

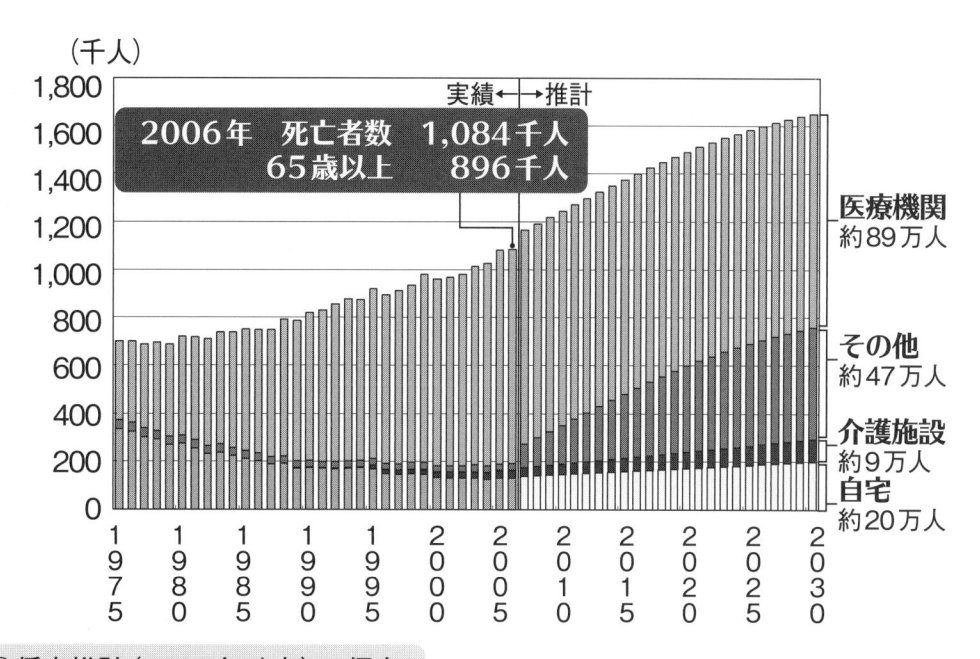

(千人)
2006年 死亡者数 1,084千人
65歳以上 896千人

実績←→推計

医療機関 約89万人
その他 約47万人
介護施設 約9万人
自宅 約20万人

○将来推計（2030年時点）の仮定
　医療機関：病床数の増加なし
　介護施設：現在の2倍を整備
　自宅死亡：1.5倍に増加

介護施設は老健、老人ホーム

図8-1　死亡場所別、死亡者数の年次推移と将来推計

【資料】
2006年（平成18年）までの実績は厚生労働省「人口動態統計」
2007年（平成19年）以降の推計は国立社会保障・人口問題研究所「人口統計資料集（2006年度版）」から推定

今でいう退院調整を行った成果である。私が病院に入職したのはその後のことで，先輩方からは「もう退院できる患者はいない」，「寝た子は起こすな」と言われた。患者にとっては，「病院にいることが終着点だ」，先輩方はそう考えていた。後で詳しく述べるが，私が入職する20年ぐらい前，つまり今から50年ぐらい前に日精看主催の第1回看護研究発表会での松沢病院からの報告には，私が退院調整や地域支援に関してこれまで語ってきたようなことと重なることが書かれていた。ということは，悲観的に考えれば50年間ほとんど状況は変わっていないという点があったのである。

　先ほど述べたように，精神科病院が成り立っている仕組みや私たち精神科看護者が働いているその仕組みは，法律が変われば変わっていくし，変えていくことができる。しかし，法律が変わっても変わらないことがある。それはなぜなのだろうか。

4．ケアの評価

　ケアする人と受ける人の相互作用によって，ケアの商品価値はある程度は決まる。そこでは，退院という「アウトカム＝成果」も重要になるが，看護の場合，「どういう過程を共有できたか」が成果を測る指標になる。患者がケアを受けることによる「満

足」，ケア提供者への信頼などの要素が「アウトカム＝成果」に影響する。しかし，この「満足」は，簡単には測ることはできない。「満足」には，受け手が認識して言葉にできる「満足」もあれば，口には出さずに「なんとなくよいと思う」という程度の「満足」もある。さまざまなレベルに分けられる。どのレベルの「満足」に焦点を合わせて評価できるとするべきか，まだ合意はできていないし，一般的な経済学では分析しきれない問題である。

精神科看護の仕事は過酷であるのに，他の職業と比べ評価は低く，これは不公平ではないかと思う。これは精神科全体の評価であり，制度の中での現実なのである。私たちが社会に対して行うケアへの評価を高めるような意志表示が大事になってくるのである。

5．見ようとしなければ見えないこと

精神科看護の本質と社会的意義について考える際に，触れておかねばならないことがある。2011（平成23）年9月に発覚した新潟県立精神医療センターの事件である。事件は入院中の30歳代の男性患者が，少なくとも10か所の骨折や全身打撲などの不審なけがを負った。そのことが院長の記者会見で明らかになった。男性患者は命に別条はなく経過観察中であり，第三者に暴行や虐待を受けたのは確実としてセンターは長岡署に届け出を出した。報道によれば，男性患者は直接の担当ではない男性看護者3人の名前をあげ「殴られた」と話していたが，センターは「興奮状態で一貫性がないので信ぴょう性には疑問が残る。あとは警察にすべて任せている」としていた。その後，病院で行う調査に限界があり，県としてもきちんと検証しなければならない問題として，第三者調査委員会を発足させた。日精看からは，吉浜文洋理事を委員として派遣した。

調査の結果，自傷や事故の可能性は低く，看護者の関与が疑われるとして，氏名不詳のまま起訴された。調査の過程で，男女8名の看護者が加害行為者として名前があがったが，調査期間中にそのうちの1名が自殺した。県の文書によると，この看護師は「まじめで，患者の回復のために熱心に看護を行い，患者が迷惑な行動をくり返し行ったときに，そのような行為に至った」と自責の念を述べ，そして，残した遺書の最後を「全体像がはっきりすることを願っている」と結んでいた。私はこの手紙は新潟県立精神医療センターの職員だけにではなく，私たち精神科看護者すべてに託された手紙であると思った。

第三者調査委員会の提言の主なものを巻末の資料にあげた（資料3p.291）。調査報告の中には「長期入院患者の退院支援に携わることで，この仕事への誇りをもてた」という看護者の声が残されている。このことからは，自分がなんらかの目的をもって患者にかかわらなければ，毎日の仕事には誇りがもてないということが推測される。だとすれば，全職員が行動指針とする共通目標が明確化されなければならない。つま

り，病院自体がどのような医療・ケアを提供していくのかということを，患者にも理解できるよう方法を考えていく必要がある。

　この第三者委員会の報告書を読むと「切ない」という言葉が浮かんでくる。そして同時に，この看護者の遺書は，私たちに希望を託しているようにも思う。私たちはこの事件について，「自分も同じようにしてしまうかもしれない」と受け止めることができるだろうか。すべての精神科病院で同じ状況が起こる可能性があり，「自分ならどのようにしたのか」ということを考えることを抜きに，精神科看護者としての，専門職としての社会的な意義を論じることはできないし，それが彼の死を無駄にしないことだと思う。日精看の存在する社会的意義の1つはここにあると思う。仲間をつくること。仲間で支えあうこと。教育活動を展開して市民生活に寄与する「専門職のあり方を問い続けていくこと」も，公益性に向けた重要な意味をもつのだと思う。精神医療にかかわる仕事は，個人で受け止めるにはあまりに大きく重い課題であることをあらためて述べておきたい。

6. 実践の「問い」は，今も継続している

　皆さんご存じのF. ナイチンゲールは，『看護覚え書（1860年）』で有名だが，一方であまり有名ではない『病院覚え書（1863年）』という本がある。これは偉大な本で，ナイチンゲールは，「病気が治って，病院にいる必要がなくなった人は，退院させなさい」と書いている。そして，そのとき看護者は退院する人に家がなければ見つけられるように，あるいは作ることができるように，担当の人を看護者が探して，その人たちにつなぐ，コーディネートをしなさいと書いてある。150年以上前に書かれた本に，今に通じる課題が書いてある。医学の発達もまだ高度ではなく，病院の数も限られた中で，そうしたことに気づいている人がいたのである。このことから学ぶべきことは多い。

　1958（昭和33）年6月1日に，日精看が第1回研究発表会を三重県で開催したときの抄録がある。ここに先ほど少し触れたが，松沢病院の研究が載っている。研究発表のテーマは『無為閉居の患者を如何に動かしたか』。内容は80名の患者を10名の看護人（看護者・看護助手）でレクリエーションを中心に院内外の活動を行った，という経過報告記録だ（ちなみに私が入職した当時はこの10人のうち，8人が現役であった）。最初に話した「寝た子を起こすな」と私に言った人は管理者になっていたが，このメンバーの1人である。「この看護師長はやる気がないのかな」と思っていたが，このような取り組みを研究していたのである。

　この研究発表が注目に値すると思われる部分を少し引用してみる。「その大部分の人達が家庭からの連絡文通もなく，いわば肉親から見離され，終日ごろごろと寝ころんだままで居たり，或いは廊下につったったり，病室の片隅にうずくまったきりで，暗い毎日をくりかえし此の世の終わりを待つばかりの人達でありました」。

　「この世の終わりを待つばかり」とはすごい表現である。しかし，当時の看護人たち

はこれを放置せず「このままではいけない」と思ったのである。そこでレクリエーションを試みて，歩けない人はリヤカーに乗せて移動したと書いてある。驚いたことに，昼間に外に出てお弁当を食べるだけではレクリエーションではない，とも書いている。そして何をしたかというと，新宿の夜景を見に行き，てんぷらを食べて帰ってきた。「くたくたになったけど，患者さんたちは活気づいた」などと書いてある。今の病院では，こうしたことはなかなかできないだろう。この看護人たちは何かふっきれて行動し，患者の反応をみて何かに気がついたのだ。

7．看護の本質とは

もっと驚いたのは，「患者の動きそのものが，私たちの刺激になり，励みとなった」，「この自信から私達は今迄の消極的な看護の有り方について反省し，もっと治療に大きな影響を及ぼす様な，積極的な看護について，新しい希望と抱負を持つものであります」と書かれていることだ。「患者の反応が励みとなった」と受け止めたのだ。研究に「取り組んだことが，励みになった」と正直に書く人はどれくらいいるのだろう。しかし，50年以上前の看護者たちはそう書いている。もちろん，今の水準からすれば，「研究」というよりは，実践報告のようなものだ。しかし，私たち看護者の大先輩であるこの看護者たちが，50年も前に，どうしてそのように受け止めざるを得ないと思ったのか。その動機は，現代の私たちの看護の課題として考えていく必要がある。

50年前の松沢病院の看護研究や実践をみる限り，当時の精神科看護と今の精神科看護にそれほど違いはないのではないか，と考えさせられる。患者と看護者の距離感や接近の方法も，今とそれほど変わっていないように思える。考えてみれば「そこに，一緒に存在する」という視点からみれば，昔も今も変わらないはずなのだ。それを踏まえたうえで，年月を経ても変わらない精神科看護の本質とは何かついて考えてみたい。

8．物語に向きあう

私たち看護者の仕事は，「人にかかわる」ことが基本である。広い意味で言えば，それが「ケア」ということだが，この「ケア」について語るのは，何も看護者だけではない。最近，特にそうした傾向が出てきているように思う。つまり，「ケア」は看護者の専売特許ではないと考える人が増えてきているということだ。私自身はその「ケア」の中心には看護者がいると考えているが，そう考えるからには，看護者のもつ「ケア」の本来的な機能や特徴を看護者に固有のこととして考えていかなければならない。考えることが今，要請されているともいえる。

看護者の行う「ケア」。今，そこに何が求められるか。そこへ至る入口の1つとして，「ナラティブ」なつきあいがあげられる。つまり，患者や家族がみずからを語ることで，その物語に看護者が向きあい，そこから患者や家族の人生を形づくる時間を共有し，

理解しようとする姿勢である。このとき重要なのが，患者や家族に「語ってもらって，情報を得る」ということではなく，患者や家族は「すでに語り出している」と再認識すること，それに看護者がどう向きあうか，ということだ。

　さまざまな看護の領域においてナラティブ・アプローチが盛んに行われているが，精神科でも遅れをとっているわけではない。たとえば，退院支援については十数年前から当事者が病院の中に入り，みずからの言葉で入院患者に地域での暮らしを語ることで退院に結びついていくということへの支援が行われている。欧米の一部では，日本の行動制限最小化委員会のような活動に当事者が参加して，自分の拘束の体験を語るということが行われていると聞く。厚生労働省の精神保健福祉資料（630調査）では行動制限が増えているが，隔離や拘束を減らす試みが多様化していけば，おのずと行動制限の数が減っていくのではないかと期待できる。ナラティブ・アプローチは，医療者―患者間だけの関係性ではなくて，治療そのものにまで大きな影響を及ぼしはじめているのである。

9.「かたい理解」と「やわらかい理解」

　先に述べたように，医療・福祉制度は目まぐるしく変化し，精神医療の姿も変わりつつあるなかで，精神科看護者は自分の知識・経験・技術をどのように向上実践していくのか。私は，それほど複雑に考える必要はないと考えている。むしろ，ある意味で考え方を単純化して整理していく必要があるだろう。その1つが，「できること」，「できないこと」という2項対立のもとで看護を語るのではなく，「してはいけないこと」という視点を盛り込むことだ。これは新潟県立精神医療センターの事件にも関連する。この事件は，国家資格を得て仕事をしている私たち看護者の存在意義を揺るがす，「してはいけないこと」なのだ。

　ではなぜくりも返されるのか。その1つの方法が，「かたい理解」と「やわらかい理解」という考え方である。「かたい理解」とはつまり，看護に関する一般的知識についての理解だ。臨床では，患者の状態をアセスメントし，ケアプランを立ててケアを実践している。これにプラスして，「やわらかい理解」，すなわち「状況に応じた個別の理解」をできるだけ深く広く見るようにしていく。

　「やわらかい理解」とは，具体的にどのようなものか。たとえば，事例検討などを開催していると「これはたしかにかかわりの難しい事例だ」と思われることがある。「これはなかなかかかわりにくいぞ」,「回復が難しそうだ」と誰もが思わざるを得ない。しかし，よくよく検討してみると，そのケースの全体が「困難事例」なのではなくて,「でもこの部分は健康だよね」という面もみえてくる。これは，「たしかに部分的に見れば病的だけど，それによって安定している部分もあるのではないか」という複眼の視点である。

　「ゴミ屋敷」に住んで近隣から苦情がある人も，よく調べてみると実は精神を病んで

いたということがある。それで福祉が介入したりするわけだが，考えてみれば，その人はその状態でこれまで生きてきたのである。その人を「放っておいていい」というわけではないが，その人の生活のあり方を個別に尊重していくことも重要なのではないだろうか（「同じような状態」の人が，一方では精神科病院から退院できずにいるという事実も考えておく必要がある）。

このように「やわらかい理解」のためには，対象を疾患や障害としてとらえるだけではなくて，「生きにくさ」つまり「自分らしく生きたいという人間本来の欲求が妨げられている状態」としてちきあい方を考えてみる。「病的な部分」だけにとらわれずに，その人の家族や地域などの歴史的な文化的環境との相関において，その人の生き方，いわば「本当に自分が望んでいる生き方」がみえてくるのではないかと思う。

10.「関係」と「感情」

もう1つ考えたいことは，「感情」と「関係」という視点。人間は関係のなかで生き，関係の発展とともに葛藤や挫折を経験しながら成長する。つまり，関係のなかで「自己」がつくられていく。これをケアに当てはめてみると，どのようなことがいえるのか。看護者が行うケアは，その看護者がそれまでの人生のなかで経験してきたさまざまな関係性を反映している。だからこそ，自分のかかわり方はなかなか変えられない。「その人らしいケア」はもちろん大切だが，一方で，自分のケアを客観的にみることができないという欠点もある。では，どのようにすれば，自分のケアを客観的にみることができて，変える必要があるときに柔軟に変えられるのか。

それは患者とのかかわりの中で，まさに合わせ鏡のように自分を前からも後からもみれるときに変わっていくことができる。自分のかかわりによって生じる患者の反応を，自分のケアに取り込むことによって，自分のケアが影響を受けて変化していく可能性がでてくる。患者との関係のなかでこそ自分のケアの方法も変わっていく。

看護者としてのアイデンティティについても同じようなことがいえる。「私は看護者としてこのようにありたい」という思いをもつことは大事である。しかし，理想の自分（看護者）になるためには，自分の意欲だけでは不十分である。そこには客観的に自分を見ることのできる視点が必要であり，だからこそ，「関係のなかで『自己』がつくられていく」という意識をもつことが大切なのである。

では，その「関係」のやりとりの中心には何があるだろうか。それは「感情」である。多くの患者は「病状」を語りながらも現実的な生活上の問題を抱えている。その現実的問題の陰には，必ず葛藤や不安がある。では，その葛藤とは何に由来するのか。それは「関係性の矛盾」や「感情の混乱」に由来する。だからこそ，私たち看護者が葛藤や不安に向きあう際には，みずからの感情を示していく必要がある。それが「かかわること」の本質なのではないだろうか。

おわりに―精神科看護者の社会的意義

　2011年3月11日に発生した東日本大震災に際して，私たちはさまざまな地域での支援を行ってきた。また，今も継続して，主に地域で働くケア従事者への支援を行っている。この支援のなかで，私たちが特に重視したのが，「ケア者へのケア」である。

　当初から，全国各地から会員である支援者が被災地を訪れた。しかし，避難所にも日中は十分な人員がいるのに，夜間にはほとんど地元の看護者・保健師だけになってしまう状況があった。その少人数の看護者・保健師が何千人もの被災者をサポートしており，ほとんど寝ずに家には着替えに帰るだけという状況で働いていることがわかった。そこで，日精看の支援チームは夜間のサポートを行った。支援者が自分たちでシフトを組んで現場に入ったことで，保健師たちを少しは助けることができたのではないかと思う。これは「交代の人手があることで休める」という人員シフトのことだけではなく，同じく支援を行う仲間から「お疲れさま。安心して休んでください」と言われることで，今の仕事を続ける励みになったり，後押しになっていたのではないかと思う。直接的な支援も必要だが，ケアする人もケアされることによってケアの継続性を安定させるということが重要なのである。

　病院や地域，あるいは被災地域など，人がケアの助けを求めているあらゆるところで，看護者が展開しケアの実践が行われている。社会から大きな期待をかけられている。

　そして同時に，看護の存在意義，看護に何ができるのか，ということも社会から問われている。看護の仕事を通してその問いに応えていく，その過程のすべてが看護者の社会的意義となるのではないかと思う。

＊本稿は日本精神科看護協会主催「第38回日本精神科看護学術集会（宮城大会）」にて行われた基調講演「精神科看護の本質と社会的意義」を再構成したものです。

資 料 編

資料1 ● その他の関係法規　2013（平成25）年　道路交通法の改正　285
資料2 ● 精神疾患の医療体制の構築に係る指針（平成24年3月30日，医政指発0330第9号より抜粋）　286
資料3 ● 新潟県立精神医療センターの患者負傷に関する第三者委員会報告書（一部抜粋）　291
資料4 ● 年表　302

●資料1 その他の関係法規

2013（平成25）年　道路交通法の改正

2013（平成25）年の6月14日に道路交通法の一部を改正する法律が公布された。改正は2年以内に段階的に施行されていくとされているが，その改正内容の1つである「一定の病気等に係る運転者対策」が2014（平成26）年6月に施行された。

「一定の病気等に係る運転者対策」に関するポイントは以下の通りである。

免許取得・更新時に，一定の病気等*の症状に関する「質問票」の提出義務

免許取得・更新時に，一定の病気等に該当するか否かを判断するために公安委員会は「質問票」を公布できる。公布を受けたものはこれに回答する義務が生じる。虚偽の記載・報告をした場合には，1年以下の懲役又は30万円以下の罰金の対象となる。

診察したものが一定の病気等に該当すると認知した場合

医師は診察により一定の病気等に該当すると認知した場合，その者が免許を受けていると知ったときは，診察結果を公安委員会に任意で届け出ることができる。この際，医師の届け出行為は道路交通法第百一条の六の3（医師の届け出）に基づき守秘義務の違反とはならない。

一定の病気等に該当する疑いがあると認められた時（一定の要件を満たした場合に限る）

交通事故の状況等により，一定の病気等にかかっていると疑われる者は，3か月を超えない範囲内で免許の効力が停止される。当該処分を受けた者がこれらの規定に該当しないことが明らかとなったときは，速やかに当該処分を解除しなければならない。

免許の再取得に係る試験の一部免除

一定の病気に該当すること等を理由に免許を取り消された場合で，病気の症状が改善されて免許を再取得する場合，取消から3年以内であれば，技能試験及び学科試験が免除される。

*一定の病気等とは「免許を受けようとする者又は免許証の更新を受けようとする者に対し，自動車等の安全な運転に支障を及ぼすおそれがある病気として政令で定めるもの（道路交通法の一部を改正する法律要綱）」であり，統合失調症，てんかん，再発性の失神，無自覚性の低血糖，そううつ病，重度の眠気の症状を呈する睡眠障害，認知症，その他自動車等の安全な運転に必要な認知，予測，判断又は操作のいずれかに係る能力を欠くこととなるおそれがある症状を呈する病気であり，これにアルコール，麻薬，大麻，あへん又は覚醒剤の中毒を加えたものを指す（道路交通法施行令第三十三条の二の三および道路交通法第九十条第百三条）。

● 資料2 精神疾患の医療体制の構築に係る指針
（平成24年3月30日，医政指発0330第9号より抜粋）

各医療機能と連携

都道府県は，各医療機能の内容（目標，医療機関に求められる事項等）について，地域の実情に応じて柔軟に設定する。

(1) 保健サービスやかかりつけ医等との連携により，精神科医を受診できる機能【予防・アクセス】

①目標
- 精神疾患の発症を予防すること
- 精神疾患が疑われる患者が，発症してから精神科医に受診できるまでの期間をできるだけ短縮すること
- 精神科を標榜する医療機関と地域の保健医療サービス等との連携を行うこと

②医療機関に求められる事項
- 住民の精神的健康の増進のための普及啓発，一次予防に協力すること
- 保健所，精神保健福祉センターや産業保健の関係機関と連携すること
- 精神科医との連携を推進していること（GP（内科等身体疾患を担当する科と精神科）連携※への参画等）
- かかりつけの医師等の対応力向上のための研修等に参加していること

※GP連携の例：地域レベルでの定期的な連絡会議（内科等身体疾患を担当する科の医師でうつ病患者を発見したときの日常的な連携体制の構築，ケーススタディ等）の開催，精神科医への紹介システムの導入等

③関係機関の例
- 保健所，精神保健福祉センター，地域産業保健センター，メンタルヘルス対策支援センター，産業保健推進センター等の保健・福祉等の関係機関
- 精神科病院，精神科を標榜する一般病院，精神科診療所
- 一般の医療機関
- 薬局

(2) 精神疾患等の状態に応じて，外来医療や訪問医療，入院医療等の必要な医療を提供し，保健・福祉等と連携して地域生活や社会生活を支える機能【治療・回復・社会復帰】

①目標
- 患者の状態に応じた精神科医療を提供すること

- 早期の退院に向けて病状が安定するための退院支援を提供すること
- 患者ができるだけ長く，地域生活を継続できること

②**医療機関に求められる事項**
- 患者の状況に応じて，適切な精神科医療（外来医療，訪問診療を含む。）を提供すること
- 必要に応じ，アウトリーチ（訪問支援）を提供できること
- 精神科医，薬剤師，看護師，作業療法士，精神保健福祉士，臨床心理技術者等の多職種によるチームによる支援体制を作ること
- 精神症状悪化時等の緊急時の対応体制や連絡体制を確保すること
- 早期の退院に向けて，病状が安定するための服薬治療や精神科作業療法等の支援や，相談支援事業者等との連携により，退院を支援すること
- 障害福祉サービス事業所，相談支援事業所等と連携し，生活の場で必要な支援を提供すること
- 産業医等を通じた事業者との連携や，地域産業保健センター，メンタルヘルス対策支援センター，産業保健推進センター，ハローワーク，地域障害者職業センター等と連携し，患者の就職や復職等に必要な支援を提供すること

③**医療機関等の例**
- 精神科病院，精神科を標榜する一般病院，精神科診療所
- 在宅医療※を提供する病院・診療所
- 薬局
- 訪問看護ステーション

※在宅医療一般については，「在宅医療の体制構築に係る指針」を参照。

(3) 精神科救急患者（身体疾患を合併した患者を含む），身体疾患を合併した患者や専門医療が必要な患者等の状態に応じて，速やかに救急医療や専門医療等を提供できる機能【精神科救急・身体合併症・専門医療】

①**目標**
- 24時間365日，精神科救急医療を提供できること
- 24時間365日，身体合併症を有する救急患者に適切な救急医療を提供できること
- 専門的な身体疾患（腎不全，歯科疾患等）を合併する精神疾患患者に対して，必要な医療を提供できること
- 児童精神医療（思春期を含む），アルコールやその他の薬物などの依存症，てんかん等の専門的な精神科医療を提供できる体制を少なくとも都道府県単位で確保すること
- 心神喪失等の状態で重大な他害行為を行った者の医療及び観察等に関する法律（平成15

年法律第110号。以下「医療観察法」という。）の通院処遇対象者に医療を提供する指定通院医療機関について，少なくとも都道府県単位で必要数※を確保すること

※「心神喪失者等医療観察法に基づく指定通院医療機関の推薦依頼について」（平成16年7月9日障精発第0709006号社会・援護局障害保健福祉部精神・障害保健課長通知）

②医療機関に求められる事項

- 精神科救急患者の受け入れが可能な設備を有すること（検査室，保護室，手厚い看護体制等）
- 地域の精神科救急医療システムに参画し，地域の医療機関と連携すること
- 精神科救急患者を受け入れる施設では，行動制限の実施状況に関する情報を集約し，外部の評価を受けていることが望ましいこと
- 精神科病院及び精神科診療所は，継続的に診療している自院の患者・家族や精神科救急情報センター等からの問い合わせ等については，地域での連携により夜間・休日も対応できる体制を有すること
- 身体疾患を合併した患者に対応する医療機関については，身体疾患と精神疾患の両方について適切に診断できる（一般の医療機関と精神科医療機関とが連携できる）こと
- 身体疾患を合併する患者に対応する医療機関であって，精神病床で治療する場合は，身体疾患に対応できる医師又は医療機関の診療協力を有すること
- 身体疾患を合併する患者に対応する医療機関であって，一般病床で治療する場合は，精神科リエゾンチーム※又は精神科医療機関の診療協力を有すること
- 地域の医療機関や，介護・福祉サービス，行政機関等と連携できること
- 専門医療を提供する医療機関は，各専門領域において，適切な診断・検査・治療を行なえる体制を有し，専門領域ごとに必要な，保健・福祉等の行政機関等と連携すること
- 専門医療を提供する医療機関は，他の都道府県の専門医療機関とネットワークを有すること
- 医療観察法指定医療機関は，個別の治療計画を作成し，それに基づき必要な医療の提供を行うとともに，保護観察所を含む行政機関等と連携すること

※精神科リエゾンチーム：精神科医，薬剤師，看護師，作業療法士，精神保健福祉士，臨床心理技術者等からなるチーム。一般病棟に入院する精神疾患を有する患者等に対して，精神症状の評価を行い，精神療法や薬物治療等の診療計画の作成，退院後の調整等を行う。

③関係機関の例

- 精神医療相談窓口，精神科救急情報センター

- 精神科救急医療体制整備事業の精神科救急医療施設
- 精神科病院，精神科を標榜する一般病院，精神科診療所
- 救命救急センター，一般の医療機関
- 人工透析等の可能な専門医療機関
- 歯科を標榜する病院・歯科診療所
- 専門医療を提供する医療機関
- 医療観察法指定通院医療機関

なお，上記のうち，精神科救急医療体制の整備に関しては，「精神科救急医療体制の整備に関する指針について」（平成24年3月30日障精発0330第2号社会・援護局障害保健福祉部精神・障害保健課長通知）を参照すること。

(4) うつ病の診断及び患者の状態に応じた医療を提供できる機能【うつ病】

①目標

- 発症してから，精神科医に受診するまでの期間をできるだけ短縮すること
- うつ病の正確な診断ができ，うつ病の状態に応じた医療を提供できること
- 関係機関が連携して，社会復帰（就職，復職等）に向けた支援を提供できること

②医療機関に求められる事項

（一般の医療機関）

- うつ病の可能性について判断できること
- 症状が軽快しない場合等※に適切に紹介できる専門医療機関と連携していること
- 内科等の身体疾患を担当する医師等（救命救急医，産業医を含む）と精神科医との連携会議等（GP連携事業等）へ参画すること
- うつ病等に対する対応力向上のための研修等に参加していること

※SSRIなどの抗うつ薬で4週間経過しても改善が見られない場合，他の精神疾患との鑑別が必要と思われる場合，双極性障害が疑われる場合，自殺念慮が強い場合など（「自殺予防マニュアル第2版～地域医療を担う医師へのうつ状態・うつ病の早期発見と対応の指針」平成20年日本医師会編集）

（うつ病の診療を担当する精神科医療機関）

- うつ病と双極性障害等のうつ状態を伴う他の疾患について鑑別診断できること
- うつ病の，他の精神障害や身体疾患の合併などを多面的に評価できること
- 患者の状態に応じて，薬物療法及び精神療法等の非薬物療法を含む適切な精神科医療を提供でき，必要に応じて，他の医療機関と連携できること
- 患者の状態に応じて，生活習慣などの環境調整等に関する助言ができること

- かかりつけの医師をはじめとする地域の医療機関と連携していること（例えば，地域のかかりつけの医師等に対するうつ病の診断・治療に関する研修会や事例検討会等への協力）
- 産業医等を通じた事業者との連携や，地域産業保健センター，メンタルヘルス対策支援センター，産業保健推進センター，ハローワーク，地域障害者職業センター等との連携，障害福祉サービス事業所，相談支援事業所等との連携により，患者の就職や復職等に必要な支援を提供すること

③医療機関等の例
- 精神科病院，精神科を標榜する一般病院，精神科診療所
- 一般の医療機関
- 薬局

(5) 認知症に対して進行予防から地域生活の維持まで必要な医療を提供できる機能【認知症】

認知症の方が，早期の診断や，周辺症状への対応を含む治療等を受けられ，できる限り住み慣れた地域で生活を継続できるような医療提供体制の構築を目標とする。具体的な内容については，今後，関係部局から発出される通知に基づいて作成すること。

資料3　新潟県立精神医療センターの患者負傷に関する第三者委員会報告書（一部抜粋）

　2011年9月，新潟県立精神医療センター（以下，精神医療センター）において1名の入院患者に不審な「肋骨及び腰椎横突起の骨折」「腹部打撲痕」「背部の擦過傷」があることが新聞報道された。その後，2011年12月，精神医療センターから独立した「精神医療センターの患者負傷にかかる第三者調査委員会」（以下，第三者委員会）が設置された。以下に第三者委員会報告書から「はじめに」の一部抜粋と吉浜業務執行理事が分担した「精神医療センターの組織と職員に関する提言」を掲載する。

はじめに（一部抜粋）

　（前文略）本委員会では，平成23年12月18日から平成24年3月18日まで，3か月間にわたり中立的，客観的，専門的な観点から，診療録や看護記録などの病院資料を分析するとともに，当該患者，職員，他の患者及び患者家族に文書や聴き取りの調査を行ってきた。

　この間，平成24年2月に，精神医療センターに勤務する1名の看護師が自殺するという不幸な事態が生じ，本委員会としては極めて残念な思いを抱いている。その看護師は，本委員会委員長あての手紙に，今回の患者負傷の一部につながる可能性がある行為を過去に行ったことを述べるとともに，勤務していた病棟の職場風土の違和感，看護のジレンマ，医師，看護師の医療・看護に臨む姿勢への疑問等，病棟業務の辛かった思いを記述している。

　その看護師はまじめで，患者の回復のために熱心に看護を行い，患者が迷惑な行動を繰り返し行った時に，そのような行為に至ったと自責の念を述べ，最後に「全体像がはっきりすることを願っている」と結んでいる。なお，本委員会としては，その看護師の行為が当該患者の負傷につながったかどうかは確認できず，また，その看護師は患者負傷の全てに関与したわけではないと考えている。近年，精神科病院では「入院医療中心から地域生活中心へ」の理念のもと，退院促進や社会的入院解消の努力を行っているが，病院には多様な患者が入院していることから，患者や職員の安全・安心のために様々な仕組みが必要な状況がある。

　この報告書は，亡くなった看護師の思いを汲みながら，これまでの調査により，今回の患者負傷と組織風土についてわかった事項を記述するとともに，組織風土改革をはじめとする再発防止策について取りまとめたものである（後文略）。

3　精神医療センターの組織と職員に関する提言
3-1　組織と職員意識について
3-1-1　硬直化した組織の変革を

　5つのグループでのグループインタビューから浮かび上がってきた「患者への対応」「職

場の人間関係」についての問題点の多くは，当該精神医療センターのみならず歴史があり職員の異動が少ない単科公立精神科病院（あるいは民間精神科病院）に共通する問題なのではないかと思われる。独立行政法人移行などの組織の大変革を通して，ここに挙げられた問題点をすでに克服している病院もあると推測されるが，現在でも同様の問題を抱えている病院も少なくないだろう。

　前例，慣行が十分な検討もなく最優先され，新しい考え方に目を向け，それを取りいれることに意欲を失った状態が組織の硬直化である。硬直化を抜け出すには，組織のあり方，職務内容，構成員のものの考え方や行動，暗黙のルール，前例，慣行，不文律等さまざまなことを見直し，改革していかなければならない。

　しかし，組織の硬直化をもたらしているのは，目に見えず，文書にもなっていない形として示すことの困難な非言語的な部分であることが多い。したがって，文書化されているマニュアルの改訂や規則の見直しだけでは，組織の変革は望めないだろう。

　前向きの提案に，消極的，否定的な声がつぶやかれるようであれば，そのような組織風土の変革から始めなければならない。変革のためには，まず，誇りの持てる仕事がしたいと考えている若い層の変革への意欲，行動に管理監督者が関心を示し，それを評価する姿勢を見せることである。

　新しいことを導入する場合，提案の段階で「無理！」「意味がない！」などという抵抗が起きることがある。そのような場合には，管理監督者はスタッフに納得してもらうことに精力を傾けるより，「とりあえず，やってみよう，やりながら検討してやはり否定的な評価なら取り下げる」という姿勢で臨むことが改革の端緒となることもある。変化を起こすには，行動は必須であり，実践して評価してさらに改善を重ねるPDCAサイクルをイメージした方法が有効だろう。

　また，それぞれの部門のリーダーが当初は受け入れられないのを覚悟して新しいことを始めることで組織変革の流れができることもある。リーダーは，慣例でない行動を行っても許される存在といわれる。そのことを意識しつつ管理監督者がまず行動に出るのである。その際，管理監督者は一定期間，組織から浮くこと，孤独に耐える覚悟を要求される。

3-1-2　理念の再確認を

　いうまでもなく精神科病院は，地域住民に必要とされている精神科医療を提供することを目的とする組織である。当該精神医療センターはその目的の達成に臨む姿勢を4つの理念として掲げ，県民に宣誓している。

　それにもかかわらず，なぜ，病院の理念の筆頭に挙げられている「人権尊重」「患者本位」に反する言動，態度の見受けられる医師，看護師がいても組織の問題として取り上げ

られないのか。なぜ，医師－医師，管理監督者－スタッフなどの間に建設的な批判関係が形成されないのか。

　これらの問題は，多くの精神科病院に根深くあり，その解決はそう容易ではないと思われる。当該精神医療センターの職員は，今回の患者負傷「問題」を契機に，公的病院としての使命を自覚し，センターの理念，そしてこれらの問題と真剣に向き合うことが求められている。

3-1-3　精神医療センター変革へのリーダーシップの発揮を

　グループインタビュー，その他の調査報告を通して言えるのは，あらゆる領域のリーダーシップの不在である。これまで病院あるいは病棟の雰囲気を変えたいとの思いをもった職員もいただろうが，閉鎖的な病院社会の中で「孤立」や「排除」を恐れ，現状を容認するしかなかったと思われる。

　　患者負傷「問題」の背景にある組織文化を点検し変革していくことは，現状を黙認し見て見ぬふりをしてきた職員の一人一人が病院の理念を体現するように職務に対する姿勢を改めていくことにほかならない。この組織変革の動きには多くの抵抗が起こるだろう。人は，基本的に保守的であり，変化，変革に抵抗する。その抵抗に抗するには組織変革への強いリーダーシップが必要とされる。

　リーダーシップを「とる」にはリスクを覚悟しなければならない。未知の不確実性をはらんだ事態に率先して対処することになるのであるから前例主義では，リーダーシップはとれない。リーダーに「なる」とは，組織をまとめることである。

　現在の管理監督職は，果たしてリスク覚悟でリーダーシップをとり，リーダーとして組織をまとめきれているのか。インタビューでは，相当数の職員から管理監督者の在り方について疑問を呈していると思われる発言があった。医療者としての基本的姿勢，言動に問題のある医師，看護師がいることは確かなのだから各部門のリーダーは，組織をまとめリスク覚悟で率先してこの問題の解決にあたらなければならない。

3-1-4　人と人とのつながりを豊かに

　無縁社会に象徴されるように社会全体に人間関係の希薄化が進行している。当精神医療センターも同様のようだ。この問題に効果のある方策を策定し実践するのはそう容易ではないと思われる。職場内の委員会活動など部門を超えた小グループでの関わりをベースに人と人とのつながりをより豊かにする方法はないだろうか。また，精神医療センター外の同職種，関連領域の人たちとの交流があれば，職場内の対人関係を相対化でき，自分が所属する職場の職員どうしの人間関係あるいは患者との関係におけるストレス耐性も強まるかもしれない。

3-2 精神科医療・看護のあり方について

3-2-1 精神科医療・看護の基本の再点検を

今回の患者負傷問題を通して問われている精神科医療・看護の課題の一つに身体症状の観察，アセスメントがある。なぜ，9本の肋骨骨折が受傷後相当期間を経過し治癒状態になってからしか発見できなかったのか。身体症状観察の重要性の再確認のみならず，医療・看護のあり方，姿勢をその基本に立ち返って見直す必要があるのではないか。

3-2-2 精神科医療・看護の明確な目標設定を

近年，わが国の精神保健医療福祉は「入院医療中心から地域生活中心へ」の理念のもとに展開されている。多くの病院で，退院促進，社会的入院の解消の努力が払われている。看護職もこのような精神保健医療福祉状況を十分認識しており，「長期入院者の退院促進に関わることで看護の力を実感し，この仕事に誇りを持てた」とインタビューに答えた看護師がいた。

この発言は，日々のルーチンケアをこなすだけでなく目標を持って看護にあたることで個々の看護者の志気が上がり組織が活性化することを示している。自治体立病院では，長期入院者の退院促進に取り組むことで病床数を減らし，急性期医療，専門医療に特化する方向を模索している病院が増えてきている。

指摘があるように当該精神医療センターの退院促進活動への熱気が冷めてきているとするなら，その要因を検討する必要がある。また，何を医療・看護の軸に据えて患者と関わるのか，全職員が行動指針とすべき共通目標は何かを明確にしなければならないのではないか。

3-2-3 リーダーシップのあり方の検討を

看護師グループのインタビューでは，病棟医の個性が各病棟の運用に色濃く反映していることをうかがわせる発言があった。そのことの善し悪しが検討されなければならない。この検討は自ずと，医師と看護職の役割分担や病棟管理の責任者である病棟師長のリーダーシップのあり方についての検討をも含むものとなるだろう。

医局内では医師間で受け持ち患者についてのピアレヴュー的な検討がなされているのかもしれない。しかし，病棟の看護者からは，診断，治療などについての率直な意見交換がなされている様子がないとの指摘がある。まず，医師どうしの関係が風通しの良いものでなければならないが，看護職，その他の職種と医師との関係など，これまでのチーム医療のあり方を振り返り，新たな関係に基づいたチーム医療の再構築を図る必要があるのではないか。

3-2-4 看護職の精神的負担についての理解を

切れ目なく患者の生活の時間に関わる看護職は，他の職種から患者への対応などについて，ケアのある一面をとらえて批判的な目が向けられがちである。看護の側からは，さまざまな問題行動に直接関わる困難さや精神的負担を他の職種に理解してもらえないジレンマがある。

　子供っぽい退行した行動がめだつ病棟場面，潜在していた能力が表現されることもある作業療法場面，医師がどう評価しているかを気にして問題がないことを強調する診察場面など，このように患者は場面ごとに異なる姿を見せる。各職種は，患者の一側面しか見ていないという自覚を持って他職種と関わらなければ職種間の軋轢を生むことにもなる。

3-2-5　対処困難な患者に関わる看護師のストレス軽減への配慮を

　負傷した患者は，さまざまな問題を引き起こし，対処が困難であったといわれている。そして，長期在院となり退院のめどが立たなかった。この患者へは多くの看護職員がストレスを感じ陰性感情をもっていた。このような患者の受け持ち看護師は，患者の問題行動をコントロールできないことを自分の責任と感じ，自責感，無力感を持ちがちである。したがって，受け持ち看護師を孤立させることがないよう病棟でのサポート体制について病棟管理者は配慮する必要がある。

　対処困難とされる患者へは，2人以上の看護師を受け持ちにする，あるいは多職種を含めた受け持ちチームを編成するなどの手だてによって精神的負担を軽減する手立てが必要だろう。対処困難な患者をリストアップし，その困難度上位の者について特別に手厚い個別医療チーム（例えば，医療観察法病棟のＭＤＴ）での関わりとすることは不可能だろうか。いずれにしろ，受け持ち看護師が過剰なストレスにさらされる対処困難な患者については，一定期間ごとに多職種でのカンファレンスを持ち，実行可能なプランを策定し実行，次のカンファレンスで評価するという流れをつくれれば受け持ち看護師が孤立する事態は避けられるのではないかと思われる。

3-2-6　視点変換のための諸技法の活用を

　繰り返し「問題」が起きる対処困難な患者のカンファレンスでは，関係者の思い込みをいかにほぐしていくかという観点が重要だろう。同じ「問題」が繰り返されている場合には，それまで解決のためになされてきたケアに注目する必要がある。それまで解決策と思いこんでいたことが，患者との関係を悪化させ同様の「問題」行動に回帰していくという悪循環が起きていることがあるからである。

　これまで行っていたことと「違うこと」を行う，あるいは「違う方法」で実施すると悪循環を断ち切ることができ「問題」行動の解消につながることがある。「問題」行動はコーピング行動であるという視点も忘れてはならない。確かに，他者からすると逸脱行動だし，

迷惑行為かもしれないが当人はそうせざるを得ない状況におかれているという視点からの患者理解である。行動そのものではなく，行動が何に由来しているかに注目するのである。社会あるいは病棟の秩序を乱す「問題」行動という視点から，患者の文脈で行動の意味を理解しようとする視点への変換があってはじめて見えてくるものがある。

　「問題」と人を切り離す外在化と呼ばれる手法を使うことで患者から切り離された「問題」に患者と医療者が協働で対処する道が開けることもある。「問題」を持った患者とその解決にあたる医療者という2項ではなく，「問題」を第3項として設定するという方法である。また，これまで否定的にとらえられていたことについて理解の枠組みを変えることで肯定的な意味を見出すことができ，その新たな気味づけが「問題」解決の糸口になることもある。例えば「しつっこい」は「物事をあきらめない粘り強さがある」ともいえるし，「顔色をうかがう」は，「関係性によって対応を変えようとする対人関係能力がある」と理解することもできる。この家族療法などで使われるリフレーミングといわれる技法は，日常の臨床でも活用できる。

　カンファレンスでは，これらの方法も参考にしながら柔軟な発想で議論できれば，患者への陰性感情は幾分薄まるのではないかと思われる。とはいえ，「問題」は一朝一夕には解消しないだろうから，プランの実施に当たっては変化が起きるまで試行錯誤する忍耐強さが要求されるし，医療スタッフの士気の維持が課題となるだろう。

　対処困難とされる難しい患者と向き合うためには医療スタッフが如何にポジティブな気分になれるかがカギとなる。医療スタッフが「一人で悩まなくていい，何とかなる」という気分でケアにあたれるような病院，病棟の組織文化をつくりあげていきたいものである。

　しかし，医療は万能ではない。医療は，全ての患者を回復させることができるわけではない。医療者は，患者の心を全て理解できるわけではないし，機械を修理するように完璧に心身を修理できるわけではない。ただ，患者の持つ回復力，自然治癒力を最大限引き出すような援助を医療者は心がけるだけである。医療の限界を認めることがあっていいし，その方が医療者，患者双方が袋小路に追い込まれ進むことも引くこともできないストレスフルな事態となるよりはよいだろう。

　精神科医療においては，治療環境が変わる，あるいは主治医が変わることで思わぬ回復が見られる場合もある。一つの病棟での治療が行き詰っていると思えたら，病棟を検討し，主治医を替えることがあってもいいのではないか。病棟スタッフが疲弊し患者への陰性感情が強まると，患者への思わぬ暴力が突発することもあり得るからである。対処困難な患者は，隔離・身体拘束が行われることも少なくない。行動制限最小化委員会が状況を把握して，一つの病棟に任せるのではなく病院全体としてのマネジメントの役割を担うのも一

つの方法だろう。

3-2-7　CVPPP（包括的暴力防止プログラム）の普及を

　攻撃的で暴力をふるう患者への対処は，最もストレスフルである。精神科看護では，CVPPPが開発され，全国的に普及している。このプログラムには，暴力の誘因からその発現に至るプロセスの理解，言葉によって鎮静化を図る方法（ディエスカレーション），安全に行動を抑制する技法，事後の振り返りと当事者へのメンタルヘルス的援助等が含まれる。

　このCVPPPは，これまで各病院，個人の経験に基づいていた興奮し暴力的となった患者の行動抑制の方法が標準化され，安全な技法となっている点は評価できる。この技法を生かすには暴力にさらされた場で看護師がいかに冷静でいられるかが問われる。しかし，冷静さを保つ方法を技法化することは困難であり，その点が課題である。とはいえ，CVPPPのトレーニングを重ねることでどう行動すればいいかイメージできれば冷静さを取り戻す助けになることは確かだろう。

　また，ディエスカレーション技法は，必ずしも危機場面だけでなく粗暴な物言い程度の日常場面でも意識して使うようにすれば洗練された看護技術として身につく可能性がある。

3-2-8　身体の観察・アセスメントと記録の充実を

　精神科の診断は，身体因を除外することに始まり内因性の疾患の可能性を考え，心因性の可能性はどうかという検討を経て行われる。したがって，まず，身体状態を把握しておく必要があるはずなのだが，精神症状が激しい場合などには，身体のことが忘れられがちになる。向精神薬の副作用の把握という意味でも身体面の観察は欠かせない。睡眠に代表される身体的側面の把握は，回復過程を想定する上でも重要である。例え，その身体的訴えが体感幻覚などの幻覚妄想状態，あるいは気を引きたいが故の甘えと思えても，医師の診断，看護のアセスメントはまず身体的側面からということを忘れてはならないだろう。

　そして，薬物の副作用のモニターのための定期的な検査はもちろんのこと身体状態が観察され，体重，睡眠，食事量，排泄等が継続的に記録される必要がある。しかし，検査データは読まれ，記録された身体状態は日常の看護に活かされるのでなければ観察や記録へのモチベーションは低下する。データの有用性，必要性がスタッフの間で認識されていないとしたらその原因を検討する必要がある。

　抗精神病薬との関連で高血糖，肥満，あるいは「やせ」が問題なることもある。NSTチーム（栄養サポートチーム）として栄養士と医師，看護師等が連携していくことも身体への関心を高めるだろう。

3-3 医療者のいらだち，怒りなどの感情表現や感情の自己コントロールをめぐって ～本件のような問題が起こらないために～

3-3-1 患者の怒りや暴力と精神科看護者自身の感情コントロール

　精神科看護では，やむを得ず強制的な入院や治療となった患者をケアしなければならないこともある。このような患者の場合，攻撃的，暴力的となりがちである。また，様々な行きどころのない不満が怒りとなり看護者に向けられることもある。

　このような場合，看護者は自分自身の感情をコントロールしつつ患者の攻撃性を鎮静させるように働きかけることを余儀なくされる。精神科看護は，日常生活の中ではそう頻繁に経験するわけではない怒り，攻撃のような他者の生の感情に向き合わざるを得ない職業である。患者の攻撃にさらされることで看護者には怒りの感情が湧いてくる。また，繰り返し同様な問題が起こり続け対処困難と感じると無力感とともに，怒りの感情が湧く。何らかの要因で感情のコントロール力が低下している場合には，怒りは暴力に発展することもある。自分自身の怒りや暴力性と向き合うことなしに精神科看護者であり続けることは困難だろう。

　暴力発動のプロセスは，患者であれ看護者であれ，かわりはない。人は誰でも暴力的になり得る。精神科看護者には，怒りをぶっつけられ攻撃された時，それに反応してエスカレートしていく自らの怒りに気づき自分自身をディエスカレートする冷静さを持ち得ているかどうかが問われる。

3-3-2 「人は感情的になる」を踏まえシステムによる看護者の暴力防止を

　時に報道される精神科病院における看護スタッフの患者への暴力，傷害，傷害致死事件等は，医療安全の「スイスチーズモデル」で考えることができる。誘発された怒りに始まり，それが暴力へとエスカレートしていくなかで，通常ならそれをブロックするはずのシステム（関係者の意識にあるとは言えないし，検討されていないのが現状）が機能せず，エスカレートし続けた怒り・暴力が全ての暴力防止システムの穴を突き抜けていって時に重大な事態に至る。こういう経過として報道された事件は説明できるのではないか。医療安全では「人は誰でも誤る」を前提にシステムによって安全を保つことを基本としている。同様に「人は感情的になる」「人はキレる」「人はパニックになる」ことを前提とした暴力予防システムが論議されなければならないだろう。

　どのようなシステムがあれば，興奮し，怒りをエスカレートさせていく同僚に冷静さを取り戻してもらえるかという問題意識での議論である。それは暴力サイクル（誘因期→エスレート期→危機相→停滞・回復期→抑うつ期）に沿った介入方法を考えることにほかならない。激しい怒りは一般的には短時間であり，時間の経過とともに鎮静に向かう。患者

であれ同僚であれ，まず怒りや興奮をどのようにやりすごしてもらえるかである。看護者には，自分自身が怒りを感じた時，あるいは患者の怒りに直面した時，気持ちを落ちつかせるために行っている何かがあるはずである。その中で有効であった方法を持ち寄り，検討し共有化することはできないだろうか。

　本来あってはならない医療者の暴力を防ぐには倫理意識を高める必要がある。しかし日常生活の中では倫理的感性があると思える看護者でさえも精神科医療・看護の状況如何によっては暴力を行使してしまう現実があることも認めざるを得ない。暗に暴力が容認されている雰囲気，何らかの精神的，身体的理由によって医療者自身の感情をコントロールする力が弱まると暴力が突発する余地がうまれる。倫理教育だけで医療者の暴力を根絶するのは限界があることをわきまえておく必要があるだろう。

　他者の目が感じられる状況であれば興奮している自分に気づき，抑制が働く。暴力の可能性のある患者とは，密室での対応，1対1の対応を避ける業務上の工夫はできないだろうか。テレビモニターも「録画中」と表示し，録画することで他者の目の役割を果たさせることが考えられてもいいのではないか。

3-3-3　家族的親密感の持つ危うさに気づくこと

　「負傷問題」の当該患者が体の痛みを訴えていることを看護者が医師に伝えてもとり合わないことがあったという。説明のつかない不合理な痛みの訴えが頻回にあり，仮病とみなされていたからだ。また，当該患者について医師の感情任せの言動がめだったとの指摘もある。患者となじみの関係であるが故の言動という側面もあるようだ。このような緊張感を欠いた家族的親密感をベースにした医療者―患者関係は危うさをはらんでいる。

　アンケートでも指摘のあった長期入院者に対する職員の「ちゃんづけ」も同様である。疑似母親役割をとる看護者と子どもの役割を担わされる患者という関係は，急性期医療・看護における一時的な患者－看護者関係としては一般的といえる。しかし，病の回復につれ大人対大人の関係に移行していくのが普通であり，望ましい関係の変遷である。長期入院の患者が「チャンづけ」で呼ばれるのは，患者を子どものままにしておきたい看護者の無意識の願望の表れとも考えられる。退行させ，子供である方がコントロールするには都合がいいのである。

　一般的に患者と医療者の間には一定の距離，緊張感がある。しかし，精神科病院の長期入院患者と医療スタッフの間には時に「チャンづけ」のような家族的親密感が生まれる。患者は，社会に身の置き場がない人たちであり，精神科病院を終の棲家としなければならない人たちなのだから親身に世話してあげなければならないという医療者の側の思い込みが紡ぎ出した関係ともいえる。家族的親密感が強い病棟では，社会性が身につかない

し，患者の自尊感情も育ちにくい。からかい半分といった形の暴力もおきる。病棟が「家庭」となることで，他者の目は意識されなくなっていく。そうなると患者は服装や清潔，身の回りことに気をつけなくなるし，言葉も乱暴になる。家庭なのであるから甘えや退行も許容される。感情をストレートに出すし，暴力沙汰もおきる。このようにして子どもでいられる患者，世話する病院スタッフという構図が出来上がることになる。

このような病棟では医療者の側の言葉も粗野になるし，節度を欠いた態度をとる職員も出てくるだろう。医療者，患者双方にとって，家族的親密感はこのような危うさを持っているという自覚が必要である。

「入院医療中心から地域生活中心へ」という理念を実現しようとするとき，まず，社会性に課題を抱え，自尊心のない退行した患者を生み出すこのような病棟の雰囲気を変えていく取り組みが必要とされるだろう。

3-3-4 医療者の感情表現は場をわきまえて

繰り返し同じ問題を起こす，約束を守らない，人間関係がなり立たないとしか思えない患者がいる。医療スタッフは，無力感，徒労感，虚しさ，怒りなどの感情が湧き，傍に行くことが苦になる。臨床現場の現実としてこのような状況があることは認めなくてはならない。

しかし，対人援助職である医療スタッフには，病棟という公的場面での感情の赴くままの言動は許されない。病棟のような公的な場での感情の表出は，自ずと節度が要求される。特に，責任ある立場の医療者はそうである。一人の患者を対象に，責任ある立場の者の感情任せの言動があると，その患者を軽くあしらっていいのだというサインとして病棟スタッフに広がる。その言動を批判的にみているスタッフがいるとしても職員の倫理意識は確実に低下する。そして，ケアへのモチベーションも落ち，粗野な対応，暴力的対応の温床となり，病棟が荒れた療養環境となっていく。

問題は，医療スタッフの患者に対する否定的な感情をどうコントロールするかである。感情を押し殺し「いい人」を装うことで澱のように溜まっていく精神的疲労。それは，メンタルヘルス上の問題となって医療スタッフ個人に帰っていくこともある。自らの感情を否定し，何も問題がないかのように振る舞うだけではことは済まないかもしれないのである。

ある病院の精神科急性期系病棟では，毎日，仕事が終わると話したい人が集まり15分程度の雑談ふうなミーティングを行っている。「うれしかったこと」「困ったこと」「腹が立ったこと」などの感情のみを語ることにしていて，感情を吐き出してから家路につくことを目的としている。職場という公的な場・時間と私的なそれの境界にこのような時間を確保していることに意味がありそうだ。この試みは約5年継続しているという。

業務の過程で生じた陰性感情へのこのような組織的な取組は参考にならないだろうか。ただし，この試みが継続しているのは，おそらくその雑談ミーティングの場が安心して語れる場であるからだろう。臨床の中で感情を抑えた対応がいかに困難なことであったかを語れるのは，それを非難せず，中傷せず軽くあしらわず聞いてくれる同僚たちがいてこそ可能となる。このような場の設定は，どの職場であれ簡単にできるわけではない。しかし，組織文化を変えていくビジョンの一つとして，陰性感情をも安心して語りあえる人間関係の構築，場の設定について何らかの検討がなされることを期待したい。

3-3-5　患者に「誇り」と「回復可能性」を見出そうとする姿勢を持とう

　患者も医療スタッフも，人は，ささやかかもしれないが，何らかの誇り，自尊心を持って生きている。しかし，時に患者の中にそれを見いだせないことがある（スタッフ間でもそうかもしれない）。また，精神障害とともに生きる患者の「まともさ」「回復可能性」「変わり得る可能性」を信じられないこともある。そうなると，患者は自律へ向けてサポートする対象ではなく単なる「厄介もの」となってしまい，医療スタッフのケアへのモチベーションは低下していく。

　患者の「誇り」「まともさ」「回復可能性」を必死で探り当てようとしない限り精神科医療・看護は「誇りを持てる仕事」とならないのではないだろうか。患者の自律性の回復を通して，その人なりの生活ができることを目標に働きかけるのが精神科医療・看護の目指すところである。このことは医療チームの中で常に確認されていなければならない。この理念を軸に小さな変化を見逃さず，次のケアにつなげていく，あるいはその患者の小さな「誇り」や「まともさ」に気づき，そこに関係づくりのポイントを見出すことができれば「自律性回復」への展望が開けてくるだろう。そして，さまざまな場面で振り返りの作業を行うことである。自分自身，あるいは所属している組織をつき放して客観的に見ようとするのが振り返りの作業である。その際，必要とされるのは他者，違う立場の者，外部からの視点である。病棟の組織文化は内部にいる者には意識されない。患者・家族，異動してきた職員，研修医，実習生等のその病棟文化になじんでいない者にはどう見えるのか，何に違和感をもつのか。このような外部の者の意見に耳を傾けることが振り返りの第一歩となる。

　病院スタッフが多様な視点で考えられるようになるには，外部機関の研修への派遣も有用だろう。様々な機会をとらえて外の風を入れる努力が必要である。

●資料4　年　　表

西暦	年号	国内の動き（精神医療関係）	国内の主要な動き	日精看の動き	世界の動き
1868	明治元年		＊明治維新		
1869	明治2年	・金沢の小野慈恵院（1864年創立），初めて精神病者を収容			
1871	明治4年		＊廃藩置県		
1874	明治7年	・東京衛戍病院に精神科病室設置	＊医制発布（医務取締をおく） ＊恤救規則公布 ＊自由民権運動始まる		
1875	明治8年	・わが国初の公立精神病院京都府癲狂院設立（南禅寺境内）			
1877	明治10年		・博愛社（日本赤十字の前身）創立 ・東京大学創設 ＊コレラ大流行		
1878	明治11年	・わが国初の私立精神病院加藤瘋癲病院設立 ・警視庁布達甲38号（精神障害者処遇に関する最初の規定）	＊教育令制定		
1879	明治12年	・東京府癲狂院設立（東京都立松沢病院の前身）			
1880	明治13年	・警視庁布達甲第16号（私宅監置に関する38号の一部改正）	・「東京府癲狂院規則」制定（「東京府癲狂院看護心得ノ事」の項も設けられる） ＊集会条例制定 ＊刑法発令（不法監禁の罪が公布される）		
1882	明治15年	・京都府癲狂院廃止			
1883	明治16年	・相馬事件起こる（～1895）	＊コレラ大流行を契機として大日本私立衛生会結成		・クレペリン『精神医学教科書』（第1版）
1884	明治17年	・警視庁布達甲第3号（不法監禁を防止） ・警視庁布達甲第15号（精神病院に不法入院させられる危険を防止） ・京都岩倉村の保養所，岩倉癲狂院となる			・ジャクソン『クルーニアン講義』：神経病学における生体機能の階層的構成を説く
1886	明治19年	・榊俶，東京帝国大学医科大学教授に任ぜられる：わが国の精神医学教育の第一歩			
1887	明治20年		・博愛社，日本赤十字社と改称		
1889	明治22年		＊大日本帝国憲法公布		
1890	明治23年		・日本赤十字社が看護婦養成所を開設		
1894	明治27年	・警視庁令第25号（精神病者を治療のためなら制縛・鎖錮することを公認）	＊日清戦争（1894～1895）		・ジャネ『心理学的自動症』

西暦	年号	国内の動き（精神医療関係）	国内の主要な動き	日精看の動き	世界の動き
		• 巣鴨病院で入院患者取扱手続き制定			
1895	明治28年	• 相馬事件終結			• フロイト，ブロイアー『ヒステリー研究』
1897	明治30年	• 呉秀三，欧州留学	＊伝染病予防法		• フィンランドで「精神衛生事業」開始
1899	明治32年				• クレペリン『精神医学教科書』（第6版）：早発性痴呆の概念できる • 国際看護婦協会設立
1900	明治33年	• 精神病者監護法公布	＊治安警察法		
1901	明治34年	• 呉秀三，欧州留学より帰国 • 巣鴨病院の改革始まる患者に対する拘禁具使用禁止	• 榊保三郎『癲狂院における精神病看護学』（わが国初の精神科看護学書）		• ウォルフ＝オナール，持続睡眠療法創始
1902	明治35年	• 日本神経学会創立（呉秀三，200名：現在の日本精神神経学会） • 精神病者慈善救治会発足（呉秀三夫人主唱）	• 門脇真枝『精神病看護学』（わが国初公刊の精神科看護教科書）		
1903	明治36年				• アドルフ＝マイヤー：精神生物学の思考展開
1904	明治37年	• 警視庁令第41号（私宅監置室，精神病院などの構造・管理についての取締り規則）	＊日露戦争（〜1905）		
1906	明治39年	• 精神障害者調査（1906年末：総数24,166人，監置患者4,658人，仮監置116人）	•（東京）看護人（婦）養成所設置［看護法講習第1期卒業生］		
1907	明治40年		＊らい予防法		
1908	明治41年	• 刑法にて精神障害者の免責規定がはじめて成文化（第39条）	• 清水耕一『新選看護学』		• ピアーズ『わが魂にあうまで』 • ピアーズがコネチカット州で精神衛生協会を組織．精神衛生運動始まる • 国際てんかん連盟結成
1911	明治44年	• 野口英世，梅毒スピロヘータを純粋培養			• フロイト『パラノイアの症例の自伝に関する精神分析的見解』発表 • ブロイラー『早発性痴呆または精神分裂病群』発表：初めて精神分裂病ということばが用いられる
1912	大正元年	• 呉秀三『我邦ニ於ケル精神病ニ関スル最近ノ施設』発表			
1913	大正2年				• ヤスパース『精神病理学総論』 • イギリス精神分析学会設立
1914	大正3年		• 東京帝国大学医科大学に精神病科外来診療所設置		＊第一次世界大戦始まる（〜1918）

西暦	年号	国内の動き（精神医療関係）	国内の主要な動き	日精看の動き	世界の動き
1916	大正5年	・保健衛生調査会が発足	・東京帝国大学医科大学に精神病科病室落成，入院病棟設置		
1917	大正6年	・精神疾患患者全国一斉調査（総数64,941，入院4,000，私宅監置4,500）			・ワグナー＝ヤウレック，マラリア療法発見 ＊ロシア革命 ＊ソビエト政府樹立
1918	大正7年	・呉・樫田『精神病者私宅監置ノ実況及ビ其統計的観察』発表			
1919	大正8年	・精神病院法公布 ・東京府癲狂院（巣鴨病院）移転し，東京府立松沢病院と改称 ・松沢病院にて加藤・前田らを中心に作業療法を組織化			
1920	大正9年	・森田正馬『神経質の精神療法』発表：森田療法創始 ・精神病院法の施行にあわせて「日本精神病院医協会」発足（会長・呉秀三）	・聖路加国際病院付属看護婦学校設立 ＊結核予防法 ＊トラホーム予防法		・トゥルーズ，フランスで精神衛生連盟を組織：雑誌『精神予防』主宰 ＊国際連盟成立
1921	大正10年	・下田光造「持続睡眠療法」発表			・ロールシャッハ・テスト，発表
1922	大正11年		＊健康保険法公布		
1923	大正12年	・精神病院法施行規則公布	・日本医師会設立 ＊関東大震災		
1924	大正13年				・クレッチマー『体格と性格』発表
1925	大正14年		＊治安維持法		
1926	昭和元年	・日本精神衛生協会結成（三宅鑛一）			・ドイツのジーモン，作業療法を体系的に発表
1927	昭和2年				・ミンコフスキー『精神分裂病』発表
1928	昭和3年				・アメリカ精神衛生協会設立
1929	昭和4年	・松沢病院，第1回運動会開催			
1930	昭和5年				・第1回国際精神衛生会議 ・イギリスにてマクミラン，リースら精神病院の改革：病棟開放化の動き
1931	昭和6年		＊満州事変		・モレノ「心理劇」を完成：集団に対する治療的接近（集団精神療法）の始まり ・ビンスワンガー，『観念奔逸について』発表：現存在分析の方法確立
1932	昭和7年	・松沢病院，第1回盆踊り開催			
1933	昭和8年	・大阪中宮病院，外来診療始まる			・ザーケル，インスリンショック療法発見

西暦	年号	国内の動き（精神医療関係）	国内の主要な動き	日精看の動き	世界の動き
					・シュヴィング，精神分裂病者への治療的接近を試み効果上げる
1935	昭和10年	・松沢病院，インスリンショック療法導入 ・日本神経学会，日本精神神経学会と改称			
1936	昭和11年		＊2・26事件		・モニス，ロボトミーを創始
1937	昭和12年	・大阪中宮病院，カルジアゾール痙攣療法始まる	・保健所法		
1938	昭和13年		・国民健康保険法公布 ・厚生省設置		・チェルレッティとビニ，電気ショック療法創始 ・マックスウェル＝ジョーンズ，イギリスにて治療共同体の試み始める ＊第二次世界大戦始まる
1939	昭和14年	・松沢病院で持続浴療法廃止			
1940	昭和15年	・国立武蔵療養所開設			
1941	昭和16年		＊太平洋戦争始まる（〜1945）		
1943	昭和18年	・救治会日本精神衛生協会，日本精神病院協会が合併し，精神厚生会となる ・都政が施行され，東京都立松沢病院となる			
1944	昭和19年	・松沢病院，歯科開設			
1945	昭和20年	・国立肥前療養所開設	＊敗戦		＊第二次世界大戦終結，国際連合発足
1946	昭和21年		・日本産婆看護婦保健婦協会発足（1951年日本看護協会に改称） ・第1回医師国家試験実施 ＊日本国憲法公布 ＊生活保護法公布		・トム＝メイン『治療施設としての病院』発表：初めて「治療共同体」という用語を用いる ・キャメロンとビエラー，デイケアを始める
1947	昭和22年	・松沢病院，東大でロボトミー開始 ・松沢病院，看護者3交代勤務開始（12月11日）	・日本医師会設立 ＊日本国憲法施行	・全日本看護人協会（全看協）結成	
1948	昭和23年	・医療法，医師法，保健婦助産婦看護法公布 ・医療法の特例などに関する政令			・精神衛生世界連合（後の世界精神保健連盟〈WFMH〉結成） ・世界人権宣言，第3回国連総会採択
1949	昭和24年	・日本精神病院協会発足		・機関誌「全看協ニュース」発行	
1950	昭和25年	・精神衛生法公布（精神病者監護法，精神病院法廃止）	・完全看護および完全給食実施		・クルト＝シュナイダー『精神病質人格』発表 ・国立精神衛生研究所（NIMH）設立（アメリカ） ＊朝鮮戦争（〜53）
1951	昭和26年	・精神衛生会，日本精神衛生会と改称（内村祐之） ・松沢病院，付属看護婦養			＊サンフランシスコ講和条約 ＊日米安全保障条約調印

西暦	年号	国内の動き（精神医療関係）	国内の主要な動き	日精看の動き	世界の動き
		成所廃止 ・大阪中宮病院，付属看護人養成所廃止，完全寝具実施			
1952	昭和27年	・アメリカのNIMHをモデルに国立精神衛生研究所設置 ・全国精神薄弱児育成会結成 ・精神病床約3万床となる（戦前レベルに回復） ・クロルプロマジンによる薬物療法開始	・高知女子大学家政学部看護学科，国内初の4年制看護大学の認可		・フランスのドレら，クロルプロマジンを精神分裂病の患者に使用，効果を上げる ・ペプロウ『人間関係の看護論』発表
1953	昭和28年	・第1回全国精神衛生大会	・東京大学医学部衛生看護学科設置		
1954	昭和29年	・厚生省，全国精神障害者実態調査を実施			
1955	昭和30年	・石橋ハヤ，ナイチンゲール賞受賞	・クロルプロマジン薬価基準に掲載		
1956	昭和31年	・厚生省精神衛生課新設 ・小林八郎ら，生活療法を提唱			
1957	昭和32年	・病院精神医学懇話会（現在の病院・地域精神医学会）発足 ・国立肥前療養所に開放病棟新設	・国民健康保険法全面改正公布		・レイン『ひき裂かれた自己』発表
1958	昭和33年	・特殊病院に置くべき医師その他の従業員の定数について（昭和33年10月2日発医第132号）	・「看護，給食及び寝具設備の基準（昭和33年6月厚生省告示第178号）」制定：看護記録が始まる	・全日本看護人協会，発展的解消し，日本精神科看護協会として設立（日精看に改称） ・第1回日本精神科看護学会を三重県で開催 ・「日本精神科看護協会ニュース」創刊	・ワシントンでデイホスピタル会議が開かれる ・ハロペリドール開発
1959	昭和34年				・イギリス，精神衛生法制定
1960	昭和35年	・松沢病院，料理教室開始 ・大阪中宮病院，中央レクリエーション開始（ラジオ体操とコーラスを導入），三交替勤務体制	・精神薄弱者福祉法公布 ＊日米安全保障条約改定 ＊所得倍増政策		
1961	昭和36年	・精神科の治療指針（保険局長通知）	・国民皆保険実現		・ヘンダーソン『看護の基本となるもの』（原著：1960） ・ゴッフマン（社会学者），"Asylums"発表：精神病院にて参与観察 ・カプラン（精神科医），"An Approach to Community Mental Health"を発表：地域精神衛生活動を主張
1962	昭和37年			・看護研究奨励賞制定（塩野義製薬協賛）	・トゥースとブルック，イギリスで精神科病床数を減らす「病院計画」発表
1963	昭和38年	・厚生省，第2回全国精神障害者実態調査実施		・第1回看護研修会90名参加（神奈川県藤沢市）	・アメリカのケネディ大統領「精神障害および精神

西暦	年号	国内の動き（精神医療関係）	国内の主要な動き	日精看の動き	世界の動き
		・「生活療法に関するアンケート」実施 ・アルコール依存症専門治療病棟設置（神奈川・久里浜） ・日本てんかん研究会発足 ・全国精神衛生連絡協議会結成		・講師派遣制度発足	薄弱に関する教書」を連邦議会に提出（同年暗殺される） ・アメリカ地域精神保健センター法制定：コミュニティアプローチに関する実践的報告さかんとなる
1964	昭和39年	・ライシャワー駐日大使刺傷事件（3月24日）	・聖路加看護大学（私立で日本初の看護学部4年制）開始 ・日本精神医学ソーシャルワーク協会設立（88名） ＊東京オリンピック ＊新幹線開業	・『精神科看護用語辞典』発行	・世界医師会（WMA）ヘルシンキ宣言
1965	昭和40年	・精神衛生法改正（精神衛生センター設置，通院公費負担制度開始，緊急措置入院制度新設など） ・全国精神障害者家族会連合会結成 ・理学療法士及び作業療法士法制定		・『精神科看護白書―精神科看護がかかえる問題，看護者不足について（昭和40年版）』発行	
1966	昭和41年	・日本作業療法士協会発足			・ヴァージニア・ヘンダーソン『看護論』
1967	昭和42年	・都立精神衛生センターと神奈川県精神衛生センターでデイケア開始		・『精神科看護白書―精神病院や精神障害者，精神科看護に対する偏見について（昭和41年版）』発行	
1968	昭和43年	・保助看法一部改正で「看護人」から「看護士・准看護士」へ ・WHO技術援助計画に基づく勧告（クラーク報告）	・全国で学園紛争・医局解体闘争激化		・マックスウェル＝ジョーンズ『治療共同体を超えて』発表
1969	昭和44年	・日本精神神経学会総会（金沢）混乱 ・精神病院建築基準の改正について（昭和44年6月23日衛発第431号）	・ウィーデンバック『臨床看護の本質』（原著：1964） ・ゆたか作業所（名古屋）日本初の知的障害者の共同作業所		
1970	昭和45年	・朝日ルポで精神病院の実態が告発され世論の批判浴びる ・第1次烏山病院闘争（生活療法体制批判） ・中間施設「やどかりの里」（埼玉） ・松沢病院，院内喫茶店ポピー開店	・心身障害者対策基本法（後の障害者基本法）公布 ＊大阪万国博覧会	・第1回精神科看護指導者講習会開催（50名受講・千葉県）	
1971	昭和46年	・日本精神神経学会総会にて保安処分制度に反対する決議 ・烏山共闘会議結成 ・大阪中宮病院，付属高等看護学校開設	＊第11回冬季オリンピック（札幌） ・川崎市社会復帰医療センター開設（現在の川崎市リハビリテーション医療センター）	・第1回精神科看護一般講習会（55名参加・神奈川県） ・『薬物療法看護の実際』発行 ・支部教育担当者研修開催	
1972	昭和47年	・都立松沢高等看護学院開学	＊沖縄県，日本に返還（5月15日）		

西暦	年号	国内の動き（精神医療関係）	国内の主要な動き	日精看の動き	世界の動き
1973	昭和48年	・東京都地域精神医療業務研究会（地業研）発足 ・精神衛生実態調査	・ペプロウ『人間関係の看護論』（原著：1952）		
1974	昭和49年	・精神科デイケア，精神科作業療法の診療報酬の点数化実施 ・日本精神神経科診療所協議会発足	・トラベルビー『人間対人間の看護』（原著：1971） ・ナイチンゲール『看護覚書』（原著：1859）	・協会史発行 ・季刊誌「精神科看護」創刊 ・協会会館完成（東京都府中市紅葉丘） ・第1回看護管理講習会開催（25名）	・WHO地域看護専門委員会 "Community Health Nursing" について報告："primary health care" を提唱
1975	昭和50年	・保健所における社会復帰相談指導事業開始 ・日本精神神経学会総会で，精神外科を否定する決議，通信面会の自由に関する決議			・ICNの専門職務委員会，1974年のWHOの資料をもとに "primary health care" について定義づけを行い，発表 ・国連総会で「障害者の権利宣言」採択
1976	昭和51年	・松沢病院構内に，東京都精神衛生課世田谷分室設置（緊急鑑定）（11月1日） ・日本てんかん協会設立 ・精神障害者措置入院制度の適正な運用について（公衆衛生局長通知）	・あさやけ作業所（東京・小平）日本初の精神障害者共同作業所	・法人化に伴い，協会の名称，「社団法人日本精神科看護技術協会」となる．日本精神科看護学会，各講習会など改めて第1回事業として開始	・1976（昭和51）年の第31回国連総会で「国際障害者年行動計画」採択
1977	昭和52年		・共同作業所全国連絡会結成 ・東京都休日夜間救急事業開始 ・第16回国際看護婦協会大会，東京で開催（世界79か国，12,000名参加）		・国際労働機関（ILO）にて看護職員条約採択
1978	昭和53年	・精神衛生鑑定室を廃止（4月1日） ・東京都，精神科救急患者夜間休日診療始まる（11月16日）	・石川信義『開かれている病棟』発行（三枚橋病院）		
1979	昭和54年	・精神衛生センターにおける酒害相談事業開始	・ロジャーズ『ロジャーズ看護論』（原著：1970） ・オレム『オレム看護論』（原著：1971）	・『精神科看護白書―精神障害者に対する社会の意識（昭和54年版）』発行	
1980	昭和55年	・新宿バス放火事件で奥野法相が保安処分推進発言 ・聖路加看護大学，私立初の大学院修士課程開設 ・大阪中宮病院，精神科訪問看護開始			
1981	昭和56年	・松沢病院，身体合併症事業始まる	・「障害者の権利宣言」が国連で採択された日（12月9日）を「障害者の日」と政府宣言 ・ロイ『ロイ看護論』（原著：1976）		・国際障害者年設定，運動開始（1983～1992年を国際障害者年の10年と設定） ・世界精神保健連盟（WFMH）の世界会議，アジア初（フィリピン）の開催 ・患者の権利に関する世界医師会のリスボン宣言

西暦	年号	国内の動き（精神医療関係）	国内の主要な動き	日精看の動き	世界の動き
1982	昭和57年	・老人精神衛生事業新設・通院患者リハビリテーション事業実施	・老人保健法成立	・第1回精神科看護実習指導者講習会開催（79名参加）	・「障害者に関する世界行動計画」国連総会にて採択（12月3日）
1983	昭和58年	・精神衛生実態調査（東京都中止）			・世界コミュニケーション年
1984	昭和59年	・宇都宮病院事件発覚（3月14日） ・精神病院に対する指導監督等の強化徹底について（公衆衛生局長，医務局長，社会局長通知） ・厚生省，精神障害者小規模作業所全国調査	・看護体制検討会報告書 ・外口玉子・中井久夫ほか著『系統看護学講座成人看護学10 精神疾患患者の看護』発行	・『精神科看護用語辞典（新版改訂）』発行	
1985	昭和60年	・宇都宮病院事件に関して国際法律家委員会（ICJ）と国際医療従事者委員会（ICHP）の合同調査団来日報告書「日本における精神障害者の人権及び治療」を外務大臣宛送付 ・精神病院入院患者の通信・面会に関するガイドラインについて（厚生省保健医療局長通達） ・精神科救急医療機関として，千葉県精神医療センター設置	・医療法第1次改正（地域医療計画の導入）		・世界精神衛生（WFMH）会議ブライトン（イギリス）で開催
1986	昭和61年	・全国精神障害者家族会連合会主催の第1回精神障害者リハビリテーション研究会議（精神障害者の社会復帰と社会参加を推進する全国会議），東京で開催	・精神科集団精神療法，精神科ナイトケア，精神科訪問看護指導料の診療報酬点数化 ・東京精神医療人権センター発足	・『精神科看護白書－患者の人権と社会の意識（昭和61年版）』発行	
1987	昭和62年	・第1回日本精神保健会議，東京で開催 ・精神衛生法改正国際フォーラム（京都） ・精神衛生法等の一部を改正する法律案が可決され，精神保健法成立 ・精神障害者小規模作業所運営助成事業実施 ・厚生省「看護制度検討会」報告書		・「精神科看護の定義」制定（第12回山形大会）	・アメリカ精神医学会『精神障害分類と診断の手引きDSM-Ⅲ-R』出版
1988	昭和63年	・精神保健法施行（7月1日）閉鎖病棟に公衆電話設置始まる ・第26回リハビリテーション世界会議，日本で開催		・第1回精神保健フォーラム開催「精神保健法，今問われるもの」 ・「精神科看護倫理要綱」制定（第13回福岡大会） ・「精神保健」第1号発行	・世界精神保健連盟（WFMH）の障害者のための人権宣言，国連で取り上げられる
1989	平成元年	・精神障害者に対する所得税法，地方税法上の障害者控除の適用	・看護教育のカリキュラムが改正される ＊消費税3％で創設される（4／1実施）	『精神保健法Q&A』『絵で見る精神保健法』『大きく翔べ』（協会史）発行	
1990	平成2年	・精神障害者に対する相続税法上の障害者控除の適用	・「老人福祉法」等関連8法改正 ・老人保健法第2次改正	・看護研究助成制度スタート	・障害をもつアメリカ人法（ADA）施行：「障害者が他の人と同じ権利と責任

西暦	年号	国内の動き(精神医療関係)	国内の主要な動き	日精看の動き	世界の動き
		・全国精神障害者社会復帰施設協会設立	・訪問看護ステーション設置 ・「高齢者保健福祉推進10か年戦略」(ゴールドプラン)		をもつ」ことを宣言 ・精神科診断に関する国際会議(ICPD)、東京で開催. ICD-10をめぐって討議
1991	平成3年	・公衆衛生審議会意見具申「地域精神保健対策に関する中間意見」及び「処遇困難患者に関する中間意見」	・老人性痴呆疾患療養病棟の施設整備基準について(保健医療局長通知)		・「精神疾患を有する者の保護及びメンタルヘルスケアの改善のための諸原則」に関する国連決議(国連原則)
1992	平成4年	・第40回精神保健全国大会開催	・看護婦等の人材確保に関する法律公布(6月26日) ・医療法第2次改正,療養型病床群の制度化 ・障害者雇用促進法改正 ・「特別管理給食加算(適時適温給食)」新設		・第47回国連総会で,12月3日を国際障害者デー(International Day of Disabled Persons)と宣言
1993	平成5年	・精神保健法等の一部を改正する法律の成立(公布6月28日) ・世界精神保健連盟(WFMH)世界会議の開催(幕張メッセ,アジア太平洋障害者の10年) ・全国精神障害者団体連絡会(全精連)結成	・保助看法一部改正で男子の「保健士」への道が開ける ・兵庫県立看護大学,全国初の看護学の国公立単科大学として開学		
1994	平成6年	・精神病院における常勤指定医の確保の徹底について(保健医療局長通知) ・心身障害者対策基本法の一部を改正する法律(障害者基本法)の成立(公布12月3日)	・診療報酬改定で新看護体系が創設 ・地域保健法成立(1937年の保健所法改正) ・「入院生活技能訓練療法(SST)」が診療報酬に組み込まれる	・精神科看護度(看護の観察の程度・生活の自立度)制定 ・協会事務局移転(府中市府中中町,朝日生命府中ビルへ) ・「精神科認定看護婦・看護士」資格制度創設(第19回佐賀大会)	・アメリカ精神医学会『精神障害分類と診断の手引きDSM-Ⅳ』出版
1995	平成7年	・精神保健法等の一部を改正する法律の成立(精神保健福祉法)(公布5月19日,施行7月1日) ・精神障害者保健福祉手帳制度実施要領について ・精神科救急医療システム整備事業の実施について(保健医療局長通知) ・松沢病院,全患者適時適温給食開始 ・障害者プラン(ノーマライゼーション7カ年戦略)の策定(総理府障害者対策推進本部決定)	・障害者対策推進本部(本部長内閣総理大臣),6月27日に「障害者週間」を決定 ・市町村の障害者計画策定に関する指針について(市町村障害者計画ガイドラインの策定)(内閣総理大臣官房内政審議室長通知) ＊阪神淡路大震災 ＊地下鉄サリン事件	・『精神科看護白書(平成7年版)』発行 ・厚生省の補助金事業「痴呆性老人の処遇に関する看護婦研修会受託	
1996	平成8年	・大都市特例の施行について(保健医療局長通知)精神保健福祉課に名称変更 ・障害保健福祉部の創設 ・第1回日本デイケア研究会開催 ・大阪中宮病院付属高等看護学院廃止	・非定型抗精神病薬(リスペリドン〈商品名リスパダール〉)発売	・会員数3万人を突破	

西暦	年号	国内の動き（精神医療関係）	国内の主要な動き	日精看の動き	世界の動き
		・障害者プランに基づき，厚生省が生活支援センター事業を予算化 ・全国精神障害者地域生活支援協議会発足			
1997	平成9年	・精神保健福祉士法の成立（公布12月19日） ・精神保健福祉法に基づく精神保健指定医の指定の取消し処分について答申（公衆衛生審議会）〔大和川病院関係〕 ・神戸少年A事件	・兵庫県立看護大学に大学院修士課程開設 ・介護保険法成立 ・医療法第3次改正，地域医療支援病院の制度化，療養型病床群の整備目標（平成10年4月施行） ・オーランド『看護の探求』（原著：1961） ＊消費税5％に引き上げ	・第1期精神科認定看護婦・士誕生（5名） ・『精神科看護の専門性をめざして上・下』発行 ・精神科訪問看護に関する実態調査実施	
1998	平成10年	・精神病院に対する指導監督などの徹底について（障害保健福祉部長，健康政策局長，医薬安全局長，社会援護局長通知） ・国立療養所犀潟病院事件に対する改善命令（新潟県）で，「隔離・拘束」問題が全国に波及	・カルテ等診療情報の活用に関する検討会報告書（1998.6） ・新看護等に係わる届け出の受理についての通知（平成10年3月16日保険発30号） ・第1回ケアマネジメント従事者養成研修会 ＊第18回冬季オリンピック（長野）	・「精神科看護」月刊化 ・准看護婦（士）への意識調査	
1999	平成11年	・精神病院においてインフルエンザにより患者が多数死亡（多度病院） ・精神保健福祉法の成立（公布6月4日） ・第1回精神保健福祉士国家試験 ・精神障害者訪問介護（ホームヘルプサービス）試行事業	・兵庫県立看護大学に博士後期課程開設 ・精神薄弱→知的障害，精神薄弱者→知的障害者に改正 ・長期在院患者の療養体制整備事業の実施について（障害保健福祉部長通知）	・「心の看護の日」シンポジウム開催 ・会員数3.5万人を突破 ・入院病棟実態調査・診療情報の提供に関する調査・服薬の自己管理に関する調査実施	
2000	平成12年	・精神保健福祉法の施行（4月1日） ・西鉄高速バス・ハイジャック事件	・介護保険制度施行 ・医療法第4次改正，療養病床と一般病床（精神病床・結核病床・感染病床）に区分（13年3月施行） ・民法改正（成年後見制度） ・社会福祉法（平成15年より地域福祉計画の規定）	・『精神科看護用語辞典』（新版第1版）『精神科におけるリスクマネジメント』発行 ・協会創立25周年記念式典開催 ・看護婦確保対策事業（厚生労働省補助金事業　精神科領域における看護職員確保に関する研究—離職に関する実態調査）	
2001	平成13年	・池田小学校事件（6月8日）	・厚生省と労働省が統合し，厚生労働省に（中央省庁再編） ・ハンセン病患者の隔離政策に違憲判決 ・厚生労働省医政局総務課に「医療安全推進室」を設置 ・非定型抗精神病薬（ルーラン，セロクエル，ジプレキサ）発売	・協会25周年史『21世紀の精神科看護をデザインする』『精神科看護業務指針2001』発行 ・看護婦確保対策事業（厚生労働省補助金事業）①精神科における看護職員確保対策に関する研究—20歳台の看護職員の就労意欲に関する調査，②精神科における看護職員確保対策に関する研究—離職理由に関する調査	・アメリカ9.11テロ

西暦	年号	国内の動き（精神医療関係）	国内の主要な動き	日精看の動き	世界の動き
2002	平成14年	・第12回世界精神医学会（WPA）横浜大会 ・日本精神神経学会総会で，「精神分裂病」の呼称変更可決，「統合失調症」に ・精神保健福祉法（平成11年法律第65号）の一部施行（市町村窓口・精神保健福祉センターの機能強化） ・「新障害者基本計画」「新障害者プラン」（H15～19年） ・社会保障審議会障害者部会精神障害分会報告書「今後の精神保健医療福祉政策について」	・保健師助産師看護師法に改正（名称変更） ・兵庫県立看護大学で，公立初の看護学博士号を授与		・協会事務局移転（府中から都内中央区日本橋馬喰町へ） ・会員数4万人達成 ・日精看ニュース500号を記念して，タイトル（e-nurse）と装丁等リニューアル ・『精神科ナースのための医療事故防止・対策マニュアル』発行 ・重大な犯罪を起こした精神障害者の処遇に関する基礎調査 ・看護婦確保対策事業（厚生労働省補助金事業）精神看護学担当教員意識調査 ・『改訂版精神科看護の専門性をめざしてⅠ・Ⅱ』発行
2003	平成15年	・精神保健福祉対策本部の中間報告 ・7月10日，「心神喪失者等医療観察法」可決成立 ・厚労省「精神病床等に関する検討会」「心の健康問題の正しい理解のための普及啓発検討会」「地域生活支援の在り方に関する検討会」の3委員会発足		・精神科看護の定義と倫理綱領の見直し ・『精神科看護業務指針2003』発行 ・『改訂版精神科看護の専門性をめざしてⅢ』発行	
2004	平成16年	・心の健康問題の正しい理解のための普及啓発検討会報告「こころのバリアフリー宣言」 ・精神保健福祉対策本部報告「精神保健福祉の改革ビジョン」 ・「今後の障害保健福祉施策について（改革のグランドデザイン案）」公表	・厚労省全館禁煙 ・保健所長の在り方検討会報告	・『精神科ビギナーズ・テキスト』発行	
2005	平成17年	・障害者自立支援法成立（11月7日公布）。同法附則において，精神保健及び精神障害者福祉に関する法律の一部も改正され，精神分裂病から統合失調症への名称変更，特定医師による応急入院の特例等が設けられた。		・『法人化30周年記念誌（2001～2005年のあゆみ）』発刊 ・看護職員確保対策特別事業（厚生労働省補助金事業）①精神訪問看護ステーション推進事業，②ディスチャージプランナー（退院調整）ナース養成支援事業，③精神科における新人看護職員の臨床実践能力向上推進事業，④再就職看護師研修事業，⑤基礎教育における精神看護学に関する調査事業 ・「日本精神科看護学会」の名称について指定役務第16類の商標登録	

西暦	年号	国内の動き（精神医療関係）	国内の主要な動き	日精看の動き	世界の動き
2006	平成18年	・厚生労働省障害保健福祉部「精神保健福祉課」が「精神・障害保健課」に課名変更 ・精神病床に係る基準病床数の算定式の見直し（4月1日施行） ・精神病院の用語の整理等のための関係法律の一部を改正する法律の成立（公布6月23日），精神病院から精神科病院へ名称変更。 ・精神障害者保健福祉手帳へ写真貼付欄を追加（10月1日施行） ・国立精神・神経センターに自殺予防総合対策センターを設置（6月1日） ・「自殺対策基本法」成立（6月15日，10月施行）		・看護職員確保対策特別事業（厚生労働省補助金事業）「精神科における新人看護職員の臨床能力向上推進事業」 ・第1回医療安全推進フォーラム開催	
2007	平成19年	・自殺総合対策大綱策定（6月8日）		・「精神科認定看護師」の名称について指定役務第16類及び第41類の商標登録 ・「こころの日」の名称デザインについて指定役務第41類及び第44類の商標登録 ・平成19年度障害者自立支援調査研究プロジェクト（厚生労働省補助金事業）①精神障害者の退院と地域生活定着に向けた医療福祉包括型ケアマネジメントのあり方の検討，②精神障害者の地域生活支援を推進するための精神訪問看護ケア技術の標準化と教育およびサービス提供体制のあり方の検討 ・『実践精神科看護テキスト』第1巻〜第13巻発行 ・『解説・精神科看護業務指針』発行 ・第1回精神科認定看護師受講資格審査を実施し，新制度における精神科認定看護師養成開始	
2008	平成20年			・平成20年度障害者自立支援調査研究プロジェクト（厚生労働省補助金事業）「精神科医療の地域移行に関する効果的介入方法の検討」 ・『実践精神科看護テキスト』第14巻〜第18巻発行 ・『精神科ビギナーズテキスト身体管理編』発行	

西暦	年号	国内の動き（精神医療関係）	国内の主要な動き	日精看の動き	世界の動き
2009	平成21	・精神保健医療福祉の更なる改革に向けて」（今後の精神保健医療福祉のあり方等に関する検討会報告書） ・障がい者制度改革推進会議の設置 ・「看護教育の内容と方法に関する検討会」設置	・民主党はじめとする社民，国民新の3党による鳩山連立内閣		
2010	平成22	・「障害者制度改革推進のための基本的な方向について」閣議決定 ・障害者自立言支援法案（整備法）の成立 ・精神障害者地域移行・地域定着支援の実施		・精神科病院からの地域移行における障害福祉サービスの効果的利用を促進するための普及・研修事業 ・精神保健福祉人材養成等研修事業委託費「精神科訪問看護等従事者養成研修事業」 ・障害者地域移行体制強化事業 ・『大切な人の「こころの病」に気づく　今すぐできる問診票付』発刊 ・『45分で分かる！「かったるい」から始まる心の病。』発刊（監修） ・『こころの健康出前講座パンフレット』作成	
2011	平成23	・障害者基本法改正 ・精神障害者アウトリーチ推進事業の開始	・東日本大震災の発生 ・新潟県立精神医療センターの患者負傷事件報道	・災害対策本部の設置 ・『メンタルケア専門ナースが教える「相手の心を開く」ビジネスコミュニケーション術』発刊 ・『詳説・精神科看護ガイドライン発刊』 ・『実践精神科看護テキスト』1～8巻を改定 ・『精神科看護者のための倫理事例集2011』発刊 ・精神障害者を対象とした相談支援事業等におけるアウトリーチ支援に関する実態調査と分析 ・精神保健福祉人材養成等研修事業委託費「精神科訪問看護等従事者養成研修事業」 ・障害者地域移行体制強化事業 ・精神科訪問看護ガイドブックの作成	
2012	平成24	・障害者虐待防止法の成立	・自公連立政権が発足	・精神科訪問看護等従事者 ・東京都精神障害者地域移行体制整備新事業	
2013	平成25	・障害者差別禁止法制定 ・障害者総合支援法の成立 ・精神保健福祉法改正 ・アルコール健康障害対策基本法の成立 ・保健師助産師看護師学校	・障害者権利条約の締結 ・医療計画が精神疾患と在宅医療を加え「5疾病・5事業および在宅医療」に	・「日精看しごとをつくろうプロジェクト」開始 ・精神保健福祉人材養成等研修事業委託費「精神科訪問看護等従事者養成研修事業」	

西暦	年号	国内の動き（精神医療関係）	国内の主要な動き	日精看の動き	世界の動き
		養成所指定規則の一部改正		・東京都精神障害者地域移行体制整備事業人材育成事業	
2014	平成26	・「精神障害者に対する医療の提供を確保するための指針等に関する検討会」 ・「長期入院精神障害者の地域移行に向けた具体的方策の今後の方向性」公表		・新法人移行 ・「日本精神科看護協会」と団体名称変更	

参考・引用文献▶

『系統看護学講座　専門24　精神看護学1』外口玉子ほか著　医学書院　1997

『我が国の精神保健福祉（平成14年度版）』監修　精神保健福祉研究会　株式会社太陽美術

『日本精神神経学会百年史』日本精神神経学会百年史編集委員会編　社団法人日本精神神経学会　2003

『精神保健福祉関連法令通知集（平成12年版）』精神保健福祉研究会監修　ぎょうせい　2000

『日本精神科医療史』岡田靖雄　医学書院　2002

『看護六法』看護行政研究会　新日本法規　15年版

『図説日本の精神保健運動の歩み－精神病者慈善救治会設立100年記念』日本精神衛生会　2002

『国民衛生の動向・厚生の指標』第50巻第9号（通巻第784号）財団法人厚生統計協会　2003

『松沢病院120年　年表』松沢病院120周年記念誌刊行委員会編　星和書店　2001

『東大病院精神科の30年』富田三樹生著　青弓社　2000

『大阪中宮病院　事務概要書』平成13年　など

索引

■A-Z
ACT（Assertive Community Treatment） 142, 183
ADL 103, 104
Advanced Practice Nurse 223
AO（Assertive Outreach） 183
BPSD 78, 128, 129
CEPN 233
Disaster Psychiatric Assistance Team 188
DSM-Ⅳ 109
DV 96
F・ナイチンゲール 277
GAF 62, 183
HAPPYプログラム 95
Interdisciplinary teamwork 144
PFA（Psychological First Aid） 186
QOL 104
SCAP法 120
SDM（Shared Decision Making） 124
SMARPP（Serigaya Methamphetamine Relapse Prevention Program） 95

■あ行
アール・ブリュット 246
アイデンティティ 280
アウトカム 181
アウトリーチ 39, 40
アウトリーチチーム 183
アセスメント 104, 189, 210, 279
アメリカ精神医学会 109
新たな地域精神保健医療体制の構築に向けた検討チーム 13
アリピプラゾール 114, 117
アルコール・薬剤3学会合同飲酒運転対策プロジェクトチーム 90
アルコール関連問題 92
アルコール健康障害対策基本法 90
アルコール健康障害対策基本法ネットワーク 92
アルコール問題議員連盟 92
アルツハイマー型認知症 101
安全ベルト 129
意識障害 101
一時性 131
一般社団法人全国訪問看護事業協会 172
医薬品安全性情報等管理体制加算 70
医療観察法 143
医療観察法通院治療 145
医療計画 14
医療入院中心から地域生活中心へ 25
医療法 15
医療保護入院 42
医療保護入院者退院支援委員会 43, 44
医療保護入院制度 14, 48
医療保護入院の見直し 37
インタープロフェッショナル教育（interprofessional education：IPE） 142
インターベンション 134
受入加算 69
エビデンス 124
嚥下障害 109
エンパワメント 146
応益負担 23
応能負担 24
オープンダイアログ 124

■か行
介護 67
介護保険 128
回復可能性 252
回復期リハビリテーション病棟 80
開放観察 127
外来 149
かかりつけ医 62
隔離・身体拘束 125
仮設住宅 185
家庭裁判所 45
ガランタミン 119
看護覚え書 277
看護技術 209
看護教育の内容と方法に関する検討会 209
看護業務検討ワーキンググループ 222
看護研究 278
看護師教育 209
患者カンファレンス 146
感情ルール 204
感情労働 206
感情ワーク 204
監督 37
基幹相談支援センター 24
基礎医学 216
機能強化型訪問看護管理療養費1 80
機能強化型訪問看護ステーション 80
気分（感情）障害 16
気分障害 111
虐待防止センター 53
キャリアビジョン 217
救急救命医療 46
急性期クリニカルパス 81
急性期治療病棟 128
共感疲労 204
共同生活介護 30
強度行動障害支援者養成研修（基礎研修） 60
強度行動障害支援者養成研修（実践研修） 60
クリニカル・ナーススペシャリスト（Clinical Nurse Specialist） 223
グループインタビュー 249
グループセッション 203
グループワーク 202, 207
グローバルスタンダード 223
クロザピン 76
ケア会議 146
ケア環境 157, 212
ケアコーディネーター 144
ケアプラン 87
ケアマネジメント 141
ケア者ケア 201
計画相談支援 27
経済的虐待 52
軽度認知障害（MCI） 101
啓発活動 21
刑法 132
ケース・コンサルテーション 189
幻覚 100
権利擁護センター 53
コア戦略 136
抗うつ薬 116
公益性 277
公益通報者保護法 52
抗精神病薬 118
厚生労働省障害保健福祉部精神・障害保健課 12
抗てんかん薬 117
行動・心理症状（BPSD） 61
行動制限最小化委員会 135
高度実践看護師（APN） 223
興奮 100
高齢者医療 46
高齢者虐待防止法 49
高齢入院患者地域支援事業 27
コーディネーター 201
コーディネート 157
こころの健康出前講座 245
こころの健康出前講座講師養成研修会 245
こころのバリアフリー宣言 242
こころの日 242
個別給付化 24

個別支援計画　59
コミュニケーション能力　105, 217
コンサルテーション　190, 201
コンセンサス　132

■さ行

犀潟病院事件　135
在宅医療　150
事業分野別の指針（ガイドライン）　20
持効性注射剤　115
自殺　69
自傷他害防止監督義務　41
自助グループ　97
市町村長同意　45
疾患別等診療計画加算　155
疾病構造　99
指定一般相談支援事業者　27
児童・思春期精神科入院医療管理料　74
児童虐待の防止等に関する法律　49
自動車危険運転過失致死傷罪　91
四方柵　129
死亡退院　127
社会的入院　13
社会福祉協議会　199
社会保障審議会障害者部会　38
社会保障制度改革国民会議　78
社会保障と税の一体改革　67
重度認知症患者デイ・ケア　66
重度訪問介護　30
周辺症状　102
紹介加算　69
障害支援区分　30
障害者基本法　19, 31
障害者虐待防止センター　53
障害者虐待防止法　49
障害者虐待防止法に基づく対応状況等に関する調査　54
障害者の芸術文化振興議員連盟　246
障害者権利条約　21, 33
障害者権利擁護センター　53
障害者差別解消法　19
障害者自立支援法　23, 25
障がい者制度改革推進会議　18, 23
障がい者制度改革推進本部　11
障害者制度改革の推進のための基本的な方向性について　149
障害者総合支援法　23, 29
障害者手帳　50
障害福祉計画　15
障害者福祉施設　53
障害致死事件　249
障害程度区分　29
障害福祉サービス　31
職務規律　249

自立　29
自立支援医療　25, 191
自立支援給付　26
自立支援協議会　24
事例検討　136, 202
新学習指導要領　221
身体合併症　105
身体障害　50
身体障害者手帳　29
身体的虐待　51
人体の構造と機能　216
心理的虐待　52
ストレスケア病棟　111
ストレスマネジメント　59
生活活動（ADL）　99
生活機能回復訓練室　77
精神医療改革　12
精神医療審査会　48
精神医療審査会に関する見直し　37, 48
精神衛生法　41
精神科医療の機能分化と質の向上等に関する検討会　46, 149
『精神科看護』　136, 235
精神科看護ガイドライン　261
精神科看護ガイドライン2011　262
精神科看護者のための倫理事例集2011　254
精神科看護倫理事例集　252
精神科救急・合併症入院料　88
精神科急性期治療病棟入院料1　81
精神科継続外来支援・指導料　75
精神科身体合併症管理加算　72, 123
精神科デイ・ケア　87, 149
精神科認定看護師　229
精神科認定看護師制度　229
精神科認定看護婦・看護士制度の発足　229
精神科病院の構造改革　32
精神科複数回訪問加算　164, 169
精神科訪問看護　163
精神科訪問看護・指導料　71
精神科訪問看護基本療養費　71, 165
精神科リエゾン　39, 146
精神科リエゾンチーム加算　146
精神看護専門看護師　109
精神疾患の医療体制構築に係る指針　14
精神障害者アウトリーチ推進事業　14, 178
精神障害者地域移行・地域定着支援事業　26
精神障害者地域移行支援特別対策事業　26
精神障害者地域移行体制整備支援事業

人材育成事業　175
精神障害者に対する医療の提供を確保するための指針等に関する検討会　32
精神障害者保健福祉手帳　25
精神通院医療　25
精神病者監護法　37
精神保健医療福祉の改革ビジョン　11, 36, 149, 163
精神保健指定医　43, 82
精神保健福祉センター　41
精神保健福祉法改正　37
精神保健福祉法第36条　131
精神保健法　48
精神療養病棟　83
性的虐待　51
成年後見制度　31
整備法　24
世界保健機関（WHO）　91
責任無能力者　42
切迫性　131
セルフケア　113
セルフケア支援　148
全国家族会連合会（全家連）　41
前頭側頭型認知症　102
全日本断酒連盟（全断連）　92
専門基礎分野　216
専門分野　216
総合福祉部会　23
組織文化　250
卒業時到達目標　217
速効性筋注製剤　115

■た行

退院後生活環境相談員　46, 82, 83
退院支援相談員　47, 82
退院調整加算　73
第三者委員会　247
第3次障害者基本計画　19
第二世代抗精神病薬持効性注射剤　115
タクティールケア　124
多職種チーム　40
多飲水　31
団塊の世代　67
担当多職種チーム（Multidisciplinary team）　143
地域移行支援　28
地域移行支援事業　26
地域移行推進員　26
地域援助事業者　43
地域活動支援センター　26
地域生活支援事業　30
地域相談支援　26
地域定着支援　26

地域における医療及び介護の総合的な確保を推進するための関係法規の整備等に関する法律案　226
地域包括ケアシステム　79
地域包括支援センター　181
チームアプローチ　143
チーム医療推進会議　222, 224, 231
チーム医療の推進について　222
チームメンバー　143
知的障害　50
痴呆性疾患　127
中核症状　102, 106
長期入院者　39
超少子高齢社会　79
治療抵抗性統合失調症薬　76
通報義務　57
ディエスカレーション技法　134
定期病状報告書審査　49
デイケア　34
定型うつ病　109
定率負担　23
動機づけ面接法　95
東京都立松沢病院　274
糖尿病　15
道路交通法　90
特定看護師制度　222
特定行為　225
特定行為に係る看護師の研修制度（案）　225
特定薬剤副作用評価加算　75
ドネペジル　118
トラウマ　138

■な行
ナースプラクティショナー　223
ナラティブ・アプローチ　279
新潟県中越沖地震　190
新潟県立精神医療センター　247, 276
日本アルコール問題連絡協議会（ア連協）　92
日本うつ病学会治療ガイドライン　120
日本神経学会ガイドライン　122
日本精神科看護協会　229

認知機能障害　101
認知行動療法　112
認知症　18, 99
認知症専門診断管理料　77
認知症治療病棟入院料　61, 76
認知療法・認知行動療法　75
脳神経細胞　99
ノロウイルス　128

■は行
パーソナリティ障害　128
バーンアウト　194
パリペリドン　115
阪神・淡路大震災　190
ピアサポーター　26
ピアサポート　38
東日本大震災　185
非自発的入院　44, 145
非代替性　131
非定型うつ病　109
非定型抗精神病薬加算　64, 123
否認の病　91
ヒヤリハット　59
ヒューマンケア　210
病院管理者　46
病床転換　32, 34
ファースト・コンタクトチーム　188
フィジカルアセスメント　106
フィデリティ　183
福島県Fukushima ψ 21Plan　194
福島第一原子力発電所の事故　185
復職支援　113
扶養義務者　44
プライバシー　96
ブリーフ・インターベンション　95
プリベンション　134
平均在院日数　125
包括ケアシステム　40
訪問看護基本療養費（Ⅱ）　167
訪問看護ステーション　72
暴力　49
保健医療機関　70
保健師助産師看護師学校養成所指定規則　214, 221

保護者規定　46
保護者義務　41
保護者制度　12, 37
保護者制度の廃止　37, 42
ポストベンション　134
ボランティア　199, 237

■ま行
密室性　250
看取り　103
ミトン　129
ミルタザピン　116
メマンチン　119
メランコリー型うつ病　109
メンタルヘルス　146
妄想　100
燃え尽き　204
モニタリング　147

■や行
ユマニチュード　124
擁護者　51
抑制死　128
予防モデル　137

■ら行
リバスチグミン　119
リハビリテーション　39
良質かつ適切な精神障害者に対する医療の提供を確保するための指針　163
療養病棟入院基本料　69
リワーク　113
臨地実習　217
倫理綱領　58
レクリエーション　277
老年期うつ病　104
老年期精神障害者　101

■1-9
2025年問題　274
630調査　279
7対1入院基本料　79

精神科看護白書 2010→2014

2014年9月30日　第1版第1刷

監　修……一般社団法人 日本精神科看護協会
発行者……水野慶三
発行所……株式会社 精神看護出版
　　　　　〒140-0001　東京都品川区北品川1-13-10 ストークビル北品川5F
　　　　　TEL 03-5715-3545　FAX 03-5715-3546
　　　　　http://www.seishinkango.co.jp/
印　刷……山浦印刷株式会社

ISBN978-4-86294-053-7 C3047 ©2014　Printed in Japan
●落丁本／乱丁本はお取り替えいたします。
●本書内容の無断複写は著作権法上での例外を除き禁じられています。
●本書に掲載された著作物の複製・翻訳・上映・譲渡・公衆送信（データベースへの取込および送信可能化権を含む）に関する許諾権は，小社が保有しています。